## 다부동지구 전선

제10연대 | 제11연대

← 팔공산　가산 901고지　다부동　674고지　천생산　유학산 제2 837고지

← 옥골

← 해평

6 · 25전쟁사

# 낙동강

제3권

6·25전쟁사

# 낙동강

## 제3권

한강을 버리고 낙동강으로
7월 염천에 밀리기만 했다

낙동강 제3권

## 목차

## 제5장 다시 보자 한강수야!

### 제1절 한강을 버리고는 비벼댈 언덕이 없다

1. 조선 제일의 장수는 조령을 버렸고 .................... 11
   천험의 요새 조령(鳥嶺, 큰 새재) 11 · 조령을 버린 신입 장군 13
   신입 장군은 반드시 패할 것이오 16 · 류성룡과 이여송의 탄식 17

2. 한국 제일의 장수는 한강을 버렸다 .................... 19
   1천 3백리 천연장성 한강 19 · 한강을 버린 채병덕 장군 22
   한강에 제2의 전선을 형성했으면 24

3. 대통령과 임금이 피난을 가야 했던 상황 .................... 26
   이승만 대통령의 피난 행차 27 · 선조의 몽진(蒙塵) 행차 31
   무엇이 다른가? 34 · 왜군은 얼레빗! 명군은 참빗!! 북한군은? 35

### 제2절 군 개편과 전선 조정

1. 제1차 군 개편 .................... 39
   총참모장 정일권 소장 39 · 제1군단 창설과 사단 개편 44 · 전선 조정 46

2. 제2차 군 개편 .................... 48
   사단 재건과 신설 48 · 편성관구 설치 51

3. 제2군단 창설과 제3차 군 개편 .................... 54
   제2군단 창설 54 · 제3차 군 개편 55 · 전선 정리 57

4. 육군 제2인자 김백일 참모부장 .................... 58
   군 개편을 주도 58 · 군단장이 되기 위한 포석 61

5. 북한군 침공계획 .................... 65
   제2단계 침공작전 65 · 제3단계 침공작전 67 · 제4단계 침공작전 69

## 제3절 중부 방면 저지전

1. 진천 공방전 – 수도사단 . . . . . . . . . . . . . . . . . . . . . . 71
   수도사단 전진 71 • 진천을 적의 수중에 74 • 장갑차 돌진 79
   진천 탈환작전 81 • 원덕리 반격전 – 제16연대, 제20연대 84
   잣고개 전투 – 제1연대, 기갑연대 89 • 봉화산 전투 – 제18연대, 제8연대 91
   문안산 전투 – 전선에 나타난 사단장에 사기 충천 95
   수도사단 미호천으로 철수 102 • 진천중학교 학도의용군 103

2. 청주 부근 저지전 – 수도사단 . . . . . . . . . . . . . . . . . 104
   미호천 전투 104 • 청주 전투 106 • 효촌리 · 장암리의 분전 – 제17연대 110
   김석원 사단장의 포효(咆哮) 118

3. 충주 부근 저지전 – 제6사단 . . . . . . . . . . . . . . . . . . 123
   전선 정비 123 • 남한강 도하 저지전 127 • 충주 공방전 130
   기름고개 전투 – 제7연대 제1대대 135 • 동락의 쾌거 – 제7연대 제2대대 139

4. 음성 · 괴산 부근 저지전 – 제1사단 . . . . . . . . . . . . . 148
   제1사단 전진 148 • 음성 전투 152 • 미원으로 철수 161
   괴산 전투 – 제11연대 162 • 기산 전투 – 제13연대 164
   미원 전투 – 제13연대 166 • 미스터리한 제22연대 168

5. 문경 부근 저지전 – 제6사단, 제1사단 . . . . . . . . . . . 169
   피아의 전력 169 • 이화령 전투 – 제2연대 173 • 조령 전투 – 제19연대 176
   문경에서 철수 180 • 성주산, 옥녀봉 전투 – 제7연대 183
   포병과 공병의 분전 185 • 미 제35연대 부원 187

6. 화령장 지역 전투 – 제17연대, 제1사단 . . . . . . . . . . 189
   김일성 수안보에서 독전 189 • 상곡동 섬멸전 – 제17연대 192
   동관동에서도 통쾌한 승전 – 제17연대 198
   피아의 야포가 합작한 582고지는 생지옥 207 • 화령장 전투 – 제1사단 210

7. 점촌 부근 저지전 – 제6사단 . . . . . . . . . . . . . . . . . . 214
   전선 정비 214 • 옥녀봉 전투 – 제7연대 216 • 어룡산 전투 – 제2연대 221
   조봉 혈전 – 제2연대 226 • 오정산 전투 – 제19연대 229
   제19연대 전차특공대 231 • 유곡 전투 – 제1연대 234
   제6사단 반격 · 제1사단 부원 236

8. 함창 지역 전투 - 제1사단 · · · · · · · · · · · · · · · 239
  부대 정비 239 • 굴러온 돌이 박힌 돌을 차 낸 연대장 242
  오정산 반격전 244 • 경돌저수지 섬멸전 - 제13연대 246
  국사봉 전투 - 제11연대 248 • 덤재산 전투 - 제13연대 240
  경돌저수지 전투(제2차) - 제12연대 251 • 이안천 도하 저지전 - 제11연대 253

## 제4절  동부 방면 저지전

1. 단양 부근 저지전 - 제8사단 · · · · · · · · · · · · · 255
  피아군 상황 255 • 원주 진출을 위한 공격 258 • 미스터리 이동명령 260
  매포리 적 사단지휘소 공격 - 제10연대 267
  남한강 도하 저지전 - 제21연대 272 • 단양 공방전 - 제21연대 제3대대 275
  남한강 연안 전투 - 제21연대 제2대대 278
  포병의 분전 280 • 남한강 연안 반격전 - 제10연대 282
  수산리에서 와해된 청풍 중대 290 • 제2의 천험 죽령도 버렸다 290

2. 영주 부근 저지전 - 제8사단 · · · · · · · · · · · · · 296
  전열 정비 296 • 풍기에서의 일전 298 • 무단 철수한 대대장을 총살 299
  예천 혼성대대 303 • 풍기 반격전 304 • 봉화 지구 전투 - 임익순 대대 307
  영주 지역 전투 310 • 소대장님 먼저 갑니다 - 제10연대 제2대대 315
  영주가 적의 수중에 떨어지다 316 • 전열 정비 319

3. 무모한 안동철수 - 제8사단, 수도사단 · · · · · · · · · 320
  안동 방어선 320 • 안동 저지전 322 • 안동을 지킬 수 있다 327
  낙동강을 건너라 - 안동 철수 명령 330 • 제8사단 낙동강 도하 331
  후퇴할 만큼 위급한 상황이냐? - 사단장의 분노 337 • 제1연대 철수 339
  안동교 폭파 341 • 고립된 제8사단 수색 중대 343 • 수도사단장 경질 344
  제8사단장 해임 346 • 조선인민군 '안동 제12보병사단' 348

4. 울진 지역 저지전 - 제23연대 · · · · · · · · · · · · 348
  울진 지역 상황 348 • 제3사단 349 • 남대천 도하작전 351 • 울진 탈환전 357
  평해 전투 361

5. 영덕 지역 전투 – 제3사단 . . . . . . . . . . . . . . . . 363
   제3사단 전력 보강 363 • 영덕 공방전 365 • 181고지 공방전 368
   영덕 탈환 372 • 이명수 상사의 자주포 공격 374 • 사단장 교체 375
   오십천교(五十川橋) 조기 폭파 377

6. 청송 지역 전투 – 수도사단 . . . . . . . . . . . . . . . 379
   청송의 지리적 특성 379 • 독립기갑연대 진출 380 • 진보 전투 – 기갑연대 382
   사단을 찾아 1주일을 헤맸다 387 • 올라가면 뭘 해 또 이동할 텐데! 392
   묵계의 비극 – 기병 대대장의 전사 394 • 구수동에서 포위된 2개 연대 397
   양 연대 돌파 작전 401

인명 색인 . . . . . . . . . . . . . . . . . . . . . . . . 409

제5장
# 다시 보자 한강수야!

조선 제일의 장수 신입은 천험의 요새 조령을 버렸다.

그 뒤에 명나라 장수 이여송(李如松)은 적을 쫓아 조령에 이르렀다가
"험난하기가 이와 같은 곳이 있는데, 여기를 지킬 줄 몰랐으니 신 총병(總兵)은 모책(謀策)이 없는 사람이다."
라고 탄식하여 말하였다.

한국 제일의 장수 채병덕은 천연방벽 한강을 버렸다.

한강은 전략적인 면에서 보면 백두대간을 척량(脊梁)으로 하여 그 서쪽 지방을 가로질러 흐른다. 그래서 태백산맥 서쪽 지역에서는 한강을 건너지 않고는 남북 왕래가 불가능하다. 전차도, 장갑차도, 대포도, 자동차도 건너올 수 없는 천연방벽이다.

천시를 얻지 못하여 전란을 맞았다. 한강에 새로운 전선을 펴자는 휘하 사단장과 참모의 의견을 짓밟아 지리와 인화를 한꺼번에 저버렸다.
천시는 지리만 못하고 지리는 인화만 못하다(天時不如地利 地利不如人和).

# 제1절 한강을 버리고는 비벼댈 언덕이 없다

## 1. 조선 제일의 장수는 조령을 버렸고

**천험의 요새 조령(鳥嶺, 큰 새재)**

문경새재는 영남에서 서울로 통하는 관문이다. 동쪽의 죽령(竹嶺), 서쪽의 추풍령과 함께 백두대간(소백산맥)을 세로로 지르는 3대 고개이다.

조령 주변에는 4개의 큰 재가 있다.

큰 새재(鳥嶺), 작은 새재(小鳥嶺), 하늘재, 이화령(梨花嶺)이 그것이다.

큰 새재가 일반적으로 말하는 새재이고 제3관문이 있는 고개마루턱이다. 문경 쪽 제1관문(主屹關-문경읍 下草里)에서 시작하여 중간에 제2관문(鳥谷關-上草里)이 있고 마지막에 제3관문(鳥嶺關)이 있다.

제3관문은 경상북도와 충청북도 경계선에 있다.

동쪽 주흘산(1,106고지)과 서쪽 조령산(鳥嶺山, 1,017고지)을 각각 남북으로 연결하는 험준한 능선 사이로 수없이 굽이치며 흐르는 계곡을 따라 길이 나 있는데 그 거리가 문경 쪽 국도(3번)를 벗어난 지점(조령초등학교 부근)에서 시작하여 제3관문까지 약 10km가 넘고 고개를 넘어 다시 국도와 만나는 소조령까지 약 4km에 이르는 계곡길이 이어진다. 걸어서 왕복 각각 약 3시간이 소요된다.

제1관문에서 제3관문에 이르는 길은 완만한 경사를 이루고 제3관문을 지나면 급경사를 이르는 내리막길이다. 험한 산악길을 따라 가면 작은 새재마루턱에서 대로(3번 국도)를 만난다. 여기서 북으로는 수안보~충주~여주~이천~광주를 거쳐 서울에 이르고 남으로는 문경~상주~선산~다부동을 거쳐 대구에 이른다.

작은 새재는 수안보에서 문경으로 이어지는 3번 국도상에 있고 소조령(小鳥嶺)이라는 큰 표지판이 세워져 있다. 이곳에서 동쪽으로 큰 새재가 보인다. 남북으로 이어지는 백두대간이 잘록하게 내려앉은 지점이다.

이화령은 새재 서쪽에 있다. 옛날 문경에서 연풍으로 통하는 오솔길이 있었다. 1925년 서울과 영남을 잇는 신작로를 닦을 때 이곳으로 도로를 냈다. 큰길을 닦을 수 있는 곳은 이곳밖에 없었다. 지름길인 새재에 비하여 많이 서쪽으로 우회한다.

그 정상은 새재와 마찬가지로 충청북도와 경상북도의 경계지점이다.

비록 신작로이긴 해도 S형 굴곡이 수없이 반복되는 길을 올라갔다가 다시 되풀이하면서 내려가야 하는 험한 길이다. 위험하지만 한 번 정도는 일부러라도 가볼 만한 운치가 있고 풍광이 뛰어난 길이다. 마루턱에 휴게소가 있는데 이곳에서 남북을 바라보는 경관은 가히 일품이다.

최근 국도를 확장하고 직선화하면서 고개 밑으로 이화령터널을 뚫어 새 길이 남으로써 이화령도 새재와 함께 역사의 뒤안길로 들어섰다.

수안보에서 3번 국도를 따라 문경 쪽으로 가다가 작은 새재 못 미쳐서 왼쪽으로 미륵사지와 월악산국립공원으로 들어가는 597번 지방도가 나온다. 이 길을 따라 미륵사지에 이른 후 미륵사지 뒷길로 들어서서 동남쪽으로 가면 하늘재가 나오고 하늘재를 넘어 갈평리에 이르면 901번 지방도와 만난다.

이 길이 문경으로 이어진다. 하늘재는 울창한 수림에 가려 있고 지프 정도가 다닐 수 있는 길이 나 있다.

옛날에 새재가 험하여 짐을 진 사람과 우마가 이 하늘재를 이용했다.

등산객이나 다닐 수 있을 정도의 험한 길이다. 균형 발전이니 개발이니 하는 바람이 이곳까지 불어오기 전에 한번 가보기를 권한다.

### 조령을 버린 신입 장군

임진왜란 때 조선 제일의 장수 신입 장군은 달래강(達川)을 뒤에 두고 탄금대(彈琴臺)에서 배수진을 쳤다. 그곳은 좌우에 논이 많고 수초(水草)가 얽혀 있어 말을 달리고 사람이 움직이는데 불편한 곳이었다.

임진왜란을 치른 명재상 서애 류성룡은 그의 저서 『징비록』(懲毖錄)에서 이렇게 당시 상황을 묘사했다.

"적병이 단월역(丹月驛)에서 진로를 나누어 처들어오는데 그 기세가 마치 바람이 비를 몰고 오는 것 같았다. 한 패는 산을 돌아 동쪽으로 오고 한 패는 강물을 따라 내려오는데 포 소리는 땅을 진동하고 티끌은 하늘을 덮었다.

신입 장군은 이 광경을 보고 어찌할 바를 몰라 하다가 말을 채찍질하여 몸소 적진을 향해 돌격하려고 두어 차례 시도하였으나 들어갈 수가 없자 되돌아와서 강물에 뛰어들어 빠져 죽었다. 이를 본 군사들도 모두 강물 속으로 뛰어들어 시체가 강을 덮고 떠내려갔다."(砬不知所爲 鞭馬欲親自突進者再 不得入 還赴江沒于 水中而死 諸軍悉赴江中 屍蔽江而下)

3,000여 명의 장졸이 함께 전사했다. 단 한 번도 제대로 싸워보지 못하고

몰살한 것이다. 임진년(1592년) 4월 28일이었다.

**『당쟁으로 보는 조선역사』(이덕일, p115)는 이렇게 평했다.**
  "조선의 전 군사력을 동원하다시피한 도순변사 신립이 충주 탄금대에서 배수진을 치고 일본군에 저항했으나 배수진을 친 군대의 유일한 패배라는 전사의 기록을 남긴 채 왜군의 북상 저지에 실패하고 말았다."

신입 장군은 임진왜란이 일어났을 때 한성판윤으로 있다가 도순변사(都巡邊使)가 되어 출정했고, 당초에 조령(새재)을 지키려고 하다가 이일 장군이 상주에서 패하였다는 소식을 듣고 크게 기가 꺾여 충주로 물러섰다. 이때 신입 장군 휘하에는 충청도 각 고을에서 모여든 군사 8,000여 명이 있었고 상주에서 패전한 이일 장군도 와 있었다.

처음에 조정에서는 이일 혼자 힘으로도 능히 왜병을 막을 수 있다고 판단하여 그 혼자 가게 하였다. 그러나 적병이 성세하다는 말을 듣고 이일 혼자의 힘으로는 지탱하기가 어려울 것을 걱정하여 명장으로서 명망이 있는 신입에게 많은 군사를 주어 그 뒤를 따라가게 하였다. 두 장수가 세력을 합하여 적병을 막을 것을 바랬던 것이다.

신입에 앞서 출정한 이일 휘하에는 서울에서 데리고 온 장사(將士)와 현지에서 소집한 농민을 합하여 900여 명이 있었다. 이때 적은 선산(善山)에 와 있었는데 저녁 무렵 개령(開寧-김천시 개령면)에 사는 사람이 와서
  "적이 가까이 왔다."
고 알렸다.
  이일은 여러 사람을 현혹시킨다고 하면서 그를 죽이고자 했다. 그 사람이 부르짖으며 말하기를

"원컨대 내 말을 못 믿겠거든 나를 가두어 두었다가 내일 아침에 적이 오지 않거든 죽여도 늦지 않을 것이오."
라고 하였다.

이날 밤 적은 상주 남쪽 8km 지점 장천(長川)까지 왔으나 이일은 척후를 보내지 않아 이를 알지 못했고, 이튿날 아침 적이 오지 않았다고 그 사람을 끌어내 죽인 후 공개했다.

이일은 상주 북천변(北川邊)에 진을 치고 진법을 연습하고 있었다. 대장기를 진 한가운데에 세워 놓았고, 이일은 말을 타고 있었으며 그 뒤에는 종사관, 판관 등이 도열해 있었다. 얼마 후에 두어 사람이 숲 속에서 나와 배회하면서 이쪽을 살펴보고 돌아갔다. 여러 사람들이 '적의 척후'가 아닌가? 의심했으나 아까 개령 사람의 일로 해서 아무도 감히 말을 하지 못하였다.

이때 주위 여러 곳에서 연기가 일어나자 이를 본 이일이 군관 한 사람을 보내 알아보게 하였다. 군관은 말을 타고 역졸 두 사람에게 고삐를 잡혀 천천히 가는데 왜병이 다리 아래 숨어 있다가 조총으로 군관을 쏘아 떨어뜨린 후 목을 베어 달아났다.

이것을 본 우리 군사들은 기가 꺾이고 말았다.

조금 있다가 적 대부대가 조총을 쏘면서 달려왔다. 조총을 맞은 자는 모두 죽었다. 우리 군사가 활을 쏘았으나 미치지 못하였고, 적은 우리 군사를 포위했다. 이일이 위급함을 깨닫고 말머리를 돌려 북쪽으로 달아나니 군사들은 크게 혼란하여 제각기 살고자 도망을 쳤다.

포위망을 벗어난 자는 얼마 되지 않았다.

이일은 적이 쫓아오자 말을 버리고 옷을 벗어 던진 다음 머리를 풀어 산발을 한 알몸으로 달아나서 문경에 이르렀다. 여기서 패전한 상황을 임금께 올린 후 신입이 충주에 있다는 말을 듣고 충주로 달려갔다.

**신입 장군은 반드시 패할 것이오**

신입 장군은 호령이 번거롭고 요란스러워 보는 사람마다 그가 반드시 패할 것이라고 알았다.

신입 장군이 전사하기 전날 장군과 친한 군관이 와서

"적이 이미 조령을 넘어 섰다."

고 은밀히 보고했다.

이 보고를 받은 장군은 갑자기 밖으로 뛰어나가서 행방이 묘연했고 군중들은 동요했다. 장군은 밤이 깊어진 후 객사에 돌아왔다.

이튿날 아침에 어제 그 군관이 거짓말을 했다고 끌어내 베고는

"적이 상주에서 떠나지 않았다."

고 임금께 장계를 올렸다.

이때 적은 십리 안에 있었으나 이를 알지 못했다.

다음 날 적이 쳐들어왔다.

신입 장군은 원래 성질이 잔인하고 포악하다고 평판이 나 있는 사람으로 가는 곳마다 사람을 죽여서 자신의 위엄을 세웠다. 그가 지나는 길에는 그를 두려워 한 수령들이 백성을 동원하여 길을 닦고, 대접하는 것이 사치스러워 대신의 행차도 따르지 못할 정도였다고 했다.

신입 장군이 계미년(1583년)에 은성(隱城)부사로 있었을 때 오랑캐들이 배반하여 관내 종성(鍾城)을 포위하였는데, 신입 장군이 기병 10여 명을 이끌고 돌격해 가자 오랑캐들이 포위를 풀고 물러갔다.

조정에서는 이 일로 해서 신입이 대장이 될 만한 재주가 있다고 하여 북병사, 평안병사로 승진시켰고, 곧이어 자헌대부(資憲大夫-정이품)로 올려 병조판서를 삼고자 하였다. 신입의 의기는 날로 오만하여 일에 당하여 조심하는 기색이 거의 없고 남을 업신여기므로 사리를 아는 사람들이 그를 옛

날 전국시대 조(趙)나라 장수 조괄(趙括)* 에 비유하여 근심했다.

* 조괄은 병법을 좀 안다고 강대한 진(秦)나라를 업신여기다 싸움에서 대패하였다.

이일은 대장군이라는 이름으로 정여립의 잔당을 소탕 중에 있었다. 임진왜란이 일어나고 부산첨사 정발과 동래부사 송상현이 전사했다는 경상좌수사 박홍의 장계가 올라왔다.

이때 신입은 어전에서

"전하 차라리 잘된 일입니다. 저들이 겁도 없이 건너왔으니 이참에 소장이 부산으로 내려가서 왜놈을 싹 쓸어버리고 대마도와 본토로 건너가겠습니다. 철저히 응징해서 다시는 이따위 헛된 짓을 못하도록 가르치고 전하의 위엄과 덕을 저들의 가슴에 똑똑히 새겨 놓겠사옵니다."

라고 주청했다. 이때 함께 있던 이일이

"전하! 개, 돼지를 잡는데 명검까지 휘두를 필요는 없사옵니다. 신 장군은 조선의 기둥이니 한양에 머무르게 하시고 소장을 보내주시옵소서."

라고 주청하여 선조의 윤허를 받고 전장으로 내려갔던 것이다.

이일은 정여립 잔당을 색출하지 못하여 선조로부터 핀잔을 듣고 우울해 있던 중이라 명예를 회복할 수 있는 좋은 기회라고 생각하고 오기를 부렸던 것이다.

신입은 조선 제1의 장수요, 그 다음이 이일이다.

모두들 그렇게 알고 있었다.

### 류성룡과 이여송의 탄식

서애 류성룡 선생은 진사(辰巳)전란* 중 영의정으로, 도체찰사(都體察使)로 정국을 주도하였다. 그는 그의 저서 『징비록』에서 이렇게 술회했다.

> * 임진(1592년), 계사(1593년) 전란으로, 임진왜란 초기 전쟁을 말한다.

"아아! 슬프다. 뒤에 들으니 적이 상주에 들어와서도 오히려 험애(險隘)한 곳을 지나가기 꺼려하였다고 한다. 문경현 남쪽 10여 리 되는 곳에 옛 성이 있으니, 고모성(姑母城)*이라고 하였다. 좌도와 우도가 서로 접경되는 곳으로서 양쪽 산협이 묶어 세운 듯하고 가운데에는 큰 냇물이 서리었는데, 길이 그 아래 나 있었다. 적병은 거기에 지키는 군사가 있을 것을 두려워하여 사람을 시켜 두세 번 탐지하게 하고, 지키는 군사가 없음을 알고는 곧 노래하고 춤추며 지나갔다고 한다."(嗚乎痛哉 後聞賊入尙州 猶以過險爲憚 聞慶縣南十餘里有古城 曰姑母 據左右道交會處 兩峽如束 中盤大川 路出其下 賊恐有守兵 使人再三覘覷 知無兵乃歌舞而過云)

> * 문경 남쪽 3번 국도 진남휴게소가 있는 부근. 진남문이 있고, 성이 남아있다.

그 뒤에 명나라 장수 이여송(李如松)은 적을 쫓아 조령에 이르렀다가

"험난하기가 이와 같은 곳이 있는데, 여기를 지킬 줄 몰랐으니 신 총병(總兵)은 모책(謀策)이 없는 사람이다."

라고 탄식하여 말하였다.

『징비록』은 이렇게 평한다.

"대체로 신입은 비록 경예(輕銳)하여서 한때 이름은 얻었으나 주략(籌略)을 세우는 것은 거의 잘 하는 바가 아니다. 옛 사람이 말하기를 '장수가 병법을 모르면 그 나라를 가져다 적에게 주게 된다.' 고 하였다."

(其後天將李提督如松 追賊至鳥嶺 歎曰有險如此 而不知守 申總兵可謂無謀矣 蓋砬雖輕銳得時名 籌略非企所長 古人云 將不知兵 以其國與敵)

「2. 조선 제일의 장수는 조령을 버렸다」 인용문헌 : 류성룡 『징비록』, 김탁환 『불멸』

## 2. 한국 제일의 장수는 한강을 버렸다

### 1천 3백리 천연장성 한강

전장 514km. 우리나라에서 네 번째로 긴 강이다.

남한강과 북한강이 합하여 하나를 이룬 거대한 물줄기다. 북한강은 금강산에서 발원하여 강원도와 경기도를 남서로 질러 양수리로 흐르고, 남한강은 태백산에서 발원하여 강원도와 충청북도, 경기도를 서북으로 질러 양수리에 이른다. 양수리에서 합수(合水-그래서 兩水里다)한 물줄기는 서울을 남쪽으로 감돌아 서해 강화만으로 흘러간다.

수도권의 생명줄이다. 길이로는 국내 4위의 강이지만 규모로는 남한강과 북한강이라는 거대한 물줄기를 모아 다시 큰 강을 만들었으니 3개의 강을 어우르는 큰 강이고, 기능상으로는 남부 지방의 낙동강, 금강, 영산강,

한강의 물놀이 인파

섬진강을, 북부권의 압록강, 두만강, 청천강, 대동강을 각각 묶은 것과 맞먹는 중부권의 대동맥을 형성하여 남한 인구의 반에 해당하는 주민에게 생명수를 공급하는 젖줄이다.

전략적인 면에서 보면 백두대간을 척량(脊梁)으로 하여 그 서쪽 지방을 가로질러 흐른다. 그래서 태백산맥 서쪽 지역에서는 한강을 건너지 않고는 남북 왕래가 불가능하다. 전차도, 장갑차도, 대포도, 자동차도 건너올 수 없는 천연방벽이다. 사람도 쉽게 건너지 못한다.

지상군 몇 개 사단이 막아야 이 강 하나를 당할까?

한강 이남에 제2전선을 펴자는 휘하 사단장과 참모의 의견을 짓밟아 지리(地利)와 함께 인화(人和)마저 저버렸다.

무식하면 용감하다고 했던가!

무능하고 오만방자한 독불장군이 일을 그르쳤다. 그 무모함이 임진왜란 때 조선 제일 장수라고 일컬은 신입 장군과 견줄 만하다.

신입은 왜군이 부산에 쳐들어왔다는 소식을 듣고 임금 앞에서

"일본을 정벌하여 왜왕의 목을 바치겠다."

고 호언하고 정작 출정해서는 왜군 한 사람도 베지 못하고 죽었다.

채병덕은 북한군이 서울 코밑 의정부에 다다랐는데

"평양을 점령하겠습니다."

라고 호언하였다.

그 무모함이 어떤 대가를 치렀는지 새겨봐야 한다.

두 사람은 각각 당대 제일의 장수였다.


### 지리(地利)와 인화

맹자(孟子)는 이렇게 말했다.(公孫丑章句 下 得道多助章 第一)

천시는 지리만 못하고 지리는 인화만 못하다.(天時不如地利 地利不如人和)

　삼십 리 되는 성과 칠십 리 되는 외곽을 완전히 포위하여 공격하여도 이기지는 못한다. 완전히 포위하고 공격하게 되면 반드시 천시를 얻은 점이 있게 마련이다. 그렇게 하고서도 이기지 못하는 것은 천시가 지리만은 못해서이다. 성이 높지 않은 것도 아니고, 못(해자-垓字)이 깊지 않은 것도 아니고, 병장기와 갑옷이 견고하지 않거나 예리하지 않은 것도 아니고, 군량미가 많지 않은 것도 아닌데 이를 버리고 도망치는 것은 지리가 인화만 못해서이다.

　그래서 "백성들을 나라 안에 살게 하는 데는 영토의 경계를 가지고 하지 아니하고, 나라의 방위를 견고하게 하는 데는 산이나 골짜기의 험준한 것을 가지고 하지 아니하고, 천하에 위세를 떨치는 데는 병장기나 갑옷이 견고하고 예리한 것을 가지고 하지 않는다."라고 말하는 것이다.

　도를 얻은 사람은 도와주는 사람이 많고, 도를 잃은 사람은 도와주는 사람이 적다. 도와주는 사람이 가장 적은 경우에는 친척마저 배반하고, 도와주는 사람이 가장 많은 경우에는 온 천하가 순종한다. 온 천하가 순종하는 힘을 가지고 친척에게까지 배반당하는 사람을 공격하기 때문에 군자는 전쟁을 하지 않는 수는 있어도, 전쟁을 하면 반드시 이기는 것이다.

(三里之城七里之郭 環而攻之而不勝 夫環而攻之 必有得天時者矣 然而不勝者 是天時不如地利也 城非不高也 池非不深也 兵革非不堅利也 米粟非不多也 委而去之 是地利不如人和 故曰 域民 不以封疆之界 固國 不以山谿之險 威天下 不以兵革之利 得道者多助 失道者寡助 寡助之至 親戚畔之 多助之至 天下順之 以天下之所順 攻親戚之所畔 故君子有不戰 戰必勝矣)

**한강을 버린 채병덕 장군**

북한군이 서울을 점령하고 5일 만에 한강선이 무너졌다. 적이 어물거린 탓도 있지만 그 몰골로 용하게도 5일을 버텨냈다.

장병들의 투지 하나로 버틴 것이다.

"강력한 적의 급습을 받아 전선이 무너지고 병력이 각개 분산되어 혼란에 빠져 있는데, 부대를 하나 둘씩 분산 투입하여 전력을 소진(消盡)시키는 것보다는 서울로 오고 있는 후방사단을 한강 남안에 집결시켜 한강선방어진을 구축(構築)하고 일선 분산 병력을 수습하는 것이 옳을 것이다."

제2사단장 이형근 준장이 의정부에서 채병덕 총참모장에게 건의했다.

육군본부에서 부대 배치를 지휘하고 있던 참모학교 부교장 이용문 대령은

"개성이 함락되고 의정부전선도 전황이 불리한 것으로 보아 후방에서 증원된 부대는 한강이남에 배치하여 제2전선을 형성하는 것이 좋겠다."

는 판단을 가지고 작전국과 협의하고 있는데 채병덕 총참모장이 의정부로 투입하라는 결정을 내렸다고 했다.

5월 26일 군사원로회의에서 김홍일 소장은

"의정부에서의 반격은 위험하다."

고 지적하고

'한강이남에서의 결전!'

을 주장하였다.

이범석과 김석원 장군이 동조하였는데도 채병덕 총장은 듣지 않았다.

"여기가 딱 싸우기 좋은 곳인데 이처럼 방어하기 좋은 곳을 버리고 어디로 철수합니까?"

7월 3일 한강 방어선에서 철수 명령을 받은 병사들이 한 말이다.

서울을 지키겠다는 강박관념에서 전략도 신념도 없이 소규모 부대를 오

는 대로 불나방이 불에 뛰어들 듯이 하나씩 투입하여 궤멸시켰다.

**전쟁기념사업회 『한국전쟁사』(제3권 p229)는 이렇게 기술했다.**
　옛날부터 부족한 병력의 축차적 투입은 축차적인 병력 소모를 결과로서 자초하기 때문에, 이를 피해야 한다는 군사작전 수행상의 명제가 있어 왔다. 이러한 금기적 명제는 전쟁사에서의 전례가 이를 뒷받침해 주고도 남음이 있다. 공격 작전시에 있어서 병력의 축차적인 투입은 공격 목표 달성에 필요한 충분한 충격력의 확보 없이 작전을 강행하여 불필요한 병력 손실만을 강요당하는 결과를 빚게 하며, 방어시에 있어서 부족한 병력의 축차적인 투입은 상대 공격력의 예봉을 꺾지 못하고 오히려 그 예봉의 희생이 되는 결과를 가져다주기 때문이다. 그래서 공격 작전이나 방어 작전시 어느 경우에도 병력의 축차적인 투입을 금기로 삼아온 것이 사실이다.

**당시 제1사단장 백선엽 장군은 『군과 나』에서 이렇게 술회했다.**
　나로서도 '만약' 그때 후퇴명령이 내려져 사단규모 전력을 비교적 갖춘 1사단을 한강 남안방어에 투입했더라면 국군이 낙동강까지 한순간에 밀리는 사태를 막아 수훈을 세울 수도 있었으리라는 아쉬움을 갖고 있다.

　제1사단은 한강다리가 폭파되고, 서울이 적 수중에 들어간 28일 봉일천에서 반격작전을 펴다가 철수 시기를 놓쳐 한강도하과정에서 병력이 낙오하여 7월 4일 평택에서 수습된 병력은 2,000명에 불과하였다.
　후방에서 증원되는 사단은 고사하고 일선에서 선전한
　'제1사단만이라도 제때 철수하여 한강 방어선에 투입하였다면'
　한강 방어선에 투입된 4개 혼성사단보다 전력이 막강하였기에 사태는 달라졌을 수도 있었을 것이다. 그래서 '만약'이라고 아쉬움을 토로했다.

### 한강에 제2의 전선을 형성했으면!

후방사단은 수도경비사령부를 포함하여 4개 사단이다. 수도경비사령부가 3개 연대, 제2사단이 3개 연대(제25연대 포함), 제3사단이 2개 연대, 제5사단이 2개 연대+1개 대대였고, 독립 기갑연대가 있었다.

완전 편제의 4개 사단에 2개 대대가 모자란다.

전방 제1, 제7사단이 적기에 철수했으면 다소 병력 손실이 있었음을 감안하더라도 완전한 1개 사단 규모 이상의 전투력은 보유했을 것이다.

제1사단은 제11연대와 제13연대가 거의 건재를 유지한 채 봉일천에 있었다. 6월 30일 대전에 집결한 제17연대는 2,180명의 병력을 보유하고 있었다. 모두 합하면 완전 편제의 6개 사단 규모다.

6개 포병대대, 각 연대 대전차포중대, 각 대대 중화기중대의 화력이 거의 온전한 상태를 유지하여 집중적으로 운용할 수 있었을 것이다.

화력이 전무한 1개 사단 규모(최대 15,000명 수준)의 패잔병으로 편성된 오합지졸 혼성부대가 7월 3일까지 한강을 지켰다. 제대로 건제를 갖춘 사단은, 패잔병과 비전투원으로 구성된 혼성부대와는 다르다.

북한군의 사정을 살펴보자.

서울에 침공한 적은 제1, 제3, 제4, 제6의 4개 사단과 제105기갑여단이다.

6월 25일 남침에 투입된 부대는 보병 7개 사단과 1개 기갑여단이다. 제2, 제7사단이 춘천 방면으로, 제5사단이 강릉 방면에 투입되었다.

적 제2사단은 춘천을 점령한 후 서울 동남쪽으로 진출하여 한강 이북의 아군부대를 포위하는 것으로 계획하였으나 춘천에서 제6사단의 저항에 막혀 막대한 손실을 입고 진출이 늦어져서 6월 30일에야 60%로 감소한 병력을 이끌고 이천으로 지향(指向)하였다.

이는 우리 제6사단이 충주로 물러났기 때문이다. 만약 서부 전선이 현상을 유지하고 있었다면 제6사단은 춘천에서 물러나지 않아도 됐을 것이다.

결국 한강전선에 진출한 북한군은 4개 보병사단과 1개 기갑사단이다.

6개 사단이면 충분히 대적할 수 있는 상대이고 적 제2사단이 서울 동쪽으로 진출했을 경우에도 저들의 뜻대로 포위가 쉽지는 않았을 것이다.

최초로 참전한 미군 스미스특수임무부대가 7월 1일 수원비행장으로 공수되어 한강전선에 투입될 수 있었고, 7월 4일까지 한국에 도착 완료한 미 제24사단까지도 한강전선에 투입될 수 있었다.

도쿄 극동군사령부 참모장 아몬드 소장은 극동군 전방지휘소장 처치 준장에게 7월 1일까지 수원비행장이 확보되면 지상군 전투부대를 수원으로 공수하겠다고 하였다. 수원을 지키지 못하여 그 지상군은 같은 날 부산 수영비행장에 공수되었고, 5일에야 수원 남쪽 오산에 진출하였다. 그 지상군이 스미스특수임무부대다.

7월 1일 미 지상군 전투부대가 수원에 공수되었으면 당일 한강 방어선에 투입될 수 있었고, 안정된 전선에서 한·미 연합작전이 가능했다.

승리에 도취하여 무인지경을 거침없이 진격하고 있는 막강한 적군 앞에 전투경험이 없는 미군 1개 대대가 지형도, 적정도 모르고 좌우에 우군이 없는 허허벌판에서 막아서는 무모함보다는 정비된 방어부대가 버티고 있는 안정된 전선에 투입되었다면 전투력을 제대로 발휘하였을 것이고 미군 증원이 국군에게 주는 심리적 효과까지 감안한다면 결과론이지만 적은 한강을 넘지 못했을 수도 있다.

미군 전투부대는 대대화력에 105mm포 6문을 가진 포병이 합세하여 국군 대대와는 비교가 안 되는 막강한 화력을 가지고 있었다.

7월 4일 미 제24사단이 모두 한국에 도착하여 제34연대 2개 대대가 평택~안성선에서 제2전선을 편성하였고, 제21연대가 대전에, 제19연대가 대구에 주둔하였다. 감소 편제에도 불구하고 병력이 16,000명이었고, 차량만 5,000대였다. 경전차 1개 중대(17대)에 105mm와 155mm포 각 1개 포대 규모의 포병이 있었다. 우리 2개 사단 전력을 능가하는 규모다.

이 사단이 한강 방어선에 투입이 가능한 상황이었다.

북한군이 대처할 수 있는 상황은 후방에 예비로 있는 제10, 제13사단을 투입하는 것이다. 그래봐야 6개 사단이다. 예비 제15사단은 춘천 방면으로 진출했고, 적 제2사단은 춘천에서 발이 묶여 있어 서울 남쪽으로 진출할 수 없었다. 38경비 제3, 제7여단이 개편한 제7, 제9사단은 8월 중순 이후에 겨우 낙동강 방어선에 진출했다.

결단코 한강은 제1의 낙동강이 되었을 것이다.

중동부 지역 제6사단은 춘천에서 적 제2사단과 제7사단을 타격하여 선전하였고, 강릉 제8사단은 대관령에서 강릉 탈환을 위한 반격 중에 있었는데 서부전선이 무너지면서 '전선조정'이란 명분에 밀려 철수한 것을 생각하면 우리가 그렇게 허무하게 한강 방어선에서 물러나지는 않았을 것이라는 아쉬움을 떨쳐 버릴 수 없다.

지원극통(至冤極痛)하다.

오호통재(嗚呼痛哉), 오호애재(嗚呼哀哉).

## 3. 대통령과 임금이 피난을 가야 했던 상황

우리나라가 당한 역사상 가장 크고 처참했던 전란은 임진왜란(壬辰倭亂)

과 6·25전쟁(庚寅北亂)이다. 앞의 것은 남에서 북으로, 뒤의 것은 북에서 남으로 강토를 싹쓸었다. 사람은 말할 것도 없고, 산천초목과 금수에 이르기까지 온전하게 남은 것이 없었다.

임금은 북쪽 끝 의주로, 대통령은 남쪽 끝 부산으로 피난을 갔다.

### 이승만 대통령의 피난 행차

26일 21시, 김태선(金泰善) 시경국장이 경무대\*로 들어와 보고했다.

"서대문형무소에 수천 명의 공산적색분자들이 갇혀 있습니다. 그들이 탈옥한다면 인왕산을 넘어 제일 먼저 여기로 옵니다. 각하께서 일시 피난하셔서 이 전쟁의 전반을 지도하셔야 합니다."

> \* 지금의 청와대. 4·19혁명 후에 경무대라는 이름이 독재정치의 상징으로 여겨져 윤보선 대통령이 청와대로 고쳤다. 청기와 지붕에서 유래했다. 영문으로는 Blue House라고 정했다. 이를 두고 백악관(White House)을 모방했다고 하여 사대주의의 근성을 버리지 못하였다는 비판을 받기도 했다.

1426년 세종 8년 경복궁이 창건되면서 궁궐 후원으로 정해져 연무장(演武場), 융무당(隆武堂), 경농제(慶農齊), 과거장이 들어섰고, 왕의 친경(親耕) 장소로도 쓰였다. 일제강점기인 1927년 일본이 모든 건물을 헐고 총독관저를 지어 총독이 기거했다. 광복 후에 대한민국정부가 들어서고, 대통령집무실 겸 관저로 사용하면서 경무대(景武臺)라는 이름을 붙였다.

27일 02시에 신성모 국방부장관을 비롯한 이기붕 서울시장, 조병옥 등이 또다시 남하할 것을 강요하자 다시 남행을 결심하기에 이른다.

이승만 대통령은 일부 인사들이 권유하여 26일

이승만 대통령

15시 남행을 작정하였다가 심경의 변화를 일으켜 취소했었다.

    이승만 대통령은 그때 열리고 있는 비상국무회의에는 참석하지 않고 대기실에서 장면 주미대사를 전화로 불러

    "우리 국민들은 잘 싸우고 있지만 무기가 없어서 큰 걱정이다. 제일 필요한 것이 탱크이다. 그러니 빨리 탱크를 보내도록 주선하라."

고 지시하고 이어 맥아더 원수에게도 전화를 걸었는데 맥아더 보좌관이

    "맥아더 원수는 지금 자고 있다."

고 대답하자, 이 대통령은

    "우리가 지금 잘 싸우고 있으나 무기가 없다. 그러니 탱크를 빨리 보내라. 만일 당신들이 아니 도와 줄 것 같으면 여기 있는 미국 사람들도 안정치 못할 것이다."

라고 흥분된 어조로 말하였다.

    이승만 대통령은 03시에 경무대를 출발하여 서울역으로 갔다.

    당시 수행한 황규면(黃圭冕) 비서관의 진술 요지를 정리하여 옮긴다.

    대통령이 남행을 결심하자 비서들은 전날 서울역까지 가지고 나갔다가 도로 가져온 기밀 서류를 챙길 시간이 없어 모두 소각했다.

    이때 이기붕 서울시장이

    "그러면 비서와 경호원 몇 사람을 골라 모시도록 하겠습니다."

라고 말한 다음 비서들이 있는 곳에 가서

    "대통령을 수행할 사람을 선발할 테니 제비를 뽑아라."

고 말하였다.

    상황이 절망적이어서 누구나 자기 안전을 우선하고 가족을 먼저 걱정하는 형편이었다. 그러나 황규면 비서관이 자진해서 수행키로 하였다.

27일 03시 황 비서와 김장흥 총경 두 사람을 대동한 대통령 내외분은 경무대를 떠났는데 이때 가지고 간 것은 긴요한 서류 몇 가지와 담요 한 장 그리고 금고 속에 있던 현찰 6만원이었다. 출발하기 전에 이종림(李鍾林) 서울역장에게 미리 연락하였지만 기관사를 찾느라 지체하여 기차는 04시에 출발하였다.

기관차에 3등 객차 1량을 연결한 것인데 의자에는 천이 거의 없고, 유리창이 깨져서 대통령을 모시기가 딱할 지경이었다고 했다.

대통령은 이를 개의치 않고

"내가 서울시민하고 같이 죽더라도 남아서 싸워야 할 텐데…… 그러나 내가 잡힐 것 같으면 다 되는 거야."

라고 자문자답하였다.

이날 12시 30분에 열차가 대구역에 도착하였다. 대통령은

"열차를 돌리게. 그리고 조재천(曺在千) 경부지사와 제3사단장 유승렬(劉升烈) 대령을 불러오게."

라고 하여 두 사람이 불려오자

"국민들을 독려해서 한 뭉치가 되어 공산당을 물리치게 나는 올라갈 테니 그쯤 알고 잘들 하게."

라고 부탁하였다.

돌린 열차가 대전역에 도착하자 대통령은 대전지방철도국 사무실로 올라갔다. 초대 내무부장관 윤치영과 전 교통부장관 허정(許政) 그리고 이영진(李寧鎭) 충남지사가 연락을 받고 나와 있었다.

대통령은 서울로 올라가야겠다고 했다. 허정은 안 된다고 극구 만류했고, 이영진 지사는 올라가야 한다고 하면서 자기가 모시겠다고 했다.

이때 미 대사관 드럼라이트 참사관이 와서 UN결의 사항과 미 해·공군

이 참전했다고 알리자 생기를 되찾아 지사관사로 자리를 옮겼다.

7월 29일 무초 미국대사가 운전하는 차를 타고 수원으로 가서 전선을 시찰하러 온 맥아더 원수를 영접하고 다시 대전으로 돌아왔다.

6월 30일 자정 무렵 시카고데일리 뉴스 시먼스(Walter Simmons) 기자가
"북괴군이 한강을 넘어서 수원을 거쳐 대대적으로 남하하고 있다."
고 급보를 전했다. 황 비서관이 이를 확인하기 위하여 미국대사관 노블(Dr Harold J. Noble) 일등서기관에게 알아봤더니 사실이 아니라고 했다. 그러나 얼마 뒤 노블 서기관이 직접 찾아와서
"적 탱크가 넘어왔다. 대통령께서 곧 피하셔야 할 것 같다."
고 말하여 대통령은 또다시 대전 떠날 준비를 서둘렀다.

이날 채병덕 육군총참모장을 경질했다. 파면이나 해임은 아니다. 국방예비군총사령관이라는 자리로 옮겼을 뿐이다. 후임에 미국에서 이날 돌아온 정일권 참모차장을 육군소장으로 진급시켜 육군총참모장 겸 육해공군총사령관에 임명하였다.

국무총리서리 겸 국방부장관 자리에 있는 신성모는 그대로 있었다. 누구에게도 전쟁의 책임을 묻지 않았다. 채병덕 총장은 전쟁의 책임이 아니라 의정부전선에서의 패전 책임을 물은 것으로 풀이된다.

대구는 적색분자가 많아서 폭동이 일어날 것이라는 유언비어가 나돌았기 때문에 목포로 가기로 하고 7월 1일 03시에 서둘러 대전을 떠났다.

이 대통령 내외분은 황 비서관과 함께 세단으로 가고, 이철원 공보처장과 김장흥 총경 등은 지프로 뒤를 따랐는데 그날따라 비가 억수같이 쏟아져 흙탕길을 겨우 달려 이른 아침에 이리역에 도착하였다. 길이 좋지 않아 더 이상 차량으로 갈 수 없었다. 대통령을 역장실에 모셔 놓고 이철원 공보처장이 대전에 있는 김석관 교통부장관에게 연락하여 특별열차를 보내도

록 하였고, 이날 정오에 특별열차로 이리역을 출발하여 14시에 목포에 도착하였다.

대통령 신변보호를 위하여 지방관서장들에게도 일절 알리지 않고 해군 목포경비부사령관 정긍모(鄭兢模) 대령에게만 연락하여 부산까지 갈 수 있는 함정을 주선하도록 하였다. 정 대령은 해안경비차 출동 중인 소해정을 불러들여 500톤급 제514함(장, 朱喆奎 소령)에 대통령이 타고 300톤급 309함(장, 金南植 소령)이 호위하여 16시에 목포항을 출항하였다.

19시간 항해 끝에 2일 11시에 부산부두에 도착하여 경남지사 양성봉(梁聖奉)의 영접을 받고 지사관사로 갔다. 며칠 머물다가 7월 9일 대구로 가서 경북지사관사에 체류하면서 대전에 계속 머물고 있는 각료들을 전화를 통하여 지휘하기 시작하였다. 이때 정부는 대전에 있었다.

참고문헌 : 국방부 『한국전쟁사』 개정판 제1권 「행정부의 이동」(p615)

### 선조의 몽진(蒙塵) 행차

앞에 든 『징비록』에서 임금의 피난행차를 요약 정리해 본다.

"4월 30일 새벽, 임금이 서쪽으로 피난하시다.

신입이 서울을 떠난 뒤로 서울 사람들은 날마다 승첩(勝捷) 보고가 오기만 기다리고 있었다. 전날(4월 29일) 저녁 때 전립을 쓴 군인 세 사람이 말을 달려 숭인문(崇仁門)*으로 들어오기에 성내 사람들이 앞을 다투어 전선 소식을 물었더니 대답하기를

'나는 바로 순변사(都巡邊使 신입) 군관의 하인입니다. 어제 순변사께서는 싸움에 패하여 충주에서 전사하고 많은 군사들은 크게 무너졌습니다. 우리들은 몸을 빼쳐 홀로 오는 길입니다. 돌아가 집사람들에게 피란하라고 알리려고 합니다.' 하였다.

> ※ 흥인지문(興仁之門-동대문)인지 숭례문(崇禮門-남대문)인지 분명치 않다. 신입의 군관이면 충주 방면에서 온 것으로 보아야 하고 그 길은 지금의 3번 국도와 같은 코스다. 이천~광주를 거쳐 잠실대교 쪽으로 들어와서 성동구청~동대문(흥인지문)으로 들어오게 된다.

듣는 사람들이 몹시 놀라 지나가는 곳마다 서로 전하여 알리니 당장에 온 성안이 모두 진동하였다.

초저녁 때 재상들을 불러 피란할 일을 의논하는데 대신이 아뢰기를

'사세가 이에 이르렀으니 임금께서 잠시 평양에 나가시어 명나라에 구원병을 청하여 수복하기를 도모하게 하옵소서.'

하였다. 조금 뒤에 이일의 장계가 왔다. 그러나 궁중의 위사(衛士)들이 다 흩어졌기 때문에 밤의 시각을 알리는 경루(更漏)의 북이 울리지 않는 상태였다. 선전관청에서 횃불을 얻어다 놓고 장계를 열어 읽어보니

'적이 오늘 내일에 응당 도성에 들어갈 것입니다.'

하였다. 장계가 들어온 지 한참 만에 임금의 행차가 출발하였다. 삼청[三廳-내금위(內禁衛), 우림위(羽林衛), 겸사복(兼司僕)]의 금군(禁軍)이 다 달아나 숨어버리고 어둡고 캄캄한 가운데서 일행은 서로 부딪치곤 하였다.

돈의문(敦義門-서대문)을 나와 사현(沙峴)에 이르니 동쪽이 밝기 시작하였다. 성중을 돌아다보니 남대문 안 큰 창고에 불이 일어나 연기와 불꽃이 이미 공중에 치솟고 있었다. 사현을 넘어 석교(石橋)에 이르니 비가 내렸다.

경기감사 권징(權徵)이 와서 호종하였다. 벽제역에 이르니 비가 많이 와서 일행은 모두 비에 젖었다. 임금이 역에 들어갔다가 조금 뒤에 곧 나오셨다.

여러 관원들 중에는 이곳에서 도성으로 도로 들어가는 자가 많았으며, 시종과 대간(臺諫)들도 이따금 뒤에 떨어지고 오지 않는 자가 많았다. 혜음령(惠陰嶺)을 지날 무렵에는 비가 들이붓듯 쏟아졌다. 궁인들은 약한 말을 타고 물건으로

낯을 덮고 울부짖으며 갔다.

　마산역(馬山驛)을 지날 때 사람들이 밭 가운데 있다가 바라보고 통곡하여 말하였다.

　'국가가 우리를 버리고 가니 우리들은 무엇을 믿고 살란 말인가!'

　강을 건너고 나니 이미 날이 어두워져서 빛을 분간할 수 없었다. 임진강 남쪽 산기슭에는 예전부터 도승(渡丞) 청사가 있었다. 적이 그 재목을 가져다가 뗏목을 만들어 강을 건널 것을 염려하여 태워 버리라고 명령하였더니 불빛이 강물 북쪽에 비쳐서 길을 찾아갈 수 있었다.

　초경에 동파역에 이르니 파주목사 허진(許晉)과 장단부사 구효연(具孝淵)이 지대차사원(支待差使員)으로서 그곳에 있었다. 임금께 올릴 음식을 약간 준비하였는데 호위하는 사람들이 종일 굶고 왔기 때문에 마구 부엌 안에 뛰어 들어가 훔치고 빼앗아서 먹으니 장차 임금께 올릴 것이 없게 되었다. 진과 효연이 두려워서 도주하여 버렸다.

　5월 초하루 아침에 대신을 인견하고 남쪽지방 순찰사 중에 능히 근왕(勤王)할 자가 있는가를 물었다. 날이 늦어서 임금의 행차가 개성을 향하여 떠나고자 하였으나 경기의 아전과 군졸들이 다 도망쳐 흩어졌으므로 호위할 사람이 없었다. 때마침 황해 감사 조인득(趙仁得)이 그 도의 군사들을 거느리고 장차 들어와 구원하려고 하였는데 서흥부사(瑞興府使) 남의(南嶷)가 먼저 도착하였다. 마침 군사 수백 명과 말 5~60필이 있어서 비로소 출발할 수 있었다.

　막 출발하려는데 사약(司鑰) 최언준(崔彦俊)이 나와 말하기를

　'궁중 사람들이 어제 먹지 못하고 오늘도 또 아직 먹지 못하였습니다. 쌀을 조금만 얻어서 요기하게 한 뒤라야 갈 수 있겠습니다.'
하였다.

　남의 군인들이 가진 양곡 속에서 쌀과 좁쌀이 섞인 것 두세 말을 찾아내어 들

여왔다. 정오에 초현참(招賢站)에 이르니 조인득이 와서 임금께 현신(見身)하려고 길에 장막을 설비하고 맞이하였다. 모든 관원들이 비로소 음식을 얻어먹을 수 있었다.

2일 대간들이 계속 계청하니 수상은 파면되고 내가 승진하여 수상이 되었다. 최흥원(崔興源)이 좌상이 되고 윤두수(尹斗壽)가 우상이 되었다.

나(류성룡)는 나라 일을 그르쳤다는 죄로 파면되었다. 유홍(兪泓)이 우상이 되고 최흥원, 윤두수가 차례로 승진하였다.

5월 초 3일에 적이 서울에 들어오니 유도장(留都將) 이양원(李陽元)과 원수 김명원(金命元)은 모두 달아나 버렸다."

선조는 7일 평양에 들어갔고, 6월 11일 평양을 떠나서 22일 조선 땅의 끝 의주에 도착하였다.

### 무엇이 다른가?

남과 북 방향이 반대인 것이 다르다. 하나는 남쪽으로부터 침략을 받아 북쪽으로 피난을 갔고, 다른 하나는 북쪽으로부터 침략을 받아 남쪽으로 피난을 갔다.

두드러지게 다른 것이 있다. 하나는 이민족의 침략을 받은 것이고 다른 하나는 동족의 침략을 받은 것이다.

입만 벙긋하면 들먹이는 그 죽도록 좋아하는

'같은 민족'이 쳐들어 와서 '같은 민족끼리' 맞붙어 죽도록 싸웠다.

하나는 가마(御駕)를 타고 피난을 했고, 다른 하나는 기차를 타고 피난했다. 시대가 달라서 다른 것이고 당시로서는 각각 가장 좋은 교통수단을 이용했다. 격에 맞지 않게 초라한 몰골은 꼭 닮았다고 해야겠다.

한 나라의 제왕과 한 나라의 대통령이 공전절후한 고초를 겪었다.

둘 다 수도가 적도(賊徒)의 손에 들어갔고, 왜구(倭寇)와 적구(赤狗)가 온 나라를 싹쓸이했다. 우방국의 원군이 도와서 회복한 것도 같다.

둘 다 이긴 쪽도 없고, 진 쪽도 없다. 무승부로 끝났다. 그래서 남을 침략하여 무진 고통을 주고도 뻔뻔스럽게 큰 소리치고 있는 것이 같다.

굳이 다른 것을 찾는다면 선조는 국란의 책임을 물어 대신을 파직했고, 이승만 대통령은 누구에게도 책임을 묻지 않았다.

### 왜군은 얼레빗! 명군은 참빗!! 북한군은?

12월에 제독 이여송이 군사 4만을 이끌고 압록강을 건너왔다.

명군은 1593년 7월 19일 평양을 공격하였다가 대패하였고, 또 이듬해 정월 24일 벽제 전투에서 제독 이여송이 대패했다.

명군은 진실로 왜군과 싸우기를 두려워하여 나아가지 않았다.

벽제에서 패전한 이여송이 동파로 퇴군하려고 하였다. 도체찰사 류성룡이 우의정 유홍, 도원수 김명원, 순변사 이빈(李薲) 등을 거느리고 제독의 처소에 찾아가서 퇴군을 극력 반대하여 말하였다.

"'이기고 지는 일은 병가에서는 항상 있을 수 있는 일입니다. 마땅히 형세를 살펴서 다시 진격해야 할 것입니다. 어째서 가볍게 움직이려고 합니까?'

하니 제독이 말하기를

'우리 군사는 어제 적을 많이 죽였으며, 싸움에 실패한 일은 없습니다. 다만 이곳의 지세가 비가 온 뒤에는 진창이 되어서 군사가 주둔하기에 불편한 까닭에 동파로 돌아가서 군사들을 휴양시킨 뒤에 진격하려 할 뿐이요.'

하였다. 나와 여러 사람들이 굳이 반대하니 제독이 명나라 황제에게 올리는 주본(奏本)의 초고를 내보였다. 그 안에

'서울에 있는 적병 수가 20여만 명이나 됩니다. 많은 적병을 적은 우리 군사가 대적할 수 없습니다.'

라고 한 구절이 있고, 또 말미에 말하기를

'신은 병이 매우 무거우니 청컨대 다른 사람으로서 임무를 대신하게 하시옵소서.'

라고 하였다. 나는 놀라서 손으로 지적하면서 말하기를

'적병은 매우 소수입니다. 어찌 20만이 있을 수 있습니까?'

하니 제독이 말하기를

'내가 어찌 알 수 있겠소. 바로 당신 나라 사람이 말한 것이오.'

하였다.

명나라 장수 여럿 중에서 장세작(張世爵)이 가장 제독에게 퇴병하기를 권하였는데 우리들이 굳이 반대하며 물러가지 아니하니 세작은 발로 순변사 이빈을 차며 물러가라고 질책하는 얼굴 빛과 말소리가 모두 성이 나있었다.

…… 하루는 여러 장수들이 양식이 떨어졌다고 핑계하여 제독에게 회군하기를 청하였다. 제독이 성을 내며 나와 호조판서 이성중(李誠中)과 경기좌감사 이정형(李廷馨)을 불러 뜰 아래 꿇어앉히고 큰소리로 힐책하면서 군법을 시행하려고 하였다. 나는 사과하기를 마지 못하였으며 ……"

1594년 4월 7일 제독이 군사를 거느리고 평양에서 개성에 돌아왔다.

"이때부터 제독은 계속 사람을 보내 왜에 왕래하는 자가 서로 잇달았다. 어느 날 내가 원수(김명원)와 함께 제독에게 가서 문안하고 동파로 돌아오는 길이었다. 초현리(招賢里)에 이르렀을 때 명나라 기병 세 명이 말을 타고 뒤에서 달려오면서 큰소리로

'체찰사가 어디 있소?'

내가 대답하기를

'나다.'

하였더니 말을 되돌리라고 소리쳤다. 그리고 손에 쇠사슬을 쥔 한 사람이 긴 채찍으로 나의 말을 함부로 치며

'빨리 달려라, 달려!'

하는 것이었다.

나는 무슨 일인지도 알지 못하고 다만 말을 달려 개성으로 향하여 달릴 수밖에 없었다. 그 사람은 뒤에서 채찍질을 그치지 아니하였다.

…… 청교역(靑郊驛)을 지나서 막 토성(土城) 모퉁이에 이르렀을 때 또 명나라 기병 하나가 성 안으로부터 말을 달려 나왔다. 세 사람의 기병에게 무어라 수군거렸다. 이에 세 사람의 기병은 나에게 읍하고 말하기를

'가서도 좋습니다.'

하였다. 어리둥절하여 무슨 일인지 추측할 수 없는 채 돌아왔다.

사연은 이러했다.

제독이 신임하는 하인이 밖에서 들어와 제독에게 말하기를

'류 체찰이 강화하는 것을 좋아하지 아니하여 임진강의 배들을 죄다 치워 버려서 왜병의 진영에 사자를 통하지 못하게 하였습니다.'

제독이 갑자기 성을 내며 나를 잡아다가 곤장 40대를 치려고 하였다. 내가 아직 도착하기 전에 제독은 눈을 부릅뜨고 팔을 휘두르면서 앉았다 섰다 하니 좌우가 모두 겁내며 떨고 있었다. 한참 후에 이경(李慶)이 이르니 제독이 묻기를

'임진강에 배가 있더냐?'

하였다. 경이 대답하기를

'배가 있어서 왕래하는데 아무런 장애도 없었습니다.'

하였다. 제독이 즉시 사람을 시켜 나를 쫓아가는 자를 중지시키고 하인이 거짓

말을 하였다고 하여 곤장 수백 대를 쳐서 기절한 뒤에 끌어내었다."(앞 『징비록』에서 발췌 인용)

명군을 접대하는 일이 이와 같았다. 일국의 재상을 꿇어앉히고, 곤장을 치려고 하고, 순변사를 하급 장수가 발로 걸어찼다.

원군 4만 명을 몇 년 동안 먹여 살리는데 나라의 허리가 휘었다. 모든 군수지원을 조선이 감당했는데 조금만 성에 차지 않으면 그 행패가 이와 같았던 것이다. 또 전쟁이 끝난 후에 보은으로 엄청난 조공을 바쳤다.

원군이란 것이 민패가 심하여 백성들의 재물을 약탈하고 부녀자를 겁탈하는 것이 왜군보다 더 했다. 그래서

왜군은 '얼레빗', 명군은 '참빗' *

이란 말이 지금까지 전해 온다.

왜군은 대강 긁어 남긴 것이 있었고, 명군은 싹쓸어갔다는 말이다.

> * 얼레빗은 살이 굵고 성긴 큰 빗이다. 여자의 긴 엉킨 머리를 대충 고르는데 쓴다. 요즈음 빗 구조와 흡사하다. '참빗'은 살이 가늘고 촘촘하여 빈틈이 없게 조밀하며 손바닥에 들어갈 정도로 작고, 양쪽으로 빗살이 있다. '얼레빗'으로 대충 빗은 후에 참빗으로 빗는다. 더 곱게 빗기 위해서다. 함께 머릿속에 박혀 있는 이나 서캐는 물론 미세한 먼지까지도 훑어낸다. "참빗으로 훑듯 한다."는 말이 그래서 생겼다. 빗살은 대나무를 미세하게 깎아서 만들었다.

### 북한군은 무엇인가?

제4권 제7장 인민공화국을 읽어보고 독자가 판단하기 바란다.

## 제2절 군 개편과 전선 조정

### 1. 제1차 군 개편

**총참모장 정일권 소장**

6월 30일 정일권 준장이 육군총참모장 겸 육해공군총사령관에 임명됐다. 그리고 7월 1일 소장으로 진급했다.

그는 곧 수원에 있는 육군본부로 가서 채병덕 총참모장과 임무를 교대했다.

정일권 소장은 참모차장으로 있으면서 도미유학 명목으로 1950년 4월 하순 미국 시찰길에 올랐다가 6월 30일 귀국했다. 미국에 간 진정한 목적은 미국 국방부 요로에 38선의 긴박한 위기 상황을 구체적으로 설명하고 군사원조가 얼마나 시급한가를 납득시키는 것이었다.

그 해 1월 12일 미 국무부장관 애치슨은 워싱턴 내셔날프레스클럽에서 "자유중국은 우리 방위권 외에 있다. 그리고 한국도 미국 방위선의 전초지점에서 제외되었다."

고 선언하여 한국은 물론 미국 여론까지 들끓게 하였다.

대한민국은 발가벗겨진 채로 이리떼가 들끓고 있는 허허벌판에 버려진 고아 신세가 되었고, 호시탐탐 적화 야욕에 불타고 있는 적구(赤狗) 김일성이 쳐들어 올 경우 그대로 잡아먹히고 말 운명에 처해져 있었다.

스탈린을 고무시켰고, 김일성은 쾌재를 불렀다.

이를 타개하고자 정일권 장군이 미국에 갔던 것이다. 6월 중순 급히 귀국하라는 국방부 장경근 차관의 전보를 받고 급거 귀국길에 올랐다. 그러나 비행기편이 여의치 않아 참모대학이 있는 포트베닝에서 하와이까지 오는데 사흘이 걸려 23일 하와이 호놀룰루에 도착했는데 때 마침 그곳에서 해군 총참모장 손원일(孫元一) 제독을 만났다.

정일권 소장

손원일 제독은 산디아고 군항에서 함정을 인수하여 귀국하던 길에 진주만에 입항한 것이다. 진주만은 미 태평양함대의 모항이다. 이 거대한 군항에 태극기를 단 우리 함정을 우리 해군 승조원들이 조종하여 입항했고, 교민들은 갓난아이까지 태극기를 들고 나와 환영했다. 진주만은 때 아닌 태극기의 물결이 일었다. 해군 장병들은 흥분을 감추지 못했다.

다음 날 저녁에는 호놀룰루 주재 김용식(金溶植) 공사 사저에서 환영 만찬이 열렸다. 잔디가 깔린 넓은 정원에 모인 교민들과 해군 장병들은 화기애애한 환담에 시간 가는 줄 몰랐다. 이때 외무부로부터 김용식 공사에게 보내온 전문이 전달되었다.

"6월 25일 새벽 4시, 북괴군 38선 전역에서 남침 개시."

공교롭게도 이 전쟁을 지휘할 육군과 해군의 총사령관이 이역만리 이국 땅 한 자리에서 조국의 침략 소식을 들었다. 날벼락 같은 소식에 말을 잇지 못했다. 순간 만찬장은 숙연해졌다. 잠시 후 누가 먼저랄 것도 없이 애국가가 울려 퍼졌고, 우는 사람과 기도하는 사람이 눈에 띄었다.

정일권 차장은 이틀 후에 맥아더 원수가 주선해 준 미 극동군의 C-54형 수송기를 얻어 타고 29일 수원비행장에 이르렀는데 기상 악화로 착륙하지 못하고 일본으로 되돌아가서 하룻밤을 지새우고 30일 도착했다.

비행기편이 없어서 호놀룰루에서 이틀을 허송했다. 이승만 대통령이 맥아더 원수에게 부탁하여 맥아더 원수가 보낸 비행기를 타고 온 것이다.

맥아더는 이렇게 명령했다.

"한국 육군참모차장을 수원비행장까지 지급으로 당도케 하라." 주)

한편 손원일 제독은 인수한 함정을 타고 7월 8일 진해항에 도착하였다. 얼마나 조급하고 속이 탔을까?

『정일권 회고록』 p137

정일권 준장은 귀국 당일 수원에서 상황을 청취하고 전선을 시찰하는 등 정신 없이 돌아다니다가 대통령 호출을 받고 숨 돌릴 사이도 없이 대전으로 달려갔고, 저녁 늦은 시간에 이승만 대통령으로부터 육군총참모장 겸 육해공군총사령관이라는 대임의 명령을 받았다. 당시 대통령은 충청남도 지사관사에서 집무하고 있었다. 소위 임시 경무대였다.

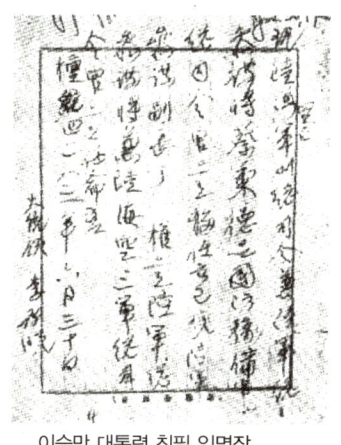

이승만 대통령 친필 임명장

이승만 대통령 친필 임명장
現 陸海空三軍總司令官 兼 陸軍總參謀長 蔡秉德은 國防豫備軍 總司令官으로 移任하고 現 陸軍 參謀副將* 丁一權을 軍總參謀長 兼 陸海空三軍總司令官으로 任命함
　　檀紀 四二八三年 六月 三十日
　　　　　大統領 李承晩

＊ 참모부장은 참모차장의 착오다.

정일권 소장은 이렇게 회고했다.

이 대통령은 나의 군복 어깨에 소장 계급장을 달아주고 나서,

"부탁하오. 정 장군. 이것은 대통령으로서 나만의 부탁이 아닙니다. 우리 국군 전 장병 그리고 국민 모두의 부탁임을 명심해 주기 바라는 바입니다. 어제 다녀간 맥아더 장군도 크게 기대한다고 했습니다. 앞으로 그의 군대가 오면 잘 협조해 주시기를 기대하는 바입니다."

하고 간곡히 말했다.

가슴 치는 충격과 함께 '대한민국 나의 조국'을 벅차게 느끼는 순간이었다.

시각은 이미 7월 첫날의 0시를 지나고 있었다. 이 시각부터 모든 작전을 주재하고 책임져야 한다.(『정일권 회고록』 p137)

정일권 총장은 ADCOM(극동사령부전방지휘소)으로 처치 준장을 찾아가서 국군 재정비와 장비 보충, 작전 구상 및 전선 조정에 대하여 협의했다.

미 지상군 선견대(先遣隊)가 일본 이타쓰케(板付)기지를 출발하여 부산으로 공수 중에 있었다.

정일권 총장과 처치 준장 간에 합의한 작전 구상 요지는 다음과 같다.

(1) 국군은 가능한 한 한강전선을 오래 지탱한다.

(2) 상황 진전에 따라 적을 경부국도 연변에서 축차(逐次) 저지하면서 미 제24사단 진출을 엄호한다.

(3) 미 제24사단이 진출한 다음에는 미군은 경부국도를 중심으로 서부 지역을 맡고 국군은 그 이동 지역을 맡는다.

(4) 한·미 양군의 최초 저지선은 가장 폭이 좁은 울진~충주~안성~평택선으로 한다.

(5) 이 선에서 적을 저지하면 미 극동군총사령관은 인천상륙작전으로 적

을 포위 섬멸한다.

이 구상에 따라 처치 준장은 2일 대전에 도착한 미 지상군 선견대를 안성~평택선에 배치하였다.

정일권 총장은 대전에서 정비를 마친 제17연대를 같은 날 평택으로 전진시켰고, 시흥지구전투사령관에게

"미군의 전선 투입을 위한 시간 여유를 얻기 위하여 지연전을 펴면서 평택 부근으로 집결할 준비를 하라."

는 명령을 내렸다.

이보다 앞선 6월 28일 오전에 채병덕 총장은 작전국장 장창국 대령을 원주에 있는 제6사단 사령부에 파견하여 제6과 제8사단장에게

(1) 제8사단은 원주로 이동하여 원주를 확보하라.

(2) 제6사단은 1개 연대로 제8사단의 전진을 엄호한 후 작전지역을 제8사단에 인계하고 충주로 전진하여 장호원~이천선을 엄호하라.

는 작전 명령을 하달하였다.

3일 제6사단 제19연대가 이천 부근에서 접적이 시작됐고, 경부국도변은 판교~군포선까지 전선이 밀려 있었으므로 시흥지구전투사령부는 철수 준비를 하고 있었다.

이 무렵 참모부장 김백일 대령은 사단 재편성과 부대 재배치 계획을 수립하고 있었는데 7월 4일 적이 예상 밖으로 빨리 수원에 접근하는 바람에 계획을 서둘러 마무리하고, 각 사단에 구두로 통보하여 개편 대상부대를 평택으로 이동하도록 하면서 사단장만을 집합하도록 전달하고 육군본부 철수 준비를 서둘렀다.

### 제1군단 창설과 사단 개편

7월 5일 0시 제1군단을 창설하고 군단장에 김홍일 소장을 임명했다.

군단 창설의 필요성은 6·25개전 초기에 대두되었다.

제1차로 의정부 전선에 집결한 3개 사단을 통합지휘하기 위하여 의정부지구사령부를 설치한 일이 있었고, 29일에는 한강선방어작전을 총괄 지휘하기 위하여 시흥지구전투사령부를 설치한 후 경부국도연변의 작전을 통합지휘하여 현재에 이른 것이다.

제1군단을 당장에 발족할 수 있었던 것은 시흥지구전투사령부가 있었기에 가능했고 어느 의미에서는 제1군단은 시흥지구전투사령부의 이름을 바꾸어 놓은 것에 지나지 않는다고도 볼 수 있다.

부군단장에  유재흥 준장
참모장에    최덕신 대령
인사참모에  김웅수(金雄洙) 대령
정보참모에  이종국 중령
작전참모에  김종갑 대령
군수참모에  이창일(李昌一) 중령(7일 박병권 대령으로 교체)

유재흥 준장

이 각각 임명되었다. 시흥지구전투사령부 참모가 그대로 옮겨 앉았다.

같은 날 수도경비사령부와 제2, 제3, 제5, 제7사단을 제2사단, 수도사단으로 개편하고 제1사단과 함께 제1군단에 예속시켰다.

제1사단은 존속했고 제3*, 제5, 제7사단은 해체하였다.

제7사단은 의정부와 미아리 전선에서 병력 손실이 많았고, 나머지 병력마저 한강이남으로 철수하는 과정에서 분산되어 사단으로서의 건제를 유지할 수 없었다. 또 제3사단과 제5사단 그리고 수도경비사령부는 병력 손실이 많기도 하였지만 당초에 사단 독자적으로 전투를 수행하지 아니하고 예하 부대를 연대 또는 대대 단위로 분산하여 전선사단에 배속함으로써 이미 사단의 지휘 기능을 상실한 상태에 있었다.

비교적 건제를 유지하고 있는 사단을 존속시키고 그렇지 않는 사단은 해체하여 존속하는 사단에 흡수시켰다.

제1사단 사단장 백선엽 대령
  제11연대, 제12연대, 제13연대
    제5사단 제15연대를 제13연대에 편입
    제3사단 제22연대를 제12연대에 편입
제2사단 사단장 이한림 대령
  제5연대, 제16연대, 제20연대
    제20연대 제5사단에서 흡수
    제2사단 제25연대를 해체하여 각 연대에 편입
수도사단 사단장 이준식 준장(7월 7일부터 김석원 준장으로 교체)
  제1연대, 제8연대, 제18연대
    제1연대 제7사단에서 흡수
    제8, 제18연대 수도경비사령부에서 흡수
제7사단 제3, 제9연대를 해체하여 각 연대에 편입
제17연대와 기갑연대는 육군본부직할 독립연대로 존속

중·동부 전선에서 선전하면서 비교적 건제를 유지하고 있는 제6사단과 제8사단은 개편 대상에서 제외하여 육군본부 직할 사단으로 두었다.

> ✽ 제3사단은 과연 해편되었는가? 국방부『한국전쟁사』개정판 제1권의 기술
>   제3사단은 6월 26일 제22연대를 제1사단에 증원하고 제23연대와 독립 제1대대 및 영등포학원을 지휘하여 울진 방면 저지전을 시작으로 영덕~강구, 포항 전투에 이르

> 기까지 단 하루도 공백 없이 제3사단 단대명을 가지고 전투를 지휘했다.
> "7월 4일. 평해에서 철수한 제23연대를 영해로 수용한 사단은……제22연대의 조속한 복귀를 육군본부에 요청……영등포학원을 독립 제1대대에 배속"
> "육군본부는 7월 9일 현재……철수 중인 제22연대의 조속한 원대 복귀를 명령함과 아울러……"(p582, 583)라고 기술하여 제3사단의 계속성이 확인된다.
> 제3사단은 7월 5일 해편되었다가 7일 재편성한 것으로 되어 있다. 제22연대가 제1사단에 편입되었다는 것 외에는 해편으로 볼 만한 근거는 없다.
> 제22연대의 경우도 "5일 평택에 이르렀을 때 동 연대가 개편 계획에서 제외"(같은 개정판 제2권 p144)라고 하여 제1사단에 편입된 사실을 부정하고 있다.
> 제22연대는 7월 3일 풍덕천에서 제1사단에 수용(p754)된 후 제1사단의 작전통제를 받아오다가 제3사단으로 복귀한 것으로 보아야 한다.(다음 「제2차 군 개편」* 참조)
>
> 참고문헌: 국방부 『한국전쟁사』 개정판 제2권 「군단의 편성」(p119)

### 전선 조정

미군이 참전하고 제1군단이 창설됨에 따라 작전을 효과적으로 수행하기 위하여 전선을 조정하고 다음과 같이 각 사단에 이동 명령을 내렸다.

⑴ 제1군단은 7월 6일 24시까지 이동 완료하고, 적을 저지 격파하라.

　㈎ 수도사단은 차량 편으로 성환~입장~진천으로 진출하여 제6사단 제19연대를 통합지휘한다.

　㈏ 제1사단은 철도와 차량 편으로 조치원~청주~음성에 진출하여 제6사단 제7연대를 통합지휘한다.

　㈐ 제2사단은 철도편으로 조치원~청주~증평으로 진출한다.

⑵ 제6사단은 제7, 제19연대로 제1군단의 이동을 엄호하면서 7월 6일 24시까지 해당 사단지역에 이동한다.

⑶ 17연대는 조치원으로 이동하여 군 예비가 된다.

각 사단은 재편성에 앞서 5일 밤까지 다음 지역에 집결해 있었다.

수도사단은 평택 동쪽 2km 지점 합정리(蛤井里)에,

제1사단은 성환 북쪽 2.5km 지점 대홍리(大弘里)에,

제2사단은 평택서 남쪽 4km 지점 객사리(客舍里)에

사단 개편 작업 중에 적이 예상 밖으로 빨리 평택~안성 부근까지 진출하자 육군본부는 대전으로, 제1군단사령부는 청주로 이동하면서 구두로 재편성 명령을 전달하는 바람에 각 사단은 개편된 연대를 완전히 장악하지 못한 채 목적지로 떠나야 했었다.

이 무렵 도미유학 대기 중이던 강문봉 대령이 작전국장에 복귀했다.

### 각 사단이 이동 전후에 장악한 병력 현황

( )은 도착지

| 구 분 | 수도사단 | 제1사단 | 제2사단 | 제17연대 |
|---|---|---|---|---|
| 출발시 | 약 2,500명 | 약 4,000명 | 약 1,600명 | |
| 도착시 | (진천) 7,855명 | (음성) 5,063명 | (증평) 6,845명 | (진천) 1,400명 |

자료 : 국방부 『한국전쟁사』 개정판 2권 p122

새로운 전선으로 전진하는 국군

7월 5일 03시 미 지상군 선발대인 제24사단 제34연대의 스미스특수임무부대가 오산전선에 투입된 것을 비롯하여 같은 날 제34연대 주력이 평택~안성선에 진출하였고, 다음 날 6일에는 제21연대가 천안선에 합류하는 등

미 제24사단의 주력이 경부축선에 전개되었다.

6월 30일 ADCOM이 수원으로 이동하였다.

7월 4일 육군본부는 평택에서 수원으로 이동하였고, 다음 날 임시지휘소를 평택군청에 설치하여 통신, 공병 등 미군 작전에 직접 협조할 수 있는 요원만 남기고 후방제대는 대전으로 이동했다.

## 2. 제2차 군 개편

### 사단 재건과 신설

계속 쫓기는 불리한 전황에 따라 주 전장 이동이 계속되었고 3개 사단 해체로 예비전력 확보가 어려워지자 이의 대비책과 함께 후방지역 방위가 긴급하여 사단 증설이 필요하게 되었다.

이러한 요구에서 3개 사단을 해체한지 이틀만인 7월 7일 제3, 제5, 제7의 3개 사단을 재편성하고 다시 제9사단을 창설하기에 이르렀다.

| 사단(위치) | 사단장 | 소속 연대(주둔지) | |
|---|---|---|---|
| 제3사단 (대구) | 유승렬 대령 | 제23연대 (대구)* | 제22연대 (포항)* |
| 제5사단 (광주) | 이형석 대령 | 제26연대 (광주) | 제15연대 (여수) |
| 제7사단 (전주) | 민기식 대령 | 제3연대 (전주) | 제9연대 (남원) |
| 제9사단 (부산) | 이종찬 대령 | 제25연대 (부산)* | 제27연대 (마산) |

* 제22연대, 제23연대, 제25연대의 소속사단
  7월 7일   사단 재건 및 신설(국방부 『한국전쟁사』 개정판 제2권 p135)
               제3사단 제23연대(대구) 제25연대(포항)
               제9사단 제22연대(부산) 제27연대(마산)
  7월 24일 제2차 사단 개편(앞 같은 p140)
               제3사단 제22연대(제1, 제2독립대대를 편입) 제23연대

> 제22연대, 앞 제1군단 창설과 사단 개편(「제3사단은 과연 해편되었는가?」 참조)
> "7일에 국본 일반명령으로 부산에서 재건키로 한 동 연대(제22연대)는 17일에 제8교육대로 흡수되고 원부대가 그 정통성을 잇게 되었다."(같은 p136)
> 제3사단 소속 제22연대는 제1사단 제12연대에 통합(사실상 건제유지)되었고, 제2사단 소속 제25연대는 해체하여 각 사단에 통합되어 없어졌다. 사단을 재건하면서 제22연대를 제9사단 소속으로 부산에, 제25연대를 제3사단 소속으로 포항(앞 같은 p136)에 각각 재건하기로 하였다가 제22연대가 원 소속인 제3사단으로 복귀하게 되자, 제22연대의 창설을 취소하고 그 대신 제3사단 소속으로 포항에 창설하기로 한 제25연대를 부산에 창설하여 제9사단에 예속한 것으로 보인다.
> 제3사단 제25연대, 제9사단 제22연대는
> 제3사단 제22연대, 제9사단 제25연대의 착오로 보여 바로잡았다.
> 호남 지구 전황에서 제23연대를 제9사단으로 기술(앞 같은 p759)한 것은 제25연대의 착오다. 제23연대는 울진~영덕 방면에서 전투를 계속했다. 7월 7일 사단재건 때 제3사단 소속으로 복귀한 것으로 문헌은 기술했다.(앞 「제1차 개편」 * 참조)
> "嶺南編成司는……제9사단의 제25연대(포항)와 제27연대(마산)의 창설만을 추진하게 되었다."(앞 같은 p139)에서 (포항)은 (부산)의 착오다.

위 4개 사단에 예속된 각 연대 연혁을 살펴본다.

### ▎제23연대

개전 당시 제3사단 소속으로 부산에 본부를 두고 부산, 마산, 평해(울진군 평해읍) 지구에 분산 주둔하고 있다가 6월 30일 울진 방면으로 진출하여 동해안 지구 저지전을 폈다. 해체되거나 재건된 연대가 아니다.

### ▎제25연대

제2사단 소속으로 온양 주둔 중 6·25남침을 당하여 2개 대대가 6월 26일 미아리전선에 투입되었다. 제1차 군 개편 때 제2사단이 기존 제5, 제16연대와 제5사단 제20연대를 흡수하면서 제25연대는 해체하여 위 3개 연대에 편입시켰다.

제1대대(임익순 소령)는 안동과 영덕 지구에서 공비토벌 작전 중 6·25남침을 당하여 연대에 복귀하지 못하고 제3사단장의 지휘를 받아 봉화 지구에서 작전을 실시하였고, 7월 13일 제8사단에 편입되었다.

제9사단을 창설할 때 부산에서 제25연대를 재편성했다.

### ▎제15연대와 제20연대

제5사단은 사령부를 광주에 두고 제15연대가 전주에, 제20연대가 송정리에 주둔하고 있었다. 6·25남침을 당하자 제15연대와 제20연대의 각 제3대대를 문산 제1사단 지역에, 나머지 대대를 미아리 제7사단 지역에 증원하였다가 막대한 손실을 입고 제1차 군 개편 때 사단이 해체되면서 제15연대는 제1사단에, 제20연대는 제2사단에 각각 편입되었다.

제5사단을 재편성할 때 제15연대 잔류 병력으로 여수에 제15연대를 재건하였고, 제20연대 잔류 병력을 기간으로 광주에 제20연대를 재건하여 각각 그 지역 방위와 함께 신병 모집 훈련을 맡았다.

### ▎제3연대

수도경비사령부 소속으로 있다가 6·25남침을 당하자 포천 지구 전투에 투입되었다. 제1차 군 개편 때 제1연대에 편입되어 수도사단에 흡수되었고, 제7사단을 재편성할 때 제3연대 잔류 병력을 기간으로 전주에서 재건하여 전주 지역 방위와 신병모집 훈련을 맡았다.

### ▎제9연대

제7사단 소속으로 포천에서 남침을 맞았다. 전력 손실을 크게 입었고, 제1차 군 개편 때 제7사단이 해체되면서 제1연대에 편입되었다. 편입에서 빠진 간부요원들을 기간으로 남원에서 제9연대를 재건하여 지역 방어업무와 함께 신병모집 훈련을 맡았다.

### ▎제22연대

제3사단 소속으로 대구에 주둔하고 있다가 1개 대대는 육군본부의 직속으로 김포반도로 출동했고, 나머지 2개 대대는 봉일천 제1사단을 부원했으나 제1사단과는 연계하지 못하고 벽제에서 1박한 뒤 시흥으로 철수하였다. 7월 3일 제1사단에 수용되어 풍덕천 전투에 참가하였고, 제1차 군 개편 때 제1사단에 편입되었다가 제2차 군 개편 때 제3사단으로 복귀하여 24일 영덕으로 전진함으로써 정통성을 유지하였다. 제1차 군 개편 때도 제1사단에 편입된 것이 아니라 작전통제만 받은 것으로 보인다. 그래서 제2차 개편 때 복귀할 수가 있었다.

### ▎제27연대

마산에 본부를 둔 제3사단 제23연대 주력이 울진 지구에 출동하고 남은 병력으로 제27연대를 창설하여 마산 지구 방어를 맡았다.

「사단 재건과 신설」 참고문헌 : 국방부 『한국전쟁사』 개정판 제2권 「전투사단의 재건」(p135)

## 편성관구 설치

7월 8일 도쿄에 UN군총사령부가 발족했고, 국내에서는 전라남북도를 제외한 남한 전역에 계엄령이 선포됐다.

같은 날 계엄지역이 아닌 전라남북도의 후방 편성을 강화하고 병력자원을 확보할 목적으로 양도에 편성관구를 설치하였다.

전주에 전북편성관구를 설치하고 사령관에 신태영 소장,

광주에 전남편성관구를 설치하고 사령관에 이응준 소장을 각각 임명하였다. 이와 함께 부산에 가칭 제3군단을 설치하고 10일 군단장에 전 육군총참모장 채병덕 소장을 임명하였다.주)

국방부 『한국전쟁사』 개정판 제2권 p137

제3군단 임무는

첫째, 계엄지구에 산재한 각종 부대를 통제하고,

둘째, 경상남북도에 위치한 육군사관학교를 비롯하여 공병, 통신, 병기, 병참, 헌병 및 남산학교 등 7개 교육 기관을 관장하며,

셋째, 제3사단 재건과 제9사단 창설을 추진하는 것이었다.

7월 12일 함창에 제2군단을 창설하고, 제3군단을 영남편성관구사령부로 개칭하였다. 이는 후방지역 업무만을 관장하게 한 조치로 보인다.

같은 날 전북·전남편성관구의 명칭을 각각 전주지구편성관구와 광주지구편성관구로 바꾸었다.주)

앞 같은 개정판 제2권 p151

7월 17일 4개 편성관구로 개편하여 영남편성관구를 경남편성관구와 경북편성관구로 분리하고 전주지구편성관구와 광주지구편성관구 명칭을 다시 전북편성관구와 전남편성관구로 개칭하였다.주)

앞 같은 개정판 제2권 p138

편성관구의 당면 임무는 후방지원부대를 효율적으로 지휘·감독하고 급격히 늘어나는 병력 자원 수요를 충족하기 위하여 신병을 모집 훈련하는 것이었으나 소기의 성과는 거두지 못했다.

같은 날 서해안지구전투사령부를 설치하여 사령관에 전북편성관구사령관 신태영 소장을 임명하고 전북편성관구 및 전남편성관구와 이 지역에 산재한 군소 전투부대를 지휘 통제하도록 하였다.

금강전선이 무너지면서 적 일단이 서해안으로 우회하여 호남 지역을 위협하였으므로 이에 대비하기 위하여 취한 조치이다.

같은 날 영남편서관구사령관 채병덕 소장을 해임하고 전남편성관구사령관 이응준 소장을 임명하여 경남, 경북의 양 편성관구를 관장하게 하였으나 이응준 소장의 소재가 파악되지 않은데다가 호남 방면 전황이 긴박하였으므로 그대로 두고 부사령관 유승렬 대령이 영남편성관구사령관 직무를 대리하게 한 것으로 알려졌다.주) 국방부 『한국전쟁사』 개정판 제2권 p138

이때 영남편성관구는 경남과 경북편성관구로 분리된 뒤이고, 경남편성관구사령관은 제9사단장 이종찬 대령주)이었으므로 유승렬 대령은 경북편성관구사령관을 대리한 것으로 보아야 한다. 국방부 『한국전쟁사』 개정판 제2권 p758

이 무렵 대규모의 적이 전주 근방까지 진출했다. 이 적이 적 제6사단이라는 것은 그 후에 알려졌다.

7월 21일 전라남북도에 계엄령이 선포되었다.

서해안지구전투사령부는

제7사단 일부 병력으로 편성한 김 부대(김병화 소령이 지휘),

제5사단 제15연대 제1대대로 편성한 이 부대(이영규 중령이 지휘),

제9사단 일부 병력으로 편성한 오 부대(吳德俊 대령이 지휘),

군산~장항 간에서 해군수송선 하역 작업을 엄호하던 해병대 제3중대를 지휘하여 서해안 및 호남 지구 저지전에 나섰다.

또 한강선에서 철수해 온 육군본부 직속 특공대 1개 대대와 기마중대, 전투경찰 3개 대대가 독자적으로 작전을 펴고 있었다.

7월 24일 서남부전선이 전라남도로 넘어가는 것과 함께 서해안지구전투사령부는 유명무실해져서 자동 해체되었다.

이날부터 제7사단장 민기식 대령이 오 부대, 김 부대와 새로 증원된 김성은(金聖恩) 중령이 지휘하는 해병대를 통합지휘하여 민 부대라는 이름으로 미 제24사단과 협조하여 서남부 지역에서 지연전을 폈다.

경남편성관구는 7월 17일 적이 노리고 있는 이른바 '퇴로의 길목' 마산으로 이전하여 호남 지구에서 철수하는 전투부대를 수습하여 지휘통제하고자 하였으나 지휘체계 모순으로 전투부대와는 괴리된 채 제25연대(부산)와 제27연대(마산)의 창설만을 추진하였다.주) <sub>국방부 개정판 제2권 p139</sub>

전선이 낙동강선으로 압축되면서 서남 지구에 산재한 각 전투부대는 독자적인 경로를 택하여 철수하였고, 각 편성관구는 7월 27일부터 8월 1일 사이에 해체되어 제2사단을 근간으로 창설한 대구방위사령부에 편입되었다.

▶ 제8권 「편성관구 설치」 참조

## 3. 제2군단 창설과 제3차 군 개편

### 제2군단 창설

7월 12일 경북 함창(咸昌-상주시 함창읍)에 제2군단을 창설하고 제6사단과 제8사단을 예속시켰다. 군단장에는 참모부장 김백일 대령을 같은 날 준장으로 진급시켜 임명하였다.

참모장에 강영훈 대령, 작전참모에 이주일(李周一) 대령이 각각 임명되었다.

전선이 압축되어 제1군단 전선이 축소된 데다가 육군본부 직할사단인 중부의 제6사단과 제8사단 전선이 죽령 · 조령 · 이화령선으로 전개되어 통제가 어려워졌고, 적은 낙동강 상류의 접근로인 영주~함창선으로 집중될 것이 예상되었으므로 이에 대한 대비책으로 취한 조치였다.

제2군단 창설은 7월 8일 창설한 제3군단과 함께 진행된 것으로 보인다. 제3군단이라는 명칭을 부여할 때 이미 제2군단 창설이 함께 계획된 것임을 암시하는 것으로 참모부장 김백일 대령은 군단, 사단 및 편성관구 창설과 개편 작업을 마무리하고 11일 함창으로 이동하여 군단 입지를 점검한 후 12일 제2군단을 창설하고 군단장에 취임하였다.

7월 12일 현재 육군의 전투부대는 2개 군단, 1개 직할사단 체제로 지휘계통이 정리됐다.

육군본부직할 제3사단 사단장 이준식 준장
 제1군단  군단장 김홍일 소장
  수도사단 사단장 김석원 준장
  제1사단 사단장 백선엽 대령
  제2사단 사단장 이한림 대령
 제2군단  군단장 김백일 준장
  제6사단 사단장 김종오 대령
  제8사단 사단장 이성가 대령
 후방사단
  제5사단 사단장 이형석 대령
  제7사단 사단장 민기식 대령
  제9사단 사단장 이종찬 대령

### 제3차 군 개편

7월 21일 세 번째로 사단 개편이 이루어졌다.

7월 17일 재건한 제5, 제7사단은 편성관구사령부에 폐합되었다. 신설된 제9사단에 대한 기록은 확인되지 않으나 위 두 사단처럼 경남편성관구사령부에 폐합된 것으로 여겨진다.

전력이 약화된 제2사단을 해체하여 대구방위사령부로 전환하고 병력은 나머지 사단에 증강시켰다. 사령관에는 이한림 대령이 임명되었다.

대구방위사령부는 그 후 9월 8일 대구방위 임무는 대구 치안을 담당하는 경찰이 맡는 것이 효과적이라는 판단 아래 경북경찰국에 이양하여 경북경찰국장 조준영(趙俊泳) 경무관이 사령관이 되었다가 이틀 후인 10일 대구방위의 지휘체계 단일화와 함께 보다 적극적인 방위태세를 갖추기 위하여 다시 군으로 환원시키고 사령관에 전시특명검열부 보좌관인 민기식 대령을 임명하였다.

7월 24일 현재 사단 개편 내용과 병력 현황은 다음과 같다.

| 사단 | 병력(명) | 개편 내용 |
|---|---|---|
| 제1사단 | 7,660 | 제11연대 - 제2사단 제5연대 편입<br>제12연대 - 제2사단 제20연대 편입<br>제13연대 |
| 제2사단 | 대구방위사령부로 전환 | 제5연대 - 제11연대에 편입<br>제16연대 - 제8사단으로 예속 변경<br>제20연대 - 제12연대에 편입 |
| 제3사단 | 8,325 | 제22연대 - 제1, 제2독립대대 편입<br>제23연대<br>기갑연대 편입 - 영등포학원 흡수 |
| 제6사단 | 6,570 | 제2연대, 제7연대, 제19연대 |
| 제8사단 | 8,154 | 제10연대<br>제16연대 - 제2사단에서 편입<br>제21연대 - 제25연대 제2대대 편입 |
| 수도사단 | 6,709 | 제1연대<br>제18연대 - 같은 사단 제8연대 편입<br>제17연대 - 배속 |
| 5개사단 | 총계 | 37,418명 |

「제2군단 창설과 제3차 군 개편」, 참고문헌 : 국방부 『한국전쟁사』 개정판 제2권 「제2군단 창설과 사단의 개편」

### 전선 정리

7월 21일 소위 제4단계 작전에 들어간 북한군은

영덕~포항선,

안동~의성선,

상주~군위선, 선산선,

김천~왜관선, 함양선,

진주~하동선 등

6개의 축선을 「형으로 압축하여 압력을 증가하고 있었다.

7월 23일 현재 아군 전선은

동해안에서 영덕~옹천~예천~함창~상주~김천선으로 정면 160km 구간에 8개 사단(국군 5개 사단, 미군 3개 사단)이 전개되어 있었다.

김천~거창~하동선 서남부 120km 정면에는 전남북 지역에서 철수한 건제가 불확실한 군소 부대가 적과 접촉하고 있었을 뿐이었다.

미 제8군사령관 워커 중장은 북한군 대부대가 서남부로 우회 접근 중이라는 정보를 입수하고 부랴부랴 대전 전투에서 대패하여 전투력이 반으로 감소한 미 제24사단을 정비에 들어간 지 하루 만에

지례(知禮-김천시 지례면)~거창~진주선으로 투입하고 오키나와에서 증원된 미 제29연대(2개 대대)를 배속시켰다.

미 제24사단과 진지를 교대한 미 제1기병사단은 김천에서 경부축선을 맡고, 새로 도착한 미 제25사단은 상주 지구에서 국군을 지원하다가 마산의 위협이 증가하자 마산 방면으로 전진했다.

7월 24일 현재 국군 전선은 미군이 맡고 있는 경부축선 동쪽에

제1사단이 함창 방면,

제6사단이 점촌 방면,

수도사단이 안동 방면,
제8사단이 영주 방면,
제3사단이 영덕 방면

에 각각 전개하였다.

7월 20일 육군은 제1사단을 안동 지구로 이동시켜 동해안 지구 제3사단과 함께 제1군단 지휘를 받게 하고 제2군단에는 제6사단과 제8사단을 예속시키며 수도사단을 육군본부 직할사단으로 할 계획이었다가 당시 제1사단이 화령장에서 적 제15사단과 접적 중에 있어 이동이 불가능하였으므로 수도사단을 안동으로 전진시켜 영주 방면에 있는 제8사단과 함께 제1군단에 예속시키고, 제2군단은 중서부 지구 제1사단과 제6사단을 지휘하도록 7월 24일부로 군단 예속을 조정하였다.

## 4. 육군 제2인자 김백일 참모부장

### 군 개편을 주도

군 개편을 실질적으로 주도한 사람은 참모부장 김백일 대령이다.

육군총참모장 정일권 소장은 참모차장으로 있다가 6월 30일 육군소장 진급과 동시에 총참모장이 되었고, 후임 참모차장은 임명되지 않았다.

제2인자 위치에 행정참모부장을 겸하는 작전참모부장이 있었는데 그가 김백일 대령이다.

김백일 대령은 앞에서 본 군단, 사단, 편성관

김백일 대령

구 등의 창설 및 개편 작업을 8일까지 마무리하고 제2군단 창설요원을 대동하고 11일 함창에 이른 후 다음 날 제2군단을 창설하고 자신이 군단장(준장 진급)에 취임했다.

이로 미루어 제2군단 창설 계획과 그의 군단장 임명 내정은 대전을 출발하기 전에 이루어진 것으로 보인다.<sup>주)</sup>　　국방부『한국전쟁사』개정판 제2권 p139

**백선엽『군과 나』(p47)는 이렇게 기술했다.**
　　수원의 한 국민학교로 이동한 육군본부에 들렀을 때 마침 작전참모부장 김백일 대령이 흑판 위에 '국군재편성계획'을 작성하고 있었다. 한강이북에서 결단이 난 부대들을 합병 총합하는 내용이었다. 나는 그에게 "기왕이면 1사단과 5사단을 통합하게 해 달라."고 부탁했다.


1948년 8월 15일 대한민국 정부가 수립되었다.

9월 5일 조선경비대는 육군으로 개칭되었고, 초대 육군총사령관에 조선경비대총사령관 송호성 대령이 그대로 유임하다가 1948년 11월 20일 이응준 대령이 2대 육군총사령관으로 임명되었다.

그 해 11월 30일 국군조직법이 시행되면서 육군총사령부는 육군본부로, 육군총사령관은 육군총참모장으로 개칭되었고, 이응준 대령이 준장 진급과 동시에 초대 육군총참모장에 임명되었다.

이응준 총참모장은 2개 대대월북사건에 책임을 지고 사임했다.

1949년 5월 9일 제2대 총참모장에 채병덕 소장이 임명되었다가 그 해 10월 1일 남북교역사건으로 해임(예비역 편입)되고, 신태영 소장이 총참모장 대리로 임명되었다가 1950년 4월 10일 채병덕 소장이 다시 총참모장으로 복귀하여 6·25남침을 맞았다.

1948년 12월 7일 국방부직제가 제정되면서 육군본부에 참모부장을 신설하여 초대 참모부장에 정일권 대령이 임명되었다.㈜ 국방부 『6·25전쟁사』 ① p371 이때는 참모차장이 없고 참모부장이 총참모장을 보좌하였다.

같은 해 5월 12일 국군조직법을 개정하여 육군본부에 행정, 작전 양 참모부장을 두었고, 초대행정참모부장에 신태영 대령, 작전참모부장에 정일권 준장이 보임되었다.* ㈜ 국방부 『한국전쟁사』 제1권 p271, 272

* 인용문헌은 "동년(1949년) 5월 12일에는 국군조직법에 의거하여 육군본부에 참모부장제를 실시하여 행정, 작전의 양 참모부장을 두었고, 초대행정참모부장에 신태영 대령, 작전참모부장에 정일권 준장이 보임되었다."라고 기술하여 이미 정일권 대령(임명 당시 계급)이 참모부장으로 임명되어 있는데도 불구하고 마치 참모부장제를 신설한 것처럼 기술하였는데 정일권 대령은 국방부 직제에 따라 단일 참모부장으로 임명된 것이고, 그후에 국군조직법을 개정하면서 참모부장제를 국군조직법으로 옮겨 행정·작전을 나눈 것으로 보인다. 이때 참모차장제가 신설된 것으로 보이고, 임명은 하지 않은 것으로 보인다.

행정참모부장 신태영 대령이 국방부 제1국장으로 전임한 후 정일권 1인 참모부장체제로 운영하다가 1949년 5월 9일 이응준 소장 후임으로 신태영 소장이 총참모장대리로 임명될 때 정일권 참모부장이 참모차장으로 임명되었고, 후임 참모부장에 김백일 대령이 임명되었다.

김백일 대령은 육군의 제3인자가 되었는데, 6월 30일 정일권 준장이 육군총참모장으로 승진하면서 참모차장을 임명하지 아니하여 실질적인 육군의 제2인자가 되었다. 그는 육군의 안방 살림을 맡아 군 개편, 사단 증설, 군단 창설, 군 인사 등 군 운영에서 막강한 역량을 발휘했다.

총참모장 정일권 장군은 김백일 대령과는 봉천군관학교 동기생으로 만주군에서 함께 근무하였고, 만주군 대위로 있다가 해방을 맞이하여 함께 월남하였다. 그리고 함께 군사영어학교를 졸업하고 임관하였다.

**군단장이 되기 위한 포석**

김백일 대령은 7월 12일 제2군단을 창설하고 준장 진급과 동시에 군단장이 되었다가 7월 20일 작전참모부장으로 복귀하였고, 그 후 제1군단 부군단장을 거쳐 9월 1일 김홍일 소장 후임으로 제1군단장이 된다.

그가 제2군단장이 된 데는 분명히 말썽이 있었을 것으로 짐작한다.

기라성 같은 선배 장성들이 즐비해 있는데 이를 제치고 사단장 경험도 없는 대령이 일약 군단장에 임명된 것은 사리에도 맞지 않고, 명분도 서지 않으며, 모양새도 좋지 않았다.

1주일 여 만에 참모부장으로 복귀하여 다음 수순을 모색하였다.

제1군단 부군단장 유재흥 준장을 제2군단장으로 전임시키고 그 자리에 자신이 전임하였다. 선임 장군이면서 사단장과 부군단장 경력을 쌓은 사람을 군단장으로 승진시키고 자신은 경험을 쌓는다는 의미로 해석되는 부군단장이 되는 수순을 밟아 모양새를 갖추었다.

얼마 안 있어 김홍일 소장을 밀어내고 제1군단장으로 전임한다.

불과 50일 만에 제2군단장, 작전참모부장, 제1군단 부군단장, 제1군단장 등 4개의 자리를 마음대로 오갔다.

이를 전후한 군 원로들의 거취를 살펴보자.

7월 5일 제1차 군 개편 때 제1군단이 창설되었다. 군단장에 육군종합학교장이면서 시흥지구전투사령관으로 있던 김홍일 소장이 임명되었고, 부군단장에 제7사단장 유재흥 준장이 임명되었다.

육군사관학교장 이준식 준장은 수도사단장이 되었다가 7월 7일 김석원 준장이 수도사단장에 임명되면서 10일 제3사단장으로 전임하였고, 8월 7일 공교롭게도 제3사단장을 또 김석원 준장에게 넘겨주고 후선으로 물러났다. 어디로 갔는지 기록이 보이지 않는다.

제3사단장 유승렬 대령은 7월 9일 영남편성관구사령부 부사령관으로 전임되어 후선으로 물러났다.

제5사단장 이응준 소장은 사단이 해체되면서 물러난 후 7월 8일 신설된 전남편성관구사령관으로 임명되어 후선으로 물러났다.

제2사단장 이형근 준장은 6월 26일 의정부 전선에서 채병덕 총장의 구두 명령에 의하여 해임된 후 무보직으로 있다가 7월 8일 전남편성관구사령부 참모장으로 임명되면서 후선으로 물러났다.

수도경비사령관 이종찬 대령은 건강상 이유로 사단장이 되지 못하고 있다가 부산에 창설된 제9사단장으로 임명되어 후선으로 물러났다.

9월 1일 김백일 준장은 제1군단장이 되면서 제1군단장 김홍일 소장과 함께 그가 지휘할 군단 예하 제3사단장 김석원 준장을 정리했다.

이들 인사에 김백일 대령이 영향력을 행사했다고 볼 수 있는 근거는 발견할 수 없다. 그러나 사단 개편과 군단 창설을 그가 주도한 만큼 인과관계를 완전히 배제하기도 어렵다.

그가 군단장을 하는데 걸림돌이 될 만한 원로들을 후선으로 밀어냈다는 시각이 있고, 그 비난을 면하기가 어려울 것이다.

군사전문가들은 6·25남침 이전에 전투경험을 가진 훌륭한 사단장 감으로 김홍일, 이준식, 김석원 장군을 꼽았었다.

▶ 제2장 제3부 「3. 군 수뇌부 인사 이동」 참조

이들은 6·25남침 후에 장성 계급으로 전투사단을 지휘한 훌륭한 야전 지휘관들이다. 군단장으로 손색이 없는 경륜을 쌓았다.

이들을 제치고 전투사단을 지휘해 본 경험도 없는 대령이 준장 진급과 동시에 제2군단장을 맡은 것이나 다시 전전하여 한 달 남짓 만에 제1군단장에 임명된 것은 납득하기 어렵다.

8월 6일 정일권 총참모장이 수도사단지휘소를 방문하였을 때 김석원 장군이 제3사단장으로 전보된다는 사실을 알려주면서

"새로 군단이 편성되니까 아마 군단장 후보가 될지도 모르겠습니다."
라고 말한 일이 있다.                              ▶ 제4절 3. 「수도사단장 경질」 참조

8월 12일 창설한 제2군단장 후보에 김석원 준장이 거론되었음을 짐작하기 어렵지 않다. 총참모장이 헛말을 하지는 않았을 테니까?

당시 김석원 장군에 대한 국민의 신망은 대단했다. 따라서 여론과 군 내부 분위기도 그런 방향으로 형성되었을 것임을 짐작할 수 있다.

그러나 김석원 장군은 김홍일 장군과 함께 후선으로 물러났다.

### 6. 25당시 장군 및 사단장 이상의 원로급 지휘관들의 거취

(성명 다음은 6·25 당시 계급과 직책, 국군임관 전 경력, 그 후의 직책 순)

신태영 소장　병기행정본부장. 전북편성관구사령관 겸 서해안전투사령관.

　　　　　　일본육사 제26기 일본군 대좌. 특별임관 대령.

　　　　　　총참모장대리.

이응준 소장　제5사단장. 전남편성관구사령관.

　　　　　　일본육사 제26기 일본군 대좌. 군사영어학교 대령임관.

　　　　　　초대 육군총참모장 육군최초의 장성. 제1훈련소장. 참모차장(중장)

채병덕 소장　육군총참모장. 제3군단장. 영남편성관구사령관. 전사.

　　　　　　일본육사 제49기 일본군 소좌. 군사영어학교 대위임관. 군번 2번.

김홍일 소장　참모학교교장. 시흥지구전투사령관. 제1군단장.

　　　　　　중국육군대학 중국군 소장. 특별임관 준장. 군단장(중장)

유재흥 준장　제7사단장. 제1군단 부군단장. 제2군단장.

　　　　　　일본육사 제55기 일본군 대위. 참모차장(중장)

이형근 준장   제2사단장. 전남편성관구 참모장.
             일본육사 제56기 일본군 대위. 군사영어학교 대위임관 군번 1번.
             참모총장, 합참의장(대장).

원용덕 소장   계급 직위 불명. 49년 8월 1일까지 준장 호국군참모장.
             전북편성관구 참모장, 만주군 중좌. 군사영어학교 소령임관.
             헌병총사령관(중장).

김석원 준장   예비역(제1사단장 해임). 수도사단장복직 제3사단장.
             일본육사 제27기 일본군 대좌. 육사 8기 특별반 대령임관.
             전시특별검열관(소장).

이준식 준장   육군사관학교 교장. 제3사단장. 퇴임 후 거취불명.
             중국 운남 광무당 중국군 대좌. 육사 8기 특별반 대령임관.
             육군본부전방지휘소장. 관구사령관(중장).

유승렬 대령   제3사단장. 영남편성관구부사령관.
             일본육사 제26기 일본군 대좌. 육사 8기 특별반 대령임관.
             민사감(소장). 유재흥 준장의 부친.

이형석 대령   호국군사령관. 호남지구전투사령관. 제5사단장.
             일본육사 제45기 일본군 중좌. 특별임관 임관계급 불명.

이종찬 대령   수도경비사령관. 경남지구편성관구사령관 겸 제9사단장.
             일본육사 제49기 일본군 소좌. 특별임관 임관계급불명.
             참모총장(중장).

유재흥 준장만 제1군단 부군단장, 제2군단장 등 지휘관으로 남았고, 나머지 분들은 후선으로 물러앉았다.    ▶ 제8권 「주요지휘관 프로필」 참조

자료 : 국방부 「한국전쟁사」 제1권, 제2권, 한용원 「창군」

## 5. 북한군 침공계획

### 제2단계 침공작전

김일성은 미국이 참전을 결정하자

"미군이 증원되기 전에 한강을 도강하여 영등포~수원~평택 방향으로 진출한 후 영월~제천~충주~안성~평택선을 점령한다." 주)

는 제2단계 작전 강행 방침을 세웠다.    국방부 『한국전쟁사』 개정판 제2권 p109

6월 30일 야간부터 제3, 제4사단이 한강선을 돌파하였고, 7월 3일 영등포를, 4일 수원을 점령하였으며, 5일쯤 투입이 예상되는 미 지상군 선발대와는 평택선에서 조우하는 것으로 진격 속도를 맞추었다.

이에 따라 경부국도변으로 지향한 북한군 주력 제3, 제4사단은 수원에 이르러서 제4사단이 제105기갑사단과 함께 선두에 나서고, 제3사단을 뒤로 돌려 제4사단을 따르게 하였다.

북한군 제6사단과 함께 문산을 거쳐 서울 서쪽으로 침공한 적 제1사단은 저들 제3사단을 따라오다가 금량장(金良場-수원 동쪽 20km 지점)~장호원을 거쳐 제2군단으로 소속이 바뀌면서 홍천으로 침공한 제12사단과 함께 충주로 지향했고, 춘천에서 경춘가도를 따라 침공한 적 제2사단은 양수리에서 한강을 건넌 뒤 제1군단으로 소속을 바꾸고 이천~금량장~죽산을 거쳐 진천으로 방향을 잡았다.

적 제15사단은 적 제2군단예비로 후속하다가 원주 부근에서 일선에 투입되어 동락~음성으로 지향하다가 동락에서 제6사단 제7연대에 의하여 괴멸될 정도의 타격을 입어 김일성으로부터 혹독한 질책을 받았고, 이것이 빌미가 되어 결국은 군단장이 경질되었다.

동해안을 따라 침공한 적 제5사단은 강릉에서 평창~영월과 옥계(玉溪)

~삼척 두 방향으로 진출하여 영월~울진선으로 지향했다.

제1경비여단이 승격한 신편 적 제8사단은 강릉~평창~제천선으로 진출한 후 중앙선을 따라 진출할 것으로 알려졌다.

적 제7사단은 춘천에서 아군 제6사단 제7연대에 대패한 후 재편성과 함께 7월 3일 제12사단으로 사단 이름까지 바꾸고 충주에서 제천으로 방향을 돌려 평창으로 지향했으며 적 제8사단과 합류할 것으로 보였다.

북한군은 개전 초 7개 강습 사단과 1개 기갑여단을 전선에 투입하고 민청훈련소를 개편한 3개 사단을 예비사단으로 하여 2개 사단을 전선에 후속시키고, 1개 사단을 후방에 두었다. 또 개전 직후인 7월 초에 3개 38경비여단을 3개 사단으로 승격 개편하여 제8사단을 중부 전선으로 후속시키고 나머지 제7, 제9사단은 후방에 대기시켜 총 6개 사단의 예비 전력을 확보하였다.

북한군 제2단계 작전의 특징은

(1) 서울 점령 후 전선이 좁아진 서부 제1군단 지역에 서울을 점령한 제3, 제4, 제1, 제6의 4개 사단 중 제4, 제6의 2개 사단을 투입하고, 제1, 제3의 2개 사단은 예비로 후속하다가 제3단계 작전(차령산맥~금강선)에서 추가 투입하여 전력을 극대화하고자 하는 기도를 엿보였고,

(2) 산악지대로 전력 부담이 증가되는 중동부 전선 제2군단 지역에 예비사단인 제15사단과 함께 제1경비여단을 제8사단으로 급편하여 추가로 투입했으며,

(3) 서부전선 제1사단을 중부 지구 제2군단으로, 중부 지구로 진격해 온 제2사단을 제1군단으로 예속을 바꾼 것을 들 수 있다.

북한군 전선 사단은 개전 초와 같이 7개 사단으로 일선 전력에 변화가 없는 것 같이 보였으나 따로 기존 2개 전투사단이 예비로 경부축선을 따라 후속하고 있었으므로 결국 일선에 투입된 북한군 전투사단은 9개 사단으

로 늘어났고, 여기에 기존 2개 예비사단(제10, 제13사단) 외에 다시 제7, 제3 경비여단을 제7, 제9사단으로 승격시켜 예비사단으로 확보하였으므로 북한군의 전력은 13개 전투사단으로 늘어나 있었다.

### 제3단계 침공작전

북한군은

"6일까지 제2단계 작전을 끝냈다."

고 하면서 각 전투사단이 제2단계 침공작전 목표지점에 도달한 것처럼 선동 공작을 펴고는 제3단계 침공작전에 들어갔다.

"차령산맥~금강선을 돌파하여 대전과 소백산맥에서 국방군의 기본 집단을 타격하고 울진~문경~논산~진주선을 점령한다."

김일성이 서울 용산으로 추정되는 전선사령부에 나타나서

"진출 속도를 더욱 강화하라." 주)1

고 독전했다. 제3단계 침공적전 비중이 어느 정도인가를 대변해 준다.

7월 5일 북한은

"복잡한 정황 밑에 장대해 가는 각 전선의 전투 조직을 일층 강화하기 위하여 전선사령부를 조직 강화함과 동시에 보조지휘소를 군 집단으로 개편키로 하였다."

고 발표하고 전선사령관에 김책을 임명하였고, 군에 대한 정치적 통제를 강화하기 위하여 군사위원회 제도를 채택하고 군사위원에 김일을, 총참모장에 강건을 각각 임명하였다.* 주)2

1, 2. 국방부 『한국전쟁사』 개정판 제2권 p112

* 북한 『조선전사』 25(과학. 백과사전출판사)는 "위대한 수령 김일성 동지께서는…… 전선사령부를 조직하시고 군집단지휘부를 내오시였으며, 7월 5일 전선사령관으로 김책 동지를, 참모장으로 강건 동지를 각각 임명하시였다."(p162)라고 기술.

또 전력 보강을 위하여 내무성 소속 3개 경비여단(38경비 보안대)을 3개 전투사단으로 증강 개편하였고, 중부 전선이 단양~충주~음성~진천선에서 계속적으로 타격을 받아 진격이 부진하자 10일 제2군단장을 팔로군 출신 김무정 중장으로 교체했다.<sup>주)</sup>    국방부 『한국전쟁사』 개정판 제2권 p112

제2군단장 김광협은 군단 참모장으로 강임된 것으로 알려졌다.

한편 미 제24사단이 7월 8일 천안을, 7월 10일 전의(全義)를 포기함으로써 북한군은 차령산맥선을 장악하였다.

경부축선 선두에 나섰던 북한군 제4사단이 천안에서 공주로 우회하였고, 그 뒤를 따르던 제3사단이 정면에 나서 금강선으로 진출했으며, 적 제6사단이 천안으로 진출하여 이 방면에 압력을 가중시켰다.

7월 14일 미 제8군이 한·미군의 통합작전을 시작할 무렵 북한군은 금강도하작전을 개시했다.

북한군 침공 제1선은

동쪽에서부터 영해(제5사단)~풍기(제12사단)~단양(제8사단)~문경(제1, 제13사단)~괴산(제15사단)~청주(제2사단)~조치원(제3사단)~공주(제4사단)~홍성(제6사단)선으로 이어졌다.

그동안 예비사단으로 후속하던 적 제13사단을 제2군단에 예속시켜 중부전선에 투입함으로써 북한군 전투서열은 10개 전투사단과 1개 기갑사단 및 1개 기갑연대가 침공제대로 나섰고, 3개 예비사단이 침공제대를 후속하는 것으로 나타났다.

이와 함께 후방지역 방위부대로 4개 여단과 2개 특수여단을 긴급히 창설하여 전방 부대 증원 및 후방지역 방위에 대비했다.

북한군 부대 현황은 다음과 같다.

제1군단(서부전선)      제2, 제3, 제4, 제6사단, 제105기갑사단

| | |
|---|---|
| 제2군단(중동부전선) | 제1, 제5, 제8, 제12, 제13, 제15사단, 기갑연대 |
| 전선사령부예비 | 제7, 제9, 제10사단 |
| 방위부대 | 제24, 제25, 제26, 제27여단 |
| 특수부대 | 제16, 제17기갑여단 |

외형상의 전력 증강에도 불구하고 북한군의 실 전투력은 많이 감소한 것으로 알려졌다.

제2사단은 춘천에서 입은 타격으로 공격력을 상실한 상태였고,

제3, 제4사단은 기존 전력의 75% 수준을 유지하고 있었으며,

제1, 제5, 제12, 제15사단도 전력이 많이 격감된 것으로 알려졌다.

제대로 전투력을 유지하고 있는 사단은 제6, 제8, 제13사단밖에 없는 것으로 파악됐다.

북한군 전투 병력은 약 70,000명으로 추산됐고, 전력의 핵인 전차는 80~100대 정도를 보유하고 있는 것으로 알려졌다.주)

국방부 『한국전쟁사』 개정판 제2권 p114

### 제4단계 침공작전

북한군은 7월 20일 대전을 공격한 후

"제3단계 침공작전을 모두 끝냈다."고 호언하면서

'제4단계 침공 작전' 방침을 세웠는데 그 내용은

"안동~함창~영동을 공격한 다음 낙동강을 건너 종국적으로 8월 15일 부산을 점령한다."*는 것이다.주)

국방부 『한국전쟁사』 개정판 제2권 p114

* 국방부 『한국전쟁사』 개정판 제2권은 이렇게 기술했다.
 "이른바 4차 작전에 들어간 북괴는 6개의 축선 즉 영덕~포항선과 안동~의성선, 상주~군위선, 김천~왜관선을 비롯하여 서쪽에서는 함양선과 하동~진주선 등에서

> 낙동강 내선을 포위의 중심으로 하면서 사각형의 양변 상에서 압축해 가는 것이었다."(p146)고 같은 문헌에서 인용구절과 달리 기술하였다.
> 북한『조선전사』(25)는 "위대한 수령님께서 내놓으신 제4차 작전 방침은……리승만괴뢰군을 김천, 함창, 안동 등 지역들에서 포위 소멸하고 빨리 락동강을 강행 도하하여……마산~대구~영천~포항계선에 진출함으로써……미제침략자들을 최종적으로 격멸 소탕하기 위한 유리한 조건을 마련하는 것."(p231)라고 기술.

이와 함께 북한군은 전선사령부를 수안보로 옮기고, 전선과 보다 가까운 곳에서 양 군단을 통제하면서 독전과 질타를 늦추지 않았다.

7월 24일 현재 북한군은

영덕~청송선에 제5사단과 제766부대,

영주~예천선에 제12사단과 제8사단

문경~점촌선에 제1사단과 제13사단,

상주 정면에 제15사단,

황간~영동선에 제2사단과 3사단,

서남부 전선에 제4사단과 제6사단

이 각각 포진하여 전 전선을 압축해 오고 있었다. 이와 함께 예비사단으로 후속하던 신편 제7사단과 제9사단을 서남부전선으로 후속시키는 한편 기존 예비사단 제10사단을 현풍 정면 낙동강 서안으로 이동시켜 도하지점을 확보하도록 하였다.주) 국방부『한국전쟁사』개정판 제2권 p115

북한군은 낙동강전선에서의 최후 결전을 앞두고 그동안 손실된 병력과 예비전력 확보를 위하여 '해방지역에서의 의용군'이라는 이름으로 남한지역 청·장년과 학생들을 강제 동원하여 전선으로 내몰았다.

## 제3절 중부 방면 저지전

### 1. 진천 공방전 – 수도사단

**수도사단 전진**

수도사단은 7월 3일 한강 전선에 투입되면서 수도경비사령부를 주축으로 혼성수도사단으로 급편되었고, 7월 5일 평택에서 사단을 재편성할 때 수도사단으로 개편되었다. 이와 함께 신설된 제1군단에 편입되었고 그동안 혼성수도사단을 지휘해 온 이종찬 대령은 건강이 좋지 않아 물러나고 새 사단장에 육군사관학교 교장 이준식 준장이 임명됐다.

수도사단은 7월 5일 10시 육군본부 작명을 받고 안성~발안장(發安場-오산 서쪽 6km) 간 저지진지를 점령하기 위하여 이동하고 있었다.

18시에

"당일 밤중으로 합정리(蛤井里-평택 동남쪽 2.5km)로 집결하라."

는 군단 작명을 받고 합정리에 집결하였고, 다음 날

"귀 사단은 급거 진천 북쪽으로 진출하여 제6사단 제19연대를 수용한 다음 이를 통합지휘하여 남침 중인 적을 저지하라."

는 군단 작명을 받았다.

앞의 군단 작명은 사단 개편을 위한 부대 집결을 명령한 것이고 뒤의 것은 개편된 사단을 새로운 작전지역으로 전진하도록 명령한 것이다.

육군본부는 부대개편 작업 중 적이 평택에 육박하자 대전으로 이동하기에 바쁜 나머지 구두로 군단장에게 개편 결과와 부대 진출선을 통보하고 철수 준비를 서둘렀다.

이 무렵 사단은 사령부만 모양을 갖추고 있었을 뿐 예하 연대가 어디서 무엇을 하고 있는지 알지 못하고 있었다. 심지어는 철수하는 장병으로부터 소속을 물어보고 그 부대가 어디에 있는지를 알아내야 하는 웃지 못할 일이 벌어질 정도로 혼란했다.

제1연대는 비교적 건제가 온전한 제1대대(張泰煥 소령)를 집중적으로 보충한 다음 차량 20대로 선발시켰고, 나머지는 집결하는 대로 열차 편으로 후속했다. 진출선에 도착한 연대 병력은 800여 명이었고, 장비는 81mm박격포 4문밖에 없었다.

제8연대는 1,000여 명이 집결했는데 제2대대(鄭昇和 소령)를 중점으로 보충하여 열차 편으로 출발하였고, 제1, 제3대대는 1개 중대 병력으로 명맥만 유지한 채 도보로 후속했다.

제18연대는 제1대대가 개전 전 휴가병이 많았고, 제3대대는 낙오병이 복귀하지 않아 집결병력이 각각 1개 중대 병력에도 미치지 못했으나 제2대대(장춘권 소령)만은 병력 600여 명이 집결하였고 81mm박격포 4문과 기관총 100%를 가지고 있어 연대의 명맥을 유지하였다.

제18연대는 청주사범학교에서 편입된 제7사단 제3연대 약 500명을 흡수하여 제2대대를 보강하고 나머지 병력으로 제1, 제3대대를 편성하였다. 이러한 이유로 제1, 제3대대는 전투대대로 활용하지 못하고 경계부대로 운용하면서 제2대대 손실병력을 보충하는 부대로 활용했다.

포병대대는 한강이북에서 이미 상실하여 사단에는 포병이 없었다. 각 사단이 모두 포병을 상실한 상태였으므로 7월 6일 대전에서 제1포병단(신웅균 대령)을 창설하고 105mm신형 유탄포 13문을 장비하였는데, 이 포병단 2개 포대가 수도사단을 지원하였다.

전날 사단장에 부임한 이준식 준장은 부대를 파악할 여유도 없이 진천으로 달려갔다. 때마침 그곳에 와 있는 제1연대를 만나 진천 북쪽으로 약진시켰다. 제8연대와 제18연대는 조치원에서 청주로 차량 또는 도보로 이동 중에 있었는데 사단장은 그 행방을 알지 못하고 있었다.

수도사단이 합정리를 출발할 때 병력은 2,500명 정도였으나 진천에 집결했을 때는 7,855명으로 늘어나 있었고, 중요 장비는 105mm유탄포 4문, 81mm박격포 16문, 60mm박격포 27문, Cal-50기관총 19정이었다.

병력들은 삼삼오오 후퇴해 오는 낙오병을 수습하여 행군 중에 끼어 붙이는 식으로 편성했기 때문에 소속은 물론 직속상관이나 전우의 이름도 모르는 형편없는 오합지졸이었다.

북한군은 이때 제3단계 침공 작전(7. 7~7. 20)에 들어갔다.

제3단계 작전은 군산~대전~문경~영덕선에 진출하는 것이다.

북한군은 저들의 침략 목표를 효과적으로 달성하기 위하여 서울에 전선사령부를 설치하고 전군 통합지휘체제로 들어갔다.

북한 괴수 김일성이 전선사령부에 나타나서 남조선해방전쟁을 조속히 끝내라고 질타했다.

이 시기 저들의 작전기도는 적 제2사단이 중부 이서의 중앙지대에 해당하는 진천~청주선으로 진출하여 차령산맥과 소백산맥 사이에 있는 아군을 양분하여 전력을 분산시켜 놓고 여세를 몰아 대전으로 우회하여 미 제

24사단의 퇴로가 되는 경부국도를 차단하는 것이었다.

적 제2사단은 전차 10대를 앞세우고 진천을 목표로 진격하여 7월 6일 아군 제6사단 제19연대의 뒤를 바짝 쫓아 중산리(中山里-진천 북쪽 5km)까지 진출했고, 적 제4사단은 천안을, 제15사단은 음성을 목표로 각각 남진하고 있었다.

적 제2사단은 남침 후 춘천과 이천에서 약 1개 연대 병력이 손실된 것으로 알려졌다. 북한은 7월 1일 전시동원령을 내려 115,000명을 강제 모집한 것으로 알려졌는데 적 제2사단은 이들 신병을 보충하여 편제병력 12,000명을 확보하였고, 전차 10대를 비롯하여 SU-76자주포 12대, 122mm유탄포 26문, 76mm유탄포 13문, 45mm대전차포 43문, 120mm박격포 12문 등의 중요장비를 갖추고 있었다.주) 국방부 『한국전쟁사』 개정판 제2권 p275

그러나 적 제2사단은 고참병이 1/3 이상 희생됐고, 춘천에서의 패전으로 사단장이 이청송에서 최현으로 경질된 데다가 아군의 공중 공격을 받아 보급이 원활하지 못하여 현지에서 강제 조달하여야 하는 어려움 등으로 사기가 극도로 저하되어 있었고, 김일성의 광기 어린 독전과 질타로 지휘관들은 공포 분위기에 쌓여 있었다.

### 진천을 적의 수중에

7월 6일 섭씨 30도를 넘는 염서가 기승을 부렸다.

수도사단은 제6사단 제19연대 엄호를 받으며 진천으로 전진했고, 진천에 가서는 제19연대를 통합지휘하였다.

10시에 수도사단 선발 제1연대가 진천에 진입했다.

제1중대(尹興禎 중위)는 중산리(中山里-진천 북쪽 4.5km)에 있는 제19연대의 1개 중대와 합세하기 위하여 선봉 중대로 출발했다. 중대가 진천읍을 지나가는데 인적이 없는 읍내 우체국에서 전화벨 소리가 요란하게 들렸다. 중대장 윤홍정 중위는 잠시 행군대열을 벗어나 전화를 받았다. 수화기에서 들려오는 소리는

"우리는 진천을 해방하러 온 인민해방군이다. 곧 시내로 들어갈 테니 환영 준비를 하라."

고 했다. 윤홍정 중위는

"이놈아, 이제는 상황이 달라졌어. 두말 말고 귀순이나 해라."

고 하면서 욕을 퍼부어 주고 전화를 끊었다.

중대는 급행군으로 중산리에 도착하여 제19연대 후위 중대와 합세한 후 양지(용인시 陽智면사무소 소재지)～진천 간 국도(17번 국도)를 중심으로 116고지 일대에 진지를 편성했다.

이때 적 포격이 시작됐으나 크게 위력적이지는 못했다. 또 탐색조 1개 소대가 침투하여 산발적으로 사격을 했으나 잠복조가 격퇴했다.

중대장 윤홍정 중위는 116고지에 올라가서 먼지가 자욱한 북쪽 일대를 관찰하던 중 서북쪽 송림리(松林里-진천군 梨月面, 17번 국도 서쪽)에 1개 연대 규모의 병력이 모여 있는 것을 발견했다.

중대장은 즉시 대대에 상황을 보고하는 한편 전투태세에 들어갔다.

김홍일 군단장은 제1군단이 청주 지구로 전진한 후 적정 파악이 막연하였는데 수도사단으로부터

"전차를 동반한 적 1개 연대 규모가 송림리 부근에 집결 중에 있다."

는 보고를 받고는 북쪽 이천으로부터 제19연대를 따라 1개 사단 규모의 적이 나타날 것이라고 판단하게 되었다.

군단장은 그러나 신편사단으로 아직 전열을 갖추지 못한 수도사단만으로는 진천을 지탱하기가 어렵다고 판단하고 육군본부에 병력 증원을 요청

하였고, 육군본부는 조치원에서 청주로 이동 중에 있는 제17연대를 제1군단에 배속하는 한편 기갑연대(유흥수 대령)의 장갑제1중대(잔존 장갑차 3대) 및 도보대대와 제1포병단의 1개 포대를 증원했다.

7월 7일 쾌청한 날씨 속에 피아군의 병력이 집중되면서 전운이 감돌기 시작했다.

송림리에 나타난 적은 북한군 제2사단 제6연대(金廷 대좌)로 밝혀졌다. 14시에 이들은 포병지원을 받으며 17번 국도 양쪽으로 전개하여 밀려들기 시작했고, 아군 진지의 2개 중대는 작렬하는 적 포화에 산병호에서 머리를 들지 못하고 처박혀 있어야 했다.

아군의 응전이 없자 기고만장한 적은 전개한 병력을 행군종대로 바꾸고 전차도 동반하지 않은 채 도로를 따라 진출했다. 윤홍정 중대장은 적이 소화기 사정거리에 접근할 때까지 기다렸다가 일제 사격을 퍼부었다. 불의의 기습을 받은 적은 혼비백산하여 북으로 도주했다.

이로 말미암아 아군 2개 중대진지가 노출되었고, 적은 병력을 양분하여 일단의 적은 도로를 따라 직진하고, 다른 일단은 미호천 상류 속칭 되마루로 우회하여 중대 동쪽을 강타했다. 양 중대는 박격포 하나 없이 소화기 사격만으로 적을 견제해야 했다.

20시 30분 적이 청룡(青龍-진천군 梨月面 三龍里, 116고지 동남쪽)으로 우회하여 배후를 위협했으므로 더는 지탱할 수 없다고 판단한 중대장은 남쪽에 있는 자레(청룡 서남쪽 17번 국도 동쪽)~94고지선으로 물러났다.

항공정찰 보고에 따르면 장호원(長湖院-이천시 장호원읍)에 1개 사단 규모의 적(후에 적 제15사단으로 확인)과 전차 36대, 포 5문, 차량 40대가, 광혜원리(廣惠院里-진천 북쪽 15km, 17번 국도변)에 2개 연대 규모의 적(뒤에 적 제2사단 주력으로 확인)이 집결하고 있는 것으로 확인되었다.

진천으로 부임하는 김석원 수도사단장

　이날 돌연 수도사단장이 경질됐다. 이준식 준장이 해임되고 김석원 준장이 사단장으로 부임했다. 경질 이유는 밝혀지지 않았다. 군단장 김홍일 소장도 알지 못하고 있었다.
　김석원 사단장은 제1사단장에서 물러난 후 야인으로 있다가 6·25남침을 당하자 대전에서 학도의용군을 모집하고 있었는데 이들의 무장문제를 협의하기 위하여 신성모 국방부장관을 방문하였다가 뜻밖에 수도사단을 맡아달라는 부탁을 받고 진천으로 달려온 것이다.
　김석원 사단장은 밤늦게 역리(驛里-진천 남쪽 7km지점 17번 국도변)에 있는 사단사령부에 도착하여
　"사단사령부가 이렇게 뒤에 처져 가지고 무엇을 하겠다는 말인가?"
라고 호통을 치고는 북쪽 3km 지점에 있는 여사(如士-진천 서남쪽 약 5km, 17

번과 21번 국도의 분기점)로 옮겨서 작전회의를 열었다.주)

국방부 「한국전쟁사」 개정판 제2권 p280

　이때 사단 주력과 포병을 비롯한 증원부대가 다음 날 15시 이후에나 진천에 도착할 수 있는 거리에서 이동 중에 있었으므로 이들 부대가 도착할 때까지 제1연대로 하여금 진천을 고수하도록 명령했다.
　7월 8일 아침부터 흐린 날씨는 오후에 들면서 비가 내리기 시작했다.
　08시 적은 대구경포로 공격준비사격을 퍼붓고 난 뒤 전차를 앞세우고 제1연대 제1중대와 제19연대 후위 중대가 있는 자례~94고지선을 개수일촉(鎧袖一觸)의 기세로 침공했다.
　보병을 동반한 전차 여러 대가 17번 국도로, 주력은 도로 우측과 좌측으로 나누어 각각 행군종대를 갖추고 일선에 배치된 아군 2개 중대는 거들떠 보지도 않고 남쪽으로 직진했다. 다시 시작한 적의 포격이 양 중대진지 거점을 맹타하는 바람에 허술한 개인호가 삽시간에 무너지면서 양 중대는 혼란 속에 분산되어 진천으로 후퇴하였다.
　연대장 이희권 중령은 후퇴하는 중대를 수습하여 진천을 동서로 가로질러 흐르는 백곡천(白谷川) 남안 제방에 저저선을 펴고 전차를 동반한 적 1개 사단과 맞서기로 하였다.
　이때 제1연대는 제1대대밖에 없었다.
　후속한 적은 백곡천에 이르러 30분 동안 도섭(徒涉)지점에 공격준비사격과 함께 연막탄을 쏘아 시야를 가려놓고 포격을 신장하면서 일제히 건너오기 시작했다. 얕은 제방 후사면에 호를 파고 저항하던 병사들은 날아드는 포탄과 집중되는 기관총탄 세례에 제압되어 사상자가 속출했다.
　장태환 대대장은 빗발치는 적탄 속을 뚫고 후방 81mm박격포진지로 달려가서 직접 사격을 지휘하여 내를 건너는 적을 강타했다. 달아오른 포신에 물을 부어 식혀 가면서 정신 없이 쏘아댔다. 이 통에 적 직사화기가 주춤했고 적병이 우왕좌왕했다. 이 틈새를 놓치지 않고 아군 병사들은 제방 위에 몸을 드러내 놓고 닥치는 대로 쏘아댔다.

제1중대 제1소대장 김익규(金益圭) 중위는 자신의 카빈 소총을 버리고 옆에 쓰러진 병사의 M1소총을 집어 적을 여지없이 사살했다. 그러나 날아오는 적탄이 두부를 관통하여 즉사하였다.

용사도 총탄은 피하지 못했다.

절대 우세한 적은 시간이 흐르자 혼란을 수습하고 전세를 가다듬어 재차 도섭작전을 감행하였다. 대구경포를 작렬하고 전차가 앞에 나서 제방을 무너뜨리고는 노도같이 달려들었다.

제1연대는 절대 열세인 병력으로 사력을 다하여 악전고투했으나 16시 50분에 백곡천 남안 방어선이 무너지고 병력은 분산된 채로 각개 탈출하여 진천 남쪽 잣고개(17번 국도상 봉화산~문안산 사이)로 철수하였다.

### 장갑차 돌진

수도사단을 지원하라는 명령을 받고 기갑연대 장갑 제1중대장 박용실 대위가 M-8장갑차 3대를 이끌고 대전에서 제1군단사령부를 거쳐 수도사단이 있는 잣고개에 도착했다.

장갑중대가 대전을 출발할 때 육군본부 소속 미 고문관으로부터

"이 차량은 전투용이 아니므로 수색용으로만 활용하시기 바랍니다."

라는 쪽지를 받아 가지고 사단에 도착했다.

김석원 사단장은 장갑중대장 박용실 대위에게

"장갑차는 원래 수색용인 줄 알지만 병사들의 사기를 위해 진천으로 돌입하여 적을 유린(蹂躪)해 달라."고 부탁했다.

이때 현지에 나와 있던 기갑연대장 유흥수 대령과 장갑대대장 박무열 소령이

"진천에는 적의 전차가 있고, 보병이 고지 밑까지 잠입해 있는데 어떻게 장갑차로 대전차전을 할 수 있습니까?"

라고 불가 의사를 보였고, 박 대위 또한 일본군 전차학교 출신이어서 장갑차가 전차의 적수가 못됨을 잘 알고 있었다.

그러나 박용실 대위는 사단장의 호소와 같은 부탁에

"적을 격파하겠습니다."

라고 사단장에게 보고한 후 장갑차 2대를 지휘하여 진천으로 돌진했다.

박 대위는 전속력(80마일)으로 질주하면서 도로변과 학교운동장에서 식사하는 적에게 37mm포와 기관총 세례를 퍼부으며 종횡무진 적을 공격하였다. 이 광경을 본 아군 병사들은 처음 보는 장갑차를 전차인줄 알고 환호성을 울리며 기뻐했고, 일순 사기가 충천했다.

박 대위는 귀로에 적 전차가 골목길에 버티고 있는 것을 발견했다.

순간 "이제는 최후다!"라고 판단하고 마지막 남은 철갑탄을 전차궤도에 쏘았다. 어찌된 영문인지 전차에서는 아무런 반응이 없었다. 곧 전차에 승무원이 없음을 알고 뛰어가서 수류탄을 전차 안에 집어넣고 돌아왔다.

전차 안에는 약탈한 양복지와 라디오 등 많은 물품이 포탑을 돌릴 수 없을 만큼 가득 차 있었다. 만일 포탑을 돌릴 수 있었다면 전차포를 적에게 돌려 적을 격파할 수 있었을 텐데 아쉬움이 많이 남았다.

돌아오다가 적 대전차포 공격을 받아 후속하던 장갑차 2대의 궤도가 파괴되어 도랑으로 곤두박질 쳐서 대원만 빠져 나왔고, 박 대위는 양 볼을 관통하는 부상을 입었으나 다행히 혀와 이빨은 다치지 않았다.

이 작전에서 장갑차 2대와 지프 2대를 잃는 피해를 입었으나 많은 적병

을 살해하고 전차 1대를 격파한 전과와 함께 아군의 사기를 고양한 심리적 전과는 그 가치를 헤아릴 수 없이 컸다.

### 진천 탈환작전

7월 8일 15시를 전후하여 사단 주력과 증원 부대가 사단사령부가 있는 여사로 속속 도착하였다.

김석원 사단장은 진천 탈환을 위하여 주력부대를 당장에 투입하는 것은 적절치 못하다고 판단하여 이동에 지친 부대가 휴식을 취한 다음에 탈환하기로 하고 주저항선을 편성했다.

제8연대를 우 일선 봉화산(烽火山, 413고지-진천 서남쪽 17번 국도 우측)에,

제18연대를 좌 일선 문안산(文案山, 412고지-17번 국도 좌측)에,

증원부대로 선착한 기갑연대는 양 연대 중앙 잣고개에 전개했다.

제17연대(-1개 대대)는 사단예비로 상계리(上桂里-진천읍)에 배치했다.

진천이 함락될 시각에 제1포병단 김찬복(金燦福) 대위가 신형 105mm유탄포 4문을 이끌고 사단지휘소에 도착하여 장병들이 환호성을 올렸었다. 그러나 훈련받은 관측수가 없는데다가 적 포격에 통신 시설이 파괴되어 실효를 거두지 못했다.

진천을 점령한 적은 감제고지인 봉화산과 문안산을 탈취하려고 야간을 이용하여 두 차례나 공격한 것을 격퇴했다.

19시에 제2사단 제20연대(박기병 대령)가 증원되어 수도사단 우익 161고지(진천 남쪽 3km)에 진출했다. 그러나 제20연대는 1개 대대 병력밖에는 없었다. 제2사단은 군단예비로 연탄리(蓮灘里-증평 서북쪽)에 있었다.

제20연대는 제5사단 소속으로 6·25를 맞았다. 제3대대는 문산 제1사단에, 제1대대는 미아리전선에 투입되어 많은 희생을 치렀다. 제1차 사단 개

편 때 제5사단이 해체되면서 제2사단에 편입되었는데 그나마 연대가 건제를 유지하고 있었기 때문에 제20연대라는 고유이름을 가지고 편입될 수 있었다. 그러나 결국 제2차 사단 개편 때 제1사단 제12연대에 흡수되고 말았다.

7월 9일 새벽부터 폭우가 쏟아졌고, 09시부터 적 포탄이 쏟아졌다.

적은 포격을 신호로 보 · 전 · 포병이 합동하여 봉화산과 문안산을 공격했다. 폭우로 진흙탕이 된 개인호와 교통호는 쏟아지는 포탄에 뒤범벅이 되어 제구실을 못했다. 사상자가 속출했다. 공포에 질린 사병들은 우왕좌왕하다가 진지를 이탈하기 시작했다.

병사들은 계속된 철수와 이동 그리고 호 파기에 극도로 지쳐 있었고, 게다가 이동 중에 수습되는 병력을 그때그때 필요한 부대에 끼워 넣어 머리만 채우는 형태의 편성을 하였기 때문에 소속감을 갖지 못하여 응집된 전투력을 발휘할 수 없었다.

주저항선은 순식간에 붕괴되었고, 12시경에 적은 진천을 중심으로 동 · 서 · 남 3방면 2.5km 지점에 반월형 거점을 형성하였다.

주저항선이 무너지고 제8연대와 제18연대의 병력이 후퇴하자 김석원 사단장은 적 포탄이 쏟아지는 잣고개 남록까지 나가서 칼을 빼들고

"한 사람의 병사도 이곳에서 물러날 수 없다. 너희들이 싸우지 않으면 나라가 망한다. 어서 모여라."

큰소리로 외치며 병력 수습에 나섰다. 이 광경을 보고 후퇴하던 병사들이 다시 모여들어 동요를 막고 병력을 수습했다.

김석원 사단장은 병력을 증강하여 일거에 진천 탈환을 결심하였다.

김홍일 군단장은 군단 우익 제2사단으로 하여금 동쪽을 엄호하도록 조치하였다.

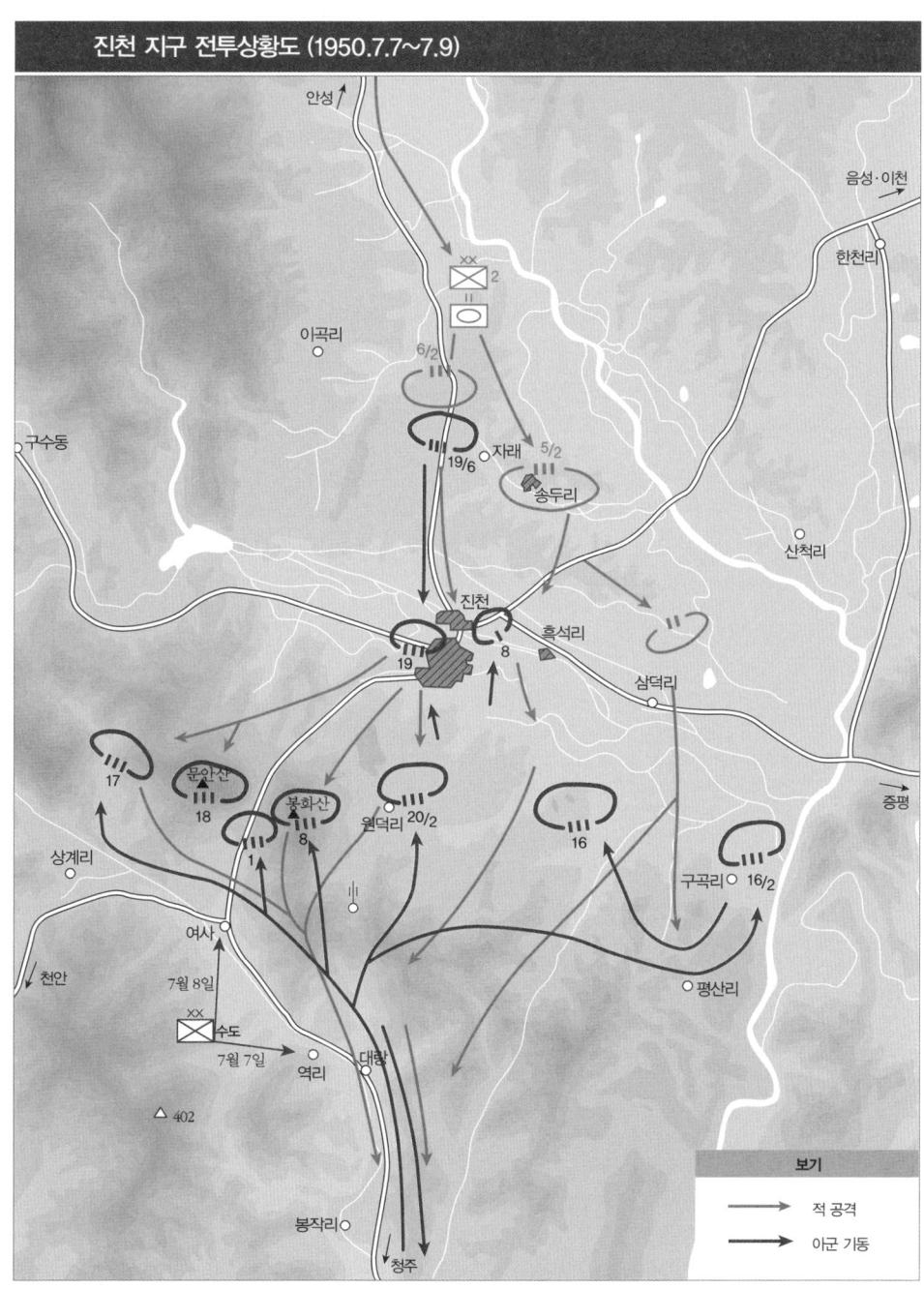

진천 지구 전투상황도 (1950.7.7~7.9)

김석원 사단장은 명령을 내렸다.

(1) 사단은 7월 9일 13시에 공격을 개시하여 봉화산, 문안산을 탈취한 후 진천을 공략한다.

(2) 제18연대는 우 일선으로 봉화산 적을 격파한 후 진천 동쪽을,

제8연대는 좌 일선으로 문안산 적을 격파한 후 진천 서쪽을 탈취하라.

(3) 제1연대는 기갑연대 도보대대를 통합지휘하여 잣고개를 탈취한 후 진천으로 진격하라.

(4) 제20연대는 원덕리를 탈취한 후 진천 동쪽으로 진격하라.

(5) 제17연대는 문안산 서쪽 무명고지를 탈취한 후 우회하는 적을 분쇄하라.

(6) 공격 개시선은 현 접촉선인 161고지~사석리(土石里-봉화산 남쪽)~돌패기(문안산 남쪽)선이다.

이 전투에 참가한 부대는 명목상 6개 연대이나 실제로는 10개 대대에 불과했고, 각 대대 역시 병력 규모는 정규편제 병력에 절대 부족하였다.

사단장 명령을 받아 작전참모가 투명도(透明圖, Over·lay)*를 시달했다. 그때 작전지도가 없어서 연대장도 삼천리지도라고 불리는 전국지도를 이용하여 불편했고, 작전상 애로가 많았다.

> \* 투명도(透明圖, Over·lay)
> 작전지도 위에 공격 부대와 공격 목표를 붉은색 그리스 펜슬로 표시해 놓고, 그 위에 투명지를 대고 연필로 복사하여 하급지휘관에게 전달한다. 이것이 투명도다. 투명도를 받은 하급지휘관은 이것을 지도 위에 맞춰서 지도에 공격지점을 표시한다. 모든 작전 명령은 이렇게 시달했다.

### 원덕리 반격전 - 제16연대, 제20연대

7월 9일, 제16연대는 사단 우측 구곡리(九谷里-진천군 文白면)를 출발하여

13시경 소가리(진천 동남쪽 3km)에 이르렀을 때 연대장 문용채 중령을 잘 아는 군사 지식이 많은 친구가 진천에서 빠져나와

"읍내에 자주포 1대와 소수 병력이 있다."

고 알려주었다. 문용채 연대장은 1개 중대를 진천으로 돌입시켰다.

중대가 논밭을 가로질러 상덕리(上德里-진천읍)로 진격 중 적이 포격을 집중하여 중대가 분산되었고, 연대 주력도 진퇴양난에 빠졌다. 사단장으로부터 포 지원을 확약 받았는데도 포격을 해 주지 않았다. 연락장교를 급파하여 포격을 요청하였으나 어쩐 일인지 한 발도 쏘아주지 않았다.

적은 연대가 처한 입장을 간파했음인지 약 1개 대대 규모가 상덕리로 진출하였다. 연대장 문용채 중령은 병력 손실을 막기 위하여 소가리 남쪽 144고지로 물러나 급편진지를 점령했다.

제20연대는 연대장이 사단장에게 부대 배속신고를 하러 간 사이 대대장 김한주 소령이 연대 주력을 지휘하여 161고지(잣고개 동쪽) 북쪽에 있는 신정리(新井里-진천읍, 34번 국도변)까지 진출하였는데 여기서 원덕리로부터 잠입한 것으로 보이는 적에 의하여 좌측면을 얻어맞았다.

이때 연대장 박기병 대령이 복귀하여 더 이상 머뭇거릴 경우 연대가 포위되어 고립무원 상태에 빠질 위험이 있다고 판단하고 연대를 원위치로 철수하였는데 다음 날 아침까지 별다른 접적이 없었다.

이날 제20연대도 제16연대와 같이 포 지원은 한 발도 받지 못했다.

### 박기병 연대장 배속신고

제20연대장 박기병 대령은 소수 병력을 이끌고 9일 수도사단에 배속된 후 정신 차릴 여가가 없었다. 주저항선이 돌파될 위기에 처하여 봉화산 진격을 지휘하고 있었는데 헌병장교가 박기병 연대장을 체포하러 왔다. 연대장이 그 이유를

물은 즉

"제20연대가 수도사단에 배속되었는데도 신고를 하지 않고 있어 사단장은 연대장이 전선을 이탈한 것으로 인정하고 체포하라는 명령을 내렸다."

고 했다. 연대장은

"나는 배속관계를 알지 못하였거니와 지금 좌측 봉화산이 적에게 돌파될 직전에 놓여 있는데 어떻게 부대를 지휘하다 말고 전선을 이탈할 수 있느냐?"

고 호통을 쳐서 보냈다. 그런데 얼마 후에 다시 헌병이 찾아와서 동행을 요구하여 할 수 없이 부대 지휘를 하나밖에 없는 대대장 김한주 소령에게 맡기고 헌병을 따라 사단사령부로 갔다.

박기병 연대장이 사단사령부에 도착하자 그를 맞은 참모장 김웅조(金應祚) 중령이 '사단장에게 정식으로 신고하는 것이 좋겠다.' 고 조언해 주었다.

신고를 시작했는데 이때 적 포탄이 사단사령부 막사에까지 떨어져서 이를 피하느라고 세 번 만에 신고를 끝냈다. 신고를 받은 사단장은

"귀 연대의 분투를 치하한다. 어떠한 일이 있어도 나의 명령 없이는 전선에서 물러나서는 안 돼!"

라고 간곡히 부탁했다.

박기병 대령은 뒷날 이렇게 술회했다.

"신고를 마치고 돌아올 때 생각해 보니 사단장으로서는 이 무렵 해이해 가고 있는 군율을 바로 잡아보려고 무진 애를 쓰는 것 같았으며 이 결과는 곧 전투력으로 나타났다. 당시 전장 군기는 말이 아니었다. 그런 실정을 너무도 잘 알고 있기 때문에 사단장은 항상 연대와 같은 선에서 지휘했고, 그 본보기로 나에게 정식 신고를 하도록 한 것으로 안다. 내가 대령이 될 때까지 정식 신고를 한 것은 그때가 처음이고 마지막이다." (국방부『한국전쟁사』개정판 제2권 p287, 288)

▎제16연대는 7월 10일 06시에 적의 공격을 받았다

적은 상덕리에 전차 3대를 방열하여 전차포와 야포로 제16연대가 점령하고 있는 얕은 144고지를 깔아뭉개 놓고 보병이 진지로 돌입했다. 적은 그동안 시도해 온 17번 국도 정면 돌파가 실패하자 주력이 원덕리로 우회해 온 것이다.

연대는 오후 늦게까지 처절한 사투를 벌였고, 엄청난 희생을 강요당했다. 1개 소대 병력이 7명밖에 남지 않은 경우까지 있었다. 이렇게 처참한 지경에 이르렀는데도 사단에서는 약속한 포 지원이 없었고, 어제 사단에 보낸 연락장교도 돌아오지 않아 상황을 알 수 없었다.

연대는 인접부대와 연결되는 선까지 지연전을 펴기로 하고 철수를 서둘렀다. 이때가 17시. 이때 사단에 간 연락장교가 돌아와서 철수 명령이 내려졌다고 보고했다. 적은 이러한 기미를 알아차렸는지 일단이 지근거리에서 연대를 압박했고, 주력으로 보이는 일단은 속칭 범바위(진천동 남쪽 4km)로 밀어닥쳤다.

연대는 접근하는 적을 역습하여 일격을 가한 뒤 적과 이탈하여 연담리(蓮潭里-구곡리 남쪽 5km)에서 부대를 수습하고 청주로 이동했다.


▎제20연대는 161고지를 중심으로 진지를 점령하고 있었다

아침 일찍 치열한 포격과 함께 적 1개 중대가 공격했으나 진전에서 물리쳤다. 적의 기도를 알아보고자 소병력을 장월리로 침투시켜 포로 5명을 잡아 왔으나 아무런 첩보도 얻지 못하였다. 이로부터 몇 시간 동안 사격전이 멎고 갑자기 전선이 고요해져서 연대장은 불안을 느끼고 사방에 경계병을 배치했다. 이윽고 16시경에 이르자 적이 포격을 개시했는데 어느 때보다도 맹위를 떨쳤다.

30분 후에 연대 규모의 적이 정면 범바위에 모습을 나타냈고, 다른 1개 연대 규모로 추산되는 적은 신정리에 모여들고 있었다.

연대장 박기병 대령은 적이 야간에 포위 침투할 것에 대비하여 전 병력을 161고지를 중심으로 좌우 각각 250m 거리로 축소 배치하여 병력을 집중 운용하면서 연대장의 호령이 전 연대에 들리도록 해 놓았다.

사단에서는 아무 연락이 없었고, 인접부대 상황도 알 길이 없었다. 다만 연대장의 뇌리에는 신고할 때 사단장이

"내 명령 없이 후퇴하지 말고 현 위치를 고수하라."

는 말만 되새겨졌다.

적이 움직이기 시작한 것은 18시경이다.

범바위의 적 1개 연대가 500m 남쪽 중리(中里)까지 진출했다.

연대장 박기병 대령은

"전투태세를 갖춰라."

고 명령하고 마음을 다잡고 있는데, 별안간 B-29 및 B-26폭격기 여러 편대가 나타나서 진천읍내를 비롯하여 신정리~장월리~범바위선에 폭탄 세례를 퍼부어 적을 숨도 못 쉬게 만들었다. 일대에 집결해 있는 적 총포가 일순 조용해졌다. 폭격기 편대가 사라지자 이번에는 F-51 전투기 편대가 날아와서 기총사격과 함께 네이팜탄을 퍼부었다.

일대가 순식간에 불바다가 됐고, 상공을 검은 연기로 뒤덮었다. 적병의 비명소리가 지호지간에 있는 연대진지에까지 들려왔다.

제20연대는 미군 항공기 덕에 진지를 고수하였고, 전면의 적이 공격일선에 나오기까지는 상당한 시간이 필요할 것으로 판단되었다.

공중 공격을 피하여 물러갔던 적은 병력을 다시 수습하고 침공을 재개하여 연대 정면에는 1개 중대를 진출시켜 견제하고, 주력은 사양리(思楊里-진

천 남쪽 약 4km) 계곡을 따라 우 측면으로 우회 침투하였으며, 일단의 적은 좌측 원덕리로 우회하여 161고지를 포위하기에 이르렀다.

"사단 주력이 뒤로 빠진 것 같으니 결단을 내리십시오."

참모들이 건의하였다.

연대장 박기병 대령 뇌리에는 사단장의 사수 명령만 떠올랐다.

"사단에서 명령이 있을 때까지 동요하지 말고 전투 위치로 돌아가라."

고 타이르고 격전 결의를 다지고 있었다. 사단과는 통신 두절이었다.

그 때 1개 중대 규모의 적이 배후로 올라와서 소리쳤다.

"너희들은 포위됐으니 항복하라."

연대장은 적으로부터 완전히 포위되었음을 직감했다. 1개 중대로 하여금 돌파구를 뚫게 하고 주력은 좌우 적을 구축(驅逐)하면서 탈출하여 역리로 나왔는데, 비로소 사단이 철수한 사실을 알고 청주로 이동했다.

제20연대는 청주에 온 후 문산과 의정부 전투에서 낙오된 장병들이 많이 복귀하여 병력이 많이 늘어났다. 이들은

"박기병 부대가 어디 있느냐?"

고 물어 찾아왔다.

육군본부는 진천 전투에서 병력 손실이 많은 것으로 보고 받고도 충원을 못해 주었는데 어떻게 날이 갈수록 병력이 늘어나느냐고 의아해했다.

### 잣고개 전투 – 제1연대, 기갑연대

잣고개는 동쪽 봉화산과 서쪽 문안산 사이 17번 국도상에 있는 고개다.

7월 9일 13시 30분

기갑연대 도보대대(이봉직 중위)는 봉화산 서록을,

제1연대는 문안산 동록을 목표로 공격을 개시했다.

공격 부대가 잣고개에 가까이 접근했을 때 양쪽 능선에 달라붙은 적으로부터 교차 사격을 받고 병사들이 뒷걸음치기 시작했다.

이를 본 사단장은 양 연대장에게 엄명을 내렸다.

"포병지원을 할 테니 한 발짝도 물러서지 말고 병력을 수습하여 공격을 재개하라."

양 연대는 흩어진 병력을 수습하는데 상당한 시간이 걸렸다. 그동안 지원포격과 아군의 공격으로 봉화산과 문안산 적진이 붕괴 직전에 놓이자 적이 도주하여 잣고개를 쉽게 확보했다. ▣ 다음 「봉화산 전투」와 「문안산 전투」 참조

**기갑연대 도보대대 박격포사수였던 이해중(李海重) 이등중사의 증언.**

"대부분의 병사들이 상관의 눈을 피하여 슬금슬금 뒤로 물러났기 때문에 한때 양 연대가 뒤섞여 있었다. 그러나 삼거리에 떡 버티고 있는 사단장의 위엄 있는 모습을 보고, 또 은은한 105mm유탄포 소리를 듣고 든든한 마음으로 다시 싸움터로 되돌아갔다." (국방부 『한국전쟁사』 개정판 2권 p294)

후일 귀순한 당시 적 제2사단 포병연대장 박헌일(朴憲一) 총좌는 진천 전투를 다음과 같이 회고했다.

"1차 공격에서 1개 대대가 섬멸되고 2차 공격에서는 더욱 막대한 손실을 입고 물러났다. 이때 사단장 최현은 각 연대장에게 입에 거품을 물고 욕질을 하면서 '몽땅 죽어도 좋으니 공격하라.' 고 다그쳤다. 그는 122mm곡사포 등 전 화력으로 지원했다. 최후에는 소수 병력으로 잣고개를 견제하고 주력은 우회하여 수도사단의 후방을 차단키로 했었다.

이렇게 되면 국방군은 최소한 2개 연대는 투항해 올 것이라고 생각했는데 미군기 30여 대가 날아와 폭격하는 바람에 우리의 병력, 전차, 곡사포가 큰 손실을

냈으며 이 틈에 국방군은 감쪽같이 빠져나갔다. 나는 근탄(近彈)이 많이 발생하여 공격하던 병사들이 많이 죽자 조사까지 받았다. 이 벌을 피하기 위해 곡사포탄이 아니고 박격포탄이었다고 우겨 위기를 모면했다.

　적 제2사단은 정말 재수 없는 부대로 춘천에서 얻어맞고 또 여기 진천에서 또 한번 당했다." (국방부『한국전쟁사』 개정판 2권 p307)

### 봉화산 전투 - 제18연대, 제8연대

봉화산은 진천 서남쪽 17번 국도 동쪽에 있고, 그 서쪽에 있는 문안산과 마주본다. 옛날에 봉화를 올렸다고 하여 붙여진 이름이다.

8부 능선부터 정상까지는 동서북 3면이 급경사인데 반하여 남쪽은 비교적 완경사이고 정상은 12m² 정도의 평지를 이루고 있다.

### ▌제18연대

7월 8일 제18연대 제2대대장 장춘권 소령이 대대를 이끌고 역리를 출발하여 여사를 지나다가 사단장 김석원 준장과 마주쳤다.

　"제18연대 제2대대입니다."

라고 보고하자

　"잘 왔네, 1개 중대는 저쪽 고지에, 1개 중대는 이쪽 고지에……."

하는 식으로 대대를 배치하라고 지시했다. 당황한 대대장은 잠시 기다렸다가 뒤따라 온 연대장 임충식 중령에게

　"대대를 이런 식으로 배치하면 건제가 짜여 있는 대대가 분산되어 전투력을 발휘할 수가 없습니다."

라고 하소연 겸 건의하였다. 이 말을 들은 연대장은 이름뿐인 제1대대를 사단장이 지정한 문안산에 배치하고 제2대대는 역리로 빼서 휴식을 취하게

한 후 봉화산으로 진출시켰다.

13시 30분, 제2대대는 봉화산 서록 사석리에 전개하여 포격지원을 받으면서 제5중대(孫榮鎭 중위)와 제6중대(김정운 중위)가 봉화산으로 진격하였다. 아군 포격은 정확한데 반하여 적의 포화는 미약했고 대대가 8부 능선에 이르기까지 이상하리만큼 조용했다.

"필시 아군을 저들의 화망 속으로 유인하려는 속셈이구나!"

하는 생각이 들었다. 아니나 다를까 8부 능선을 넘어서자마자 적의 전 화력이 집중되었고, 산꼭대기에서는 수류탄이 쏟아져 내려왔다. 공격중대는 꼼짝하지 못했다. 적은 약 1개 대대 규모로 추산됐다.

장춘권 대대장은 화기중대장 이용준(李龍濬) 중위에게 달려가서 적 기관총만이라도 제압하라고 소리쳤고 공격중대장에게는 기회를 놓치지 말고 돌파하라고 호령했다.

중화기 화력이 봉화산 전사면(前斜面)에 배치된 적 기관총좌를 하나씩 제압하는 사이 공격중대가 돌격하여 봉화산을 탈환했다.

전투경험이 없는 중대장 연락병이 8부 능선에 이르렀을 때

"중대장님 실탄이 떨어졌습니다."

라고 적의 코밑인 줄도 모르고 소리쳤다. 중대장이

"이놈아, 적이 듣는다."

순간 중대장 앞으로 달려오던 연락병은 적탄을 맞고 전사했다.

장춘권 대대장은 봉화산 정상에 대대OP를 설치하고 역습에 대비했다.

해가 서산에 기울어지면서 적의 포화가 산을 뒤덮었다. 뒤이어 산꼭대기로 몰려오는 적이 시야를 꽉 메웠다. 적의 역습을 예측하고 있던 중대원들은 효과적인 화력지원을 받으면서 진전에서 분쇄했다.

적은 독전에 몰려 제1파가 무너지면 제2파가, 다시 제3파가 하는 방법으

로 꼬리에 꼬리를 물고 몰려왔고, 아군 중대는 적이 몰려오면 50m 정도 물러나면서 적을 정상으로 유인하여 박격포로 두들긴 후 다시 돌진하여 적을 섬멸하는 전법을 두 번 써서 적을 완전히 섬멸했다.

진전에는 적 시체가 산을 덮었다.

제6중대장 김정운 중위는 고지를 제압한 후 1개 소대를 이끌고 능선을 따라 내려갔는데 1개 분대 규모의 적이 호 속에서 코를 골면서 자고 있는 것을 발견하고 적개심이 한껏 부풀은 병사들이 모두 사살했다.

"나아가면 국방군에게 죽고, 물러서면 독전대에 죽는 것."
이 두려워 부대를 이탈하여 잠을 자다가 변을 당한 것이다.

7월 10일 제18연대는 봉화산 주봉을 중심으로 동쪽 능선에 전개하였고, 그 서쪽은 제8연대가 확보하고 있었다.

01시경 적은 봉화산 일대에 포격을 집중한 후 1개 연대 규모가 봉화산을 공격했다. 적 포탄은 정확하게 주봉과 연봉을 강타했고, 전차포는 전 사면을 가격했다. 병사들은 직사탄을 피하려고 후 사면으로 물러났고 대대장은 이들을 전 사면으로 몰아넣느라고 부하들과 전쟁을 치러야 했다. 이러는 가운데에서 3차례에 걸친 적의 야간 기습을 물리쳤다.

아침 해가 떴을 때 진전에는 적 시체가 널려 있었다.

장춘권 대대장은 제6중대장 김정운 중위에게 바로 코앞에서 적의 기습공격전진기지 역할을 하는 149고지(진천 서남쪽)를 공격하도록 했다.

17시경에 김정운 중위는 2개 소대를 지휘하여 149고지 앞 500m 지점에 이르러 잠시 방향을 찾고 있던 중 주진지 쪽에서 콩 볶듯 하는 총소리를 들었다. 2개 소대가 빠져나간 사이 원덕리로 우회 침투한 적이 남겨두고 온 1개 소대를 기습하여 교전이 벌어진 것이다.

김정운 중대장은 소대진지가 기습당했다고 직감하고 적 뒤통수를 치기 위하여 되돌아가려는 순간 적탄이 김 중위의 복부를 관통했다. 김 중위는 쏟아져 내리는 창자를 무의식중에 움켜쥐며 쓰러졌고 병사들은 후 사면으로 밀려나기 시작했다.

봉화산 주봉에서 제6중대의 전황을 지켜보던 부연대장 한신(韓信) 중령은 무좀이 심하여 신을 벗고 있었는데 권총을 뽑아 들고

"후퇴하면 안 돼!"

소리치면서 비 오듯 쏟아지는 적탄 속을 뚫고 제6중대진지까지 맨발로 뛰어가서 중대를 직접 지휘했다. 이때 장춘권 대대장도 1개 소대를 끌고 와서 합세하여 진지를 회복했다.

복부에 관통상을 입고 쓰러진 중대장은 연락병이 업고 결사적으로 뛰어 내려갔다. 도로가에서 지나가는 지프를 총으로 위협하여 세우고 중대장을 태워서 청주로 이송했다. 그곳에서 응급치료를 받고 구사일생으로 살아났다. 김 중위는 그 후 사단장을 역임했다.

18시에 연대로부터 철수 명령이 내려 어렵게 탈환한 봉화산을 적 수중에 도로 넣어주고 물러나야 했다.

혼전을 치른 탓에 전과는 확인할 수 없었고 아군 피해는 사상자가 50여 명에 이르렀다.

봉화산 공방전에서 제18연대 제2대대는 81mm박격포를 원 없이 쏘아보았다. 포탄 지급량은 1일 100발이었는데 평균 600발을 쏘았다. 대대장이 괴이하여 알아봤더니 영어를 잘하는 병기장교 이법로(李法魯) 중위가 조치원에 있는 미군으로부터 얻어왔다고 했다.주) 국방부 「한국전쟁사」 개정판 제2권 p299

### 제8연대

제8연대 제2대대는 전날 문안산을 탈환하고 봉화산으로 이동하여 주봉

서쪽을 확보하고 있었다. 동쪽은 제18연대가 전개하였다.

10일 01시경부터 적의 포격이 시작됐다.

적은 봉화산과 문안산을 공격하면서 양 고지 중앙 잣고개가 돌파되는 것을 막기 위한 양동작전인 양 잣고개 북록에 1개 중대를 진출시켜 놓고 전차포로 봉화산과 잣고개를 번갈아 가면서 쏘아댔고, 대구경포는 양 고지 후사면과 사단 전방지휘소까지 위협했다. 적 포는 군단포로 증강되었고, 포격은 밤새도록 그리고 이날 늦게까지 잠시도 틈을 주지 않고 계속되어 문안산 공격 때보다도 더 많은 병력을 잃었다.

소대장과 중대장은 "호를 깊이 파라."고 외칠 뿐 달리 방법이 없었다.

사단은 이때 문안산이 피탈되어 이를 탈환하기 위한 반격 중에 있었으므로 제8연대는 현 위치를 고수하는 것이 지상 사명이었다.

**문안산 전투 - 전선에 나타난 사단장에 사기 충천**

문안산은 앞에 기술한 봉화산과 17번 국도를 같은 거리로 사이에 두고 마주보고 있다. 두 고지의 거리는 도상으로 약 2km에 불과하고 그 사이 두 산을 연결하는 능선상에 잣고개가 있다.

문안산은 동쪽과 남쪽은 급경사인데 반하여 북쪽과 서쪽은 완경사를 이루고 9부 능선에서부터 정상은 모두 급경사를 이룬다. 정상은 다소 평평하나 지형이 조잡하다.

7월 9일 13시 30분부터 제8연대가 우측에서 문안산으로 직진하고, 제17연대는 그 좌측에서 서록으로 우회하여 적의 우측방을 공격하였다.

**❙ 제8연대**

7월 9일 13시 제8연대(이현진 중령)는 돌페기~상계리(上桂里-진천읍, 여사

서북쪽)선을 출발하여 우측에서 문안산을 직접 공격하였다.

제8연대의 전투력은 제2대대(정승화 소령)밖에 없었다. 사단장은 연대지휘소까지 나와서 연대를 진두지휘하고 있었다.

사단장은 공격에 앞서 장병들에게 일렀다.

"그대들은 들어라. 적은 1개 연대뿐이고 우리는 1개 사단이다. 포탄을 퍼부을 테니 어서 저 고지를 점령하라."

신형 105mm유탄포가 불을 뿜었다.

'우리가 언제 장거리포를 가져본 일이 있는가?'

하는 생각이 들 정도로 오랜만에 듣는 포성이 장병들의 사기를 고무시켰다.

연막으로 고지를 가린 가운데 제8연대는 8부 능선까지는 순조롭게 진격하였으나 이후 적의 화망에 걸려 한 발짝도 더 움직이지 못했다.

연대장 이현진 중령은

"제18연대는 벌써 봉화산을 탈환했다고 사단장이 말하는데 우리만 이렇게 처져서 되겠느냐?"

고 성화같은 독촉을 해댔다.

대대장 정승화 소령은 적진을 노리고 있다가 적 사격이 뜸한 틈을 타서 돌격명령을 내렸고, 대대가 어렵게 정상 일각을 점령했는데 아군 포가 쏟아졌다. 돌연한 오폭에 많은 사상자를 내고 분산되고 말았다.

대대장은 중화기 중대장 김종민(金鍾敏) 중위에게 고지를 강타하여 중대의 진출을 엄호하도록 명령하였다. 박격포병들은 새로 지급된 81mm박격포를 포신이 달아오르도록 신나게 쏘아댔다.

이때 포진지에 나타난 사단장이

"나도 한번 쏴보자."고 하면서 몇 발 쏘고는

"나도 젊었을 때는 잘 쐈는데! 그대들은 참으로 용감하게 잘 쏘는구나!"

하면서 격려하였다.

사단장이 이곳까지 나타났다는 소식이 순식간에 전해지자 사기가 오른 장병들은 중대, 소대가 각각 경쟁적으로 돌진하여 문안산을 점령한 후 봉화산으로 전진하여 그곳을 공격한 제5중대(안태갑 중위)를 흡수하고 제18연대와 연계하여 봉화산과 잣고개 중간지역 진지를 점령하였다.

## 제17연대

7월 9일 제8연대가 문안산을 정면으로 공격할 때 제17연대(김희준 중령)는 좌측에서 문안산 서록으로 우회하여 적의 우측면을 공격하였다.

제17연대 역시 전투력을 갖춘 대대는 이관수(李寬洙) 소령이 지휘하는 제1대대밖에 없었다.

대대장은 우 일선에 제1중대를, 좌 일선에 제3중대를 앞세워 진격하고 제2중대를 그 뒤에 따르게 했다.

대대장 이관수 소령은 대전에서 이동 중에 보직되어 중대장들과 생소하였으므로 부대대장 안재징(安在徵) 대위에게 제1중대의 지휘를 맡겼다.

제3중대장 장익재(張翊梓) 중위는 공격개시 수 분 만에 엄지손가락에 상처를 입었다고 윤종한 중위에게 중대 지휘를 맡기고 뒤로 빠졌다.

"손 좀 다쳤다고 뒤로 빠지느냐?"

병사들이 빈정거렸다.

윤종한 중위는 거센 적의 화망 속에서도 적진에서 독전을 하고 있는 적의 장교가 눈에 들어왔다. 이를 우선 처치하기로 하고 凹지로 접근해 갔는데 가까이 가서 자세히 살펴보니까 북에 있는 형과 꼭 같았다. 눈을 닦고 다시 보고, 총을 겨눈 상태에서 몇 번을 망설인 끝에 방아쇠를 당겼다. 나중에 고지를 점령한 후에 확인해 보니까 형이 아니었다.주)1

윤종한 중위는 작렬하는 적 포탄파편을 맞고 왼팔에 부상을 입었다. 그는 고지를 점령한 후에 후송되겠다고 결심하고 선혈이 낭자한 왼팔을 움켜쥔 채 불을 뿜고 있는 적 기관총을 제압하기 위하여 능선을 따라 포복으로 접근해 가던 중 후 사면에서 적병과 시선이 마주쳤다. 능선을 사이에 두고 몇 분간 대치하고 있었는데 머리만 오르내릴 뿐 아무런 동작이 없었다.

"너 이놈 실탄 떨어졌지?"

하고는 권총을 쏘았다.

그 적병은 쇠사슬에 발이 묶여 꼼짝도 하지 못하고 있었다.주)2

1, 2. 국방부 『한국전쟁사』 개정판 제2권 p293

치열한 격전으로 우측에서 진격한 제1중대는 소대장 조(趙) 모 중위가 전사하고 중대장과 소대장이 모두 부상한 것을 비롯하여 중대원 반 이상을 잃는 손실에도 불구하고 문안산 좌측 능선을 탈취한 후 동시에 약진해 온 제8연대 제2대대와 연계하여 진지를 확보했다.

10일 01시 적은 봉화산과 잣고개에 포화를 집중하면서도 문안산에는 포는 물론 총 한 방도 쏘지 않고 불시에 기습하여 경계조와 잠복조를 자살(刺殺)하고 진지로 침입했다. 제17연대는 제대로 싸워보지도 못하고 각개 분산하여 진지를 빠져나갔다. 문안산은 다시 적의 수중 들어갔다.

이관수 대대장이 문안산 남록에서 병력을 수습하고 있었는데, 여기까지 나와 있던 김석원 사단장이 이렇게 타일렀다.

"적이 재편하기 전에 문안산을 되찾아야 한다. 시간을 지체하면 할수록 병력 손실이 많아지고 탈환하기 힘들다."

이관수 대대장은 병력을 수습할 사이도 없이 탄약보급만 받고 잣고개에 있는 제1연대 제1대대와 협공으로 문안산 공격에 들어갔다.

제17연대 제1대대는 문안산 서북쪽에 있는 무명 330고지를 공격했고,

제1연대는 문안산을 공격하였다.

제17연대 제1대대는 공격에 앞서 병력 손실이 많아서 제1연대로부터 1개 중대를 배속 받았다.

대대장 이관수 소령은 야간 전투에서 흔히 일어나기 쉬운 부대 이탈자를 막기 위하여 선두에서 후미에 이르기까지 새끼줄로 연결하여 이어 잡고 올라가도록 했다.

약 500m쯤 진출했을 때 문안산 방면 적진에서 맹렬한 화력이 집중되었다. 대대는 병력을 공격대형으로 전개하고 포병중대와 중화기중대 화력을 총집중하여 적진을 마음껏 두드리면서 서서히 진격했다.

대대는 옹진에서 철수할 때 철모 하나도 버리지 않을 정도로 장비를 모두 가지고 왔기 때문에 화력을 완벽하게 보유하고 있었고, 공격개시 전에 중화기중대장이 사단장에게 박격포탄을 보급해 달라고 요청하자

"17연대라면 포탄은 얼마든지 줄 테니 꼭 고지를 점령하라."

고 하면서 충분한 포탄을 지원해 주었다.

연대에 지급되는 박격포탄은 1일 100발로 아주 열악한 사정이었는데 사단장이 충분하게 보급해 주어 원 없이 쏠 수 있었다.

그러나 적의 저항도 만만치 않아 접근을 쉽게 허용하지 않았다. 공격이 부진하자 선봉으로 공격하던 소대장 백경섭(白景燮) 소위가

"대대장님! 저에게 30명만 주십시오. 고지를 점령해 보겠습니다."

라고 간청했다. 당시 30명은 1개 중대 병력에 가까웠다.

대대장은 고참병으로 30명을 선발해 주었다.

백경섭 소위는 30명을 3개 조로 나누어 330고지 뒤로 돌아가서 역습을 했다. 앞만 보고 사격에 광분하던 적은 갑작스럽게 후방으로부터 공격을 받자 당황하여 혼란에 빠졌다.

적 후방에서 총소리가 나고 예광탄이 교차하는 것을 본 대대장은 백 소위가 침투에 성공했다고 판단하고 돌격명령을 내렸다. 적진은 순간 아수라장으로 변했다. 어둠 속에서 피아를 구분할 수 없이 뒤엉켜 백병전이 벌어졌는데 아군의 피해도 컸다.

그날 암호는 '손들라', '들었다' 인데 암호를 몰라서 희생되기도 하였고, 또 머리를 만져보고 피아를 구분하여 깎은 머리를 찔렀는데 제17연대는 대전에서 '옹진 전투에서 패한 원수를 갚자' 는 결의로 머리를 깎았기 때문에 적으로 오인되어 자살(刺殺) 당한 병사가 많았다.

이렇게 해서 문안산을 탈환했다. 아침 햇살이 비쳤을 때는 어지럽게 널려있는 적의 시체가 시야를 메웠고, 피비린내가 진동했다.

적 시체는 50여 구를 헤아렸고, 82mm박격포 3문과 기관총, 소총 등 헤아릴 수 없는 장비를 노획했다.

아군은 소대장 1명을 포함하여 10여 명의 사상자가 났다.

### ▌제1연대

제1연대는 제17연대와 함께 문안산을 공격했다. 제17연대는 문안산 서북쪽으로 진격하고 제1연대는 문안산 정면으로 진격했다.

7월 10일 01시, 장태환 소령이 지휘하는 제1연대 제1대대는 칠흑 같은 밤중에 소리 없이 문안산으로 올라갔다. 포 지원은 없었다.

7부선까지 올라가도 적진은 조용했다. 호를 파는 기척과 병력을 배치하는 듯 작은 소리가 들렸을 뿐 낌새를 알아차리지 못한 것 같았다.

대대장은 청색 신호탄 3발을 발사하여 돌격 명령을 내렸다. 모든 중화기가 정상에 집중되었고, 소총병들은 일제히 함성을 지르면서 돌진했다.

포상이 없는 60mm박격포는 나무에 걸거나 철모에 흙을 담아서 다진 후

포판으로 삼아 쏘았고, Cal-50은 정상을 쓸었다.

적도 만만치 않았다. 견고한 호 속에서 결사적으로 저항했다. 기관총이 불을 뿜었고, 수류탄 세례를 퍼부었다. 일진일퇴를 거듭하는 동안 사상만 늘어나고 돌파구는 열리지 않았다.

제2중대장 박규화(朴圭華) 중위는 2.36인치 로켓포를 앞으로 빼 적의 기관총좌를 날려버렸다. 순간 누가 먼저랄 것도 없이 일제히 함성을 지르며 돌진하여 육박전으로 적을 물리치고 문안산을 탈환했다.

정상에는 '대한민국 만세' 소리가 울려 퍼졌고, 아침 햇살과 함께 누가 꽂았는지 모르는 태극기가 펄럭였다.

고지정상에는 적병 시체 200여 구가 버려져 있었고, 기관총 10여 정을 노획하였는데 이것으로 미루어 적은 1개 대대 규모가 섬멸된 것으로 추산되었다. 병사들은 적병의 시체를 뒤져 권총, 쌍안경 등 값나가는 물건 챙기기에 정신이 없었다.

16시경에 이르자 적 1개 대대 규모가 문안산 동록에서 큰소리로 적기가를 부르며 소란을 피워 아군의 관심을 그쪽으로 돌려놓고 대부대가 진지 코밑까지 접근하여 수류탄을 던지며 돌진하여 순식간에 난전이 벌어졌다. 이 와중에서 제1중대장 윤홍정 중위가 관통상을 입어 후송되었고, 제1중대는 병력이 60명으로 줄었다.

제2중대(박규화 중위)도 병력이 1개 소대 규모밖에 남아있지 않았고 실탄마저 떨어져 쓰러진 전우와 적군의 시체에서 주워서 써야 했다.

장태환 대대장은 혼전 속에서 종횡으로 뛰어다니며 병사들을 독려하다가 좌측 골반에 관통상을 입고 후송되어 제2중대장 박규화 중위가 대대를 지휘했다.

**수도사단 미호천으로 철수**

좌 인접 경부국도변에 있는 미군은 전의(全義)를 위협하고 있는 적에 의하여 사단 후방 퇴로가 동서 양면으로부터 협공당할 위험에 처해 있었다.

김석원 사단장은 현 방어선을 고수하기로 결심했으나 참모들의 건의와 오랜 전투로 피로가 누적된 예하부대의 실정을 감안하고, 또 인접사단의 전황을 고려하여 지연전을 펴기로 하고 7월 10일 16시에 전선을 미호천으로 이동했다.

7월 10일 제17연대 제1대대는 330고지를 점령한 후 적 그림자는 볼 수가 없는데 포격은 한층 심해졌다. 대대장 이관수 소령은 작전관 김희태 중위로 하여금 노획품을 수송케 하고 잣고개를 조망하다가 북한군으로 보이는 일단의 대열이 남으로 가고 있는 것을 보았다.

하사관 2명을 사단사령부가 있는 여사에 보내 알아보게 하였는데

"적이 여사에 운집하고 있다."

고 보고했다. 대대장 이관수 소령은 배속된 제1연대의 중대로 하여금 연대 철수를 엄호하게 하였는데 중대장은

"왜 우리만 남게 합니까?"

라고 불평했다. 이부자식 같은 배속중대로서의 서러움을 느꼈으리라.

대대장은 설득하여 엄호부대로 남기고 철수를 시작했다. 사단이나 연대로부터는 아무런 연락도 받지 못했고, 인접부대 사정도 알 길이 없었다. 제1대대는 2일간 행방불명 상태에서 고군분투하고 있었고 연대는 제1대대의 행방을 찾느라 수선을 피웠다.[*1]

제1대대는 산을 넘고 능선을 타고 강을 건너면서 장장 28km의 거리를 행군하여 11일 조치원에 도착했고, 그곳에서 수소문하여 연대가 보은에 집결 중이라는 사실을 알고 보은으로 가서 연대와 합류했다.

"왜 우리만 남게 합니까?"
라고 불평하면서 대대 철수를 엄호한 제1연대의 중대는 그 후 어떻게 되었는지 알 수 없다.[*2]

진천 전투에 참전한 용사들은 후퇴하는 장병들을 모아 부대를 편성한 관계로 신상 파악은 말할 것도 없고, 인원도 제대로 파악하지 못한 실정이라 전사자와 부상병의 성명은 물론 그 숫자도 확인하지 못하였다.

잣고개에는 수도사단 장병들의 전적비가 서 있고, 마을에는 학생들의 충혼을 기리는 '반공투사위령비'가 서 있으며 문안산 근처 대로변에는 진천 주민들이 세운 김석원 장군의 전승기념비가 있다.

[*1] 연대장 김희태 중령은 "제1대대는 2~3일간 행방불명된 사실이 있었다."고 증언했다.(국방부 『한국전쟁사』 개정판 제2권 p307)
[*2] 대대장 이관수 소령은 "연대에서 아무런 연락도 받지 못했다. 진천에서 반 수의 병력을 잃고 보은으로 가서 연대예비가 되었는데 대대가 철수할 때 엄호로 남았던 중대는 그 후에 어떻게 되었는지 모르겠다.(위 같은 문헌)

### 진천중학교 학도의용군

7월 8일 진천이 적 수중에 들어갔을 때 진천읍의 청년과 학생들은 노부모만 남겨 놓고 모두 피신했다.

이 날 수도사단장 김석원 장군이 진천 탈환을 결심하고 작전을 개시할 때 이 소식을 전해 들은 진천중학교 출신 모 청년방위대원이 발의하여 진천중학교 재학생 100여 명을 규합하고 김석원 사단장을 찾아와서 국군과 함께 싸우게 해 달라고 간청했다.

김석원 사단장은 그들에게 보급품 운반과 후방경계 근무를 하도록 권유했으나 그들은 굳이 전선에서 국군과 함께 싸우기를 고집하였으므로 그들의 애국충정에 감복하여 99식 소총을 지급하고 전투에 참가시켰다.

진천중학교 학생들은 문안산, 봉화산 전투에 참가하여 분전하다가 모두 전사했다. 이 학생들의 분전 상황은 구전으로만 전해올 뿐 기록이 없어 자세한 상황은 알 길이 없다.<sup>주)</sup>  국방부 『한국전쟁사』 제2권 p401, 402

김석원 장군은 『노병의 한』에서 이렇게 술회했다.
"진천 전투에 참전한 용사들은 후퇴하여 내려오는 장병들을 모아 부대를 편성한 관계로 대대장, 중대장 이하 인원 파악조차 제대로 못하고 있는 실정이라 작전상 애로도 많았거니와 전사자와 부상병 성명은 물론이요, 그 숫자도 밝히지 못하여 지하에서 무주고혼이 된 전사자의 가족들이 생사도 모르고 돌아올 때만 기다리고 있는 것을 생각하면 가슴이 미어지는 것 같다."

## 2. 청주 부근 저지전 – 수도사단

### 미호천 전투

7월 11일 진천에서 물러난 수도사단은 11일 청주 북방 8km 지점에 있는 미호천(美湖川) 남방 진천~청주가도변에 동에서 서로 제18, 제1, 제8연대 순으로 저지진지를 구축했다.

미호천은 청주 북쪽 7km 지점에 있고, 동에서 서로 흐르는 금강 지류이며, 하천 폭이 좁고 수심이 얕아 인마는 물론 전차와 포도 도섭할 수가 있어 큰 장애물은 되지 못했다.

이때 제17연대는 행방불명 상태에 있었고, 제20연대는 청주 남쪽 교외에서 부대 정비를 하고 있었다.

각 연대는 낙오병들을 흡수하여 진천에서 입은 병력 손실을 충원하였다.

청주시내는 제1군단사령부를 비롯하여 몇 개 연대지휘소와 보급소가 모여 있었고, 개전 이래의 낙오병들이 몰려와서 군인으로 들끓고 있었다.

제1연대는 오근장(梧根場-청주 북쪽 충북선역)에서 제7사단 제9연대(윤춘근 중령)를 흡수하여 기존 제1연대를 제1대대로, 제9연대를 제2대대로 편성하고, 양 연대의 나머지 병력으로 제3대대를 편성했다.

이날 14시경에 오근장으로 남진하던 적 주력부대가 미 전투기 공격을 받고 큰 타격을 입었다.

7월 12일 아침부터 흐린 날씨는 오후에 비를 쏟았다.

적은 전날 두 번에 걸친 공습 피해 때문인지 움직임이 둔해 보였다.

북한군 제2사단장 최현은 예하 부대장들의 휴식 건의를 듣지 않고

"적 제1군단사령부가 있는 청주를 점령해야 한다."

고 내몰았다. 이 때문에 적 주력은 도하를 서두르게 되었다.

14시경 화산리(華山里-오근장 북쪽 7km 미호천 북안)에 적 1개 연대 규모가 집결하고 있는 것을 포착하였다.

사단장은 군단에 포격을 요청했고, 군단에서는 전 포(105mm포 11문)로 가격하여 사단장의 무모한 독전에 밀려 무질서하게 몰려들었던 적은 순식간에 800여 명의 사상자를 내고 지리멸렬된 채 분산되었다.

포병관측장교 박승옥(朴昇玉) 소위는 그때 정경을

"파리가 약을 먹고 떼죽음을 하는 것 같았다." 주)

국방부 『한국전쟁사』 개정판 제2권 p308

고 하면서 포병이 된 것을 자랑스럽게 생각했다.

"오근장 북쪽 17번 국도상에 트럭 9대, 진천 남쪽에 3대, 성환~진천 간 도로 상에 6대가 발견되었다."

는 항공정찰 정보가 사단에 통보되었다.

김석원 사단장은 적이 밤중에 도하해 올 것이라고 판단하고 대비했다.

12일 미 제24사단이 조치원을 포기하자 적 제3사단 일부가 제1군단 좌측을 공격했고, 또 우측 제1사단이 괴산에서 적 제15사단과 격전을 벌이다가 후퇴하여 청주가 위협받게 되었다.

13일 04시 연막탄을 신호로 적의 각종 포화가 숨 돌릴 사이도 없이 작렬하여 포연으로 뒤덮었다. 30분 동안 준비사격을 끝내고 대병력이 연막 속에 숨어서 미호천을 건넜다. 도하를 저지하기 위한 필사적인 저항도 소용없이 격전 5시간 만에 주저항선이 무너졌고 사단은 뒤로 철수하여 새로운 진지를 점령해야 했다.

제1군단 사령부는 보은으로 철수했고, 적은 청주에 진입했다.

13일 18시 수도사단은 지휘소를 청주 남쪽 6km 지점에 있는 고은리(高隱里-청주시 南一面, 25번 국도변)로 옮기고 부대를 전개했다.

중앙 일선으로 25번 국도 좌우에 제1연대,

좌측 국사봉(國師峰-282고지, 고은리 서쪽) 일대에 제8연대,

우측 은행리(銀杏里-남일면) 북쪽 1km 지점 능선 일대에 제18연대

이 무렵 제17연대는 문안산에서 미아가 된 제1대대(이관수 소령)가 우여곡절 끝에 보은으로 철수하였고, 공주 부근에서 미 제24사단과 협동 작전을 펴고 있던 제2대대(송호림 소령)가 복귀하여 보은에 도착했다.

배속된 제20연대를 제2사단으로 복귀시켰다.

### 청주 전투

7월 14일 맑은 날씨에 폭염이 기승을 부렸다.

07시~08시 30분 사이에 진천~오근장 간에 트럭 10여 대가 남하하고, 오근장에서 조치원 쪽으로 전차 2대와 병력을 가득 실은 트럭 10여 대가 진

출하는 것이 항공정찰에 의하여 포착되었다.

제18연대는 05시에 중앙 제1연대와의 간격이 2km 정도 떨어져 있었으므로 이를 좁히기 위하여 은행리 북쪽 능선에서 고은리 서북쪽에 있는 태봉으로 옮겼다.

연대가 태봉으로 옮긴 후 고은리 일대가 격전지가 될 형편이 됐을 때 그 한복판에 위치한 쌍수리(雙樹里-고은리 북쪽)에 피난민이 많이 모여 있다는 정보를 듣고 대대장 장춘권 소령이 장교를 보내어 그곳에 모여 있는 노인에게 다른 곳으로 피난할 것을 몇 번씩 권유했다.

"이곳은 정감록에 나오는 피난처요."

하면서 다른 사람까지도 피난을 못하게 하였다가 격전에 휘말려 많은 희생자를 내고 말았다.

07시 연대장 임충식 중령은 대대장 장춘권 소령에게 쌍수리 앞 무명고지를 탈취하여 전진기지로 삼으라고 명령했다.

대대장 장춘권 소령은 제7중대(禹德疇 중위)를 추진시켰다. 제7중대는 태봉을 출발하여 능선을 따라 진격했는데 아군의 기동을 알아차린 듯 적 직사포탄이 집중되어 공격 중대는 분산 상태에 빠지고 말았다. 이를 지켜보고 있던 대대장은 옆에 있는 중화기중대장 이용선(李龍璿) 중위에게 적 화력을 제압하라고 명령했다.

이용선 중위는 몸을 정상에 노출시킨 채 관측하여 박격포 사격을 지휘하였으나 적의 포 위치는 찾을 수가 없고 포탄은 계속 날아왔다.

고지정상에서 몸을 노출시킨 채 포격을 지휘하는 중대장의 신변을 우려하여 중대원들이 일시 차폐할 것을 권했으나 이용선 중대장은

"적의 포화를 제압하기 전에는 자리를 뜰 수 없다."

는 무언의 의지로 버티고 서서 지휘하다가 마침내 적의 직사포 위치를 발

견하고 연속 사격으로 이를 침묵시켰다. 그는 감격하여

"적의 직사포가 두 동강 났다."

환호성을 올리는 순간 적의 직사포탄이 명중하여 TS-10(자동송수화기)을 쥔 손목만 남고 몸은 흔적조차 없이 산화했다.*주)

국방부 『한국전쟁사』 개정판 제2권 p313

* 이용선 중위 전사 후 중화기중대를 지휘한 김서찬(金瑞燦) 중위는 이 중위의 전사를 애통히 여겨 전투가 일단락된 후 이 중위의 유골 수습에 나섰다. 겨우 유골 한 마디를 찾아서 그 자리에 묻고 나머지 조그마한 조각들은 붕대에 싸서 유족에게 전해 준다고 줄곧 목에 걸고 다녔다.(국방부 『한국전쟁사』 제2권 p404)

제7중대는 고지를 점령하였고, 여세를 몰아 지북리(池北里-청주 남쪽)까지 진출하였다가 무명고지로 돌아왔는데 적은 많은 시체를 부락에 유기한 채 도주했고, 적 직사포는 민가에 숨겨놓고 벽에 구멍을 뚫고 포격했음이 밝혀졌다.

14일 제8연대(이현진 중령)는 국사봉 북록 일원에 진지를 점령하고 호를 파고 있었다. 김석원 사단장이 진지까지 와서

"어떠한 난관에 부닥치더라도 현 전선을 고수해야 한다."

고 강조했다. 이현진 연대장은 사단장에게

"연대 병력이 제2대대 뿐이므로 1개 중대 정도의 증원이 필요하다."

고 건의하자 사단장은 방금 사단에 도착한 진주경비대(朴培根 대위가 지휘하는 1개 중대)를 증원해 주었다.

오전 중에 산발적인 소규모 공격을 격퇴했으나 15시경에 국사봉 북쪽에서 적 2개 중대 규모가 대구경포의 엄호를 받으면서 침공했다. 진주경비대는 후방지역에서 경비임무만 수행하던 부대라 실전에서 적의 포화가 집중되자 달려드는 적에게 총 한 방 쏠 생각을 못하고 혼란에 빠졌다.

이를 본 제5중대장 안태갑 중위는 박배근 대위에게 달려가서

"우리가 합심하면 저 정도의 적은 문제될 것이 없으니 병사들을 진정시켜 같이 싸웁시다."

라고 독려하여 그들의 정신을 다잡고 협심하여 몰려오는 적을 물리쳤다.

이때 제8연대는 보병대대 화기도 갖지 못했고, 제5중대는 병력이 중대 병력의 반에 불과했다.

적은 소대 규모의 돌파조를 편성하여 축차(逐次)로 내몰았다. 제1파가 분쇄되면 제2파를, 다음 제3파를, 이런 방법으로 앞선 조의 시체를 넘어 연속적인 파장을 이루면서 덤벼들었다. 백병전까지 치르면서 몇 차례 덤벼드는 적을 물리치고 현 전선을 고수했으나 연대의 병력 손실도 컸다.

물러갔던 적은 밤이 되자 포화를 집중하면서 기습공격을 했다. 순식간에 수류탄전이 벌어졌고, 중대원들은 개인호 안에서 무참히 쓰러져 전사했다. 중대장 안태갑 중위는 호 속에서 뛰어나오며

"중대! 돌격 앞으로!"

를 외치는 순간 작렬하는 적의 포탄에 파편상을 입고 제1소대장 김용건(金用鍵) 중위와 함께 쓰러졌다. 이 광경을 본 대대장 정승화 소령이 즉시 달려가서 퇴각 일보전의 중대를 수습하고 현 진지를 확보했다.

15일 사단장 명령을 받은 제17연대 제3대대가 진지에 도착하였으므로 전선을 인계하고 제5중대는 연대 본부로 복귀했다.

철수한 중대 병력은 92명 중 20여 명에 불과했다.

14일 제1연대는 연대장이 이희권 중령에서 윤춘근 중령으로 바뀌었다.

11일 제1연대가 제9연대를 흡수하면서 제9연대장 윤춘근 중령은 사단참모로 전임했는데 제1연대장 이희권 중령이 윤춘근 중령을 찾아가서

"당신의 병력이 더 많아 내가 지휘하기가 곤란하니 당신이 연대를 지휘

하는 것이 마땅하다."

고 간청하였고, 김석원 사단장도 이를 이해하고 육군본부에 건의하여 연대장을 교체하게 된 것이다.㈜

국방부 「한국전쟁사」 개정판 제2권 p314

### 효촌리 · 장암리의 분전 - 제17연대

7월 15일, 그동안 제1대대(이관수 소령)만으로 연대 구실을 해 온 제17연대는 공주 부근에서 미 제24사단과 협동작전을 해 오던 제2대대와 군단예비로 있던 제3대대가 복귀 명령을 받고 청주로 오는 중이었다.

06시경에 청주를 점령한 적 제2사단(최현 소장)은 보 · 전 · 포를 총동원하여 공격을 개시했다.

1개 대대 규모가 국사봉 서쪽 수대리(秀堂里-남이면, 17번 국도 서쪽)에서 부강리(芙江里-조치원 남쪽 13km, 경부선 부강역) 쪽으로,

1개 연대 규모로 추산되는 병력은 청주에서 고은리로 직진하였으며, 선발대로 보이는 일단의 적은 남일국민학교 동쪽 능선까지 접근했다.

김석원 사단장은 적이

'대전 포위를 촉진하기 위하여 아군의 배후를 차단하려는 기도'

임을 파악했으나 사단 전투력으로 현 방어선을 확보하기가 역부족이라 대책을 세울 수 없어 고심하고 있었다.

이런 어려움을 당하고 있을 때 연대 주력 2개 대대가 복귀했고, 또 사단장이 부임하면서 요청한 참모장 최경록 대령(전 제11연대장)이 부임하여 수도사단은 그야말로 천군만마를 얻은 현상이 됐다.

제17연대는 09시에 효촌리와 장암리 공격에 나섰다.

제2대대는 우 일선 효촌리(孝村里-청주시, 25번 국도 우측)를 공격하고,
제3대대는 좌 일선 장암리(壯岩里-상동 25번 국도 우측)를 공격했다.

군단포가 공격목표지점에 공격준비사격을 퍼부었고, 연대의 총 화력이 공격부대를 엄호했다. 적도 연대 공격을 저지하기 위하여 연대보다 몇 배 우세한 화력으로 맞서 피아간 치열한 화력전이 벌어졌다.

제2대대는
제5중대(李一洙 중위)가 효촌리로 진격하고,
제7중대(조경학 중위)는 우측으로 우회하여 적의 좌측면을 치며,
제6중대(곽성범 중위)는 제5중대를 따르게 했다.

제5중대는 제18연대가 점령하고 있는 태봉을 넘어 진격 중 쌍수리 남쪽 논밭에서 남일국민학교 앞에 나타난 적 전차의 사격을 받고 소대장을 비롯하여 10여 명의 사상자를 낸 채 꼼짝하지 못했다.

대대장 송호림 소령은 제6중대로 하여금 제5중대를 앞지르게 하고 스스로 제5중대로 달려갔다. 제5중대는 전방 50m 앞에 있는 제방을 방패삼아 저격하고 있는 적 때문에 머리를 들지 못하고 웅크리고 있었다.

대대장은 제5중대장에게 자신을 엄호하라고 이르고 적탄이 쏟아지는 탄막을 뚫고 우측으로 우회하고 있는 제7중대로 달려가서 돌격명령을 내렸다. 제7중대는 좌 일선 사정을 몰라 주저하다가 대대장이 와서 돌격 명령을 내리자 일제히 함성을 지르며 적 배후를 쳤다. 허를 찔린 적은 많은 시체를 버리고 효촌리 쪽으로 도주했다.

19시경에 제2대대는 효촌리 남쪽 능선까지 진출했다.

제3대대(오익경 소령)는 좌 일선 장암리를 향하여 공격을 개시했다.

그러나 목표지점 장암리까지는 논밭으로 이어지는 들판인데다가 적 전차포의 완강한 탄막사격으로 진격이 부진하였다.

이때 사단 대전차포중대(허현 대위)가 남일국민학교 앞에 나타난 적 전차를 공격하여 전차포가 잠시 침묵하는 사이에 진격을 서둘렀는데 14시경이 되자 적의 포화가 집중하여 또다시 진퇴유곡에 빠졌다.

이때 F-51전폭기 2개 편대가 상공에 나타나서 적 전차를 공격하는가 싶더니 별안간 아군 공격부대에 기총사격을 퍼붓고 가버렸다. 이 때문에 대대는 많은 병력 손실을 입고 공격은 좌절되고 말았다.

16일 사단 작전참모 박경원 소령은 적 전차 2대가 남일국민학교 앞에 나타나서 제17연대를 공격하고 북으로 도주한 사실과 항공정찰에 의하여 10여 대의 전차가 청주에 은닉되어 있다는 통보를 받고, 날이 밝기 전에 사단 대전차포중대를 남일국민학교 남쪽 0.5km 지점에 있는 속칭 살구정이 부락 북단까지 추진시켰다.

박경원 소령은 대전차포로는 전차를 파괴할 수 없다는 것을 잘 알고 있었지만 대전차포가 새로 지급된 것인데다가 가까이에서 가격할 경우 파괴할 수도 있다는 믿음을 가지고 한 대라도 파괴하면 병사들의 사기를 높이는데 크게 기여할 것이라는 생각에서 모험을 감행한 것이다.

14시경

"적 전차 6대가 효촌리를 통과하여 사격을 하면서 남진하고 있다."

는 보고가 들어왔고, 이어서 전차는 남일국민학교 앞에 이르러 목표를 찾는 듯 두리번거리며 정지했다.

대전차포중대의 1번포와 2번포가 연속 사격을 했다. 공교롭게도 이와 때를 같이하여 F-51 전투기가 상공에 나타나서 기총사격과 함께 네이팜탄을 쏟아 전차 주변은 순식간에 화염에 휩싸였다. 이 통쾌한 공격에 전차는 고철덩이로 변했을 것이라고 생각한 병사들은 환호성을 올렸고, 이를 지켜보던 박경원 소령과 제18연대 작전주임 고광도(高光道) 소령은 서로 부둥켜안고 울음을 터뜨렸다고 했다.

그런데 화염이 가시자 전차는 한 대만 주저앉아 있고 나머지 5대는 서서히 먼지를 일으키며 북쪽으로 사라졌다. 작전참모 박경원 소령은

"맥이 탁 풀려 말문이 막혔다."

고 했다.

주저앉은 전차도 전투기가 부셨는지 대전차포가 부셨는지 알 길이 없었다. 태산명동서일필(泰山鳴動鼠一匹)에 대전포중대장만 애석하게 전사했다.

제17연대 제2대장 송호림 소령은 연대장에게

"적 전차를 처리해 달라."

고 부탁하고 돌아왔는데 연대장으로부터

"사단에서 확답을 받았으니 염려 말라."

는 통보를 받고 나무에 기대어 잠깐 쉬고 있었는데 별안간 대대 뒤에서 '꽝' 하고 전차포가 터지는 소리가 났다. 능선에 올라가서 확인한 결과 전차 6대가 효촌리를 지나면서 대대 좌측면을 가격하고 있었고, 1개 대대 규모의 병력이 대대 우측 능선으로 기어오르고 있었으며, 1개 대대 규모의 병력은 이미 대대 정면에 접근해 있었다.

각 중대는 난전이 벌어졌다.

대대 우 일선을 지휘하던 부대대장 이동호 대위는 상황이 급박해지자 전투지역을 재조정하려고 제7중대 전 장교를 후 사면으로 집합시켰다. 그러나 중대장 조경학 중위는 벌떼처럼 달라붙는 적을 직접 기관총으로 쓰러뜨리고 있던 중이라 갈 수 없었다. 곧이어 연락병이 달려와 "부대대장이 전사했다."고 하여 달려갔더니 부대대장을 비롯한 3명의 소대장이 시신을 분간할 수 없을 정도로 비참한 몰골을 하고 있었다.

조경학 중위는 각 소대 선임하사관으로 하여금 소대장을 대리케 하고,

일진일퇴 공방전을 벌이다가 해질 무렵 고립된 중대를 소대별로 철수하여 은행리에서 본대와 합류했다.

제17연대 제10중대는 전날 22시에 연대장 김희준 중령으로부터 제8연대에 배속명령을 받고 국사봉으로 갔다.

출발에 앞서 중대장(성명 미상)은 제4소대장 류치문 중위에게 첨병소대의 임무를 맡겼다. 류치문 중위는

"화기소대가 어떻게 첨병소대가 될 수 있습니까?"

하고 반대했다. 다시 제1소대장 최태영(崔泰暎) 소위에게 맡기려 하자

"우리 소대만 첨병을 서야 합니까?"

하고 불평했다.

할 수 없이 중대장이 중대 본부요원을 이끌고 첨병에 나섰다.

7월 16일 18시경 제8연대장 이현진 중령은 적이 야간 침공을 기도할 것이라고 판단하고 제10중대로 하여금 장암리에 대한 위력 수색을 명령한 다음 진출로를 검토하기 위하여 중대장과 함께 국사봉 북록의 중복(中腹)까지 내려가서 지형을 정찰하던 중 적탄이 중대장의 하복부를 관통했고, 제1소대장 이기선(李奇善) 소위도 중상을 입었다.

중대장은 후송되고 제4소대장 류치문 중위가 중대장으로 임명됐다.

7월 16일 해질 무렵 제10중대는 장암리를 공격하라는 명령을 받았다.

신임중대장 류치문 중위는 중대를 재편성하고 선임하사관으로 소대장을 대행케 한 다음 간단한 훈시를 했다.

"내가 이제부터 중대를 지휘하여 복수전을 감행하겠다. 이때까지 우리는 전투다운 전투를 해 본 경험이 없다. 국가 운명이 위협받고 있는 이때 대한민국의 남아로서 싸울 수 있는 기회가 왔다. 이제 우리는 생명을 다하여 적을 격퇴시켜야만 한다."

중대 병력은 96명이었다. 장암리 정면 고지로 진출했다. 제1소대는 고지 정면으로, 제2소대는 좌측으로 진출하여 적 1개 대대를 완전히 포위했다. 그리고 중대장의 공격 신호인 수류탄 폭발음과 함께 일제히 사격을 하면서 돌격해 들어갔다. 기습공격에 당황한 적은 엉겁결에

"아군이다, 사격 중지!", "우리야, 우리!"

하고 소리를 질렀다. 중대장은 사격을 중지시키고 암호를 물었다.

"자동소총", "벤또바꼬"

엉뚱한 대답이 끝나기도 전에 외쳤다.

"적이다! 한 놈도 남기지 말고 사살하라!"

이날 연대 암호는 '00', '77'이었다.* 주)   국방부 『한국전쟁사』 개정판 제2권 p320

> \* '00-77'이라는 암호
> 나는 1951년 대대 암호병(暗號兵)이었다. 내가 일선에 있는 동안 암호가 숫자로 된 경우는 없었다. 일반적으로 널리 알려진 고유명사를 사용했다. 이를테면 '책상-걸상', '숟가락-젓가락', '서울-부산', '압록강-낙동강', '소나무-밤나무', 'M1-카빈' 등 친숙하고 쉽게 쓸 수 있는 용어를 선택했다. '00-77'은 당시 사병들에게는 생소하고, 숫자는 혼동하기 쉬운 표현이다. 그리고 '00-77'이라는 말은 1970년대에 '007'이라는 이름의 첩보영화가 인기를 끌면서 우리 귀에 익숙해진 숫자이고, 그때는 그런 말이 없었다. 과연 그러한 암호를 그때 썼을까? 하는 의문이 든다. 또 북한군이 말한 '벤또바꼬'(일본말) 또는 앞에 나온 '손들어', '들었다'는 암호도 좀 어색하고 지어낸 말 같아서 의문이 간다.

저들은 응사할 엄두도 못 내고 모두 사살되고 일부가 도망쳤는데 유독 기관총 1정이 끝까지 사격을 멈추지 않아 병사 한 명이 "이 새끼야!" 하면서 수류탄을 던지고 뛰어가 보았더니 기관총 사수의 발목이 말뚝에 전선줄로 묶인 채 계속 사격을 하고 있었던 것이다.

제10중대는 고지를 점령했다. 기관총 9정과 소총 67정을 노획했고 적 시체는 헤아릴 수 없었다. 1개 중대가 섬멸된 것으로 추정했다.

17일 02시에 연대 명령에 따라 제10중대는 공격지점으로 철수했다.

철수할 때 복부에 치명적인 관통상을 입어 살 가망이 없는 부상병이

"전우들의 손으로 묻고 가달라." 주)  국방부 『한국전쟁사』 개정판 제2권 p321

고 애원하여 가장 친한 전우가 악수를 하고 안락사 시킨 후 묻어 주었다.

수도사단은 7월 17일 12시까지 새로운 진지로 이동하라는 명령을 받고 16일 22시에 보은으로 철수했다.

제8연대가 보은으로 철수하여 부대를 정비하고 있을 때 김석원 사단장이 방문하였다. 안내하던 이현진 연대장이

"이번에 혁혁한 공을 세운 류치문 중대입니다."

라고 소개하자 사단장은 중대장에게

"잘 싸웠다. 너희들 같이 싸운 중대는 내 일생의 기억에서 사라지지 않을 것이다."

라고 치하하고, 전 중대원에게 훈장을 주라고 명령했는데 무슨 이유에서인지 끝내 받지 못했다고 했다. 주)  국방부 『한국전쟁사』 개정판 제2권 p321

수도사단은 비록 보은으로 후퇴했지만 진천과 청주 전투에서 여러 가지로 새로운 의미를 부여하는 계기를 마련해 주었다.

첫째는 겁 없이 달려든 적 제2사단을 강타하여 우리를 만만히 볼 상대가 아니라는 본때를 보여주었고,

둘째는 적 제2사단을 대전 공격에 참가할 수 없게 만들어 경부축선의 미 제24사단이 용이하게 영동으로 철수하여 새로운 방어선을 구축할 수 있는 여유를 가지게 했으며,

셋째는 수도사단 장병들이 "이제는 해볼 만하다."는 자신감을 갖게 하여 그동안의 허탈감과 무력감에서 벗어나게 하는 계기를 마련하였다.

부상당한 전우를 업고가는 병사

김홍일 군단장은 이곳에서 7일간만 버텨주면 한미 간 연합작전을 위한 전열 정비에 기여할 것으로 판단했는데 12일간이나 버텨냈다고 하면서 수도사단 장병들은 정말 용감하였다고 평했다.

7월 27일 대구 제8군사령부를 방문한 UN군총사령관 맥아더 원수도 수도사단을 칭찬했는데 바로 진천과 청주 전투를 두고 한 칭찬이었다.

보은에서 제8연대와 제7사단 제3연대가 제18연대에 편입됐다.

7월 16일 22시 제1군단 전투지경선이 변경되었다.

수도사단이 515고지~구병산(九屛山)~신천리(新川里)선을,

제1사단이 그 우측 231고지~원남(元南)~용산리(龍山里)를 잇는 선을 각각 담당하고,

제2사단이 그 좌측 부강리~금강선으로 이어지는 지역에 전개하여 미군과 인접하였다.

같은 날 24시를 기하여 제17연대는 제2군단에 배속되어 함창(咸昌-상주시 함창읍, 점촌 남쪽)으로 이동했다.

### 김석원 사단장의 포효(咆哮)

김석원 장군은 제1사단장 재직시 남북교역사건(세칭 북어사건)으로 채병덕 총참모장과 함께 예편되었다. 전쟁이 일어나자

"국가의 위기에 역전 노장 김석원 장군을 전선에 보내어 나라를 구하도록 해야 한다."

는 국민의 여론이 비등하여 이승만 대통령이 그를 기용하도록 신성모 국방부장관에게 지시하였다고 한다.

김석원 장군은 6·25남침을 당했을 때 야인으로 있으면서 피난 중 날로 전세가 불리해지자 대전에서 학도의용군을 모집하여 싸우기로 결심하고

신성모 국방부장관을 찾아가서 무기를 지원해 달라고 요청했다.

이때 신성모 국방부장관은

"수도사단장을 맡아 달라."

는 부탁을 했다.

"아니 나보고 또 사단장이 되라는 말씀입니까?"

하고 거절하였다. 계속 간청을 하자

"일선에서 신념을 가지고 싸우려는 사단장을 뒤에서 공연히 중상모략하고 헐뜯고 하는 판에 어떻게 또 내가 사단을 맡는다는 말이오?"

라고 반문하자 신 장관은

"내가 이 자리에 있는 한 그런 일은 일어나지 않을 테니 걱정 말라!"

고 하면서

"김 장군 뜻대로 하게 해 드릴 테니 고집부리지 말고 맡아주십시오."

라고 간청했다.

이렇게 해서 수도사단장을 맡은 지 3일밖에 안 되는 이준식 준장 후임으로 수도사단장에 부임했다.

진천에 있는 수도사단으로 부임하는 길에 피난민 틈에 많은 군인과 경찰관이 섞여 어깨가 축 늘어진 채 후퇴하고 있는 모습을 보았다.

김석원 장군은 지프에서 내려 군도(軍刀-지휘관 칼)를 쳐들고

"국군 장병과 경찰관들은 들어라. 내가 이번에 수도사단장으로 부임한 김석원이다. 국군 장병과 경찰관은 생명을 바쳐 싸워야 하겠거늘 지금 너희들이 가는 곳이 어디냐? 쫓기고 밀리어 현해탄 물속으로라도 뛰어들 생각이냐? 지금 총을 든 너희들이 여기까지 쫓겨 오는 바람에 뒤에 있는 너의 부모 형제자매들이 얼마나 고통을 받고 있는 줄 아느냐? 돌아서라, 어서! 대한의 아들들아! 돌아서서 북으로 가자! 이 김석원이가 앞장서서 갈 테니.

너희들도 같이 가서 나와 함께 싸우자!"
하고 하늘이 울리도록 큰소리로 외쳤다.
　　많은 청년들과 낙오병들이 만세를 부르면서 김 장군의 뒤를 따랐다.

　　김 장군은 사단지휘소가 있는 역리(驛里-진천군 文白面)에 도착하여
"사단지휘소가 이렇게 뒤에 처져 있어 무엇을 하겠다는 말이냐?"
고 하면서 3km 앞당겨 여사(如士-17번 국도와 21번 국도 분기점)로 이동했다.
　　김 장군은 진천을 공격하면서
"사단장 김석원이가 너희들 앞에 여기 이렇게 서 있다. 만약에 고지를 점령하지 못하면 너희와 내가 모두 함께 죽는 줄 알아라."
고 독전했다. 낮에는 사단장이 버티고 있는 모습이 주저항선에서 내려다 보였고, 밤에는 그 호령소리가 쩌렁쩌렁 산울림으로 병사들에게 울려 병사들은 마치 자기를 향해 독전하는 것 같은 착각을 일으켰다.
　　진천, 청주 전투에 참전한 장병치고 김석원 사단장을 보지 못한 사람이 없었다고 할 만큼 진두에서 지휘했다.

　　잣고개 전투에서 주저항선이 무너졌을 때 통분한 김석원 사단장은 적 포탄이 비오듯 쏟아지는 잣고개 남록까지 나가서 군도를 뽑아 들고
"한 사람의 병사도 이곳에서 물러날 수 없다. 너희들이 싸우지 않으면 나라가 망한다. 어서 모여라."
　　장병들을 힐책하면서 병력 수습에 나서 상관의 눈을 피하여 슬금슬금 전선을 이탈하거나 후퇴하는 병사들의 동요를 막고 되돌아오게 했다.
"당시에 전장 군기가 말이 아니었는데도 뒤에 사단장이 버티고 있어 든든한 마음으로 싸웠다."

참전 사병이 한 말이다.

사단장 주변에 적 포탄이 떨어지자 미 고문관이
"사단장께서 최전선까지 이렇게 나오시는 것은 위험합니다. 만약의 경우 사고가 생기면 사단 지휘는 어떻게 하겠습니까?"
하고 후방으로 물러서서 지휘할 것을 권하자 김석원 장군은
"38선에서 이곳까지 쫓겨 온 패잔병들이 후방에서 지휘하면 지휘가 잘 되겠소? 그러면 전선이 금방 무너집니다. 겁이 나거든 당신이나 후방으로 물러가시오."
라고 말했다.

『한국전쟁비사』는 이 대목에서 김 사단장은
"김석원이를 죽일 총탄은 아직 만들지 못했소."
라고 하면서 태연자약했다고 적었다.

김석원 장군은 용감한 지휘관이긴 했어도 오만하지는 않았다. 그의 카리스마적 지휘는 부하를 위협해서 전선으로 몬 것이 아니다. 그는 전선 가까운 곳에서 지휘했고, 항상 부하 곁에서 독전했다. 부하들은 그런 그를 믿고 따랐다. 부하를 사랑으로 감쌌고, 격려를 아끼지 않았다. 그런 그가 그런 오만한 말을 했을까 의문이 간다.

김석원 사단장이 10일 밤중에 진천에서 미호천으로 철수할 때 일이다.
참모장 김웅조 중령과 작전참모 박경원 소령을 대동하고 지프로 오근장(梧根場-청주시 상당구, 17번 국도변)으로 가고 있었다.
보초가 나타나서 소리를 쳤다.

"불을 꺼라!"

운전병이 그대로 통과하려고 하자

"불을 끄지 않으면 쏜다."

고 소리치며 안전장치를 풀었다. 김 사단장이 차에서 내려

"용감한 병사로구나!"

하고 어깨를 두드려 주며 초병을 격려하고 운전병을 꾸짖었다.

청주 전투에서 있었던 일이다. 제9연대 부연대장 최 모 중령은 뒤늦게 인접 부대가 철수한 사실을 알고 부대를 철수하여 후퇴하다가 고은리(高隱里-청주시 南一面. 25번 국도변) 삼거리에서 김석원 사단장과 마주쳤다.

"누구의 명령으로 후퇴했느냐? 전 장병은 무릎을 꿇어라. 헌병은 무장을 해제하고 체포하라. 곧 군법회의를 열어 총살시키겠다."

무릎을 꿇었던 최 부연대장이 앞으로 나서며

"각하, 제가 후퇴를 명령했으니 장병들은 싸움터에 내보내고 저를 처단해 주십시오."

라고 보고했다. 김 사단장은 노기를 풀며

"지휘관이 그랬다면……."

하고 용서하였다.

김 사단장은 엄격하여 무서우면서도 순수하고 단순하였다. 잘못을 시인하고 뉘우치면 용서하고 포용하였다.

16일 보은으로 철수하기에 앞서 각 부대를 방문하고 군장 검사를 실시하여 장병들의 노고를 치하했으며 일장 훈시를 통하여 사기를 앙양하는 여유를 보였다.

전선이 무너져 바쁘게 도망가야 할 처지에서도 전장 군기를 바로 잡고 일순의 긴장도 풀어서는 안 되는 전장의 원칙을 몸소 실천해 보였다.

수도사단에 배속된 제20연대장 박기병 대령에게 정식으로 배속신고를 하게 한 것도 전장 군기를 바로 잡기 위한 차원에서 이루어진 일이다.

적 제2사단장 최현 소장은 진천에서 예상 밖의 고전을 치른 후
"앞에 버티고 있는 사단장이 어떤 놈이냐?"
하고 물었다.
"김석원입니다."
"그 못된 놈을 또 만났구나?"

최현은 김석원 장군이 제1사단장으로 재직하던 때 1949년 5월 4일과 7월 25일 두 차례 치른 송악산 전투에서 두들겨 맞은 경험이 있다.

적 제2사단은 춘천을 점령한 후 파죽지세로 무인지경을 전진만 해 왔고, 청주를 점령한 후에는 대전 공격에 참가하기로 계획됐으나 진천과 청주에서 수도사단 저항에 부딪혀 각각 4일씩이나 발이 묶였고 전력손실을 크게 입는 바람에 청주 전투 이후 황간으로 바로 이동했고 이 때문에 미 제24사단이 영동으로 용이하게 철수할 수 있었다.

참고문헌 : 국방부 「한국전쟁사」 개정판 제2권, 안용현 「한국전쟁비사」 1, 김석원 「노병의 한」

## 3. 충주 부근 저지전 – 제6사단

**전선 정비**
제6사단은 6월 27일 춘천에서 철수하여 7월 3일 충주에 집결하였다.

서부전선은 한강 방어선이 붕괴되어 적이 안양~수원으로 쇄도하자 제1사단을 엄호부대로 풍덕천 계곡에 배치하고 주력 혼성사단들을 평택으로 집결시켜 분산된 병력을 수습하는 한편 사단을 재편성하여 새로운 저지선을 편성하였다.

동부전선의 제8사단은 제천으로 전진시켜 중앙축선을 맡게 하였다.

적은 계속 수원~오산선을 압박했고, 춘천~홍천선으로 남진한 적의 한 무리가 여주로 우회하여 서부전선을 압박하자 서부전선 사단들은 병력 수습은 고사하고 재편성한 예하연대의 소재도 모른 채 중부전선의 새로운 진지로 전진해야 했다.

미군이 참전하여 경부축선을 중심으로 한 서부전선을 맡게 되었으므로 국군은 진천 이동(以東)의 중동부전선을 맡게 하는 새로운 전선을 편성하게 된 것이다.

육군본부는 서부전선 주력의 전진을 엄호하기 위하여 비교적 건제가 온존한 제6사단을 충주로 한 발 물러서게 하면서 2개 연대를 뽑아 여주~이천~안성선으로 급진시켰다.

이렇게 하여 국군 전선은 다음과 같이 형성되었다.

제6사단이 충주 방면,

제1사단이 음성 정면,

수도사단이 진천 방면,

제8사단이 제천 정면,

제3사단이 동해안의 울진 방면.

북한군은 서부전선에 미군이 참전하고 중부전선에 국군이 증강되자 서부 방면 적 제3, 제4사단을 따라 수원 부근으로 진출하던 적 제1사단을 충주 부근으로 방향을 돌려 원주 방면에서 남진하는 적 제12사단과 함께 충주~단양 방면으로 진출시켰다.

　적 제12사단은 제7사단을 개칭한 사단이다. 적 제7사단은 개전 초에 춘천과 홍천에서 아군 제6사단의 저지에 막혀 많은 피해를 입은 것을 비롯하여 계속된 졸전으로 사단 전력이 크게 약화되어 원주에서 사단을 재편성한 후 제12사단으로 이름을 바꾸고 함께 사단장도 전우에서 최충국으로 바뀌었다.

　적 제1사단은 개전 초 적 제6사단과 함께 서부전선 개성 방면으로 침공하여 서울을 점령한 사단으로, 이천~장호원을 거쳐 충주로 진출했다.

　적 제15사단은 예비사단으로 제12사단을 따라 원주를 거쳐 여주~장호원 방면으로 진출하였고, 이 무렵 38경비 제7, 제1, 제3여단이 제7, 제8, 제9사단으로 각각 승격 개편되어 전선에 투입되었다.

　7월 8일 현재 중동부전선에서 적은 서쪽으로부터

　진천에 제2사단,

　음성에 제15사단,

　충주에 제1사단,

　단양에 제12사단,

　풍기에 제8사단,

　울진에 제5사단을 전개하고

　제13사단을 예비로 후속시켰다.

　북한군은 제1군단이 경부축선을 중심으로 한 서부 전선을 맡고, 제2군단이 중·동부 전선을 맡았는데 제1군단 소속 제1사단을 중부전선의 충주로 돌리면서 제2군단으로 예속을 바꾸었고, 서부전선에 가까운 진천으로 진출한 제2사단을 제1군단으로 예속을 변경하였다. 제2사단은 제1군단으로 예속이 바뀐 뒤에도 중부전선을 맡았다.

앞에 전개된 전선 6개 사단 중 제2사단을 제외한 나머지는 모두 김무정 중장이 지휘하는 제2군단 소속이다.

7월 3일 충주에 집결한 제6사단은 서부전선에서 전진하는 제1사단과 수도사단을 엄호하기 위하여 제7연대가 음성으로, 제19연대가 진천으로 각각 이동했고, 두 사단이 진지를 정비한 후에는 제7연대는 제1사단의, 제19연대는 수도사단의 지휘를 받아 작전을 폈으므로 충주에는 제2연대밖에 없었다. 여기에 제16포병대대 제1포대와 충주경찰서 경찰대가 배속되어 있었다.

결국 정면으로 침공하는 적 2개 사단을 증강된 1개 연대가 저지하지 않으면 안 되는 형국이 되었다. 시재말로 게임이 안 되는 전투다.

제2연대는 북한군의 막강한 2개 사단을 상대로 충주 지구를 지켜야 했다. 그나마 초기에는 제2대대가 제19연대에 배속되어 진천에 가 있었으므로 서전에 참가한 연대 병력은 제2연대 2개 대대 1,800여 명, 제16포병대대 제1포대 89명, 경찰 병력 189명으로 도합 2,076명에 불과하였고, 기본 장비만 갖춘 보잘것없는 전력이었다.

사단에서는 이와 같은 병력 부족 현상을 타개하고자 김종운(金鍾運) 중위를 모병관으로 임명하고, 하사관 4명을 딸려 모병 활동을 폈다. 이렇게 모집한 병력은 사단사령부와 함께 증평으로 이동했다가 다시 청주 신병교육대로 보내져 실전에는 참전시키지 못하였다. 그리고 그 인원도 얼마인지 알려지지 않았다.

8일 충주가 실함된 뒤에 제2대대가 복귀했고, 아울러 제19연대 제2대대가 배속되어 증강된 연대 규모로 그 후의 전투를 수행했다.

**충주 부근으로 진출한 적 전력**

| 구 분 | 적 제1사단 | 적 제12사단 | 계 |
|---|---|---|---|
| 병 력 | 약 12,000명 | 약 9,000명 | 약 21,000명 |
| 122mm곡사포 | 14문 | 17문 | 31문 |
| 76mm유탄 | 18문 | 32문 | 50문 |
| 45mm반전차 | 36문 | 24문 | 60문 |
| 120mm박격포 | 28문 | 14문 | 42문 |
| T-34전차 | 약 40대 | | 40대 |

자료 : 국방부 『한국전쟁사』 개정판 제2권(p206)

### 남한강 도하 저지전

제2연대장 함병선 대령은 김종오 사단장으로부터

"사단 주력이 합류할 때까지 충주를 고수하라."

는 명령을 받았다.

제3대대(이운산 소령)를 우 일선으로 계명산(鷄鳴山, 775m)~금릉동(金陵洞-충주시)을 잇는 남한강 남안에 전개하여 방어선을 폈고,

제1대대(박노규 중령)를 좌 일선 금릉동~창동리(倉洞里-충주시) 간에 전개하여 달천강으로 침공하는 적에 대비하였다.

제2대대(이종기 대위)는 제19연대에 배속되어 진천에 가 있었다.

충주경찰서장 김대벽(金大壁) 총경이 지휘하는 경찰관 187명을 배속 받아 2개 소대를 제1대대에 배속하고 나머지는 중요 관서 경비를 맡겼다.

이때 제7연대가 음성 지역을 장악하고 있어서 적정이 이곳까지는 미치지 않았으므로 여유 있게 진지를 편성하였다.

7월 7일, 제9중대(남백봉 대위)는 정면 용골(龍谷-충주시) 대안 조둔진(早遯津)나루 부근에서 적 자동화기의 사격을 받았다. 이로부터 총격전이 벌어져 표적 없는 눈먼 사격이 한 시간 동안 계속되다가 11시가 지나자 씻은 듯

이 멎었다. 이 총격은 아군의 배치 상황을 점검한 것으로 보였다.

 15시를 전후하여 사이드카 부대가 대대 정면 강 대안 여러 곳에 나타난 것을 동시 집중사격으로 물리쳤다. 저들이 나타난 지점이 모두 도선장임을 감안하면 사이드카 부대는 도선장을 탐색하기 위한 출현으로 보였고, 이로 미루어 적은 머지않아 도하작전을 감행할 것으로 간파되었다.

 후에 밝혀진 바로는 이때 적 제12사단 제30연대(崔赫 대좌)가 제3대대 정면으로 도하 준비를 하고 있었던 것이다.

 7월 8일 01시경부터 적은 포격을 시작하여 04시 30분까지 3시간 반 동안이나 교란 사격을 계속했고, 이어서 보병 화력까지 합세하여 제2연대진지를 불바다로 만들어 놓고 05시경 짙은 안개를 틈타 5개 도하지점에서 제3대대 전 정면과 제1대대 제3중대(崔熙大 대위)가 있는 칠금동(漆琴洞-충주역 서쪽)으로 도하를 개시했다.

 적 포화는 제3대대와 제1대대 제3중대진지에 집중되었고, 제3대대는 유개호를 마련하지 못한데다가 엄폐할 수 있는 지형이 없는 평탄한 지역에 진지를 점령한 때문에

제3대대는 싸우기도 전에 포격에 녹았다

고 참전자들이 말할 정도로 타격을 받았다.주) 국방부 『한국전쟁사』 개정판 제2권 p218

 05시경 제3대대 제9중대 정면 용골 부근으로 도하한 적 1개 중대 규모가 교두보를 확보하고자 강반으로 기어 올라왔다. 짙은 안개로 앞이 안 보임에도 불구하고 미리 구성해 놓은 중대 화망이 맹목적으로 불을 뿜었고, 특히 기관총이 위력을 발휘하여 백사장 일대를 휩쓸었다.

 같은 시각 좌측 제10중대(김선일 대위) 정면에도 2개 소대가 도하하여 강반으로 기어 올라왔다. 제10중대는 인접 제11중대(채수룡 대위)와 함께 화력을 집중하여 백사장을 불바다로 만들었다.

이날 도하한 적은 안개 속에서 모두 흩어져 도망쳤기 때문에 얼마나 죽었는지는 확인되지 않았다.

이렇게 연대는 정면으로 도하한 적의 제1파를 일단 격퇴했다.

06시에 이르자 사방을 덮은 안개 속을 뚫고 후속파가 밀어닥쳤다.

제3대대 정면 조둔진, 용탄진(龍灘津), 목행진(牧杏津), 반송(盤松) 등 각 나루에서 약 1개 연대 규모가 도하를 개시했고,

좌 일선 제1대대 지역 탄금대(彈琴臺) 북쪽 대안 유송리(遊松里-충주시 金加面) 부근에서도 2개 중대 규모가 도하를 시작했으며,

서쪽 창동리(倉洞里-칠금동 대안)에서도 수 미상의 적이 도하를 서둘렀다.

그러나 대대는 안개 속에 시야가 가려 적이 강반에 도달한 다음에야 적이 도하한 사실을 알았다.

제3대대는 전 화력을 총동원하여 사투를 벌였다. 한때 박격포와 기관총이 위력을 발휘하여 안개 속 강반을 폭음과 불길로 뒤덮어 적을 꼼짝 못하게 묶어 놓는 듯 하였으나 시간이 흐르면서 전력의 우열이 나타나서 격전 1시간 30분이 지났을 때에는 대대진지 일각이 무너지면서 적이 교두보를 확보하고 진전으로 쇄도했다.

이때 관모봉(冠某峰) 골짜기에서 계명산 동쪽으로 도하한 증강된 중대 규모의 적은 아무런 저항 없이 충주 동쪽으로 치고 들어왔는데 그 적이 상종당(上宗堂-충주시) 고개를 넘어선 후에야 연대 수색중대가 포착하여 조우전을 벌였다.

**제9중대장 남백봉 대위는 후일 다음과 같이 증언했다.**

"적이 침습(侵襲)할 것 같은 예감이 들어 강가 여러 곳에 청음초소(淸音哨所)를 내보내고 초병으로 하여금 적이 도하를 시작하면 '새 소리'를 내도록 일러두었

는데 포탄 떨어지는 소리에 '새 소리'가 들리지 않아 적이 강을 반쯤 건넜을 때 격파하려고 한 기회를 놓치고, 적이 강반에 기어오를 때에야 비로소 침공한 사실을 알게 되었다. 일시 혼선을 빚었으나 곧 수습하여 계획된 화력으로 선봉을 제압하고 후속 주력을 격멸키로 하였는데 후속 부대는 예상 외로 대병력일 뿐만 아니라 사주를 메운 농무를 틈 타 일시에 도하 침공하여 강반의 격전을 벌이게 되었다." (국방부『한국전쟁사』개정판 제2권 p219)

## 충주 공방전

7월 8일 08시 30분 사단장 김종오 대령은 제2연대장 함병선 대령에게

"병력을 철수하여 충주 남쪽에서 최대한 저지전을 펴라. 12시간 내에 귀 연대의 제2대대와 제19연대의 1개 대대를 급파할 것이다."
라고 명령했다.

함병선 연대장이 철수지침을 내리려는 순간 악화일로를 치닫던 우 일선이 무너지면서 제3대대 철수 병력이 충주시내로 밀려들기 시작했다.

함병선 연대장은 응급조치로 달내(達川) 부근에 있는 제1대대를 뽑아 대림산(大林山, 489m-충주 남쪽, 3번 국도 동쪽)* 부근에 엄호진지를 급편하게 하여 제3대대의 철수를 엄호하도록 하고 제3대대는 병력을 수습하여 수회리(水回里-충주시 上芼面, 3번 국도변, 수안보 북쪽)로 집결하도록 하였다.

> * 대림산 높이
> 국방부『한국전쟁사』개정판 제2권(p223)    317m
> 현대지도『전국도로안내지도』(p81)        489.3m
> 경인문화사『한국지명사전』(p157)         680m
> 충주시 살미면사무소에 확인한 결과 489.3m가 맞다.

제1대대는 11시에 엄호진지를 편성하고 제3대대 철수를 엄호한 후 16시

에 3번 국도변 첩푸산(699고지-수회리 동쪽)* 에 방어진지를 점령했고,

제3대대는 수회리 부근에 진지를 점령하여 충주~수안보가도(3번 국도) 방어에 들어갔다.

충주에서 약 11km 물러난 지점이다.

> * 첩푸산 : 국방부 『한국전쟁사』 개정판 제2권은 적포산(積抱山, p222 외)으로 기술하였고, 지도(현대지도 『전국도로안내지도』 외)에는 첩푸산이라고 표기되어 있다. 충주시 상모면사무소에 확인한 결과 현지에서는 첩부산으로 부르고 한때 적보산(積補山)이라고 쓰기도 했으나 지금은 아니라고 했다.

18시경에 제19연대에 배속되었던 제2대대가 복귀하였고, 또 제19연대 제2대대(金龍紀 소령)가 배속되어 제2연대의 전력이 많이 보강되었다.

7월 9일 05시를 기하여 제2연대는 충주를 공격하기로 하였다.

어젯밤부터 내리기 시작한 가랑비가 아침까지도 오락가락하고 있었다.

이때 북한군은 충주를 점령한 제12사단이 동남쪽으로 전진하여 제8사단 정면 단양 방면으로 진출하고, 후속한 제1사단은 3번 국도를 따라 수안보 쪽으로 진출한 후 각각 선발대를 연대 규모로 선정하여 기동로를 확보하도록 하였는데, 동쪽에서는 이미 마지막재(충주 동쪽 4km, 계명산과 남산 사이에 있는 제일 높은 고개)를 넘어 목벌리(木伐里-충주 동쪽 8km지점, 남한강 서남안)로 향하였고, 남쪽은 단월동(丹月洞-충주시, 달내 동안)을 지나 소향산(小香山-3번 국도 우측) 계곡으로 침투하고 있었다.

제19연대 제2대대가 목벌리로 우회하여 적의 동측을 강타하고,

제1, 제2대대가 충주 남쪽 8km 지점에 있는 세성리(洗星里-3번 국도와 19번 국도 분기점)로 진출하여 양면 공격을 시도했다.

제19연대 제2대대는 전날 18시에 수안보에 도착하자마자 곧 공격 명령을 받고 철야 강행군하여 04시에 목벌리에 도착하였다.

대대장 김용기 소령은 연대에서 지급한 지도 한 장을 들고 출발하였는데 야간에 지리를 모르는 지역을 지도와 나침반으로 거리를 측정하고 방향을 가늠하며 찾아가느라 무진 고생을 하여 많이 지쳐 있었다.

대대가 목벌리에 진출하여 휴식을 취하면서 휴대 식량을 먹고 있을 때였다. 어떤 병사가 담배를 피우려고 성냥을 긋는 순간 숲 속에서 "누구야?" 소리와 함께 사격이 집중되었다. 불의의 기습에 당황한 병사들을 목벌리 동구 밖에 있는 대대본부로 뛰기 시작하였고, 대대장 김용기 소령은 "산으로 붙어라!"고 소리를 지르며 반격 태세에 들어가려 했으나 집중되는 적의 포화에 준비 없는 대대는 순식간에 허물어지고 말았다.

시간이 지나면서 적 화력은 점점 더 기승을 부려 사상자가 속출했고, 병사들은 남한강 물속으로 몸을 던졌다. 대대장은

"최선을 다하여 신당(新堂-목벌리 남쪽 5km)으로 집결하라."

고 소리치고는 자신도 강물 속으로 뛰어들었다. 강으로 적 기관총이 불을 뿜었고, 수류탄이 마구 날아왔다. 이때가 05시경. 1시간도 못 되는 사이에 대대는 풍비박산했다.

정면의 적은 제12사단 제31연대(金鐵 대좌)였다. 이때 적은 제1사단이 3번 국도를 따라 남진했고, 제12사단은 충주를 점령한 후 동남쪽으로 전진하여 제8사단 정면 단양 쪽으로 진출하고 있었는데 적 제31연대가 단양으로 가는 길목에서 뜻밖에도 제19연대와 맞부딪히게 된 것이다.

대대장 김용기 소령이 집결지 신당에 도착했을 때 병력은 50여 명 밖에 모이지 않았다. 09시에 연대장 함병선 대령은

"수안보로 집결하라."

는 무전 명령을 내렸다. 대대장은

"원위치로 집결하라."

는 안내판을 도로변에 세워 놓고 수안보로 철수했는데 수안보에 도착했을 때는 대부분의 장병들이 개인화기를 가지고 모여 있었다.

제2연대 2개 대대는 05시에 공격을 개시하여 순조롭게 진출했다.

07시경 제2대대는 대향산(大香山)을 넘어 대림산 동쪽 구릉리(九陵里)로 돌진했고, 제1대대는 두룽산(459m-충주시 살미면, 3번 국도 서쪽)*을 무혈 점령한 후 달내동 쪽으로 휩쓸어 올라가던 중 창동(倉洞-충주 남쪽 약4km) 부근에서 장갑차 2대를 앞세운 대대 규모가 넘는 적으로부터 공격을 받고 20여 분간 교전을 벌였다. 이 때문에 제1대대 진로가 막혔는데 이 적은 소향동으로 돌입하여 제1대대와 제2대대 중앙을 가른 후 측배를 위협했고, 일부의 적은 장갑차를 앞세우고 남쪽 원대(院垈) 부근으로 진출했다.

> \* 두룽산 : 국방부 『한국전쟁사』 개정판 제2권은 두응산(斗鷹山, p228)으로 기술하였고, 지도(앞 「첩푸산」 참조)는 두룽산으로 기록하였다. 현지 주민들은 두룽산으로 부르고 있다.(충주시 살미면사무소 확인)

제1대대 정면으로 진출한 적은 제1사단 제3연대로 장갑차의 선도를 받으며 3번 국도를 따라 수안보로 남진하고 있었다.

전차공포증에 걸린 병사들이 장갑차를 보자 전차로 알고 동요하기 시작하였는데 후방으로 깊숙이 침투한 장갑차가 양 대대 후방에서 사격을 하자 전열이 흩어지기 시작하였고, 08시경에 이르러서 달내 서쪽 동막 부근에서 새로운 적이 나타나 측사 화력을 쏘면서 서쪽 후방에서 달내를 도하하려고 시도했다.

제1대대(박노규 중령)는 공격 개시 3시간 만에 적의 역습에 휘말려 공방이 뒤바뀌었고, 제2대대는 연대 중앙을 돌파한 적에 의하여 후방 퇴로가 차단당할 위기에 직면했는데 이러한 상황을 알지 못하고 계속 진출하여 대림산 동쪽 능선을 확보함으로써 그만큼 더 큰 위험에 빠지고 말았다.

함병선 연대장이 이러한 상황을 파악한 것은 적 장갑차가 원대를 통과한 지 30분이 지난 09시경이었다.

연대장은 즉시 양 대대를 철수하여 세선리(洗先洞-충주시 <sub>살</sub>味面사무소 소재지)와 문래산(文來山-두룽산 남쪽)을 잇는 횡격능선(橫隔稜線)에서 3번 국도를 축선으로 저지진지를 편성하고자 하였으나 이때 적 선두가 이미 용천리(龍川里-세선리 서남쪽, 3번 국도와 36번 국도 분기점)까지 쇄도하여 제1대대는 문강리(文江里-충주시 上芼面, 수회리 북쪽) 남쪽으로 이동했고, 제2대대는 퇴로가 완전히 막혀 있었다. 한편 세선리 동쪽 계곡으로 침투한 중대 규모의 적과 문래산 서쪽 팔봉(八峰, 달천 돌출부) 부근에서 달천을 도하한 적 대대 규모가 연대 양 측면을 위협하여 상황은 악화일로를 치달았다.

연대장은 수안보에서 일반전화로 중평에 있는 사단장에게 상황을 보고하고 증원과 함께 항공지원을 요청하였다.

연대장은 상황이 위기 국면으로 치닫자 수안보를 확보하기 위한 마지막 보루를 점령하고자 문강리 남쪽에 집결 중인 제1대대를 첩푸산으로 철수하여 이미 이곳을 점령하고 있는 제3대대와 함께 당면의 적을 저지하도록 명령하고, 제2대대(이종기 대위)는

"가능한 한 방법으로 철수하여 수안보로 집결하라." 는 명령을 내렸다.

제2대대는 적 전차가 후방으로 진출하고 후방에서 총소리가 나자 비로소 포위된 사실을 알고 퇴로를 모색하고 있던 중이었다.

수색 중대(文章묭 중위)와 배속 공병 제1중대(金永根 중위) 등 연대직할대 병력을 통합하여 수회리 남쪽 풍치(風峙, 바람재-3번 국도상)에 전개하였다.

이렇게 하여 수안보를 방어가기 위한 결전 태세를 갖추었다.

이 무렵 민병권 대령이 지휘하는 제19연대가 수안보에 도착하였다. 제

19연대는 진천에서 수도사단 진출을 엄호하고 복귀한 것이다. 제19연대는 제2연대진지를 인수하였고 제2연대는 수안보로 철수하여 병력을 수습한 후 수안보 남방 4km 지점에 있는 화천리(花泉里-상모면, 3번 국도 좌측) 일대 고지에 진지를 구축하였다.

오후 미 전폭기 1개 편대가 1시간 간격으로 두 번 출격하여 충주 부근 적 집결지와 전차집결지를 강타하여 적의 예기를 꺾어 놓았다.

충주를 점령한 적 제12사단 주력은 6월 9일 단양 방면으로 계속 남동진하였고, 적 제1사단은 충주에서 전차 30여 대와 후속부대를 집결한 후 7월 11일 전차 4대와 1개 연대가 수안보로 침공했다.

### 기름고개 전투 – 제7연대 제1대대

적 제15사단은 7월 6일 장호원에 집결하여

제48연대를 충주가도 모도원(毛陶院-충주시 薪尼面, 동락 서쪽)에,

제49연대는 장호원에서 진천과 음성 갈림목의 무극리(無極里-음성군 金旺邑-21번 국도와 37번 국도 분기점)에 각각 전개하였고,

제50연대는 예비대로 두었다.

적 제15사단(박성철 소장)은 군단예비대로 후속하다가 원주에서 전선에 투입되어 가벼운 전투를 치르고 장호원에 이르렀으므로 사단 건제를 완벽하게 유지하고 있었다.

뿐만 아니라 적 제15사단은 앞에 말한 바와 같이 사단으로 승격될 때 민청훈련소장이던 박성철 총좌(總佐-대좌 위 계급)가 소장으로 진급하여 사단장이 됐고, 분대장급 이상 간부는 모두 중공군 출신인데다가 남침 직전 소련제 최신 장비로 무장하여 어느 사단보다도 전력이 우수하였다.

전차가 없는 대신에 장갑차 20대, SU-76자주포 11대, 122mm곡사포 19

문, 75mm곡사포 28문 등 막강한 화력을 가지고 있다.

제6사단 제7연대는 개전 이래 전투에서 장교 31명, 사병 784명이 사상하였고, 장비는 57mm대전차포 4문, 81mm박격포 10문, 60mm박격포 18문을 보유하여 적에 비해서는 절대 열세이지만 아군 타 부대에 비해서는 비교적 양호한 편이었다.

7월 4일 20시경 제6사단장 김종오 대령은 사단 헌병대와 강원도 전투경찰대로부터

"북한군 제15사단이 3일 장호원에 들어왔다."

는 보고를 받았다. 사단장은

"적이 그대로 남진할 경우 서부전선이 위험하게 될 것이다."

라고 직감하고 제7연대장 임부택 중령에게

"즉각 장호원을 탈환하라."

고 명령했다. 임부택 연대장은 연대의 출동태세를 갖추면서

"장호원 방면으로 진출하여 적과 접촉을 유지하면서 적정을 보고하라."

고 제2대대장 김종수 소령에게 지시했다.

22시에 제2대대는 차량으로 충주중학교를 출발하여 장호원으로 갔다. 차량종대가 동락리(同樂里-충주시 薪尼面, 3번 국도변)를 지나서 산모퉁이를 몇 개 돌아갔을 때 갑자기 다가오는 장갑차 1대 및 오토바이 몇 대와 마주쳤다. 순간 첨병소대 차량에서 50mm기관총이 불을 뿜었다. 뒤따르던 대대장은 총소리에 놀라 병력을 하차시켜 도로 북쪽 산록에 산개시켰다.

그러나 그 후 다음 날이 밝을 때까지 아무 일이 없었다. 도로가에는 어젯밤 사격전에서 희생된 장갑차 1대와 오토바이 2대 그리고 적의 시체 5구가 버려져 있었다.

7월 5일 05시경에 사단장으로부터

"1개 대대를 진천으로 진출시켜 제19연대의 철수를 엄호하라."
는 명령을 받았다. 임부택 연대장은 예비대인 제3대대를 진출시켜야 했으나 제3대대는 횡성 남쪽 전천(前川) 남안 전투에서 분산되어 연대 작전주임 이남호 소령이 대대장으로 나가서 정비 중에 있었으므로 할 수 없이 어제 저녁에 장호원으로 출발하여 모도원까지 진출한 제2대대를 진천으로 반전시키고 제3대대를 제2대대진지로 전진시켰다.

한편 연대장은 제2대대장 김종수 소령으로부터 어제 저녁 상황을 보고받고 무극리~음성가도(37번 국도)가 위험하다고 판단하여 대기 중이던 제1대대(金龍培 소령)를 06시에 무극리~음성가도로 진출시켰다.

08시경에 연대지휘소를 음성으로 이동하고 있을 무렵 제1대대로부터 무극리로 진격 중에 정찰대로 보이는 적 1개 중대를 만나 격퇴했다는 보고를 받았고, 3시간 뒤에는 적 1개 대대 규모의 역습을 받고 있다는 보고와 함께 지원 요청을 받았다.

연대장은 제16포병대대 제2포대(李萬浩 대위)와 57mm대전차포중대(朴哲遠 대위)를 지원하고 때맞추어 진천에서 복귀한 제2대대를 투입했다.

제2대대는 전날 저녁에 장호원으로 진출 중 적과 교전이 있은 후 모도원까지 진출해 있었는데 지프를 타고 온 전령으로부터

"진천으로 이동하라."
는 연대장 명령을 받았고, 대대가 진로를 바꾸어 밤새도록 진천으로 이동하다가 증평에서 아침식사를 마치고 10시쯤 출발하려는데 사단 연락장교 오성행(吳成行) 대위가 와서

"진천은 이미 적에게 함락되었으니 음성으로 돌아가 연대장의 작전지시를 받아라."
고 알렸다.

이렇게 해서 제2대대는 제때 복귀하여 무극리로 진출하고 있는 제1대대를 지원하게 된 것이다.

무극리로 출동한 제1대대는 08시경 제3중대(김명익 대위)를 선두로 진격했다. 정찰 임무를 띤 제3소대(李相雨 중위)가 소여리(所余里-음성군 음성읍)를 지나 유현(油峴-기름고개-37번 국도상)에 이르렀을 때 고개를 넘어오는 일단의 무리가 안개 속에서 가물거리는 것이 보였다.

소대장 이상우 중위는 뒤따르는 중대에 정지 신호를 보내고 도로를 감제할 수 있는 도로 옆 언덕에 은폐하여 관찰한 결과 자전거를 탄 사람과 사복 차림의 여러 사람이 앞장서고 뒤에 1개 중대 규모의 병력이 행군종대로 따르고 있었다. 처음에는 피아를 구분할 수 없어 예의 주시하고 있었는데 100m쯤 접근했을 때 적임을 확인했다.

소대장 이상우 중위는 중대에 보고할 겨를이 없었고, 또 사복 차림을 따로 가려낼 방도도 없어서 그대로 사격 명령을 내렸고, 소대 소화기가 총 집중하였다. 갑자기 기습사격을 받은 적은 혼비백산하여 분산 퇴각했는데 이때 뒤따르던 중대장이 60mm박격포를 작렬하여 지원했고, 중대가 가세하여 퇴각하는 적을 여지없이 섬멸했다. 적은 시체 40여 구와 자전거 2대를 버리고 분산 도주했다.

2~3시간 후 제1대대 주력이 기름고개 정상에 이르렀을 때 패주한 적의 본대로 보이는 1개 대대 규모가 보현산(普賢山, 507고지-기름고개 좌측)* 동쪽 험한 지형에서 포격하면서 제1대대의 진로를 막았다. 제1대대는 기름고개 동쪽 385고지 일대에 포진했다. 18시경에 제2대대가 증원되어 그 우측 용산리(龍山里-음성군 陰城邑)에 진지를 점령했다.

> \* 보현산 높이
> 507m : 국방부 『한국전쟁사』 개정판 제2권 p240, 孫成祐 편 『한국지명사전』
> 481.9m : 현대지도 편 『전국도로안내지도』, 영진문화사 『정밀도로지도』

제3대대는 제2대대진지를 인수한 후 08시경 동락리를 통과할 무렵 오토바이를 선두로 한 적 정찰대와 조우했다. 박격포를 집중하면서 공격하여 적을 모도원 북쪽까지 밀어붙이고 병암리(屛岩里-음성군 笙極面, 37번 국도변)로 진격했는데 17시경에 새로운 적이 합류하였으므로 제9중대(鄭在甲 중위)를 경계 부대로 남기고 동락리로 철수하여 경계에 들어갔다.

7월 6일 04시 제1대대는 제2대대와 포병 제2포대의 지원을 받으며 무극리를 목표로 공격을 개시하여 적의 완강한 저항을 물리치고 1시간 만에 보현산을 점령하였다. 12시경에는 무극리를 점령하였고, 14시경에는 무극리 북쪽 2km 지점까지 진출하였다.

곧이어 패주한 적이 1개 연대 규모로 증원되어 장갑차를 앞세우고 포격을 가하면서 반격했다.

제1대대는 수적 열세를 고려하여 무극리를 포기하고 그 남쪽 백야리(白也里) 351고지로 이동하여 진지를 편성하고 방어에 들어갔다.

이 전투에서 제1대대는 적 270여 명을 사살하고 6명을 사로잡았으며 45mm대전차포 1문, 중기관총 9정, 경기관총 1정, 자동소총 2정을 노획했다. 아군 피해는 사병 5명이 전사했다.주)　　국방부 『한국전쟁사』 개정판 제2권 p243

### 동락의 쾌거 - 제7연대 제2대대

7월 6일 제1대대가 적 저항을 받고 백야리로 철수할 때 제2대대는 부용산(芙容山-644고지, 음성읍, 37번 국도 우측)으로 이동했다.

13시경 제2대대장 김종수 소령이 고지로 올라올 때 중턱에 있는 암자에 모여 있던 피난민 속에서 어떤 여자가 푸념하는 소리를 들었다.

"국군은 인민군만 보면 도망치고 있으니 누구를 믿어야 하며, 어린 학생들은 어디로 가야 한다는 말인가?" 주)　　국방부 『한국전쟁사』 개정판 제2권 p244

대대장 김종수 소령은 그 여자의 푸념이 마음속에서 떠나지 않아 찜찜했다. 윤수용 소위(제6중대 소대장, 전 대대 정보관)를 암자로 보내어 그 여인을 데려오게 한 후 사연을 듣고 적이 어디 있느냐고 물었다. 그녀는 동락리와 동락국민학교를 점령하고 있다고 했다.

김종수 대대장은 쌍안경으로 무극리 반대편에 있는 동북쪽 동락리를 내려다보았다. 직선거리 약 3km 정도.

동락국민학교를 비롯한 마을 일대에는 연대 규모의 병력이 바글거리고 있었다. 운동장에는 10여 문의 포가 충주 방향으로 방렬되어 있고, 보병부대의 차총선(叉銃線-총을 여러 자루를 서로 걸어서 세워 놓은 것)이 질서정연하게 운동장을 꽉 메우고 있으며, 도로에는 장갑차를 포함한 수십 대의 차량이 늘어서 있었다.

제2대대는 부용산을 확보하라는 명령을 받고 있었을 뿐만 아니라 대대 병력이 고작 300여 명에 불과한데 비하여 상대는 연대 규모 병력에 중장비까지 갖추고 있었기 때문에 대대장 임의로 작전을 펼 수는 없었다.

그렇다고 통신이 두절된 상태에서 연대장의 결심을 받는다는 것도 시간이 허용치 않았다.

이때 각 중대장들의 의견이 공격을 원했고, 적을 섬멸할 수 있는 절호의 기회라고 판단하여 결국 적을 공격하기로 결심하였다.

제5중대(김상홍 중위)는 220고지(동락리 남쪽) 북단으로 진출하여 정면을,
　제6중대(李建玉 중위)는 216고지(동락리 동쪽)로 진출하여 적의 후 측방을 각각 공격하고,

제7중대(이 모 중위)는 215고지(동락리 서쪽-3번 국도 장호원 쪽)로 진출하여 퇴로를 차단케 하였다.

중화기중대(제8중대)는 제5중대 지역으로 진출하여 81mm박격포로 학교 운동장 중앙에 있는 차량과 곡사포를 격파하도록 하였다.

대대장은 제8중대진지에 위치하였다.

공격 시간은 17시 정각으로 정하고 각 중대는 은밀하게 공격지점으로 이동했다. 이때 김재옥 교사와 피난민들이 침투로를 안내하여 주었고, 취사를 도와주어 병사들의 사기를 북돋웠다.

동락리에 집결한 적은 제15사단 제48연대였다. 저들은 주민들로부터 무극리 일대에는 국군이 철수하고 없다는 정보를 듣고 안심하고 휴식을 취하면서 저녁식사 준비를 하고 있었다. 적은 거의 무방비 상태에 있었다. 경계병 하나 세우지 않았고, 일부는 웃통을 벗고 나무 그늘에서 쉬고 있거나 심지어는 잠에 빠져 있는 자도 있었으며, 일부는 저녁식사 준비를 하느라고 민가를 들락거리고 있었다.

공격 병력은 300명 미만, 81mm박격포 1문에 기관총 1정이 전부다.

제2대대는 공격지점에 진출하여 대기하고 있다가 공격 시간 17시 정각에 일제히 사격을 개시했다. 불의의 습격에 당황한 적은 총을 제대로 잡아 보지도 못하고 쓰러졌다. 더러는 우왕좌왕 도망가기에 바빴으나 얼마 가지 못했다. 조준할 겨를이 없어 마구 쏘아도 적은 쓰러졌다.

이러한 와중에서도 적 포병은 포구를 제8중대 방향으로 돌려 한 발을 쏘았다. 다행히 중대가 적에게 가까이 접근해 있었던 탓으로 멀리 떨어져서 맞지는 않았다. 이때 적 포병이 사거리를 수정하는 듯 포구가 하늘로 치솟는 것이 보였다.

박격포 소대장 신용관(申用寬) 중위는 포판이 오지 않아 안달을 하고 있었다. 긴장과 초조의 순간이었다. "어느 쪽이 먼저 상대 포를 제압하느냐?"의 분초를 다투는 순간이었다. 만약 적이 수정 사격을 끝내고 일제 사격을 하는 날에는 대대는 위기에 빠진다.

이 위급한 상황에서 피투성이가 된 부사수가 포판을 지고 결사적으로 달려왔다. 김종수 대대장은 신용관 중위에게

"네가 직접 쏴라. 적탄이 날아오기 전에 단 한 발로 적의 포를 제압해야 한다. 그렇지 않으면 우리가 다 죽는다." 주) 국방부 『한국전쟁사』 개정판 제2권 p246

신용관 중위는 박격포의 명사수로 이름난 사람이다. 너무 긴장하여 거리를 가늠하지 못했다.

"거리를 얼마로 할까요?"라고 대대장에게 물었다.

"거리 300!"

이때 비로소 조준경이 없음을 알았다. 기가 찰 노릇이다. 팔로 어림하여 무턱대고 첫 발을 날렸다. 다행히 첫 탄은 정확하게 운동장 중앙 적 포진지에 떨어졌다. 계속해서 제2, 제3탄을 날렸다. 적 시체가 공중에 튀어 오르는 것이 보였고, 트럭에 만재한 포탄이 연쇄 폭발하면서 굉음과 함께 화염이 천지를 뒤덮었다.

박격포와 소총이 저들이 도망칠 공간을 남겨두지 않았다. 살아남은 적병은 살길을 찾아 도망쳤지만 후방을 차단한 제6중대가 퇴로를 막아 죽지 않으면 잡혔다.

사격은 날이 어두워진 뒤에 끝이 났다. 살아남은 적이 퇴로를 찾아 산으로 분산하였으나 밤이라 소탕전은 포기했다.

7일이 밝았다. 대대장 김종수 소령은 작전관 이우식(李祐植) 중위에게

"1개 연대가 섬멸된 것 같다. 장비 수송을 위하여 연대 전 차량이 소요될 것으로 보이니 빨리 연대장에게 보고하고 군수주임과 협의하라."

고 이르고 제7중대로 하여금 적의 접근을 경계하도록 한 후 3개 중대를 마을로 진입시켜 압축 수색을 실시하였다. 수색은 08시에 끝났다.

수색에 들어간 얼마 후 차렷총 자세를 한 병사들 앞에 손을 든 적병들이 끌려 나오고 있었다. 저들은 퇴로를 찾지 못하고 민가의 헛간이나 아궁이, 보리볏가리 또는 담배밭 고랑 등에서 숨어 있다가 잡혀왔다.

유기된 시체가 1,000여 구에 포로가 97명이었다. 포로 중에는 제48연대 군수참모인 소좌와 중대장 등 군관 5~6명이 끼어 있었는데 저들은 제2대 대장을 포함하여 많은 군관들이 희생됐다고 했다.

포로 진술에 의하면 동락리에 진출한 적은 장갑차와 지원포병을 합하여 2,000여 명이었는데 불의의 사격을 받고 당황한 나머지 총 한 자루도 챙기지 못하고 우왕좌왕하다가 죽어 나자빠졌고, 1개 대대 규모의 병력이 충주 방면으로 퇴각하려다가 복병(다음에 기술하는 제3대대)의 기습을 받아 병력의 1/3을 잃고 북쪽 산으로 도주했는데 몇 명이나 살았는지 알 수 없다고 했다.

제7연대 제2대대는 적 제48연대를 완전히 섬멸했다.

노획한 장비는 122mm곡사포 6문, 76mm곡사포 8문, 각종 차량 60여 대, 장갑차 10대, 오토바이 20대, 박격포 35문, 기관총 41정, 권총과 소화기류 2,000여 정에 무전기 등이었다.주) 국방부 『한국전쟁사』 개정판 제2권 p249

피해는 공격진지로 이동 중에 부상한 박격포 부사수 1명이었다.

적 제48연대장은 그 후 동락리에서 기습당한 보복으로 무극리에 남아있는 주민은 남녀노소 가리지 않고 모두 학살했다.

무극리 주민들은 인민군이 들어왔을 때 소와 돼지를 잡아서 대대적인 환영을 했는데 그때 주민들이 "국군은 음성으로 후퇴하고 무극리에는 없다."는 거짓말을 했다고 화풀이를 한 것이다.

무극리 주민들은 모두 피난 갔다가 국군이 무극리에 들어왔다는 소식을 듣고 돌아와 있다가 국군이 물러간 뒤에 다시 들어온 인민군에게 화를 당한 것이다.

7월 6일 14시경 제3대대는 신덕저수지 남단 S자형으로 된 3번 국도변에 전개하고 있었다. 14시 30분쯤 피난민이 길을 메워 남쪽으로 가고 있었다. 그들 말에 의하면 14시경 북한군 선발대로 보이는 일단이 장갑차 3대와 오토바이 5대에 분승하여 모도원에 들어왔는데, 어제 그곳에서 국군과 싸웠다고 하면서 북한군은 피난민들에게 국군이 어디로 갔는지 알리라고 협박했고, 피난민들은

"국군이 오늘 아침 차를 타고 남쪽으로 도망쳤다."

고 말해도 믿으려 하지 않다가 묻는 곳마다 같은 대답을 듣자 북한군은 안심하고 이 사실을 본대에 알리는 것 같았다고 했다.

제3대대장 이남호 소령은 적이 머지않아 이곳으로 지나갈 것이라고 판단하고 경계하고 있었다. 해질 무렵 동락리 부근에서 포성과 총성이 요란하게 들려왔고, 이어 동락리 쪽에서 일단의 병력이 대대 전면으로 달려왔다. 이때 좌 일선 제11중대장 인성훈 중위로부터 저들이 비무장 북한군이라는 보고를 받았다. 대대장은 전 화망을 집중시켜 놓고 적이 사정권에 들기를 기다렸는데 어느 병사가 오발하는 바람에 대대의 전 사격이 유발되었고 달려오던 적은 어둠을 타고 주위 고지로 달아났다. 저들은 동락리에서 제2대대의 공격을 받고 쫓겨온 북한군이었다.

7월 7일 날이 밝은 후 수색한 결과 제11중대 정면에서 적 시체 100여 구를 발견했고, 동락리에 이르는 도로상에 10여 구의 시체가 있었다.

05시 30분 제3대대는 동락리 제2대대와 연계하였고, 제2대대 수색망을 벗어나 북쪽으로 도주하는 적 30여 명을 추적하여 모두 사살하고 5명을 생

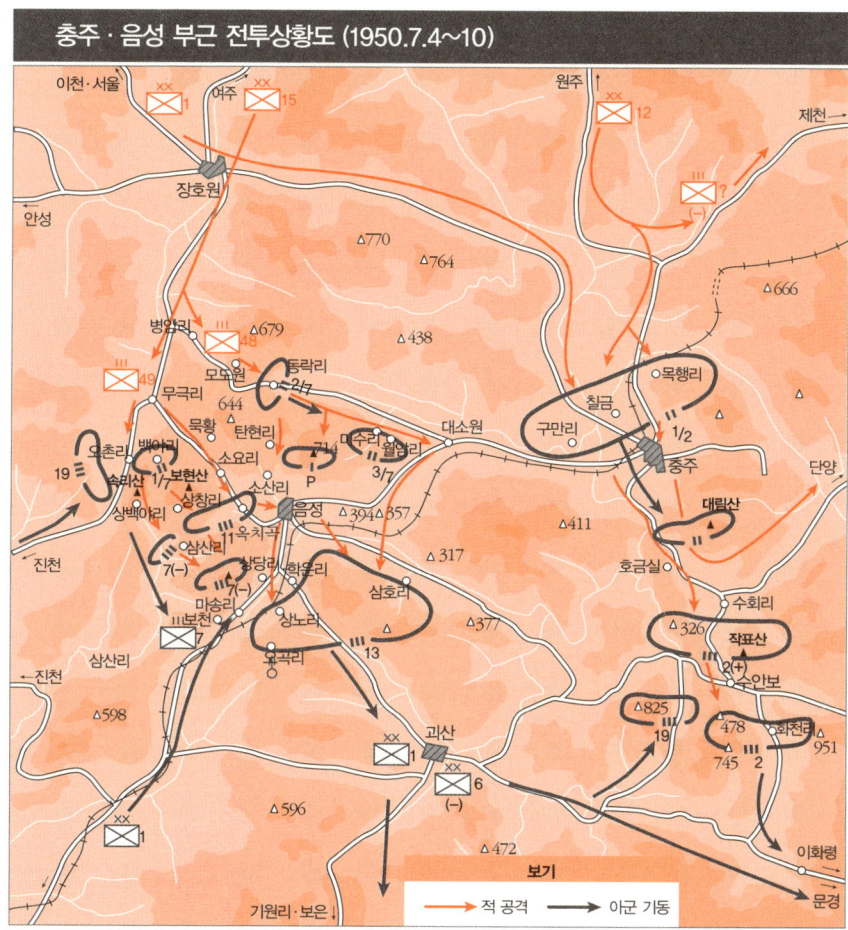

포했다.

08시 제3대대는 모도원으로 나가 적의 역습에 대비하면서 노획품 후송을 엄호했다.

제7연대는 충주 부근 전투(7월 10일까지)에서 적 2,707명을 사살하고 170명을 포로로 잡았으며 각종 포 24문, 박격포 31문, 장갑차 7대, 기관총 55정 차량 65대, 소총 1,087정 등 2개 연대 장비를 노획하는 전과를 올렸다.

**피해는 전사 18명(장교 1명), 부상 113명(장교 8명)과 소총 22정이 파손되었다.** 주)

국방부 『한국전쟁사』 개정판 제2권 p271

노획한 장비 중 중요하지 않거나 운반이 어려운 탄약과 소화기 그리고 일부 보급품은 현지에서 소각하고, 나머지는 차량 20대로 대전에 이송하여 국민에게 전시하였다.

장비는 모두 소련제였으므로 소련이 이번 전쟁의 당사국이라는 사실을 증명하기 위하여 중요한 장비는 UN본부에 보내졌다.

이날 연대는 포로와 노획 장비 수송에 하루를 다 보냈다.

해질 무렵에 제2대대를 부용산으로, 제3대대를 가섭산(加葉山, 710고지) 북쪽으로 전진하여 부대를 배치했다.

이승만 대통령은 개전 이래 최대 전과를 올린 제7연대 전 장병에게 1계급 특진의 은전을 내렸는데 이는 개전 이래 최초의 영예를 받은 부대가 되었고, 정일권 총참모장이 현지에 와서 직접 계급장을 달아주었다.

1968년 12월 17일 동락국민학교 교정에 김재옥 교사의 의거를 기리는 현충탑이 세워졌고, 1973년 7월 7일 동락리에 제7연대의 전적을 기리는 전승비가 세워졌다. 또 김재옥 교사에 대하여는 '전쟁과 여교사'라는 영화가 만들어져 온 국민이 그를 기렸다.

7월 7일 제1사단이 음성 지구를 방어하기 위하여 증평에 도착하였고, 제7연대는 제1사단의 작전 통제하에 들어갔다. 제7연대는 제1사단 전개가 완료될 때까지 엄호한 후 음성 지구를 제1사단에 인계하고 8일 18시경에 현 배치선에서 이탈하여 음성 남방 9km 지점에 있는 보천(甫川-음성군 遠南面, 36번 국도변)으로 가서 예비대가 됐다.

가섭산에 포진한 강원전투경찰대는 상주 방면으로 철수했다.

### 동락초등학교 교무주임 최종열(崔鍾悅) 교사의 증언 요지

당시 동락국민학교에는 교장선생님을 위시하여 남자 선생님이 7명, 여자 선생님이 2명, 계 9명의 교사가 있었다. 그 중에 사범학교를 갓 졸업하고 동락국민학교에 부임한지 한 달 밖에 안 되는 김재옥(金在玉) 교사가 있었다.

7월로 접어들어 학교는 휴교령이 내려졌고, 교사들은 모두 피난을 했다.

김재옥 교사는 산 하나 넘으면 되는 집(음성군 甘谷面 舟川里)에 가지 않고 학교에 남아 있었다. 7월 6일 김재옥 교사는 일찍 학교에 나와 있었는데 점심 시간 무렵에 북한군 부대가 학교운동장으로 들어왔다. 김재옥 교사는 학교 밖으로 탈출하여 그들의 동정을 살폈다. 북한군은 보도연맹원 이 모를 앞세우고 청년단장 한상준(韓相俊)을 학살하고 집집마다 뒤져서 소, 돼지, 닭 등 가축을 약탈하여 도륙(屠戮)하고 있었다.

김재옥 교사로부터 들은 바를 이렇게 전했다.

"나는 더 보고만 있을 수 없어서 그들 눈을 피하여 무극리로 공격 중이라는 국군에 고하기 위하여 부용산(644고지)의 험한 능선을 몇 개 넘어 그 산 서쪽 중턱에 있는 암자까지 뛰어갔다. …… 이때 무극리로 진출하고 있을 것으로 알았던 국군이 암자 앞을 지나 산으로 가고 있음을 보았다. 나는 서슴지 않고 '동락국민학교에 적이 들어 마을 사람을 학살하고 가축을 약탈하고 있으니 빨리 그들을 물리쳐 달라.' 고 호소하였다."

그런데도 반응이 신통치 않자 그 뒤를 따라 올라가는 일단의 군인을 보고 푸념을 겸하여 울분을 터트렸던 것이다.(국방부『한국전쟁사』개정판 제2권 p272, 273)

### 김재옥 교사

김재옥 교사는 앞에서 설명한 것과 같이 부임한지 한 달밖에 안 되는 신임교사였다. 그 후 동락리 전투에 참가한 이득주(李得周) 소위와 결혼하여 군인가족으로 단란한 생활을 꾸몄다. 병기대대장(중령)이 된 부군을 따라 강원도 인제군 남면에서 생활하던 중 1963년 10월 19일 괴한이 침입하여 일가족을 몰살하는 만행으로 불행하게 세상을 떠났다. 소위 도끼만행사건이다.(앞 같은 문헌)

## 4. 음성·괴산 부근 저지전 – 제1사단

### 제1사단 전진

제1사단장 백선엽 대령은 7월 6일 성환(成歡-천안시, 경부선 역)에서 청주로 이동 중인 제1군단장 김홍일 소장으로부터

"제1사단은 제5사단을 통합지휘하여 군단 우익으로 음성을 방어하라."

는 구두 명령을 받고 음성으로 전진했다.

이때 함께 제1군단에 소속된 수도사단은 군단 좌익사단으로 진천으로 이동했고, 제2사단은 군단예비로 연담(蓮潭-진천군 草坪面, 중부고속도로 증평IC 북쪽)으로 이동했다.

백선엽 대령이 지휘하는 제1사단은 7월 4일 평택에서 수습된 병력이 2,000여 명에 불과했다.

제1사단은 수원 근교 풍덕천에서 미군 항공기의 지원을 받아 1개 대대 규모의 적을 섬멸하고 총, 포 등 10여 트럭분의 장비를 노획하여 다시 무장을 갖추고 수원을 거쳐 성환에 이르렀다.

이들 무기는 적이 남침 후 아군으로부터 노획하여 사용하던 것을 도로 찾은 것이다. 이렇게 어느 정도 전열을 갖추어 재기의 계기를 마련하였는데 뜻하지 않게 7월 1일 수원에서 미 항공기의 오폭으로 제13연대장 김익렬 대령이 중상을 입었고, 부연대장 김진권 중령과 연대 정훈장교 등 많은

장병이 희생되어 전열에 틈이 생겼다.

적보다도 미군기의 공격으로부터 보호받는 문제가 시급하여 고심 중 그곳을 지나던 미군 연락장교의 조언을 듣고 흰 광목을 지프 뒤에 달고 길게 끌면서 아군임을 표시하여 미군 항공기의 오폭을 방지할 수 있었고, 이 방법을 대공표지판(對空標識板)이 지급될 때까지 사용했다.

성환에서 군단장 명령을 받고 음성을 향하여 이동 중 7월 7일 증평(曾坪-증평군 증평읍, 음성 남쪽 20km 지점)에 도착하여 부대를 재정비했다.

부대나 개인은 도착하는 대로 집결시켰고,

행방불명된 중대장급 이상 지휘관은 선임자로 보충했으며,

부족한 소대장은 선임하사관으로 충원하여 부대 건제를 유지하는 한편,

2개 소대 미만의 중대는 통합하여 재편성했다.

사단에 편입된 제5사단 제15연대를 제13연대에 통합하고,

부상으로 공석이 된 제13연대장에 제15연대장 최영희 대령을 임명했다.

재정비 과정에서 이런 일이 있었다.

200여 명의 청년들이 몰려와서 12연대 요원이라고 하면서 복귀시켜 달라고 하여 소란이 벌어졌다. 인사주임 김병렬(金秉烈) 대위가 확인한 결과 이들은 제2, 제3대대의 병사들이었다. 38선 경계진지에서 퇴로가 차단되자 김포와 강화를 거쳐 해상으로 탈출하여 군산으로 상륙한 후 나름대로 소대와 중대를 편성하여 제대를 갖추었고 도중에서 타부대 낙오병까지 흡수하여 원대를 찾아온 것이다.<sup>주)</sup>  국방부 『한국전쟁사』 개정판 제2권 p255

남루한 사복 차림에 제대로 먹지도 자지도 못해 몰골이 말이 아니었다. 대부분 지방 출신인 이들은 혼란한 틈을 타서 부대를 이탈할 수 있었음에도, 특히 전라도 출신 사병들은 고향을 지나치면서도 이탈하지 않고 어느 구석에 처박혀 있는지도 모르는 연대, 하루에도 수없이 많은 전우들이 죽

어나가는 원대를 찾아 복귀해 온 못난(?) 사람들이었다.

음성에서 파악한 제1사단 병력은 5,063명이었다.*

낙오한 장병들이 계속 복귀한데다가 제5사단을 흡수했기 때문이다.

제1사단 작전지역은 음성에서 괴산(37번 국도)을 거쳐 보은(19번 국도)으로 국도가 이어지고 보은에서 25번 국도를 타고 상주를 거쳐 대구까지 이어지는 전략요충이다.

북한군은 이 도로를 거쳐 일거에 상주를 점령하고 대구까지 진출할 작전 계획을 세우고 제12사단과 제15사단을 집중 투입하여 병력면에서 우리의 3~5배 수준을 유지했다.

이에 비하여 제1사단 좌측 진천지구 수도사단과 제2사단 전면에는 적 제2사단을, 우측 문경 지구 제6사단 전면에는 적 제13사단을 진격시켜 병력면에서 각각 1:1~1:2 수준을 유지하였다.

적의 이 작전은 주효했다. 이로 인하여 제1사단은 고전을 면치 못했으며, 결국 미원으로 철수한 이후 14일

**복귀준비 완료**
위장이 다 벗겨진 철모에 실탄이 가득 들은 탄띠를 어깨와 허리에 둘렀다. 왼쪽 어깨에 멘 M1소총과 앞으로 옮겨진 수통, 발에 가야할 군화가 손에 와 있다. 모두가 반대편에 와 있다. 그동안 수고한 쪽을 쉬게 하고자 배려한 것이다. 체구가 작은데도 가뿐해 보인다. 후줄근한 작업복에 꽤나 찌든 차림새인데 밝은 표정이다. '복귀준비완료' 이제 본대를 찾아가는 일만 남았다.

간을 버티기는 했으나 결과적으로 괴산에서 보은까지 50여 km를 후퇴해야 했고, 이에 따라서 좌측 수도사단의 청주가 위협을 받게 되었으며, 우측 제6사단은 문경에서 함창으로 철수하여 제1군단의 진천~괴산~문경 방어선이 무너졌다.

적 제12사단은 앞에서 말한 바와 같이 제7사단을 개칭한 사단이다.

춘천에서 패전한 책임을 물어 사단장 교체와 함께 사단 명칭을 바꿈으로써 부대 쇄신과 함께 장병들의 심기일전의 계기로 삼았다.

적 제15사단은 개전 이래 예비사단으로 줄곧 제7사단의 뒤를 따라와서 사단 전력을 그대로 유지하고 있었는데 음성 지구에서 우리 제6사단과 미 항공기의 공중 공격에 의하여 많은 손실을 입었다.

북한군의 전력은

병력이    약 19,000명(제12사단 약 9,000명, 제15사단 약 10,000명)이고,

장비는    122mm곡사포 36문, 76mm곡사포 60문,

박격포 120문, 45mm대전차포 60문,

자주포 11대, 장갑차 20대였다.

전차 1개 연대(40대-파손), 1개 장갑대대, 1개 기병대대, 사이드카중대가 제12사단과 함께 적 제1사단을 지원하고 있었다.

이에 비하여 제1사단의 전력은 보잘 것 없었다.

병력은    약 6,500명(작전 통제를 받은 제7연대 포함),

장비는    105mm곡사포 6문, 57mm대전차포 4문,

81mm박격포 19문, 60mm박격포 24문,

57mm대전차포 4문, 2.36인치로켓포 37문, 기관총 57정이었다.

전력 자료 : 국방부 「한국전쟁사」 개정판 제2권 「2. 충주-수안보 부근 전투」 적 제12사단전력(p206), 「3. 음성 부근 전투」 적 제15사단 전력(p235)과 제1사단 전력(p252, 253)

> ✱ 제1사단 병력 기술에 착오가 있는 것으로 보인다.
> 7월 8일 음성도착 병력 5,063명 (자료 문헌 p122)
> 7월 21일 보은도착 병력 4,379명 (같은 p445)
> 8일 동안에 684명이 줄어들었다. 그렇게 줄 이유가 없다.
> 음성 전투에서 병력손실은 전사 10명, 부상 81명, 계 91명(같은 p271)이다.
> 자료문헌은 제1사단이 7월 12일 미원으로 철수(같은 p269)한 이래 7월 22일 화령장에 진출할 때(같은 p445)까지 10일간의 전투기록이 없다.
> 같은 초판 제2권은 "괴산, 미원, 보은 지구에서의 전투는 7월 10일부터 23일에 이르는 14일간 계속되었다."(p422)고 기술했고, "사단의 피해는 전사자 34명, 전상자 91명, 행방불명된 자 42명."(앞 같은 p433)이라고 했다. 손실병력은 모두 258명이다. 426명이 더 줄어 있다.

### 음성 전투

7월 8일 15시 제1사단은 제6사단 제7연대의 음성 지구 작전 임무를 인수하여 다음과 같이 진지를 편성하였다. 사단이 진지에 전개하는 동안 엄호한 제7연대를 통합지휘했다.

제12연대를 음성 동쪽 2km 지점 36번 국도를 중심으로 393고지(수창산)~용추리(龍鍬里)선에,

제11연대를 음성 서북쪽 3km 지점 37번 국도를 중심으로 299고지~족지골(足芝谷)선에 각각 배치하고,

제13연대는 음성 남서쪽 3km 지점 37번 국도 서쪽 하당리(下唐里-음성군 遠南面)에서 제2전선을 형성하였다.

제6사단 제7연대는 현지 진지에서 제1사단이 진지를 전개하는 동안 엄호하고 있다가 18~19시 사이에 진지를 이탈하여 보천(甫川-원남면, 음성 서남쪽 7km, 충북선 역)으로 이동했다.

백선엽 장군은 『군과 나』에서 이렇게 회고했다.

"1사단은 8일 백마령(白馬嶺)을 넘어 음성에서 6사단 7연대(연대장 임부택 중령)와 방어 임무를 교대하도록 돼 있었다. ……

林 중령은 동락리 전투에서 대승을 거둔 직후라 자신에 차 있었다.

나는 林중령에게 내 처지를 털어놓았다.

'보다시피 우리 병력은 지쳐 있다. 포도 없고 중화기도 없다. 이대로 임무를 교대하면 전선이 위태로울 것 같다. 준비 될 때까지 나를 좀 도와 달라.'

林 중령은 흔쾌히 내 뜻을 받아주었다. 7연대는 1사단과 함께 어깨를 나란히 하고 방어전에 임했고 포병이 사단정면을 엄호해 주어 전선 조정을 위해 철수 명령이 있을 때까지 적군의 완강한 공격을 저지할 수 있었다."

## 제11연대

제11연대(최경록 대령)가 증평에 집결하였을 때 병력은 1,300여 명으로 사단에서 유일하게 3개 대대가 건제를 유지하고 있었고, 장비도 그런대로 갖추고 있었다. 이러한 연유로 제11연대가 적의 주 접근로로 판단되는 37번 국도(장호원~음성~괴산)를 맡게 된 것으로 여겨지며 또 연대장 최경록 대령이 이곳 보천 출신으로 지리에 밝은 이점을 함께 갖추고 있었다.

제11연대는 사단 좌 일선으로 용산리(음성 북쪽)~음성을 잇는 선에서 그 서쪽을 맡았고 그 동쪽은 제12연대가 맡았다.

제1대대(대리 張根述 대위)를 우 일선으로 222고지 부근에,

제2대대(정영홍 소령)를 중앙 일선으로 소여리(所餘里-음성 서쪽)~299고지를 잇는 선에,

제3대대(김재명 소령)를 좌 일선으로 내동(內洞-음성 서쪽 3.5km)~족지곡(소여리 남쪽)선에 배치하여 역八자형의 진지를 편성하였다.

7월 8일 19시 30분 제1사단 전방에서 사단진지 전개를 엄호하던 제7연

대가 완전히 철수하여 대대 전면을 통과하였으므로 이후 진지 전면에 나타나는 병력은 모두 적으로 간주하라는 명령이 내려졌다.

제11연대 제2대대는 어둠이 깔릴 무렵 기름고개에 경계소대로 나가 있는 제8중대 홍정표(洪正杓) 중위로부터

"1개 소대 병력이 기름고개를 넘어 도로를 따라 접근하고 있다."

는 보고를 받았다.

대대장 정영홍 소령은 경계소대를 철수시키고 사격 금지 명령을 내린 후 제6중대(楊鳳稙 대위)OP로 갔다. 제6중대는 병력이 80여 명 밖에 없었다. 그러나 중대장이 바뀌지 않은 유일한 중대이고 원래 병력을 보유하고 있어 전력이 가장 우수하다고 믿고 중심부에 배치한 것이다.

대대장이 중대OP에 당도했을 때에는 정찰대로 보이는 선두가 종대대형(縱隊隊形)을 이루고 100m 거리에 육박했고, 또 다른 일단의 부대가 4열 밀집 종대로 100m 정도 뒤에서 따라오고 있었다. 저들은 아군이 배치되어 있는 사실을 알지 못한 듯 빠른 속도로 접근했다.

정영홍 대대장은 자동송수화기(TS-10)로 각 중대에

"명령 없이 사격을 금지한다."

고 알리고 제7중대장 양봉직 대위에게는 적 선두가 중대지역을 벗어나기 직전에 사격을 하도록 명령한 후 연대에 상황을 보고하고, 포병으로 하여금 대대 사격 개시에 맞추어 퇴로를 포격해 달라고 요청하였다.

대대 병력배치선과 도로와의 거리는 10~20m에 불과했음에도 불구하고 도로를 새까맣게 메운 적 행군 종대만 부각되었을 뿐 개개인의 형태는 알아볼 수 없었다.

적 행군 종대의 반가량이 대대 정면으로 들어섰다고 생각되었을 때 제7중대 정면에서 불빛이 번쩍하더니 전 대대 정면이 요란한 총소리와 함께

불바다의 소용돌이에 휘말렸고, 적의 퇴로가 되는 기름고개 입구는 105mm포가 탄막으로 뒤덮었다.

총소리는 남쪽으로 번지면서 좌측 제3대대 정면에도 화염에 쌓였다.

제3대대장 김재명 소령은 제2대대 지역에서 불꽃이 치솟는 것을 보고 각 중대를 장악하고 있다가 패주해 오는 적을 측면에서 가격했다. 적은 지리멸렬하여 흩어졌다.

제2대대의 공격을 받고 당황한 적이 퇴로를 찾았으나 가는 곳마다 막히자 개방되었다고 생각되는 서쪽으로 뛰어든 것인데 바로 그곳이 제3대대의 화망이 기다리고 있는 호구(虎口)였다.

7월 9일, 연일 패전을 거듭하던 적 제15사단은 좌우 인접 제1사단(최광 소장)과 제2사단(최현 소장)이 충주와 진천을 각각 점령하고 남진을 계속하는데 자극을 받았는지 이날 새벽부터 음성을 목표로 동과 서에서 대대적인 공세를 취했다.

제11연대장 최경록 대령은 포로를 통하여 적이 제15사단 제49연대라는 것 외에는 아무런 정보를 얻지 못하고 포로 13명을 사단으로 압송했다.

06시 30분 용산리에 나가 있는 제12연대는 경계부대가 주진지로 철수한 뒤 산악으로 침투한 것으로 보이는 적이 주진지 전방으로 접근하였고, 일부는 제1대대 정면으로 침투하였다.

제1대대장대리 장근술 대위는 이 사실을 전령을 통하여 연대에 보고하는 한편 용산리 일대에 포격을 요청하였다.

이때 사단을 지원하고 있는 제16포병대대 제2포대(李萬浩 대위)는 사단 작전지시에 따라 제12연대 정면 36번 국도에 연하여 지원사격 중에 있었으므로 용산리 방면에는 포격지원을 할 수가 없었다.

제1대대는 대대장과 4개 중대장 전원을 새로 임명한 대대다. 대대장은 제1중대장 장근술 대위를 임명하였고, 중대장은 각 중대의 선임장교를 임명하여 신편부대와 마찬가지였다. 연대장은 이러한 점을 감안하여 제1대대를 우 일선에 전개하였던 것인데 제1대대 정면으로 침투한 적은 제1대대가 공세를 취하기 전에 제12연대 제1대대가 공격하여 퇴각했다.

제2, 제3대대는 이날 아침에 전날 밤 교전장인 소여리 부근에서 부상한 적병 5명을 더 생포했고, 적 유기시체 100여 구를 확인했으며, 각종 소화기 100여 정을 노획했다. 그리고 양 대대는 방어진지를 8부 능선으로 옮기던 중 적 포격을 받았으나 포격이 37번 국도 연변에 집중되어 10여 명 안팎의 부상자를 내는 가벼운 피해에 그쳤다.

23시에 적은 포문을 열어 음성을 두들기면서 동서 양 측면으로 통상적인 방법에 따른 야간 공격을 감행했다.

## 제12연대

7월 8일 제12연대는

제2대대(이무중 소령)를 우 일선 음성 동쪽 2km 지점 393고지에,

제1대대(신현홍 소령)를 좌 일선 음성 북쪽 1km 지점 용추리에

각각 전개하였다. 이곳은 36번 국도의 길목이다.

제12연대는 38선에서 병력이 분산되어 건제를 잃고 있었다. 시간이 흐르면서 병력이 차츰 늘어나서 증평에서 2개 대대로 편성할 수 있었다.

제2대대장 한순화 소령이 보이지 않아 제3대대장 이무중 소령을 제2대대장으로 임명하고 3개 대대를 2개 대대로 조정하였다.

9일, 어제 제11연대 저항에 밀려 음성 진출이 좌절된 적은 날이 밝기도 전에 음성 일대를 포화로 뒤덮어 놓고 어제 제48연대와 교대한 제50연대(총좌 李乙善)가 장갑차 8대를 앞세우고 어제의 반대 방향인 음성 동쪽(사단

우 일선)으로 침공했다.

04시경, 제2대대장 이무중 소령은 393고지OP에서 하현(下弦) 달빛이 비치는 대대진지 정면을 관찰하고 있었다. 갑자기 포탄이 쏟아지기 시작하더니 순식간에 대대 전면이 불바다가 되는 듯 했다. 포격 개시 30분이 지나면서 포격은 서쪽으로 옮겨 음성에 집중했고, 대대진지 전면 36번 국도상에서는 기계화부대의 소음이 들려왔다.

대대장 이무중 소령은 상황을 확인하기 위하여 우 일선 제13연대 제3대대와 접경하고 있는 제7중대(김영선 대위)를 E-28전화기로 불렀으나 응답이 없었다. 다른 중대도 또 연대와도 통신이 불통이었다. 적 포격에 유선이 절단된 것으로 판단되었다.

대대장 이무중 소령은 작전관 전자열 중위를 데리고 각 중대를 돌면서 상황을 확인했다. 제7중대진지에서는 10여 명의 사상자를 확인했을 뿐 아무데서도 병력이 보이지 않았다. 제5중대(安桂永 중위)와 제6중대(조기백 중위)를 393고지 8부 능선에 진출시켜 진용을 가다듬고 있을 때 적탄을 피해 음성 근처까지 물러섰던 제7중대가 복귀하여 원상을 되찾았다.

얼마 안 있어 장갑차 8대를 앞세운 적 1개 대대 병력이 대대 정면(음성 동쪽인 사단의 우 일선)으로 침공하여 저지선을 돌파하려고 수차례 파상공격을 시도하다가 제2대대의 저지에 막혀 뜻을 이루지 못하고 12시를 전후하여 대소원(大召院) 방면으로 물러갔다.

제11연대와 제12연대는 음성역사(陰城驛舍)에 지휘소를 함께 두고 있었는데 06시경 적 포탄이 역사 주변에 집중하여 연대지휘소를 1km 남쪽 오리장교(梧里長橋) 밑으로 옮겼다.

06시경 연대 좌 일선 경계 부대로 용산리에 있던 제1대대 제1중대(우현 중위)는 산악지역으로 침투한 적이 기습하여 용추리까지 물러났는데, 제2

중대(韓萬炯 대위)와 제3중대(辛溶軾 중위)가 공격하여 이 적을 물리치고 대대의 전 진지를 확보하였다.

이때 연대는 보유 탄약이 바닥났고, 탄약을 수령하러 대전에 간 사단 보급차량이 언제 올지 몰라서 용산리를 확보한 2개 중대를 원위치로 물려 용추리선을 보강하고 제11연대와 연계하여 방어망을 강화하였다.

## 제13연대

제13연대장이 된 전 제15연대장 최영희 대령은 제15연대 제3대대와 제20연대 제3대대를 지휘하여 문산 제1사단을 부원하였다가 철수하여 한강을 건넌 후 김포지구전투사령관이 되어 김포가도작전을 지휘하였다.

7월 3일, 시흥지구전투사령관 김홍일 소장으로부터 수원으로 철수하라는 명령을 받았으나 김포반도로 상륙한 적 제6사단이 집요하게 추격하여 각 대대는 분산되었고, 제15연대는 독자적인 작전을 수행하다가 조치원으로 철수하였는데 그곳에서 미군으로부터 "국군은 청주~음성 부근으로 갔다."는 것을 확인하고 음성으로 가던 중 7월 7일 증평에서 제1사단에 합류하여 제13연대에 편입되었다.

제13연대에 합류한 병력은 2,000여 명으로 제13연대 제1대대, 제15연대 2개 대대, 제20연대 2개 중대 등 명목상 4개 대대를 보유했다.

제13연대 병력으로 제1대대를 편성하여 대대장에 제13연대 제1대대장 김진위 소령을 임명하고, 제15연대 제2대대를 제2대대(안광영 소령)로, 제15연대 제3대대를 제3대대(최병순 소령)로 하였으며 제15연대 제1대대와 제20연대 2개 중대 병력을 대대본부와 연대본부에 충원하였다.

제15연대 제1대대장 이존일 소령은 부연대장으로 임명되었다.

조재미(趙在美) 중령이 부연대장으로 있는데 또 부연대장을 임명한 것이다. 그래서 조재미 중령은 전방지휘소에서 연대장을 보좌하고 이존일 소령은 후방지휘소를 운영하게 하였다.주) 국방부 「한국전쟁사」 개정판 제2권 p259

제13연대는 수원에서부터 1개 대대 병력으로 유지하여 왔다. 수원에서 미군기의 오폭으로 연대장 김익렬 대령이 중상을 입었고, 부연대장 김진권 중령이 전사하여 제1대대장 김진위 소령이 연대장을 대리하였으며 김진위 소령 외에 제2대대장 윤천봉 소령, 작전주임 최대명 소령, 정보주임 최혁기 소령 등 영관 장교가 4명이었고, 제3대대장 유재성 소령은 수색에서 대대를 분산 철수케 한 후 복귀하지 않았다.

연대 정보주임 최혁기 소령을 사단 정보참모로, 작전주임 최대명 소령을 연대 정보주임으로, 제2대대장 윤천봉 소령을 사단 작전참모 보좌관으로 각각 전보하여 정리하였고, 각 대대의 참모, 중대장, 소대장 등 장교가 사병보다 많다고 할 정도였으나 통합 과정에서 조정하였다.

연대가 갖춘 장비는 81mm박격포 13문, 60mm박격포 16문, 2,36인치 로켓포 18문, 기관총 20정이었다. 각 대대에 골고루 배정했다.

7월 8일 제13연대는

제1대대를 우 일선으로 229고지(음성 남동쪽)에,

제2대대를 좌 일선으로 신천리(新川里-음성 서남쪽)에 전개하고,

제3대대를 예비대로 율남리(栗南里-음성 남쪽 5km)에 배치하여

사단 제2저지선을 형성하였다.

우 인접 제6사단 제2연대(함병선 대령)가 적 제1사단의 공격을 받고 수안보(水安堡-충주 남쪽 13km, 3번 국도변)로 이동한 사실을 뒤늦게 알았다.

사단 동쪽이 위험에 노출되자 제3대대와 사단에서 배속된 대전차포중대를 16시에 295고지(393고지 동쪽)로 추진하여 경계진지를 편성하였다.

7월 9일 04시, 제3대대장 최병순 소령은 연대장에게

"대소원 방면에서 적이 대대지역을 집중포격하고 있다."

고 보고한 후 통신이 두절되어 그 이후 상황은 알 수 없었다.

연대장 최영희 대령은 사단장에게 보고하고 포격지원을 요청하였으나

"포 사정이 경계진지에 미치지 못하여 지원이 불가능하니 적의 전진을 최대한 견제하면서 철수하여 편성된 진지로 복귀하라."

는 명령을 받았다.

대대장 최병순 소령은 연대는 물론 인접대대와 통신이 불통인데다 적의 포 사정이 연신(延伸)되어 음성 쪽으로 이동하고 있었으므로 각 중대의 피해 상황을 확인하는 한편 국지 경계초소는 철수하고 경계를 강화하였다.

적은 장갑차 8대를 앞세우고 1개 연대 규모가 음성으로 침공하여 일선 제11, 제12연대가 격전을 치렀다. 이때 박철원 대위가 지휘하는 사단 대전차포중대는 적 장갑차 2대를 격파하였는데, 나머지 장갑차는 공격과 퇴각을 반복하다가 정오경에 퇴각 기미를 보였다.

이날 전투에서 제13연대는 20여 명의 사상자를 냈다.

사단은 이날 정오가 지날 무렵에 통신선을 완전히 복구하였다.

부상자 40여 명과 함께 노획 무기를 3대의 트럭으로 대전에 호송하였고, 대전에서 탄약이 추진되어 전선에 생기가 돌았다.

23시경에 적은 음성에 포격을 개시하고 양 측면에서 공격을 재개했다.

제3대대는 295고지에 포격이 작렬하자 철수하기 시작했다. 제3대대는 36번 국도를 따라 음성을 거쳐서 본진으로 철수하여야 했기 때문에 적탄이 집중하는 것을 무릅쓰고 질서를 유지하면서 남쪽으로 이동했다.

철길(충북선)을 횡단하려는 순간 함성과 함께 적의 기습을 받았다. 너무 갑작스럽게, 너무 가까운 거리에서 일어난 일이기에 피아를 분간할 수 없게 뒤엉켜 백병혈투를 벌여야 했다. 그러나 목표를 정하고 철수 중이었기

에 각자는 무언중에 적을 이탈하여 각개 행동으로 남쪽으로 빠져 나올 수 있었다. 대대장도 단신으로 음성천을 도하했다.

다음 날 03시에 편성된 진지에 집결하였을 때 2개 소대 병력이 오지 않았고 대전차포중대가 보이지 않았다.

백선엽 사단장은 대노하면서 대전차포중대를 구출하라는 엄명을 내렸다.

제3대대는 죽음을 무릅쓰고 음성천을 역 도하하여 음성에 진입했다. 지난밤의 격투장은 조용하였고 어슴푸레한 달빛 아래 적 초병이 졸고 있는 것이 보여 대검으로 처치하고 포진지를 확인했으나 아무도 없었다.

06시경에 "대전차포중대가 복귀하였다."는 연락을 받고 철수했다.

### 미원으로 철수

7월 10일, 어젯밤에 공격을 시작한 적은 야간을 이용하여 사단 좌우 양면으로 공세를 취했고, 날이 밝으면서 사단 우 일선을 돌파했다.

제1사단은 주진지를 보강하여 대비하고 있던 중 군단장으로부터

"적을 최대한 지연시키면서 미원으로 철수하라."

는 명령을 받았다.

이때 우측 제6사단은 수안보 부근에, 좌측 수도사단은 진천 북쪽 미호천(美湖川) 부근에 있었다.

백선엽 사단장은 06시에 철수 명령을 내렸다.

제12연대는 10일 20시에 괴산(槐山)으로,

제13연대는 11일 01시에 미원(米院-청주시 미원면사무소 소재지)으로,

제11연대는 12일 02시에 괴산 방면으로 각각 철수했다.

제1사단이 음성에서 철수하자 적은 이날 12시에 음성을 점령했고, 23시에는 또다시 포격을 집중하면서 제1사단을 압박해 왔다.

12일 12시 제1사단은 미원에 사단사령부를 개설하였다.

15일 사단에 인사이동이 있었다.주) 　　　국방부 『한국전쟁사』 개정판 제2권 p270

제11연대장 최경록 대령이 수도사단 참모장으로,

작전참모 김덕준 소령이 수도사단 작전참모로 전임하였다.

제11연대장 후임에 부연대장 권동찬(權東贊) 중령을,

작전참모에 전 제5사단 작전참모 문형태 중령을,

정보참모에 전 제13연대 정보주임 최혁기 소령을,

작전참모보좌관에 제13연대 정보주임 최대명 소령을 각각 임명하고,

제13연대 정보주임에 사단 작전참모보좌관 윤천봉 소령을 전임했다.

7월 12일 함창에 제2군단을 창설하고 그 지역에서 작전을 펴고 있는 제6, 제8사단을 작전 통제하게 하는 한편 17일부로 독립 제17연대를, 22일부로 제1사단을 제1군단에 예속시켰다.

북한군도 변화가 있었다.

적 제15사단(박성철 소장)은 동락리에서 적 제48연대가 제7연대에 의하여 궤멸된 데다가 음성에서 다시 제1사단에 의하여 대패하고 진격이 좌절되자 10일 제2군단장 김광협 소장을 파직하여 군단 참모장으로 강임하고 후임에 전 중공군포병사령관을 지낸 김무정 중장을 임명하였다.

음성 전투에서 제1사단은 적 236명을 사살하고, 18명을 생포했으며, 기관총 7정, 소총 110정, 무전기 2대를 노획하는 전과를 올렸고, 장교 1명을 포함하여 10명이 전사하고 장교 9명과 사병 72명이 부상하였으며, 소총 20정을 잃은 피해를 입었다.주) 　　　국방부 『한국전쟁사』 개정판 제2권 p271

### 괴산 전투 - 제11연대

전투 기간 7월 10일부터 23일까지의 날씨는 혹서가 계속되었고 흐린 날

씨와 비 오는 날이 많아 항공 지원과 포 지원에 어려움이 많았다.

음성에서 철수한 제1사단은 7월 10일 괴산에 집결하여
제11연대(최경록 대령)는 괴산에서 전투 전개에 들어갔고,
제13연대(최영희 대령)는 미원으로 진출했다.

제11연대는 20시경에 괴산중학교에서 부대를 정비하면서 제3대대에서 1개 중대를 차출하여 전초 중대를 편성한 후 연대정보주임 박용운(朴龍雲) 대위가 지휘하여 괴산 정면 길동(吉洞-괴산군 소수면, 37번 국도 괴산~음성 중간)으로 들어가서 경계 임무를 맡았다.

이와 함께 제1대대에서 1개 소대를 차출하여 정찰대를 편성하고 용치(龍峙, 일명 용고개-괴산 북쪽 도상거리 약 6km)로 추진하여 적정을 수색케 했다.

22시경 적 제12사단 선발대가 길동 전초중대에 접근하여 전초중대의 사격에도 응하지 않고 잠복하고 있다가 다음 날 09시 55분경 일제히 진지 정면으로 침공했다. 전초중대는 저지전을 펴다가 11시경 후방 신기리(新基里-괴산읍)로 철수하여 경계에 들어갔다.

최경록 연대장은 괴산중학교에 대기 중이던 제1대대를 신기리로 추진하여 전초중대와 협동으로 역습을 감행케 하여 치열한 교전 끝에 21시에 적을 길동 후방으로 격퇴하고 진지를 회복했다.

12일 03시 30분경 적은 제12사단 주력 제31연대(김웅 대좌)가 가세하여 1개 연대 병력이 제11연대 정면을 공격했다. 제11연대는 3개 대대 전 병력과 대전차포중대를 총 투입하여 치열한 교전 끝에 막강한 화력 지원을 받은 적의 진격을 저지했다.

아군 저항에 부닥쳐 공격이 저지당하자 공세를 멈추고 있던 적은 15시경 후속 제32연대(金學 대좌)가 도착하자 2개 연대가 합세하여 재차 공격했다. 이때가 16시 30분경이었다.

제11연대는 사력을 다해 장시간에 걸쳐 격전을 벌였으나 시간이 지나면서 화력과 병력의 우열이 드러나 결국 13일 03시경에 진지를 철수하여 미원으로 후퇴했다. 야간에 장장 25km의 거리를 강행군했다.

이로 말미암아 제1사단 좌측에서 청주를 고수하려던 수도사단과 제2사단이 위협을 받게 되었다.

### 기산 전투 – 제13연대

미원으로 진출한 제13연대(최영희 대령)는 12일 11시경 미원 동북방 379고지 일대에 집결한 후

제3대대를 전초부대로 기암리(岐岩里-미원 서북쪽 19번 국도변) 기산(岐山) 능선 일대에 배치하고

제2대대는 구방리(九芳里-기암리 남쪽) 남쪽 일대에 배치하였다.

제1대대는 예비대로 연대지휘소와 함께 고성리(古聖里-괴산군 청천면, 청천 서쪽) 동쪽 379고지에 위치했다.

제17연대 제2대대가 제13연대를 지원하기 위하여 기산에 급파되었다.

13일 적 제15사단 선발대가 제17연대 제2대대 제7중대가 배치된 미원 동북방 379고지를 공격했다. 급박한 상황을 맞아 제7중대장이 소대장을 모아놓고, 고지를 고수할 것인지의 여부에 관하여 작전을 숙의하고 있던 중 바로 옆에 적 박격포탄이 떨어져 제1소대장이 전사했다.

이 상황을 목격한 제7중대장은 지체 없이 돌격명령을 내렸고, 전 중대가 일제히 돌격을 감행하여 3시간여의 격전 끝에 이 적을 격퇴했다.

16일 05시경 적 제15사단은

제50연대를 아군 전초부대인 제3대대 우측으로,

제48연대를 그 좌측으로 전개하여 포위 공격했다.

제3대대는 3시간 동안 교전하다가 계획된 대로 제2대대 좌측으로 철수했고, 제1대대가 제2대대 우측으로 이동하여 진지를 구축했다.

적 제15사단은 짙은 안개를 이용하여 제13연대를 삼면에서 계속 공격했으나 제13연대는 장시간 격전 끝에 적을 저지하고 진지를 고수했다.

제3대대장 최병순 소령은 야간 기습을 계획하고 유리한 지형에 중대를 배치하여 화망을 구성한 후 대기하고 있었다.

16일 21시경 적 제15사단 제48연대 1개 중대 병력이 제3대대가 잠복하고 있는 정면에 나타났다. 그곳 도로상에는 아군이 후퇴할 때 적탄에 맞은 식량보급차량이 버려져 있었는데 그것을 발견하고 접근했다. 트럭 앞에 도착한 적병은 2개 소대를 분산시켜 경계망을 형성하고 나머지 병력이 트럭에 올라가서 식량가마니를 내리기 시작했다.

제3대대장 최병순 소령은 연대장에게 상황을 보고하고 제2대대의 지원을 요청하는 한편 사격 명령을 내렸다.

기습사격을 받은 적은 산발적인 저항을 하면서 분산 도주했다. 적 40여 명을 사살했고, 소총 30여 정과 식량 20여 가마니를 노획했다.

제3대대는 지원 나온 제2대대와 협공으로 계속 적을 추격하여 절터골(기암리 북쪽) 북방으로 격퇴했다.

17일 22시경 적 주력부대가 전차 7대와 장갑차 12대를 앞세우고 반격했다. 제3대대는 적 주력부대의 강타를 맞고 분산 직전에 제1대대와 제2대대의 엄호를 받으면서 기산으로 철수하였다.

제3대대는 기산에서 재정비한 후 18일 19시에 적 주력부대의 공격을 격퇴하였는데 적은 19시에 저들의 예비대와 합류하여 다시 공격했다.

최영희 연대장은 며칠간 계속된 치열한 교전으로 인한 피로로 전투력이 많이 감소되었고, 또 보급이 제대로 되지 않은 점을 감안하여 적 대부대와 계속 교전하기에는 어려움이 있다고 판단하고 연대를 미원(米院) 남방에 있는 516고지로 철수했다.

김홍일 군단장은 제1사단을 지원하기 위하여 기갑연대 장갑차를 미원으로 보냈다. 장갑차에는 SCR-506무전기가 장치되어 있었고, 미 고문관은 기갑연대의 장갑차는 통신용으로만 사용할 것을 제의했으나 군단장은 듣지 않고 작전을 지원하기 위하여 파견했다.

백선엽 사단장은 지도상으로 공격 목표 감천(甘川) 지구를 지적하면서 장갑차 지휘관에게 그곳에 가서 위협사격을 하고 오라고 명령했다.

장갑차 2대가 적이 출몰하고 있는 감천 지구로 돌진했다.

제1사단 공병대 임상철(林相喆) 중위는 감천 부근에 적 전차가 출현했다는 연락을 받고 대원 3명을 지휘하여 감천교 폭파 준비를 해 놓고 있었는데, 장갑차가 나타나자 감천교에 폭파 장치가 되어있다는 것과 감천 북방에 적 전차가 진입해 있다는 정보를 알려 주고 장갑차와 함께 적 전차가 접근하기를 기다리고 있었다.

19일 13시경 적 전차는 아무런 경계심도 없이 감천교를 통과하기 시작했다. 임 중위는 감천교를 폭파했고, 장갑차는 사격을 했다. 다리가 폭파되고 전차가 되돌아가려는 순간 장갑차의 37mm포가 전차궤도에 명중하여 전차는 주저앉았고, 적 전차병 2명은 포탑에서 나오다가 사살됐다. 전차 안에는 민가에서 약탈한 값진 물건들이 많이 있었다.

### 미원 전투 - 제13연대

적 제15사단은 18일 기산을 점령하고 계속 남진할 기세였으나 미 항공기의 보급로 차단공격으로 19일과 20일에는 공격을 중지하고 있었다. 그 덕에 제13연대는 휴식을 취할 수 있었다.

21일에도 피아간 교전은 없었다.

22일 적 제15사단 주력부대는 병력을 미원으로 집결하는 한편 03시경에 제13연대 방어진지 정면을 공격했다.

제13연대는 교전하면서 516고지에서 주력부대를 철수했으므로 적은 쉽게 516고지를 점령했다. 516고지는 19번 국도 서쪽에 있다. 서남쪽으로 국사봉(587m)을 거쳐 25번 국도를 가로지르는 피반령(皮盤嶺, 547m)에 이어지고, 동쪽은 19번 국도를 가로질러 속리산으로 이어지는 500m 이상의 고지군으로 형성된 험준한 백두대간의 한 능선이다. 이곳이 뚫리면 보은~상주~대구길이 직통으로 열린다.

516고지를 점령한 적은 제3대대가 아침식사를 하고 있는 틈을 타서 기습공격했다. 제3대대는 밥 먹다가 혼비백산하여 분산했다.

제3대대장 최병순 소령은 기습공격을 받고 당황한 대원들을 수습하여 516고지로 돌격명령을 내리는 한편 대대장 자신은 제11중대를 이끌고 육박돌격을 강행했다. 그러나 적은 전력이 우세한데다가 유리한 고지를 점령하고 있어 그 저항을 뚫을 수 없었고, 제11중대를 이끌고 적진으로 돌진한 대대장은 적 박격포 공격에 병력 손실만 내고 후퇴해야 했다.

이 공격에서 제11중대장이 중대를 이탈하였다. 대대장 최병순 소령은 명령 없이 이탈한 제11중대장을 전 부대원이 보는 앞에서 즉결처분했다.

대대장 최병순 소령은 전 대원에게 516고지를 탈환해야 한다는 훈시를 하고 재차 역습을 감행하였다. 적의 완강한 저항을 받아 치열한 교전을 벌이고 있던 중에 연대장 명령을 받고 23일 보은으로 철수했다.

보은에는 이미 제1사단지휘소가 개설되어 있었고, 제11연대와 제12연대 병력이 집결해 있었다.

7월 10일 제11연대가 괴산 전투를 치른 이래 보은에 집결한 23일까지 제

1사단은 절대 우세한 적 2개 사단의 진격을 14일간이나 지연시켰다. 이것은 적의 공격 속도가 둔화된 반면에 상대적으로 아군의 전력이 회복되어 저항력이 강해졌음을 보여주는 증좌이기도 했다.

이 전투에서 제1사단이 거둔 전과는 적 사살 약 300명이었고, 장총 68정, 다발총 25정, 박격포 9문을 노획했으며, 전차 1대를 격파했다.

피해는 전사 34명, 부상 91명, 행방불명 42명이었다.<sup>주)</sup>

국방부『한국전쟁사』제2권 p433

### 미스터리한 제22연대

7월 5일 제1차 사단 개편 때 제3사단은 해편되고 제22연대는 제1사단 제12연대에 흡수된 것으로 되어있다. 없어진 연대가 나타났다.

22일 제1사단의 작전통제를 받는 제3사단 제22연대는 음성, 증평을 거쳐 보은으로 이동하여 보은 북방 강산리(江山里-보은군 報恩邑, 19번 국도변)에서 적 제15사단 제48연대와 조우했다.

이때 적은 아군 복장에 아군 무기를 많이 가지고 있어서 피아를 구분할 수 없었다. 처음에는 아군으로 오인했다가 연대장 강태민 중령이 수색대를 보내 적 선발대임을 확인하고 공격하여 약 1시간 동안의 격전 끝에 적을 격퇴하고 상산리 무명고지를 점령했다. 후퇴한 적은 후속한 제48연대 주력과 합세하여 역습을 했다. 제22연대는 장비와 병력의 열세로 대적하기가 어려워 보은으로 철수하였다.<sup>주)</sup>

국방부『한국전쟁사』제2권 p432

제22연대는 육군본부로부터 제3사단으로 복귀하라는 명령을 받고 보은에서 화령장을 거쳐 추풍령에 이르는 험준한 산악을 도보 행군으로 이동하여 추풍령에서 화물열차를 타고 대구로 갔고, 다시 포항으로 이동하여 제3사단에 복귀한 후 24일 영덕으로 전진했다.*

연대의 잔존 병력은 300여 명이었다.<sup>주)</sup>  국방부 『한국전쟁사』 개정판 제2권 p144

> ✱ 제3사단 제22연대는 7월 5일 제1차 사단 개편 때 제3사단은 해편되고 제22연대는 제1사단 제12연대에 흡수된 것으로 되어있다. 그러나 여기서 보는 바와 같이 연대고유의 단대명을 가지고 전투에 참가했고 7월 7일 제2차 사단 개편 때 포항으로 이동하여 제3사단에 복귀하였다. 제22연대(2개 대대)는 6월 26일 제1사단을 증원하였고, 7월 3일 풍덕천에서 제1사단에 수용된 후 제22연대의 고유명칭을 가지고 제1사단의 작전통제를 받다가 제3사단으로 복귀한 것으로 보는 것이 옳을 것 같다.(제5장 제1절 1 제1차 군개편 ✱ 「제3사단은 과연 해편되었는가?」 참조)

「괴산, 기산, 미원 전투」는 국방부 『한국전쟁사』 제2권 「5. 괴산, 보은 방면 전투」를 참고하였다.

국방부 『한국전쟁사』 개정판 제2권은 제1사단이 7월 12일 미원으로 철수(p269)한 이래 7월 22일 화령장에 진출(p445)할 때까지 전투 기록이 없고, 뒤에 나온 『6·25전쟁사』 5는 제2절 「1. 미원 전투」에서 제13연대의 7월 16, 17일 양일간 「거리고개 공방전」을 기술했을 뿐이다(p238).

『한국전쟁사』 제2권은 "괴산, 미원, 보은 지구의 전투는 7월 10일부터 23일에 이르는 14일간 계속되었다."(p433)고 기술했다.

주요한 작전 기간 중에 1개 사단의 10일간 상황이 오리무중에 빠졌고, 특히 제12연대는 10일 20시 괴산으로, 제11연대는 13일 03시 미원으로 철수한 후 23일 보은에 집결할 때까지의 전투 기록이 어느 전사에도 없다.

## 5. 문경 부근 저지전 - 제6사단, 제1사단

### 피아의 전력

7월 11일 15시에 제6사단은 충주 지구에서 문경으로 철수하여 문경국민학교에 사단지휘소를 설치하고,

진천에서 괴산~수안보를 거쳐 철수한 제19연대를 우 일선 조령에,
수안보에서 연풍을 거쳐 철수한 제2연대를 좌 일선 이화령에
배치하여 12일 05시 현재 조령~이화령선에서 방어 태세를 갖추었다.
음성에서 괴산을 거쳐 이동한 제7연대는 예비대로 문경에 집결하였다.

적이 접근할 수 있는 길은 수안보~문경에 이르는 3번 국도와 충주에서 단양~예천을 거쳐 점촌에 이르는 두 갈래가 있고, 이화령이 무너지면 상주를 거쳐 대구는 순식간에 위협받게 되며, 상주에서 지척인 김천이 적의 수중에 들어가면 미군의 경부축선 퇴로가 차단되어 전선은 걷잡을 수 없이 혼란에 빠지게 된다.

적 제1사단은 7월 11일 충주를 점령하고 부대를 정비한 후 12일 수안보에 집결하여 문경~함창~상주축선으로의 진출을 서두르고 있었다.

적 제1사단은 개전 초 서부전선에서 임진강을 도하하여 서울로 진출하였고, 한강을 도하한 후에는 중부내륙으로 진로를 바꾸어 여주~장호원으로 진출하다가 7월 8일경부터 남한강 부근에서 제12사단과 합류하여 충주로 진출하였으며, 충주에서 제12사단은 아군 제8사단 정면 단양 지구로 진출하고, 제1사단은 수안보로 직행했다. 여기에 제105기갑사단 제109전차연대가 지원한 것으로 알려졌는데 정찰 결과 충주역 광장에는 전차 30여 대가 집결하여 후속 준비를 하고 있는 것으로 파악됐다.

적 제2군단은 중부내륙에서의 진격 속도가 부진한 책임을 물어 군단장 김광협 소장이 군단 참모장으로 강임되고 김무정이 제2군단장에 임명되었고, 이와 함께 서부전선에서 1개 사단을 뽑아 이 방면의 전력을 증강하면서 전차부대까지 증원한 것으로 알려졌다. 이때 증강된 부대가 제1군단예비 제13사단이고 실제 이 방면 전투에 참가한 것은 제21연대(이승준 대좌)로 알려졌다.

이 연대는 문경 서남쪽 11km 지점 은성(恩城-문경시 加恩邑)으로 진출하여 문경을 위협했다.<sup>주)</sup>

국방부 『한국전쟁사』 개정판 제2권 p379, 380

적 제1사단 전력은 병력이 배속부대를 포함하여 약 12,000명으로 알려졌는데 그 중 30%는 남한에서 강제로 동원한 소위 인민의용군이었고, 무장없이 끌려다닌 병력이 15%를 웃도는 것으로 알려져 실상 전력은 대단한 것이 못되는 것으로 평가되었다.<sup>주)</sup>

국방부 『한국전쟁사』 개정판 제2권 p381

장비는 자주포 12문, 122mm유탄포 7문, 76mm곡사포 21문, 45mm반전차포 43문, 120mm박격포 40문, 82mm박격포 80문을 가졌고,

제105기갑사단(제109전차연대) 전차와 장갑차 8대, 모터사이클부대가 저들 제12사단과 함께 지원하고 있었다.<sup>주)</sup>

국방부 『한국전쟁사』 개정판 제2권 p206, 381

제6사단은 병력과 장비는 편제의 70% 수준, 중화기는 80%선을 유지하고 있었고, 차량은 100여 대를 확보하고 있었다.<sup>주)</sup>

국방부 『한국전쟁사』 개정판 제2권 p382

1개 연대 병력이 2,000명을 넘지 못했다. 그나마 병력을 효율적으로 운용하지 못하고 2개 중대를 위급한 지역에 축차 투입하여* 차질을 빚었다.

> \* 제19연대 제1대대 제1중대장 박창수(朴昌樹) 중위는 수안보에 있을 당시 대대장 최병묵 소령으로부터 "충주로 반격하는 제2연대를 동쪽에서 증원하라."는 명령을 받고 중대가 적포산(일명 첩푸산)을 넘어 충주 남산으로 진격하였는데 적의 반격으로 반전되자 제2연대는 이미 떠났고, 중대는 아무런 연락을 받지 못하여 적진 속에 고립되고 말았다.
> 이렇게 하여 중대는 조령에서의 공방이 한창이던 15일까지 홀로 퇴로를 타개하느라고 헤매고 있었다.(국방부 『한국전쟁사』 개정판 제2권 p386)
> 제2대대 제5중대 경우도 마찬가지였다.
> 중대장 김욱전 대위는 대대장 김용기 소령으로부터 "오가리(五佳里-수안보 서남쪽 6km) 부근에 적이 집결하고 있으니 이를 기습하여 격멸하라."는 명령을 받고 현지에 돌입하였을 때는 적은 이미 자취를 감춘 뒤였고 부근을 수색하여 4명을 사로잡았는

데 이들로부터 연대 규모의 적이 연풍 쪽으로 남하하였다는 진술을 받았다. 그 진위를 확인하던 중 중대가 포위된 사실을 알았고, 퇴로를 타개하는데 10여 일이 걸려 산악기동으로 유곡(幽谷)에 도착했을 때는 문경이 적의 수중에 들어간 뒤였다.(앞 같은)

이 두 중대는 스스로 적중에 뛰어든 꼴이 되었고, 1개 소대가 아쉬운 판에 중요 전투에 2개 중대가 빠졌다는 것이 얼마나 큰 전력 손실인가는 그때까지 밀려오면서 상급지휘관들이 뼈저리게 느낀 체험이다. 더구나 만의 하나 그 중대가 희생되었다면 그 손실이 얼마인가?

제6사단 방어 정면은 18km에 이르렀다. 정면이 넓은 만큼 요소요소에 공백지대가 많아 방어선에 허점을 보이고 있었다.

예비 제7연대를 다음과 같이 배치하여 공백지대를 미봉했다.

제3대대(이남호 중령)가 문경 동북쪽에 있는 주흘산 동쪽 654고지(문경읍 八靈里)에 전개하여 제19연대 우측 간격을 보강하였고,

제1대대(金龍培 중령)가 제2연대 서쪽으로 나아가 황계산(黃鷄山, 563m-이화령 동남쪽, 3번 국도 各西 제1터널 서쪽)에 배치하여 문경으로 넘어가는 측방 요로를 보강하였다.

작전참모 양중호 중령은 사단장 명에 따라 하사관교육대, 통신대, 공병대 등 사령부 직할 가용병력 84명으로 3개 소대 규모의 신예비대를 편성하고 하사관교육대장 서정학(徐廷學) 소령으로 하여금 지휘케 하여 문경 동쪽 단산(檀山)에서 사단 측 후방 경계 임무를 맡겼다.

제16포병대대(김성 소령)는 제1, 제3 두 포대가 이화령 제2연대를 집중지원하고 괴산에서 늦게 당도한 제2포대(李萬浩 대위)를 문경역 북쪽 500m 지점에 있는 과수원에 방열하여 일반지원에 들어갔다.

제16포병대대는 전군에서 유일하게 장비를 완전히 갖추고 있는 포병이었다. 특히 개전 초 춘천에서 위력을 과시하였고, 철수 과정에서 포대단위

로 전진하여 포 1문, 차량 1대의 손실도 없이 고스란히 보전했고, 실탄도 각 포대당 한 트럭분씩을 확보하고 있었다.

이런 완벽한 포병이 제6사단을 지원하였다.

### 이화령 전투 – 제2연대

이화령은 연풍에서 문경으로 이어지는 3번 국도가 백두대간(소백산맥)을 넘어가는 고개다. 조령을 넘어 다니던 길이 영남내륙에서 서울로 가는 유일한 통로였는데 신작로를 낼 때 산세가 너무 험하여 그 서쪽 지금의 이화령으로 우회하여 새 길을 낸 것이다.

제2연대는 이화령 마루에 있는 독립가옥에 연대OP를 설정하고,

제1대대(박노규 중령)를 우측 조령산(1,017m)에서 북으로 뻗은 능선에,

제3대대(이운산 소령)를 좌측 681고지(이화령 서쪽) 서북쪽 능선 하단까지 각각 병력을 전개하고,

제2대대(이종기 대위)는 중간지점 633고지에 전진 거점을 확보하였다.

7월 13일 10시 전후하여 연풍 쪽에서 1개 소대 가량의 적이 이화령으로 오르기 시작하였다. 제6중대장 오형근(吳衡根) 중위로부터 보고를 받은 제2대대장 이종기 대위가 확인한 결과 30여 명으로 추산되는 무리가 2열 종대로 국도를 따라 고개로 올라오고 있었다.

이종기 대대장은 사격을 통제하고 주력을 진전으로 유도하기로 하였다. 저들이 중턱에 오를 때까지 후속부대가 보이지 않은 것으로 보아 이들은 정찰대가 틀림없었다. 제5중대(朴玄燮 중위)가 있는 진전 100m에 이르렀을 때 한 발의 총성을 신호로 고개를 둘러싸고 있는 3면에서 총포화가 불을 뿜었다. 때맞추어 제6중대는 도로로 뛰어나와 퇴로를 막고 협공을 했다. 적은 전멸했고, 2명만이 살아서 붙잡혔다.

낭보를 들은 함병선 연대장이 OP에서 쌍안경으로 살펴보았더니 대대장 병 일부가 여세를 몰아 연풍 쪽으로 추격하고 있었다. 연대장은 급히 유선으로 대대장을 불러 무모한 추격을 멈추고 633고지(3번 국도 동쪽)로 복귀하여 적의 재침에 대비하도록 하였다.

연대 정보주임 송대후(宋大厚) 소령은 압송된 포로를 심문한 결과 연풍 지역에 4,000여 명의 병력이 집결하여 공격 준비를 서두르고 있고, 2개 대대 규모의 포병이 지원하고 있다는 사실을 확인했다.

7월 14일, 문경 방어에 들어간 지 이틀째 되는 날이다. 이화령에는 전날까지 내리던 가랑비가 그치고 짙은 안개가 계곡을 덮어 지척을 분간할 수 없었다.

04시 30분경 무거운 새벽안개 속을 뚫고 122mm유탄포와 82mm박격포의 포화가 이화령 제2연대진지에 집중되었고, 산봉우리가 모습을 나타내는 것과 함께 수류탄 폭음과 총성이 이화령 북쪽 계곡을 울렸다.

연풍에 진출한 적 제1사단은 짙은 안개를 틈타 1개 연대 병력이 제2연대 제2, 제3대대진지로 돌격을 감행하여 이화령 북사면은 순식간에 백병대결(白兵對決)의 혈전장으로 변했다.

제2대대가 교전하고 있는 동안 적 주력은 이미 제2대대 좌측을 통과하여 이화령으로 쇄도했고, 연대 좌 일선 제3대대(이운산 소령)는 교전 20분 만에 일부 병력이 분산되어 혼란에 빠졌다. 이화령에 있는 연대OP에도 적 포탄이 떨어져 피해가 크게 나타났다.

함병선 연대장은 이화령 연대OP에서 전황을 관찰하였다. 오리무중의 전선은 확인할 길이 없고 총·포성만 계곡을 메우고 있었다. 격전이 시작된 지 3시간이 흐른 08시경 안개가 걷히고, 시계가 트였을 때는 진지에 있어야 할 제2, 제3대대 병사들이 이화령 쪽으로 밀려오고 있었다.

함병선 연대장은 제1대대장 박노규 중령을 유선으로 불러 제2대대 주진지 633고지를 탈환하라고 명령하고 고개 마루턱으로 달려가
"연대장이 여기 있다. 물러서지 말고 반격하라."
고 지휘봉을 치켜들고 대갈일성을 지르며 독전을 했다.

제1대대가 3번 국도 동쪽 능선을 따라 함성을 지르며 역습했다. 시계가 트인 계곡에 노출된 적을 사정없이 갈기면서 노도와 같이 돌진했고, 연대장의 독전으로 뒤돌아선 제2, 제3대대 병사들도 제1대대의 역습에 힘을 얻어 역습에 가세하였다. 제16포병대대(김성 소령)의 2개 포대는 적의 증원을 차단하기 위하여 연풍 일대에 포화를 퍼부었다.

측면으로부터 불의의 기습과 함께 정면으로부터 반격을 받은 적은 순식간에 혼란에 빠졌다. 저들은 당황한 나머지 힘겹게 끌고 올라온 야포와 장갑차를 비롯하여 보병화기까지 버린 채 달아났다.

이화령 진격이 좌절된 적은 이화령 일대에 포격을 집중하여 연대OP가 파괴되고 인사주임 김옥현(金玉鉉) 소령이 중상을 입는 피해를 입었다.

633고지 제2대대는 초전에 집중공격을 받고 일부 병력이 후퇴하여 나머지 병력으로 진지를 축소하고 사투를 벌이다가 적중에 완전히 고립되었다. 제5중대장대리 강승호 소위가 등에 중상을 입어 의식을 잃었고, 중대 통신병 김상진(金相振) 일등중사가 전사하는 등 사상자가 속출하였음에도 불구하고 우군이 반격할 때까지 진지를 고수하였다. 결국 이 고지는 연대가 반격할 때 적의 퇴로차단진지 역할을 톡톡히 해냈다.

제2연대는 반격을 개시하여 12시 40분에 연풍을 완전히 점령했다. 연대는 적의 재반격에 대비하여 이곳에서 진지를 편성하고 있던 중 전선 균형 유지를 위한 철수 명령이 내려 밤 10시에 이화령으로 철수했다.

제2연대는 이 전투에서 적 사살 800여 명, 포로 7명에, 장갑차 3대, 트럭

10대, 75mm유탄포 3문과 포탄 70여 발 및 소총 13정을 노획했고, 100여 명의 사상자를 내는 피해를 입었다.

노획한 장비는 도로가 심하게 파손되어 운반할 수 없어서 버렸고, 장갑차는 운전기술병이 없어 버릴 수밖에 없었다.

소총만을 수습하고, 노획한 70여 발의 포탄은 저들이 함께 두고 간 75mm유탄포로 되돌려주었다.<sup>주)</sup>　　국방부 『한국전쟁사』 개정판 제2권 p396, 397

14일까지 격전을 치른 제2연대는 조용한 가운데 이화령을 고수했다.

7월 16일 우측면 조령에서 격전을 벌이던 제19연대가 방어선에서 물러남으로써 문경이 적의 사정권 안에 들어 위협을 받게 되었고, 제2연대는 완전히 고립상태에 빠졌다.

김종오 사단장은 12시를 기하여 제2연대를 남호리(문경시 麻城面 南湖里-문경 남쪽)로 철수하도록 명령을 내렸다.

제2연대가 진지를 벗어나기 시작하자 적 포격이 집중되었다. 이에 맞불 작전을 펴던 제1대대 중화기 중대장 김용하(金鎔河) 대위가 적 포탄에 산화한 것을 비롯하여 다수의 사상자를 내는 피해를 입었다.

연대 주력이 진안리(陣安里-황계산 남쪽)에 이르렀을 때 조령 제3관문을 통하여 침투한 적이 포화로 퇴로를 차단하여 문경읍을 통과하지 못하고 서쪽 송자산(松子山-일명 잣발산) 계곡을 돌아서 19시 남호리에 도착하였다. 제2연대는 비교적 질서를 유지하면서 온전하게 이동했다.

같은 시각 우측 제19연대도 문경을 버리고 철수하기 시작했다.

### 조령 전투 - 제19연대

사단 우 일선 제19연대가 방어선을 펴고 있는 조령은 좌 조령산(鳥嶺山-1,017고지)에서 우 주흘산(主屹山-1,106고지)으로 연결되는 능선이 있고, 두

산 사이로 종심이 깊은 계곡이 흐른다.

이 계곡은 제3관문에서 제1관문 쪽으로 흐르고 계곡을 따라 길이 나 있는데 이 길이 영남에서 서울로 통하는 새재길이다.

문경에서 들어서면 초입(계곡하류)에 제1관문(主屹關)이 있고, 마지막 고개 마루턱에 제3관문(鳥嶺關)이 있으며, 그 중간이 제2관문(鳥谷關)이 있다.

제19연대는 제2연대의 이화령과 연장선상에서

제2대대(김용기 소령)를 제2관문 일대에,*

제1대대(최병묵 소령)를 상초리(上草里)의 제1관문 일대에,

제3대대(김한덕 소령)를 주흘산 동쪽 갈평리(葛坪里)에 각각 배치했다.

> * 새재(조령관)에 방어진지를 편성하지 않은 것에 의문이 간다. 지형이 북으로 돌출되기는 했어도 이곳은 백두대간의 능선으로 이어지고 전방을 감제할 수 있는 유리한 지형 조건을 갖추고 있다. 이화령과 함께 조령을 막았으면 북한군은 문경으로 넘어올 수가 없다. 전차도 보병도 막을 수 있는 길목이다.
> 제19연대가 방어선을 편 조곡관은 계곡 깊숙한 곳에 처박혀 사방이 캄캄한 곳이다. 조령관을 비어 둔 상태에서 조곡관은 방어진지 역할을 할 수가 없다.
> 임진왜란 때 원군 명나라 장수 이여송이 적을 쫓아 조령에 이르렀다가 "험난하기가 이와 같은 곳이 있는데, 여기를 지킬 줄 몰랐으니 신 총병(總兵)은 모책(謀策)이 없는 사람이다."라고 탄식한 그 천험한 요새가 조령관이다.

이화령에서 격전을 벌이던 전날은 조용했던 조령의 안개 낀 계곡에 심상치 않은 조짐이 나타나더니 이화령에서와 같은 상황이 벌어졌다.

7월 16일 06시경 조령 제2관문을 지키고 있는 제2대대가 적의 공격을 받았다. 안개가 짙게 끼어 적의 규모를 헤아릴 길이 없었는데 30여 분 후에는 혼전이 벌어졌고, 곧이어 진지 안에서 백병전으로 이어졌다.

뒤에 밝혀진 바에 따르면 침공한 적은 제1사단 제3연대(金錫春 대좌)로 전날 밤에 수안보에서 화천리(貨泉里-충주시 상모면, 3번 국도변)로 진출하여 1

개 대대는 원풍(院豊-괴산군 연풍면, 3번 국도 동쪽)에서 조령산 북쪽 능선으로 진출하고, 주력은 소조령(小鳥嶺-수안보 동남쪽 5km)에서 제3관문을 거쳐 계곡을 타고 밤새 강행군하여 제2관문 제2대대진지에 이른 것이다.

이에 맞서는 제2대대는 제1선에 제6중대(金是鳳 중위)와 제7중대(朴能植 중위) 밖에 없었고, 그것도 병력이 400여 명밖에 안 돼 시간이 흐를수록 전황은 불리해졌다. 제5중대(김욱전 대위)는 수안보로 진출했다가 적중에 포위되어 아직 합류하지 못한 상태에 있었다.

▶ 앞 「피아의 전력」 * 참조

소총과 수류탄 그리고 총검을 방어 무기로 사투를 벌였으나 제7중대장 박능식 중위가 부상하고, 소대장 한영권(韓英權) 중위와 제6중대 제1소대장 이용식 중위가 전사했으며, 대대 통신장교 박제상(朴濟相) 중위가 중상을 입는 등 사상자가 속출하였다.

교전 2시간이 흐르고 시야가 트이기 시작했을 때 적 선두가 이미 제2관문을 돌파하여 제1관문으로 진출하기 시작했고, 진두지휘하던 대대장 김용기 소령이 대퇴부에 관통상을 입어 대대는 와해 직전에 이르렀다.

연대장은 철수 명령을 내렸다. 퇴로가 막힌 상태에서 대대 작전관 이진암(李鎭岩) 중위가 대대를 수습하여 주흘산 서록을 돌아 제1관문 남쪽에 있는 중초리(中草里)로 철수했다.

연대장 민병권 대령은 제2대대가 철수 중에 있어 위험이 예견되었지만, 적 주력이 아무런 저항 없이 제2관문을 통과한다면 제1관문을 지킬 수 없다고 판단하고 진내 포격을 요청하였다.

제16포병대대 제1포대장 김장근 대위는 제2대대가 제2관문에서 상초리를 거쳐 철수하는 동안 포 5문으로 제2대대가 이탈하고 있는 제2관문 일대 진지를 포격하여 적의 침공 속도를 둔화시키면서 분산된 병력을 수습할 수 있는 시간은 벌었지만 제2대대는 근접 포격에 부관 조용(趙勇) 중위가 전사한 것을 비롯하여 10여 명의 부상자를 내야했다.

조령 제1관문에는 최병묵 소령이 지휘하는 제1대대가 지키고 있었다. 제1대대 역시 제2중대(黃宗九 중위), 제3중대(金澤洙 중위), 제4중대(이창도 중위)의 3개 중대밖에 갖고 있지 않았다.

제1중대는 수안보에 있을 때 대대장으로부터

"충주를 공격하는 제2연대를 증원하라."

는 명령을 받고 충주로 진출했다가 적의 역습을 받고 포위되어 조령 방어전에 합류하지 못하였다.*　　　　　　　　　　▶ 앞 「피아의 전력」* 참조

결국 제2대대는 2개 소총중대로 제1관문을 지켜야 했다.

> *  제1대대 제1중대가 조령 전투에 참가하지 않은 상황에 대하여
> 　국방부 『한국전쟁사』 개정판 제2권(p401)은 "홍천에서 재편성하면서 제1중대를 제3중대에 통합한 뒤 병력을 충당치 못하여 1개 중대가 미편성 상태에 있는 까닭에 소총 2개 중대로써 이 관문을 지키고 있었던 바."라고 하여 앞 「피아의 전력」*에서 본 기술내용(p386)과 다르게 기술하였다.
> 　제19연대는 개전 초에 예비연대로 원주에 주둔하고 있다가 늦게 출동한 부대다. 대대를 3개 중대로 축소 편성할 정도의 손실을 입은 전투는 없었다.

제2관문에서 제2대대가 철수한지 2시간 지난 11시경에 제2대대를 뒤쫓아온 적 2개 대대 규모가 침공하여 제1관문 일대가 혈전장으로 변했다. 2개 중대가 2개 대대에 맞선 혈투다. 도처에서 백병전이 벌어졌다. 쏘고, 찌르고, 아무리 죽여도 한이 없었다.

과병(寡兵)으로는 중적(衆敵)을 당해낼 도리가 없었다.

제3중대장 김택수 중위와 제3중대 제3소대장 송기종(宋基鍾) 소위가 전사하였고, 제2중대 제1소대장 김용한(金龍翰) 중위는 진두에서 고함을 지르며 적진으로 뛰어들다가 산화했으며, 급기야는 대대장 최병묵 소령마저 실종되어 대대는 걷잡을 수 없는 혼란에 빠지고 말았다.

하초리(下草里-제1관문 입구)에서 전황을 살피던 민병권 연대장은 대대 작전관 이계순(李桂順) 대위에게

"대대를 하초리 551고지(제1관문 동남쪽)로 뽑아라."

지시하고 지원 포병에게 포격을 지시했으나 진내에서 육박전을 벌이고 있는 판에 될 일이 아니었다.

제1대대는 분산 상태에 빠졌고, 제1관문은 적 수중에 들어갔다.

제19연대는 병력을 수습하여 하초리 551고지 일대로 물러났다.

결국 천험의 요새 조령도 소용이 없었다.

사람이 지리를 이용하지 못한 탓일까?

천시가 사람을 저버린 것일까?

## 문경에서 철수

7월 16일 제19연대는 조령에서 철수하여 551고지~갈평리선에서 진지를 새로 편성한 후 제7연대 제3대대와 제2연대에서 1개 중대씩을 증원받아 방어태세를 다지고 있었다.

갈평리는 문경 동북쪽 약 10km 지점에 있다. 901번 지방도와 하늘재 동남쪽 진입로의 갈림길이며, 하늘재로부터 약 5km 떨어져 있다.

551고지는 주흘산 동남록에 해당하고, 갈평리와는 영산(靈山)을 사이에 두고 동쪽으로 도상거리 약 4km 떨어져 있다.

하늘재는 또 하나의 남북을 잇는 요충이다.

16일 06시 우 일선 제3대대 지역에 1개 연대 규모의 적이 침공했다.

제3대대장 김한덕 소령이 전방 평천교 부근에 매복시킨 초병으로부터 적이 나타났다는 보고를 받았을 때는 이미 적 2개 대대 규모가 갈평리 계곡으로 쇄도하여 난전이 벌어지고 있었다. 이어서 적의 포화가 집중되어 대

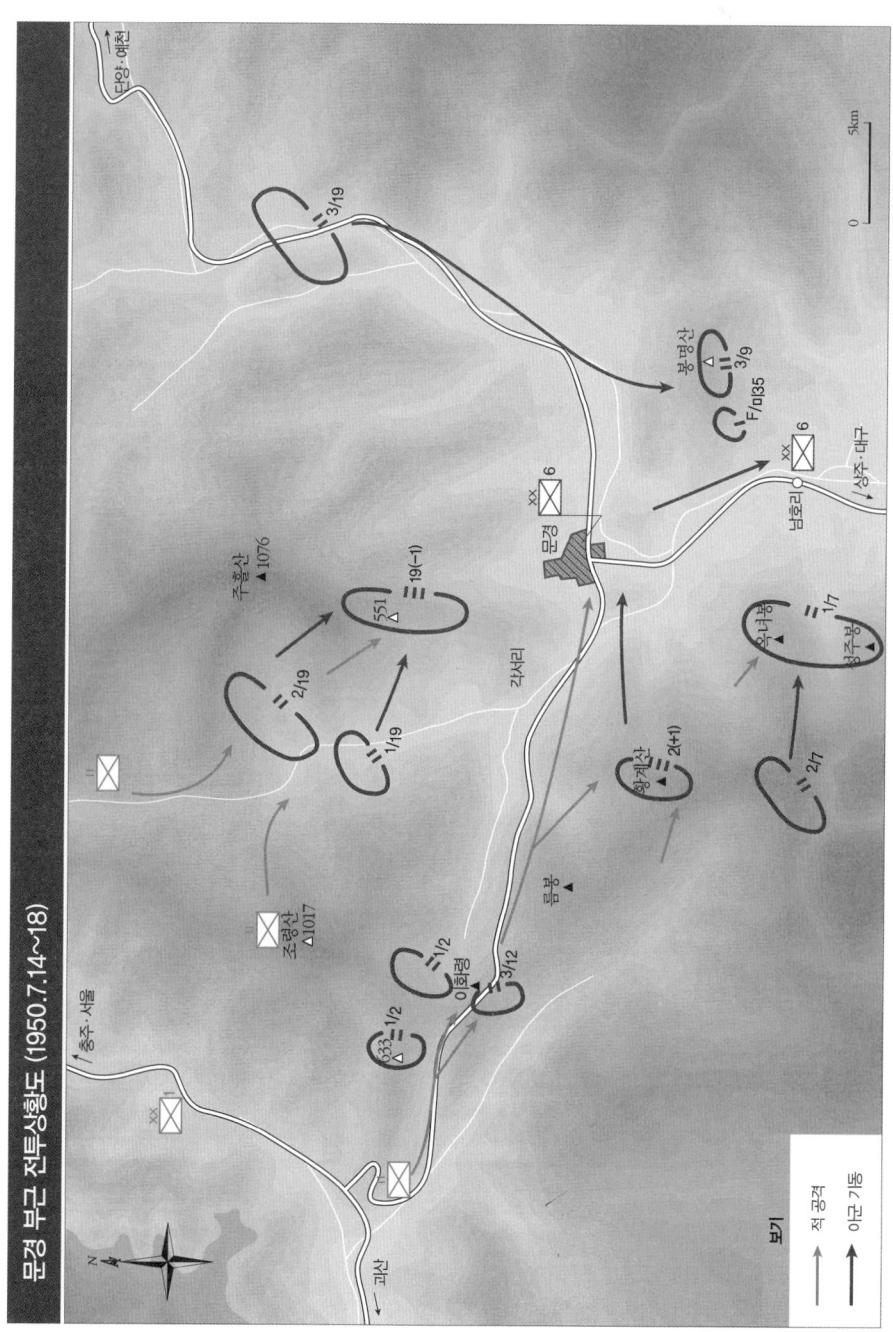

대OP와 그 후방 팔령리(八靈里-551고지 동쪽) 일대를 포연으로 뒤덮었고, 우측 진지가 무너지면서 일부 적이 후방으로 침투했다.

대대장 김한덕 소령은 대대를 팔령리 남쪽으로 뽑아 증원 나온 제7연대 제3대대(이남호 중령)와 함께 654고지(팔령리-901번 도로 서쪽)~영산선에서 적을 저지하기로 결심하고 철수 명령을 내렸다. 그러나 이때 이미 적 주력이 654고지 동쪽으로 침투하여 교란 사격을 퍼부었고, 설상가상 격으로 철수 과정에서 혼란이 야기되어 대대가 팔령리 남쪽 동구 밖에 집결하였을 때는 병력이 300명을 밑돌았다.

이때까지도 제7연대 제3대대는 제19연대 제3대대와 연락을 취하면서 654고지 동쪽으로 침투한 적을 맞아 난전을 펴면서 저지하고 있었다.

이후 2시간여의 격전 끝에 팔령리 일대가 적 수중에 들어가면서 동쪽 제7연대 제3대대는 퇴로가 차단되었다.

제3대대가 팔령리에서 철수하여 460고지(654고지 서남쪽)에 이르렀을 때 연대와 무선이 소통되었다. 제3대대 상황을 파악한 연대장 민병권 대령은 사단장에게 지원을 요청하였으나 1개 분대의 예비도 갖지 못한 사단장으로서는 속수무책이었다.

551고지의 제1, 제2대대가 15시경부터 교전이 시작되어 18시경에는 문경 서쪽 3번 국도변 진안리까지 밀림으로써 사실상 연대 방어선은 무너진 상태가 되었다.

이때 사단으로부터 철수 명령이 내렸다.

연대장 민병권 대령은 제19연대 제3대대를 봉명산(鳳鳴山, 691m-문경 동남쪽 약 4km) 북록으로 이동시켜 엄호진지를 편성케 한 후 진안리 일대에 분산된 제1, 제2대대와 우 일선의 제7연대 제3대대를 남호리(南湖里-문경시 麻城面, 문경 남쪽 약 4km)로 철수시켰다.

이때가 19시경. 지는 해와 함께 문경도 적 수중으로 넘어갔다.

천험의 요새 새재! 적 보병은 걸어서 넘어왔다. 길목만 잘 지켰으면 막을 수도 있지 않았을까? 4개의 길목이 모두 역할을 못하고 허무하게 무너졌다.

이여송 대신에 이번에는 워커가 탄식해야 할 차례다.

16일 16시 전후에 미군 F-80전폭기 1개 편대가 출격하여 이화령 북쪽 적을 공격하였고, 19시경에 제2차로 1개 편대가 남호리에 나타나서 남호리에 집결해 있는 제6사단 3개 연대 병력을 적군으로 오인하고 공격하여 제19연대장 민병권 대령의 지프를 비롯하여 차량 10여 대가 파괴되는 피해를 입고 부대가 큰 혼란에 빠졌다.

이때는 항공연락장교는 물론 대공포판(對空布板)이 없던 때라 대피하는 외에 달리 방법이 없었다. 이후 광목으로 대공포판을 대용했다.

### 성주산, 옥녀봉 전투 – 제7연대

제7연대는 사단 작전지역 동서 양 측면을 경비하고 있었다.

제1대대(김용배 중령)*가 성주산(聖主山-마성면 남호리) 서록에,

제2대대(김종수 중령)가 백화산(白華山, 1,063고지-성주산 서쪽)에서 옥녀봉(玉女峰, 632m-백화산 동쪽)선에,

제3대대(이남호 중령)가 문경 동북쪽 팔령산(八靈山, 653.6m)에서 갈평리 계곡으로 통하는 선에 각각 전개하여 저지선을 폈다.

> * 제7연대는 동락리 쾌거 후 전 장병이 1계급 특진하여 문경 부근 저지전부터 승진한 계급으로 표시되었다. 연대장은 대령, 대대장은 중령(국방부 『한국전쟁사』 개정판 제2권 p379). 그럼에도 불구하고 중대장은 종전대로 중위로 기술되어 의문을 갖게 한다. 윤수용 소위(제6중대장대리)만 중위로 승진되어 있다.

7월 15일 18시경 적 2개 중대 규모가 백화산 서쪽 평전치(平田峙, 평밭고

개)를 공격했다. 적은 제6중대(대리 윤수용 중위)가 지키고 있는 이 고개를 2열 종대로 올라오고 있었다. 9부 능선에 매복하고 있던 제6중대가 소화기 사정권까지 유인한 후 기습사격을 하자 당황하여 선두가 산골짜기로 흩어졌는데 시간이 가면서 아군 병력이 얼마 되지 않는다는 것을 알고는 돌파를 강행하고자 끈질기게 달라붙었다. 제6중대의 결사적인 저항과 제8중대(신용관 중위) 화력 지원으로 1시간여의 격전 끝에 물리쳤다.

13시경 일선 2개 연대(제2, 제19연대)가 철수하기 시작한지 1시간이 흐른 시간대였다. 분지리(盆地里-괴산군 연풍면)의 속칭 흰두뫼에 증강된 대대 규모의 적이 집결하여 황학산(黃鶴山-45번고속국도 각서 제2터널 서남쪽)으로 동진하고 있었다.*

흰두뫼는 분지리에서 문경으로 통하는 길목으로, 이 적은 앞서 평전치를 공격한 적과 함께 연풍을 거쳐 진출해 온 것으로 추정되었다.

> * 흰두뫼에서 문경으로 나가는 통로.
> 국방부 『한국전쟁사』 개정판 제2권은 "분지리에서 황계산을 넘어 문경 남쪽으로 통하는 속칭 '흰두뫼'라 불리는 화전촌 부근에 증강된 대대 규모가 동 산을 넘고자 동진을 재촉하였다."(p411)라고 기술했다. 황계산(黃鷄山)은 흰두뫼의 서북쪽(도상거리 약 2km)에 있다. 동진이면 동쪽에 있는 황학산이라야 한다. 흰두뫼는 황학산 서록에 자리하여 황학산을 넘으면 문경 남쪽으로 이어진다.
> 흰두뫼에서 황계산을 넘으려면 서북쪽으로 거슬러 가야 한다. 황계산은 이화령에 가깝다. 적진으로 거슬러 가는 형상이다. 鷄는 鶴의 착오로 보인다.
> 분지리 이장 엄창룡 씨는 흰두뫼에서 문경으로 가려면 황학산 남쪽 능선을 넘어야 한다고 증언했다.

백화산 서쪽 능선을 점령하고 있던 제7중대(金祐熙 중위)가 개인화기를 집중하여 그 예봉을 꺾고, 제8중대(신용관 중위)의 중화기가 흰두뫼 일대에 화력을 집중하여 적이 발을 떼지 못하도록 하였다.

일진일퇴를 거듭하던 적은 전방 2개 연대가 철수하여 간격이 생긴 갈미봉(葛味峰, 783고지-이화령 남쪽) 동쪽 능선으로 우회하여 황계산(黃鷄山 562.7m-황학산 북쪽)을 돌파함으로써 제7중대는 퇴로가 차단될 위기에 놓였다. 이와 함께 좌측 제6중대가 14시경부터 평전치에서 적 1개 대대 규모의 공격을 받고 공방 혈투를 벌이다가 백화리(白華里)로 물러나 제2대대는 더 이상 버티기가 어려운 상황이 되었다.

19시경 제7연대장 임부택 대령은 무모하게 현지에서 저항하는 것보다는 3번 국도와 사단 집결지 남호리를 확보하는 것이 급선무라고 생각하고 제2대대를 옥녀봉으로 철수하여 성주산 제1대대와 연결한 진지를 편성하도록 명령하였다.

미친 듯이 밀어닥친 적은 제7연대를 그대로 놓아두지 않았다.

같은 시간대 성주산 제1대대는 평전치를 넘어오는 적 주력과 격전을 벌였고, 황계산을 넘어선 적 1개 대대 규모가 옥녀봉으로 밀려들었다.

제1대대는 성주산에서 적 80여 명을 사살했으나 우 일선 제3중대(김명익 중위) 제1소대장 탁(卓) 모 중위와 제1중대 선임장교 박관식(朴寬植) 중위가 분전 중 전사하고, 제3중대 선임장교 이상우 중위가 중상을 입는 등 혈전의 상흔이 컸다.

20시 30분에 제19연대에 증원 갔던 제3대대가 복귀하여 옥녀봉 북쪽 능선에 저지진지를 편성하고 3개 대대가 총력 저지에 나섰다.

20시 전후하여 문경읍이 적 수중에 떨어진 뒤로 적 압력은 시시각각 증강되어 옥녀봉과 성주산에서는 밤새도록 총・포성이 그치지 않았다.

### 포병과 공병의 분전

제16포병대대(김성 소령)는 문경역 북쪽 과수원 부근에서 3개 포대가 각각 5문의 포를 가지고 포탄에 구애 받지 않고 무제한으로 포격하여 일선 연대를 지원하고 있었는데 16시경 돌연 문경 북단 상리(上里) 부근에서 적 82mm박격포 10여 발이 제2포대진지에 명중하여 전포대장 김정희(金正熙) 중위를 비롯하여 분대장 정국종(鄭國鍾) 일등중사 등 12명이 전사하고 6명이 부상하여 포대 기능이 마비됐다. 이를 본 제3포대(정오경 대위)가 적 박격포진지를 포착하고 포격하여 적 박격포진지를 박살냈다.

포병은 보병과 협조가 제대로 이루어지지 않아 적정을 미리 파악하지 못한데다가 장병들이 7월 폭염을 견디기 위하여 철모와 웃통을 벗고 사격에 열중한 때문에 파편에 의한 희생이 뜻밖에 컸던 것이다.

포병대대는 보병연대가 철수하고 적이 목전에 다다랐을 때 사단지휘소가 있는 신현리(新峴里-남호리 남쪽)로 철수하여 제7연대 정면 백화산 일원을 비롯한 문경읍 주변 요로를 집중적으로 포격하였다.

사단 공병대대(林正采 소령)는 작전지역 내 기동로를 보수하고, 주요 교량을 경비하는 한편 사단지휘소 경계임무까지 담당하였다.

제1중대(金永根 중위)는 제2연대가 철수한 뒤 진안교(陣安橋)를 폭파하고, 문경 길목 아리랑고개에 구덩이를 파서 전차장애물을 만들었다.

제3중대(林秀一 대위)는 갈평리에서 읍내로 통하는 향교다리를 폭파한 후 남호리~문경 간 도로 요소요소를 파괴하여 전차장애물을 만들었고, 문경에서 철수한 후에는 남호리 남쪽 소야교(所耶橋) 및 영강(穎江) 철교(경북선 철교)와 진남교(鎭南橋-문경시 마성면, 3번 국도상) 폭파준비를 하는 한편 도로를 파괴하여 전차장애물을 만들었으며 일부 병력을 점촌으로 선행시켜 사단지휘소 개설 예정지인 호서남국민학교 경비임무까지 맡았다.

7월 17일 자정 제6사단은 영강선으로 철수하라는 군단장 김백일 준장의 구두명령을 받고, 05시에 영강선에 새로운 진지를 편성하였다.

제6사단은 실 병력이 부족하여 예비병력을 두지 않고 3개 연대를 모두 일선에 전개하여 영강 방어선을 형성하였다.

제19연대는 사단 우 일선 3번 국도 동쪽 오정산과 대탄리(大灘里)를,

제2연대는 중앙 어룡산(魚龍山)을 포함하여 강 남안에 돌출된 능선을,

제7연대는 좌 일선 은성 지역을 각각 맡았다.

이때 실 병력은 각 연대가 1,500명 수준을 넘지 못하였다.

한편 공병 1개 중대가 제2연대에 배속되어 사단 주력이 철수하는 즉시 소야교(所耶橋)와 진남교 그리고 철교를 폭파하였다. 진남교 폭파는 도화선 점화에 실패하여 불정리(佛井里-문경시 大城洞, 3번 국도와 34번 국도의 분기점)로 물러났다가 다시 접근하여 위험한 순간을 무릅쓰고 소총 사격으로 폭약을 터트려 폭파했다.

4일간에 걸친 제6사단의 문경 부근 방어전은 이렇게 막을 내렸다.

### 미 제35연대 부원

16일 15시경 문경 방어선이 위협받고 있을 때 미 제25사단 제35연대(피셔 대령)에서 선발한 1개 대대 규모의 특수임무부대가 함창에서 문경 남쪽 남호리로 진출했다.

미 제25사단은 워커 미 제8군사령관으로부터

"상주에 기지를 두고 예천~함창~보은선에 2개 연대를 전개하여 소백산맥에서 방어선을 펴고 있는 국군을 지원하라."

는 명령을 받고

예천에 제24연대를, 함창에 제35연대를

각각 추진한 가운데 전황을 살피면서 문경~점촌~함창~상주~김천에 이르는 3번 국도를 확보하고자 꾀하던 중 문경 전선이 위태롭게 되자 선견대를 급파하기에 이른 것이다.

특수임무부대 편성은 제2대대 F중대와 제79전차대대 1개 전차소대, 제90야포대대 A포대로 구성되었다.

특수임무부대의 선두 F중대가 남호리에 도착하였을 때는 제6사단이 철수 단계에 접어들었으므로

보병은 문경 남쪽 봉명산에서 엄호진지를 점령하고,

포병(155mm)은 봉명광산 서쪽에 포진지를 설정했으며,

전차소대는 진남교, 남쪽에 대기하는 등

3번 국도 주변에서 제6사단 철수에 대비하여 엄호 태세에 들어갔다.

이 무렵 미군은 서부전선 제24사단이 금강선에서 물러나 대전으로 집결하고 있었고, 이를 부원하기로 된 제1개병사단은 포항에서 상륙 중에 있었으므로 제25사단은 전선 직후방인 상주~영동선을 확보하는데 주력할 수밖에 없어 사실상 국군을 지원할 여력이 없었다.

결국 미 특수임무부대는 화력 지원으로 제6사단 철수를 엄호하는데 그치고 말았다. 포병과 전차는 이날 밤에 사단 주력이 철수하기도 전에 점촌으로 퇴각했고, 보병 F중대는 봉명산으로 진출한 제19연대 제3대대 좌측 일각을 맡아 함께 봉명산을 지켰다.

7월 17일 0시 제6사단이 새로운 방어선을 편성하기 위하여 영강 남쪽으로 철수하였는데 이때 봉명산에 배치된 제19연대 제3대대와 그 좌측 미군 F중대는 철수 명령을 전달받지 못하여 고립되고 말았다.

아침에 적이 기습하여 미군 F중대는 퇴로를 찾아 조령천(鳥嶺川-문경에서 영강으로 흐르는 하천)을 건너려다가 10여 명이 익사하는 참변을 겪었다. 홍수로 하천물이 불어나서 수심이 깊고 물살이 세었다.

제19연대 제3대대 장병들은 이때 물에 빠진 미군을 구출하였고, 또 미군이 버리고 간 장비와 보급품 일부를 수습하였는데 이 과정에서 미군들은

국군을 경계하는 눈초리를 보이는 기현상을 보였다. 이 미군들은 한국에 온 후 처음으로 국군과 접촉을 한 것이다.

미군들은 제19연대 제3대대를 따라 마성면 오천리(梧川里)에 있는 오정산(鳥井山)으로 빠져나온 후 본대를 찾아 상주로 전진했다.

## 6. 화령장 지역 전투 – 제17연대, 제1사단

### 김일성 수안보에서 독전

북한군은 제4단계 작전에 들어갔다. 이 계획에 의하면 주공을 김천~대구 방향으로 잡고 있었고, 8월 15일까지 부산을 점령하여 남조선을 해방시키는 것이 최종 목표였다. 북한은 당초에 50일 작전으로 8월 15일까지 저들의 해방전쟁을 끝내는 것이었다.

그러나 제3단계 작전까지 차질을 빚어 제4단계 작전으로 저들의 목적을 달성할 수 없게 되자 제5단계 작전이 등장한다.

7월 21일 인민군최고사령관 김일성은 수안보 온천까지 와서 김책으로부터 제4차 작전계획 설명을 듣고 계획을 조속히 완수하라고 격려했다.

북한군 전선사령관 김책은 미 지상군이 증파되기 전에 금강과 소백산맥이 맞닿는 지형에 국방군과 미군의 주력을 몰아넣고 섬멸전을 감행하기로 하고, 대전~영주 사이에 8개 사단을 전개하였다. 그리고 2개 사단을 양 날개로 동해안(제5사단)과 호남지방(제6사단)을 휩쓸게 하였다.

총력을 기울여 속전속결 태세에 들어간 북한군은 7월 중순 무렵 제1군단 예비로 알려진 제13사단과 경비여단에서 승격한 제8사단이 전선에서 포착되었고, 7월 초부터 예비사단이 전선에 투입되는 것과 함께 3개 경비여단이 모두 전투사단으로 개편된 것으로 알려졌다.

이 시기 북한군 전투사단은 초기에 전선에 나선 강습 7개 사단과 1개 기갑연단 외에 예비사단으로 있던 3개 사단(제10, 제13, 제15사단)과 38경비여단에서 승격한 3개 사단(제7, 제8, 제9사단)을 합쳐 13개 사단으로 늘어났고, 이들 사단이 모두 전선에 투입되기에 이르렀다.

북한군은 예비사단으로 후속하다가 음성에서 제1선에 투입된 제15사단을 화령장(化寧場)에 투입하여 상주, 함창을 점령한 후 적 제1사단과 합류하여 대구로 진격하도록 하였다.

북한군 제2군단장 김무정은

제5사단을 동해안을 따라 계속 진출케 하고,

제8사단과 제12사단을 풍기~영주 방면에,

제1사단과 제13사단을 문경 방면에 각각 투입하여

소백산맥을 단숨에 돌파하려고 하였다.

그러나 이곳의 지세를 이용한 제6사단과 제8사단의 저지에 막혀 진격이 지지부진하였는데 국군 중서부의 음성~진천선이 미원~청주선으로 물러나 문경~미원 간 40여 km 공간이 생기자 미원 지구에서 제1사단과 교전 중이던 제15사단을 상주로 돌려 제6사단을 배후에서 치게 한 다음 김천~대구 방면으로 진출시켜 미군의 후속부대를 차단하고자 하였다.

적 제15사단은 미원 부근에서 제1사단을 공격하는 척 양동작전을 꾀하면서 선발대는 아무런 방해도 받지 않고 화령장을 거쳐 상주 서쪽으로 진출한 후 주력의 도착을 기다리고 있었고, 주력은 화령장으로 이동하고 있었다. 이때 아군은

수도사단과 제17연대가 보은에 집결 중에 있었고,

좌측 제2사단은 문의(文義-청주 남쪽 13km)에서 적 제2사단을,

우측 제1사단은 미원 지구에서 적 제15사단을 각각 저지하고 있었으며,
제6사단은 문경 방면에서 적 제1, 제13사단과,
제8사단은 영주 방면에서 적 제8, 제12사단과 대치하고 있었다.
서부전선의 미 제24사단은 금강 남안에서 적 제1군단(제3, 제4사단)을 맞아 고전을 면치 못하고 있었다.

제1군단 소속으로 바뀐 적 제2사단은 여전히 소백산 회랑에서 제2군단의 지휘를 받았고, 적 제1군단 소속 제6사단은 행방이 묘연했다.

북한군은 제1군단 4개 사단(제2, 제3, 제4, 제6사단)과 제2군단 7개 사단이 전선에 투입되었고, 경비여단에서 승격한 제7, 제9사단이 예비사단으로 후속한 것으로 판단되었다.

제17연대는 7월 17일부로 제2군단 배속명령을 받고, 수도사단과 제1사단은 중·동부 전선으로 전진 명령을 받아 각각 이동 중 제17연대가 화령장에서 상주로 침투하는 적 제15사단을 만나게 된 것이다.

화령장은 경상북도 상주군 화서면(化西面)사무소 소재지로 상주~보은 간 국도(25번) 중간지점(각각 20km)에 있고, 남쪽 영동에서 북쪽 괴산으로 이어지는 49번 지방도가 교차한다. 최근에 개통한 청원~상주 간 고속국도가 이곳을 지나고 화서IC가 생겼다. 오지 교통의 요충이다.

지세는 동으로는 조령, 죽령을 거쳐 소백산으로 이어지고, 서남으로는 추풍령을 거쳐 지리산으로 이어지는 소백산맥 남쪽에 위치하며 북에는 속리산이, 남에는 추풍령이 가로놓인 험준한 산악지역이다.

적 제15사단의 전력을 보면

병력은 약 9,200명으로 알려졌고,

장비는 122mm 곡사포 12문, 76mm 곡사포 8문,

120mm 박격포 12문, 82mm 박격포 27문,
61mm 박격포 32문, 76mm 직사포 4문,
45mm 대전차포 24문

등을 가지고 있었다.<sup>주)</sup>   국방부 「한국전쟁사」 개정판 제2권 p423

### 상곡동 섬멸전 – 제17연대

이곳 지형을 살펴본다.(다음 「금곡동 동관동 전투상황도」 참조)

대구~상주~보은~청주로 이어지는 25번 국도는 화령장에서 영동~괴산으로 이어지는 49번 지방도와 교차한다. 남쪽 영동에서 이어지는 49번 도로는 화령장에서 25번 국도와 합류하여 함께 상주 쪽으로 2km쯤 가다가 주막거리(전에는 수천거리라고 했다)에서 북쪽으로 갈라져서(A) 괴산으로 이어진다. 이 갈림길에서 다시 25번 국도를 따라 상주 쪽으로 약 3km쯤 가면 신협(上谷橋와 문장대 휴게소가 있다)에서 서북쪽으로 도로가 갈라지는 삼거리(B)가 있고, 서북쪽 길을 따라 약 3km 지점 시거리(三트里, 일명 송내-松川)에서 49번 도로를 만난다.(C) 이곳에 下松橋가 있고 약간 북쪽 도로 오른쪽에 화령초등학교 송계분교가 있다. A, B, C는 각각 약 3km의 거리를 둔 삼각형의 형세다.

B-C는 이안천을 따라 난 평탄한 길이고 A-C는 험한 산악길이다. 그래서 당시에는 B-C가 49번 도로였고 A-C는 산악지역이라 도로가 없었다.

B지점에 상달(上達), 금곡(金谷)이 있고, C지점에 중달(中達)이 있으며, 그 북쪽으로 하달(下達), 송내(松川-이상 상주시化西面), 동관동(東觀洞-화남면)이 이어진다. 동관동에서 화북면으로 넘어가는 고개가 갈령(葛嶺)이다.

갈령에서 흐르는 이안천(利安川 주)이 도로를 따라 흐르다가 B에서 동류하여 낙동강으로 합류한다. 상곡교와 하송교는 이안천에 있다.

행정동명은 상달 금곡 등 6개 자연부락을 합쳐 상달의 앞 글자와 금곡의 뒷글자를 따서 상곡리(上谷里)이고, 하달, 중달, 산성(山城), 송천 등 4개의 자연부락을 합하여 하달과 송천의 앞 글자를 따서 하송리(下松里)이다.
　　요즈음은 상달, 중달, 하달을 아는 사람이 거의 없다.

　　제17연대는 7월 16일 23시가 지난 시각 제1군단에서 제2군단으로 배속 변경명령을 받았다. 이때 제17연대는 1개 대대만 보은에 집결했고, 청주 전투에 참가한 2개 대대는 아직 수습되지 않은 상태였다.
　　연대장 김희준 중령은 집결한 제1대대를 차량으로 보은~상주가도를 따라 함창으로 선발시키고 제2, 제3대대가 집결하기를 기다렸다.
　　17일 09시경에 연대장은 제1대대에 앞서 연대 보급품 수송 차량을 인솔하고 함창에 갔다온 선우 요(鮮于燿) 중위로부터
　　"적 1개 대대 규모가 지난밤에 화령장을 통과하여 상주 쪽으로 갔다."
는 보고를 받았고, 14시경에는 선발한 제1대대로부터 같은 내용의 보고를 받았다. 결국 적이 이미 후방지역으로 침투한 사실이 확인되었다.
　　연대장 김희준 중령은 사태의 심각성을 깨닫고 즉시 제1대대장에게
　　"현지에서 남하하는 적을 저지 격퇴하라."
고 명령하고, 나머지 부대는 제3대대장 오익경 소령이 지휘하여 18시에 화령장으로 출발하도록 한 후 자신은 정보주임 류창훈 대위, 작전주임 조영구(趙暎九) 소령과 고문관을 대동하고 화령장으로 떠났다.
　　육군본부는 제1군단장으로부터 적이 화령장을 통과하여 상주 쪽으로 침투하였다는 보고를 받고 제2군단으로 배속명령을 내린 제17연대를 그대로 제1군단장 지휘를 받아 그 지역에서 적을 저지하도록 하면서 수도사단과 제1군단의 1개 포대를 제2군단장의 지휘하에 들게 하였다.

제3절 중부 방면 저지전

제17연대 제1대대(이관수 소령)는 7월 16일 24시에 보은을 출발하였으나 차량 고장으로 다음 날 07시에 화령장을 통과하게 되었는데, 중달(中達, 속칭 시거리-화령장 동북쪽 4km 지점)에 사는 주민 엄봉림(嚴鳳林) 씨가 행군 대열을 가로막고

"인민군이 밤새껏 시거리*를 통과하여 상주 방면으로 갔다."
고 알려 주면서 자기는 정보를 알리러 지서로 가는 길이라고 했다.

> * 시거리는 세거리(삼거리)의 경상도 사투리다. 지명으로 굳어졌다.

대대장 이관수 소령은 아군의 행군대열을 잘못 안 것이 아닌가하고 의심하면서 출발하려고 할 때 지서주임이 달려와서

"오늘 새벽에 제1군단 수색대장 배상록(裵尙錄) 대위*가 '인민군이 어제 아침에 광정리(光亭里-화령장 북쪽 16km 지점)에 침입하여 식사를 하고 휴식 중' 이라는 부락민 이재광(李在光) 씨의 제보를 받고 선임하사관 윤복원(尹福源) 상사를 남겨서 그들의 동태를 살피게 해 놓고 그는 군단에 보고하기 위하여 함창으로 갔다."
고 알려주었다.

> * 배상록 대위는 육군본부 정보국요원으로 있었는데 제1군단이 창설되면서 정보국요원이 모두 제1군단 정보대원으로 편입되어 함창에서 활동 중 제2군단이 창설되자 다시 제2군단으로 소속이 바뀌었다. 배상록 대위는 제2군단 정보대 상주지구파견대장으로 임명되어 현지 경찰과 대한청년단을 지휘하여 화령장 지구에서 정보수집활동을 하고 있었다.(국방부『한국전쟁사』개정판 제1권 p453)

대대장 이관수 소령은 이 정보를 사실로 받아들이고 즉시 연대장에게 보고하는 동시에 대대를 화령국민학교에 수용하여 아침식사를 하게 한 후 직접 정보를 확인하기 위하여 각 중대장을 대동하고 청년단장 김기영(金基榮)

씨의 안내를 받아 북한군이 통과했다는 상달로 지프를 몰았다.

상달에서 중달까지 정찰을 마치고 돌아오는 길에 상곡교(B지점)에 이르렀을 때 상주 쪽에서 자전거를 타고 상달로 오는 적 연락병을 체포하였다. 그의 소지품에서

"대대는 지난밤에 소수 국방군의 반격을 격퇴하고 17일 08시 상주 앞 고지(237m)를 점령했음."

이라는 문서를 발견했다. 적 대대장이 제15사단 제48연대장 김치구(金致九) 중좌에게 보고하는 문서였다.

이때가 12시였다. 이관수 대대장은 적 후속부대와 일전을 결의하고 대대를 상달 343고지 7부 능선에 전개하였다. 그리고 충분한 화망을 구성할 수 있도록 트럭으로 운반한 각종 탄약을 분배하고 14시까지 전투준비를 완료한 후 적의 주력이 나타나기를 기다렸다.

16시경 적 정찰모터사이클 1대가 나타났다가 돌아간 뒤를 이어 적 대부대가 4열종대를 이루고 중달에서 상달로 접근하는 것이 보였다.

이 적은 제48연대 주력 2개 대대와 통신중대, 대전차포중대, 기마대인 것으로 전투 후 포로 진술에 의하여 확인되었다. 보급품을 가득 실은 40여 대의 우마차가 함께 왔다. 저들은 대대진지 정면 상달에 도착하자마자 수기 신호에 따라 휴식에 들어갔다.

저들이 휴식을 취하고 있는 곳은 제17연대 제1대대가 포진한 고지의 급사면을 이루고 있는 동록 끝자락으로 저들의 일거수 일투족이 한눈에 내려다보였다. 곧이어 민가에서는 굴뚝에 연기가 났고, 일부는 옷을 벗고 개울(이안천-폭 20m)*에 들어가 목욕을 했으며, 일부는 도로변에 총을 걸어놓고 (叉銃) 누워서 피로를 풀고 있었다.

상곡동 전경. 이안천이 숲에 가려 있고, 저 멀리 동네 있는 곳에 시거리가 있다. 왼쪽 지붕 뒤에 보이는 산 오른쪽 비탈에 대대가 포진했다. 그 밑으로 이안천이 흐른다.

> ＊ 국방부 『한국전쟁사』 개정판 제2권은 우산천(愚山川, p428, 433)으로 기록했다.
> 상주시 이안면을 거쳐 흐르기 때문에 이안천이고, 우산리(외서면)를 거쳐 흘러서 우산천이다. 공식 명칭은 이안천이고, 현지 주민도 이안천이라고 부른다.

적 제48연대장 김치구 중좌는 그 휘하 1개 대대가 이미 상주 앞 고지를 점령하고 있었기 때문에 국군이 저들 정면에 잠복하고 있으리라고는 생각지 못하여 방심하고 아무런 경계도 하지 않았다.

이관수 대대장은 현재 상황을 연대장에게 보고하고자 하였으나 통신이 두절되어 어쩔 수 없이 대대장이 단독으로 지휘하였다.

이관수 대대장은 343고지에서 쌍안경으로 적의 동태를 정확히 파악하고 있었다. 81mm박격포 및 60mm박격포와 기관총 등 공용화기를 적중에 정확하게 조준해 놓았다. 공용화기 탄약이 공급된 시간은 19시였는데 공교롭게도 적은 이때 저녁식사를 하기 위하여 모여들기 시작했다.

대대장 이관수 소령은 이 절호의 기회를 놓치지 않고 대성일갈로 사격명령을 내렸고 동시에 적색 오성신호탄이 하늘 높이 올랐다.

화기가 일제히 불을 뿜었고, 계곡은 일순 불바다가 됐다. 맑은 하늘에 뇌성벽력이 천지를 진동했다. 사방에서 폭우처럼 쏟아지는 총탄과 작렬하는 포탄에 적은 혼비백산했다. 40여 필의 우마가 날뛰는 바람에 혼란은 극에 달했다.

상달은 순식간에 아수라장이 되었다. 불의에 집중공격을 받은 적은 우왕좌왕 살길을 찾아 뛰었으나 아군의 화망은 그대로 두지 않았다.

1시간에 걸친 총성이 멎고 주위는 다시 고요가 찾아들었다.

보은에서 적정 보고를 받고 화령장으로 달려온 연대장 김희준 중령이 화령국민학교에 도착한 것은 19시가 조금 지났을 무렵이었다. 바로 그때 상달 계곡에서 천지를 진동하는 총·포성이 들려왔다. 연대장은 차에서 내릴 겨를도 없이 총성이 나는 곳으로 달려갔다.

대대지휘소를 찾은 연대장 김희준 중령은 예상치 않은 선전에 감격하면서 어두워지기 전에 잔적을 수색하여 섬멸하겠다는 대대장에게

"어디 있는지도 모르는 적을 찾기 위하여 병력을 희생할 필요가 없다."
고 하면서 적의 탈출로를 봉쇄하도록 지시했다.

7월 18일 날이 밝자 제1대대는 잔적을 수색하면서 노획품을 정리했다.

상당수의 적은 주변 고지로 숨어들어 산발적으로 사격을 하면서 북쪽 585고지 방향으로 퇴각했다. 이를 수색하면서 추격하던 대대는 고지 어느 지점에서 기관총을 난사하는 바람에 추격을 멈추고 특공대를 투입하여 기관총좌를 제압했는데, 기관총좌는 바위틈에 차폐된 위치에 있었고, 사수와 부사수의 발목이 쇠사슬로 기관총에 묶인 채 죽어 있었다.

북한군의 이러한 야만적인 행태는 그 후 많은 전투에서 발견되었는데 전황이 불리할 때 엄호사격 수단으로 이와 같은 방법을 동원했다.

제17연대 제1대대는 적 사살 250여 명, 포로 30명 외에 박격포 20문,

<mark>45mm대전차포 7문, 소총 1,200여 정 기타 통신 장비 등을 노획했다.</mark>

포로 진술에 따르면 살아남은 자들도 대부분 부상한데다가 비무장이라고 했다.<sup>주)</sup>

국방부 『한국전쟁사』 개정판 제2권 p431

### 동관동에서도 통쾌한 승전 - 제17연대

7월 18일 제17연대 주력은 01~03시 사이 화령장 부근에 도착했다.

연대장 김희준 중령은 제1대대는 계속하여 상달리의 잔적을 소탕하도록 하고, 제3대대로 하여금 상주 방면 적을 추격케 하였다가 적이 이미 제6사단 1개 대대에 의하여 격퇴되었다는 소식을 듣고 제1대대와 함께 상달리의 잔적을

김희준 중령

소탕하도록 하였다. 제2대대는 청주 지구 전투에서 손실이 많았으므로 화령국민학교에 집결하여 재정비하게 하였다.

18일 14시 30분 제17연대 정보주임 류창훈 대위는 갈령(葛嶺) 고개를 순시하던 중 자전거를 타고 갈령을 넘어오는 적 연락병 2명을 생포했다.

연락병은 적 제15사단장 박성철 소장이 제48연대장 김치구 중좌에게 보내는 2통의 문서를 가지고 있었는데 1통은

"무전기와 전령은 언제 써 먹으려고 중간보고도 하지 않는가?"

라고 질책하는 내용이었고, 다른 1통은

<mark>"제49연대와 협동하여 국방군 제6사단을 협공하고 김천~대구로 진출할 준비를 갖추라."</mark>

는 작전 명령이었다.

김희준 연대장은 적이 전날 저들 제48연대가 궤멸된 사실을 모르고 있다

는 것과 적 제49연대도 곧 이곳을 통과할 것이라는 것을 알았다.

대대를 전개했다.

제3대대(오익경 소령)가 적의 출구가 될 중달을 봉쇄하고,

화령국민학교에 집결해 있는 제2대대(송호림 소령)가 동관동으로 진출하여 적이 진입할 길목인 계곡을 봉쇄하였다.

제2대대는 봉황산(鳳凰山-740.8m, 화령장 북쪽) 북록 동관~송내 간 이안천 남안 언덕을 따라 화망을 구성했다.

잔적 소탕이 끝난 제1대대는 화령국민학교에 대기했다.

봉황산은 북쪽 746고지(49번 도로 동북쪽)와 남북으로 마주보면서 급경사를 이루어 그 사이에 큰 골짜기를 만들어 놓았다. 이 골짜기로 이안천이 흐르고 나란히 49번 도로가 지나간다. 골짜기는 폭이 약 80~150m인 평지를 이루어 대부분이 논밭이고, 그 중심부에 동관동이 있다.

49번 도로는 자동차 한 대가 겨우 다닐 수 있는 산악길이고, 도로 양쪽은 심산준령이 감싸고 있다.

제2대대장 송호림 소령은 청주에서 수도사단 철수를 엄호하고 보은으로 가던 중 차량이 전복하여 함께 타고 가던 부하 12명이 모두 죽고 대대장은 중상을 입었다. 또 부대대장 이동호 대위는 청주 지구 전투에서 전사하여 대대 지휘를 작전관 이형주 중위에게 맡기고 있었는데 중요한 작전을 중위에게 맡길 수 없다고 하여 중상의 몸으로 온몸에 흰 붕대를 감은 채 직접 지휘에 나섰다.

7월 19일, 섭씨 30도가 넘는 무더위가 연일 계속 기승을 부렸다. 갈령계곡에는 연일 남부여대(男負女戴)한 피난민이 길을 메웠는데 오늘따라 피난민의 발길이 끊기고 계곡길은 무인지경이 되어 적막하기까지 했다.

제7중대장 조경학 중위는 중대 전면 동관동이 20여 호에 불과한 작은 마

갈령(중앙에 잘룩한 곳). 49번 도로가 이 고개를 통과하여 오른쪽 아래 초가 앞으로 이어지고 아래로 동관동과 상곡동이 있다.

을이지만 적이 통과할 것으로 예상되는 도로상에 있어 격전지가 될 것이 분명하므로 좌 일선 소대장 오병진 중위로 하여금 마을을 수색하고 주민을 피난시키도록 지시하였다.

**오병진 중위는 이렇게 진술했다.**

"동관동은 봉황산 북록에 위치하는 마을로서 노인 2~3명이 남아있을 뿐 텅 빈 마을이었다. 어느 한 집을 수색하는데 외양간에서 악취가 나기에 보았더니 북괴군 복장을 한 시체 3구가 보릿대 더미로 가려져 있었다. 이 마을 노인에게 물어 보았더니

'며칠 전 북한군 10여 명이 들어와서 가가호호 돌아다니면서 쌀, 보리, 밀가루 등 식량을 거두어 갔는데, 이때 이 마을에 사는 고창근(高昌根)이가 도끼로 저들 3명을 살해하고 달아나버렸고, 마을 사람들도 그들에게 보복당할 것이 두려워 그날로 피난하였으나 다 늙은 우리는 갈 곳도 없으려니와 가 보았자 얼마나 더 살겠는가? 그런 일이 있은 뒤 그들 대부대가 밤새 이곳을 통과하였으나 아무

일도 없었다.'고 하면서 피난을 거부하였다."(국방부 『한국전쟁사』 개정판 제2권 p435, 436)

마을에서 좀 떨어진 도로가에 주막인 듯한 독립가옥이 있고 마을을 통과하는 도로는 동쪽에서 오다가 그 가옥 앞(지금 대동주유소가 있다)에서 90도로 꺾이면서 경사를 이루어 북쪽 갈령으로 이어진다.

중대는 독립가옥에 경계초소를 설치하였다.

14시경 경계초소에 나가 있는 변진세(卞鎭世) 이등중사*가 뛰어와서 적이 오고 있다고 보고했다. 소대장 오병진 중위가 변 중사가 가리키는 곳을 살펴보았더니 과연 말을 탄 군관 2명이 선두에 서고, 사복을 입은 2명과 병사로 보이는 10여 명이 우마차 10대를 이끌고 그 뒤를 따랐다.

> * 변진세는 병장인가? 상병인가?
> 국방부 『한국전쟁사』 개정판 제2권은 병장(p436, 452)과 상병(p439), 안용현 『한국전쟁비사』는 병장(제2권 p53)으로 기술. 병장은 당시 이등중사, 상병은 하사이다.

저들은 전연 경계하는 기색 없이 아군진지 전면으로 들어섰다.

저들 선두가 중대진지 전면에 들어섰을 무렵 어디선가 총성이 울렸고, 말을 탄 한 사람이 논바닥으로 떨어졌다. 동시에 각 산병호에서 총소리가 퍼지면서 집중사격이 일어났다. 순식간에 모두 쓰러졌다. 확인 결과 말을 탄 1명만 보이지 않았고, 민간 복장을 한 2명을 포함한 19명과 소 두 마리, 말 네 마리가 죽어 있었으며, 우마차에는 탄약과 각종 보급품이 가득 실려 있었다.

보고를 받은 대대장 송호림 소령은 적 시체와 말 시체를 도로에서 멀리 떨어진 곳에 매장케 하여 흔적을 지우고, 보급품과 죽은 소는 다른 우마차에 실어 연대본부로 후송하였다.

대대OP가 위치한 봉황산 정상에서는 대대 전 지역을 볼 수 없었다.

대대장은 대대OP를 전방 제6중대OP로 옮기고, 소탕대실할 뻔한 이번 사태와 같은 상황이 다시 벌어지지 않도록 하기 위하여

"앞으로는 명령 없이 발사하는 중대는 중대장을 문책한다."

고 엄명을 내렸다.

7월 20일, 연대 전 장병들은 적이 나타나기를 기다리며 무더운 하루를 긴장과 초조 속에서 보냈다. 적은 그림자도 보이지 않았다.

김희준 연대장은 적이 동관동에서 방향을 바꾸어 장자동(長子洞)~평온동(坪溫洞-이상 상주시 화남면, 봉황산 서쪽) 방면으로 우회할 것에 대비하여 중달에 있는 제3대대를 장자동 582고지로 옮겼다.

연대는 진지를 보강하고 탄약과 필요한 보급을 추진하여 만반의 태세를 갖추면서 전투병들은 휴식을 취하게 하였다.

제2대대 전면 이안천 남안 비탈에는 뽕나무와 잡초가 무성하게 자라 있었고, 밭에는 담배가 1m 이상 자라 있어 북쪽 도로에서는 비탈에 뭐가 있는지 알 수 없게 되어있다. 여기에 제2대대가 진을 치고 있었다.

81mm박격포 6문과 기관총 8정은 대대진지 좌·우단에 반반씩 배치하고 횡격화망을 구성하여 도로 앞뒤를 차단하게 하였고, 대대의 모든 화력을 봉황산 전면 도로에 집중하여 화망을 구성했다.

일몰 무렵 대대 정면을 통하여 북행하는 지프 한 대를 발견하고 모두 긴장했는데 알고 보니 미군 부대에 파견된 연락장교 이석봉(李石奉) 소령이 길을 잘못 들어 이곳으로 온 것이라고 하였다.

화령장 주민들은

"보급과 취사는 우리에게 맡기고 군인은 모두 나가서 싸우라."

고 하면서 적극적으로 도왔고, 청년단에서는 작전에 협조하는 한편 자체경비를 담당하여 군의 부담을 크게 덜어주었으며, 청년단원 박삼덕(朴三德당시 38세) 씨는 자신이 경영하는 약방에 적십자기를 걸어 놓고 치료소로 사용하게 하면서 군의관 추형섭 중위를 도왔다.

이날 수도사단장 김석원 준장이 참모들을 대동하고 화령지서에 있는 제17연대를 방문했다. 김석원 사단장은 제17연대를 격려하고

"제1군단사령부와 수도사단 및 제1사단이 안동 지구로 전진한다."

고 알려주었다. 이 무렵 미 제25사단 예하 제24연대와 함께 1개 포병대대가 제6사단을 지원하기 위하여 상주 지구에 전개한 것을 비롯하여 미군의 다른 연대도 국군을 지원하기 위하여 의성과 김천 지구에 각각 진출해 있다는 사실이 알려졌다. 매우 고무적이었다.

7월 21일 05시 송호림 대대장은 연대장에게 "이상 없음"을 보고하였는데 그로부터 30분 만에 제7중대장 조경학 중위로부터

"피아를 알 수 없는 부대가 진지 전면으로 접근하고 있다."

는 보고를 받았다.

독립가옥 경계초소에는 한갑석(韓甲錫) 상사를 조장으로 하고 변진세 중사 등 4명이 나가 있었다. 먼동이 틀 무렵 이안천 계곡에는 짙은 안개가 끼어 있었고, 주위는 쥐죽은 듯 고요했는데 갑자기 무슨 소리가 들렸다. 경계병 4명은 소리 나는 곳으로 시선을 집중하면서 귀를 기울였다. 대 집단이 움직이는 발자국 소리와 수레 구르는 소리가 분명했고, 그 소리는 점점 가까워지고 있었다. 곧이어 뿌옇게 보이는 도로상에 4열 종대의 행군대열이 나타났고 태연하게 경계병이 잠복하고 있는 앞을 지나 동관동으로 들어서고 있었다. 함경도 사투리를 썼고, 스님 바랑 같은 배낭을 메었으며, 손수레 같은 기관총을 끌고 있었다.

한갑석 상사는 TS-10으로 중대장에게 보고하고 저들 행군대열이 가까이 접근했을 때 철수했다.

이와 같은 상황은 이안천 남안 언덕에 일선으로 배치된 각 중대에도 순차적으로 포착되어 각각 대대장에게 보고되었다.

행군대열 선두가 독립가옥을 통과한지 1시간쯤 후 우 일선에 배치된 제5중대장 이일수 대위가

"적 선두가 중대 앞을 벗어나려고 함. 조치가 시급함."

이라고 보고했다.

송호림 대대장은 육안으로 적을 확인할 수 없는 것이 답답했다. 그날 화령장을 방문한 수도사단장 김석원 장군으로부터 수도사단과 제1사단이 이곳을 통과하여 안동으로 이동한다는 말을 들었기 때문에 혹시 아군의 이동일지도 모른다는 생각에서 주저할 수밖에 없었고, 그렇다고 이제 와서 연대장에게 보고하고 결심을 받기에는 너무 촉박하였다.

'함경도 말소리' 와 '바랑을 지고 있다.'

'기관총을 손수레처럼 끌고 있다.'

는 정황으로 적이라고 확신한 대대장은 모든 책임을 지기로 결심하고 통신병에게 "연대와 모든 통신을 단절" 하도록 한 후 사격 명령을 내렸다.

적색 오성신호탄 3발이 연달아 허공으로 치솟았다. 협곡에 폭우와 같은 총탄이 쏟아졌고, 순간 계곡은 화염에 휩싸였다. 천둥소리가 났고, 불빛이 하늘로 치솟았다. 화망 속에 끼어 든 적은 짙은 안개 속에서 총탄이 날아오는 방향도 가늠하지 못한 채 빗발치는 총탄에 속수무책일 수밖에 없었다. 직사화기는 도로 앞뒤에서 교차 사격으로 진퇴를 막았고, 산 중턱에서 쏘아대는 기관총은 산으로 도망치는 적을 훑었으며, 미리 조준해 둔 박격포는 총탄 사각지대에 작렬하여 빈틈을 남기지 않았다.

08시경 안개가 걷히면서 적 정체가 확연히 드러났다. 눈으로 적을 확인한 송호림 대대장은 흰 붕대를 감은 몸을 드러낸 채 붉은 깃발을 흔들면서

"여기를 쏴라!", "저놈을 쏴라!"

하고 고함을 질렀다.

김희준 연대장은 05시경 대대장으로부터 이상 없다는 보고를 받고

"놈들에게 속았구나!"

하는 생각에 사로잡혀 있었다.

포로 진술이나 노획 문서에 따르면 적 주력부대는 이 골짜기를 통하여 상주 방면으로 진출하는 것이 분명했는데 여태까지 나타나지 않는 것을 보면 저들이 우리를 속였거나 아니면 우리 작전을 탐지하고 다른 길로 우회했을 것이라는 생각을 지울 수 없었다.

그로부터 30분 후, 연대장은 천지가 진동하는 총포소리를 들었다. 그런데도 한 마디의 상황보고가 없었다. 답답하고 화도 나고 해서 미 고문관을 대동하고 봉황산 중턱에 있는 대대OP로 찾아갔다.

대대장을 문책할 생각까지 했다.

이때 대대장은 연대장이 옆에 와 있는 것도 모르고 부상당한 몸을 휘저으며 지휘에 정신이 없고, 개울과 도로에는 적 시체가 널려있는 것이 보였다. 연대장은 눈앞에 펼쳐진 광경에 말문이 막혀 보고만 있었다.

미 고문관은

"내가 30년 군대 생활을 하면서 제2차대전에도 참전했고, 서부 활극도 보았지만 이렇게 통쾌한 전투는 처음 보았다." 주) 국방부 「한국전쟁사」 개정판 제2권 p441

고 감탄했다.

탄약 운반을 도운 주민 박무진(朴武鎭, 22세-상주군 化西面 下松里) 씨는

"적이 길과 논바닥에 까맣게 쓰러져 있었고, 7~8명이 도로를 관통하는

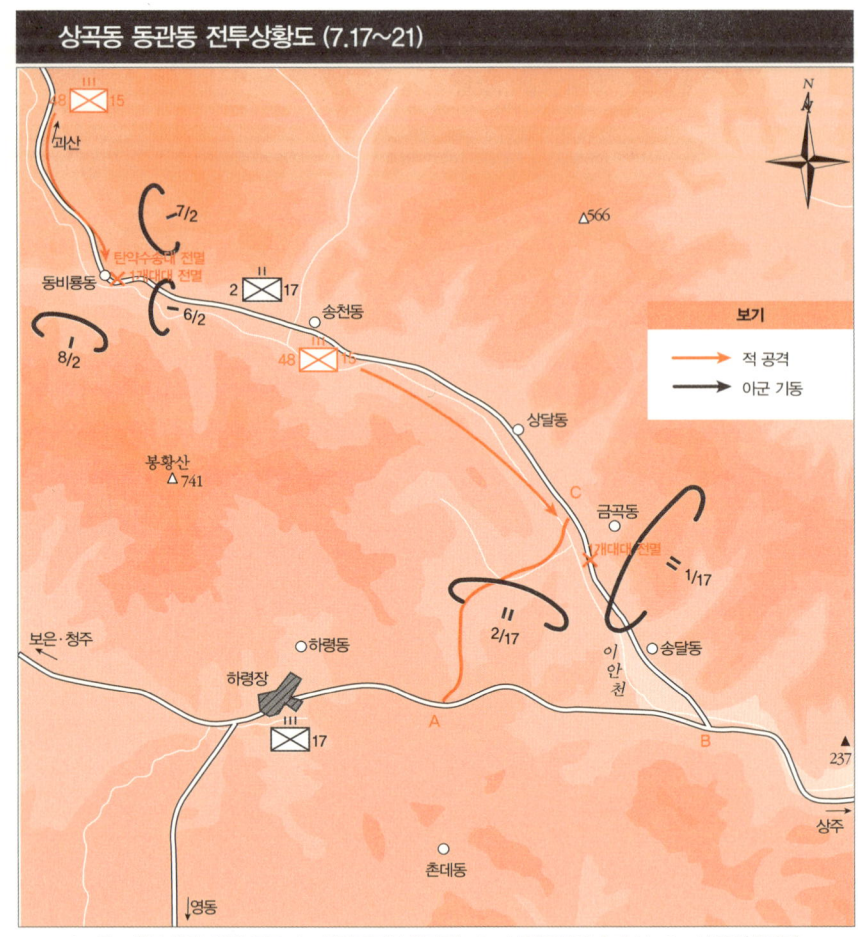

A~C는 새로 생긴 49번 도로. A : 주막거리(수천거리)  B : 신협(문장대 휴게소)  C : 시거리(삼거리)

배수관(직경 70cm) 속으로 기어들어 갔는데 병사가 배수관까지 달려가서 M1소총으로 사살하는 것을 보았다." 주)  앞 같은 개정판 제2권 p441, 442
고 하면서 국군들은 참으로 용감했다고 찬사를 아끼지 않았다.

　전과는 적 사살이 도로와 이안천에서 확인한 것만 1,000여 명이 넘었고, 포로가 30명이었으며, 박격포 76문, 기관총 36정, 소총류 800여 정, 기타 장

비 등 3트럭분을 노획하였다.<sup>주)</sup>  안용현 『한국전쟁비사』 2 p56

제7중대 화기소대장 김삼만 중위는 도랑을 따라 도망하는 적을 발견하고 전의석(全義錫) 하사가 사격하고 있는 경기관총을 빼앗아 이들을 사격하면서 추적하다가 그들의 총탄을 맞고 쓰러졌는데 이 전투에서 발생한 유일한 전사자로 기록됐다.

### 피아의 야포가 합작한 582고지는 생지옥

7월 22일 미명에 봉황산을 중심으로 582고지와 동관동 계곡을 포함한 연대진지 일대에 적의 포격이 집중되었다.

적 제15사단장 박성철 소장은 예하 2개 연대의 괴멸로 실추된 체면을 세워보고자 1시간에 걸친 집중포격에 이어 남은 1개 연대(제50연대)와 패잔병을 수습하여 제17연대를 위협했다.

국군을 지원하기 위하여 상주 방면에 진출해 있던 미 제25사단은 화령장 지구가 위험해지자 예하 제24연대 1개 대대를 21일 20시경에 제3대대가 포진하고 있는 평온리 북쪽 582고지로 진출시켰다.

북한군이 공세를 취하자 미 제25사단 포병대대 105mm포가 미군 대대를 지원하기 위하여 582고지 북쪽 일대에 포격을 작렬시켰다.

봉황산과 582고지 일대는 피아의 포연으로 뒤덮였고, 특히 582고지는 피아 포병의 탄막지대로 변하여 이 지역에 전개한 제17연대 제3대대와 미 제24연대 1개 대대는 존망의 위기를 맞았고, 통신도 두절되었다.

김희준 연대장은 제3대대의 상황을 알아보기 위하여 통신대장 김기주(金基周) 대위 및 작전주임 조영구 소령을 데리고 평온리로 갔다. 길가에는 미군 사상자가 즐비했고, 앰불런스가 분주하게 움직였다.

도로에 제3대대 부관 박종한 중위가 부상당한 다리를 절면서 오고 있었

다. 그는 보고하기를

"부대대장 강은덕 대위가 전사하고 대대장 오익경 소령이 대퇴부에 파편상을 입고 쓰러졌다."

고 하면서 사상자가 더 있을 것이나 확인하지 못했다고 했다.

이 포격으로 말미암아 582고지에 전개한 제3대대는 부대대장 강은덕 대위를 비롯한 장교 3명과 사병 16명이 전사하였고, 대대장 오익경 소령이 후송된 것을 비롯하여 20여 명이 부상을 입었다.

한편 미군 희생은 이보다 더 큰 것으로 알려졌다.

이와 같이 사상자가 많은 것은 적 포격이 치열했기도 했지만 미군의 오격(誤擊)에 의한 손실도 적지 않았던 것으로 확인됐다.

제2대대도 이 포격에 의하여 사병 13명이 부상을 입었다.

연대장은 제1대대를 투입하여 제3대대진지를 인수하게 하고, 제3대대를 화령국민학교로 철수하여 제12중대장 정규한 대위로 하여금 대대를 수습하도록 하였다.

육군본부는 화령장 지구의 위험이 가중되자 안동으로 전진명령을 내린 제1사단을 화령장 지구에 투입하였다.

제1사단은 사단사령부를 화령지서에 설치하고

제11연대를 도로 우측 상달에서 764고지 방향에,

제12연대를 평온리에서 형제봉(兄弟峰, 803m-갈령 서쪽) 방향에

각각 전개하였다.

제13연대는 이보다 늦게 도착하여 화령장 남쪽 새터(新基)에 주둔했다.

22일 제1사단은 제17연대와 협공으로 적을 갈령 북쪽으로 물리쳤다. 제17연대는 18시에 진지를 제1사단에 인계하고 대구로 떠났다.

제17연대는 화령장 지구 전투에서의 공으로 전 장병이 1계급 특진하는

영광을 입었다. 동락리 전투의 제7연대에 이어 개전 후 두 번째이다.

적 제15사단은 상곡동에서의 제48연대에 이어 동관동에서 제49연대가 궤멸되는 등 2번에 걸친 참패로 병력과 장비를 대부분 잃어 사단으로서의 기능을 상실하였을 뿐만 아니라 북한군 제4단계 작전계획이 좌절되어 남침전략에 큰 차질을 초래하였다.

### 북한군 제15사단장 박성철 파면

국방부 『한국전쟁사』는

7월 22일 2.「제17연대의 전황」에서 "그 뒤에 알려진 바에 의하면 제15사단장 박성철은 이로 인하여 동직에서 파면되고 그의 참모장인 대좌 김욱(金郁)이 그 후임으로 임명되었다." (제2권 p679, 개정판 제2권 p445)

「영천 지구 반격전」(9월 10일~13일)에서 "적 제2군단장 김무정은 작전에 실패했다는 이유로 9월 5일 제15사단장 소장 박성철을 경질하고…… 군단 포병부 군단장…… 팔로군 출신 소장 조광렬(趙光烈)을 임명하였으며……." (제3권 p574)

『한국전쟁비사』는

"적 제15사단장 박성철은 동락리 전투에서는 물론 이번 화령장 전투에서도 두 번이나 기습을 받고 섬멸적인 타격을 입은 '신경이 둔하기 짝이 없는 실패'를 거듭하여 제4차전을 망쳤음에도 문책되지 않았다. 그럴 수밖에 없는 것이 그는 일본 상지대학을 나와 김일성과 함께 빨치산을 한 인연 때문에 살아남을 수 있었으며 후일에 벌어질 영천대결전에서 또다시 작전에 실패함으로써 9월 5일에 파직되었다." (제2권 p56, 57)

라고 각각 다르게 기술하였다.

### 화령장 전투 - 제1사단

제1사단은 전선조정방침에 따라 안동으로 이동 명령을 받고 7월 21일 08시에 미원을 출발하여 18시에 보은에 집결하였다. 안동까지 차량으로 이동할 예정이었으나 차량 증발이 여의치 않아 보은에서 1박을 하였는데 이 날 밤에 화령장으로 전진하라는 새로운 명령을 받았다.주)1

제1사단은 병력이 4,379명이었고, 장비는 81mm박격포 24문, 60mm박격포 20문, 2.36인치 로켓포 49문, 중·경기관총이 각각 21정, 자동 소총 30정으로 보잘 것 없었으며 개인화기를 갖지 못한 병사들도 몇 백 명에 이르렀다.주)2

제11연대는 22일 07시에 화령장에 도착하였고, 곧 그 서쪽 상달로 진출하여 470고지를 점령하였다. 1, 2. 국방부 『한국전쟁사』 개정판 제2권 p445

제12연대는 미원 부근에서 사단예비로 있다가 화령장으로 전진할 때에 사단전위대로서 사단을 선도하여 22일 06시에 평온동(坪溫洞-화령장 서쪽 약 4km)에 도착하였다.

제13연대는 사단후위대로 22일 09시에 화령장에 도착하여 사단예비로 평온동 남쪽 신기(新基-새터)에 집결했다.* 주) 국방부 『한국전쟁사』 개정판 제2권 p446

> * 화령장으로 이동한 날짜가 다음과 같이 차이가 있다.
>   국방부 『한국전쟁사』 제2권은 "23일 보은까지 철수한 제1사단은……." (p433)
>   "제13연대는 23일 08시경 보은에서 다시 철수하여 화령장 남측 鳳村里에 집결."
>   "제11연대는 23일……화령장으로 이동한 후 봉촌리에 지휘소 설치." (p680)
>   "22일 08시경 적 약 1개 소대 병력의 정찰대가 화령장을 향해서…… 평온리를 경유하여 九屛里로 이동하였던 아 제1사단 제12연대가 이를 발견하여 소규모전 끝에 이를 섬멸하였다." (p680) 제12연대는 22일 08시에 나타난 적을 격퇴한 것으로 보아 인용문헌이 22일 06시에 평온리에 도착하였다는 기술과 일치하고 나머지 연대는 도착일자가 하루씩 늦다.

제12연대는 22일 08시에 나타난 적을 격퇴한 것으로 보아 인용문헌이

22일 06시에 평온리에 도착하였다는 기술과 일치하고 나머지 연대는 도착 일자가 하루씩 늦다.

제12연대는 미원에서 사단예비로 있다가 화령장으로 이동할 때 사단의 전위부대가 되어 이동부대를 선도했다. 연대가 22일 06시에 평온리에 이르렀을 때 582고지 일대에 포성이 진동하고 25번 국도상에는 미 제24연대의 부상병과 비무장 병사들로 길이 메워졌는데 그 속에서 병사들의 비명과 고함소리가 터져 나왔다.

미 제24연대는 연대장을 제외한 나머지는 흑인으로 구성되어 있는데 1개 대대가 선발대로 21일 20시경에 점마(582고지 남록 계곡)에 집결하여 연대장 명령을 기다리던 중 22일 04시경부터 적의 포격을 받았고, 이때 미 제25사단 포병대대의 105mm포가 이들을 지원하기 위하여 응사한 것이 미군 진지에 떨어져 더 많은 희생자를 내면서 분산되기에 이르렀다.

미 제24연대는 상촌(上村-화령장 서쪽)으로 철수하여 병력을 수습하였다. 미군이 집결하고 있던 점마에 각종 화기 및 보급품과 지프 1대가 버려져 있어 제12연대는 이것을 습득하여 200여 명을 무장시켰다.

7월 23일 전날 제1사단 반격을 받고 갈령 북쪽으로 물러간 적 제15사단은 봉황산과 582고지에 포격을 집중하고, 보병부대는 지금까지와는 달리 도로로 접근하지 않고 험준하고 수목이 무성한 산악지대를 통하여 상달 북쪽 585고지와 갈곡리(葛谷里-582고지 서북쪽)까지 진출했다.

제11연대는 선발 제1대대(장근술 대위)를 상달 북쪽 470고지에 배치하고, 나머지 주력은 상달에 집결하였다.

제11연대는 연대장 최경록 대령이 7월 15일 수도사단 참모장으로 전출하고 부연대장 권동찬 중령이 연대장으로, 제3대대장 김재명 소령이 부연대장으로, 제3대대 부대대장 김소(金沼) 대위가 제3대대장으로 각각 자리를 옮겼다.

09시에 제1대대 지역에서 총소리가 들리는가 싶더니 585고지를 적이 공격하여 제1중대(중대장대리 李德彬 중위)가 교전에 휘말렸다.

연대장 권동찬 중령은 제2대대(정영홍 소령)를 585고지 동남쪽으로 진격시키고 미군 105mm포로 포격을 집중했다. 1개 대대 규모로 추산되는 적은 제1, 제2대의 협공에 포격이 집중하자 버티지 못하고 봉황산 북쪽 746고지로 물러가서 암석과 험한 지형을 이용하여 저항했다.

적을 추격하던 제2중대 제1소대장 김유성(金唯成) 소위는 암석 사이에서 발악적으로 난사하고 있는 기관총좌를 발견하고 특공조를 편성하여 제압하였는데 기관총사수는 이미 여러 차례 보아온 것과 같이 발이 쇠사슬로 기관총좌에 묶여 꼼짝 못하고 방아쇠만 당기고 있었다.

적은 다시 퇴각하여 746고지 북쪽에 있는 877고지(대궐터산~갈령 동쪽)로 패주했다. 해가 져서 더 이상 추격하지 못하고 방어진지를 편성했다.

제12연대는 봉황산과 582고지에 전개하고 있었다.

23일 날이 밝으면서 봉황산과 582고지에 포격이 집중되었다. 갈곡리에 사는 주민이 제보하기를

"1개 소대 규모가 새벽에 갈골(葛谷)을 통과하여 안동앗골(평온리 북서쪽)로 갔고, 삼가리(三街里-보은군 내속리면, 갈골 북서쪽) 방면에서 대부대가 접근하고 있다." 주)

국방부 『한국전쟁사』 개정판 제2권 p.449

고 했다. 포격지점과는 전연 다른 방향으로 진출하고 있었다.

연대장 김점곤 중령은 연대 수색대를 시켜서 확인한 결과 주민 제보가 사실이었으므로 미군 지원포병대대에 알려 105mm곡사포 방향을 582고지 서쪽과 갈골로 돌려 적의 진로에 포격을 집중하게 하는 한편 우 일선 봉황

산에 있는 제1대대로 하여금 좌 일선 582고지의 제2대대를 초월하여 공격케 하고, 평온리 방면으로 침투한 소규모 적은 연대수색대로 하여금 치게 하였는데 수색대는 저들의 행방을 찾지 못했다.

주민들 말에 의하면 평온리에 들어온 적은 20여 명이었는데 이 마을에 사는 반공투사 노원섭(盧元燮) 씨와 그의 두 아들이 농기구로 10여 명을 살해하였고, 나머지는 어디론가 분산 도주하였다고 했다.

갈골과 삼가리에서 침투한 적은 제1대대의 공격과 미군 포의 진로차단 포격에 막혀 형제봉(803고지~갈령 서쪽 고지) 북쪽으로 물러갔다.

상주 북쪽에서 제6사단을 지원하던 미 제24연대 2개 대대가 23일 석양 무렵 화령장에 진출하여 제1사단을 지원하였다. 미 제24연대는 22일 제17연대와 교대하기로 되었으나 미 제24연대가 예정보다 늦게 진출했기 때문에 제1사단이 미군을 대신하여 진지를 교대했던 것이다.

미 제24연대장 화이트 대령은 백선엽 사단장이 정보국장으로 있을 때 정보국 고문관으로 있었고, 더구나 성이 같은 백(White) 씨라고 하여 친분이 두터운 사이였다.

미 제24연대와 협동작전을 준비하던 제1사단은 육군본부로부터

"제1사단은 화령장진지를 미 제25사단에 인계하고 함창으로 전진하여 제2군단의 작전 통제를 받으라."

는 구두명령을 받았다.

제1사단은 25일 06시에 진지를 미 제24연대에 인계하고 상주를 거쳐 함창으로 전진했다.

제1사단은 화령장 지구 전투에서

적 사살 104명, 포로 13명 외에 장총 8정 등 각종 소총 29정과 대전차포

1문을 노획하고, 야포 3문을 파괴하는 전과를 올렸고, 전사 6명, 전상 9명에 M1과 카빈소총 1정을 잃는 손실을 입었다.주) 국방부 『한국전쟁사』 제2권 p684

7월 24일 미 제25사단이 전선에 투입되면서 군단이 개편되었다.

제1군단은 수도사단과 제8사단을 관장하여 동부전선을 맡았고,

제2군단은 제1사단과 제6사단을 관장하여 중부전선을 맡았다.

제1군단과 수도사단은 보은에서 철수하여 안동으로 갔다.

제2사단은 해체되어 제5연대는 제1사단 제11연대에, 제20연대는 제12연대에 각각 편입되었고, 제16연대는 제8사단에 예속되었으며, 사단령부와 직할대는 대구방위사령부로 편입되었다.

## 7. 점촌 부근 저지전 – 제6사단

**전선 정비**

제6사단은 7월 17일 01시에 군단장으로부터

"영강선으로 철수하여 새로운 진지를 편성하라."

는 명령을 받았다.

제6사단은 적 제1, 제13사단의 강력한 압력을 받고 있었으므로 적과 접촉 상태에서 신속하게 이동하여 새로운 진지를 편성해야 하는데 방어정면이 18km에 이르고 3개 연대가 동시에 철수하여 동시에 새로운 진지를 점령해야 하는 어려움이 있었다.

영강은 속리산 문장대 서록인 장암(壯岩-상주시 화북면)에서 발원한 농암천이 동북으로 흐르면서 여러 지류를 합하여 농암(籠岩-상주시 농암면)에 이르러 영강으로 이름을 바꾸고, 다시 가은(문경시 加恩邑)을 거쳐 진남교 부

근에서 동남으로 방향을 바꾸어 점촌을 거쳐 낙동강으로 들어간다. 마치 그 굴곡이 산봉우리 형상을 하고 있다.

제6사단은 영강을 주축으로

서쪽은 영강 서북쪽에 있는 413고지~옥녀봉(玉女峰, 548m-가은읍사무소 서북쪽)*에서 동쪽은 영강 동북쪽에 있는 오정산(烏井山, 810m-3번 국도 진남교 동북쪽)까지 동서 一자형으로 연계된 방어진지를 편성했다.

곧 『징비록』에서 말한 고모성이 있는 천연 요새다.

제7연대를 좌 일선으로 413고지~옥녀봉 일대에,

제2연대를 중앙 일선 불정리와 어룡산(魚龍山, 620m-진남교 서남쪽) 일대에,

제19연대를 우 일선으로 오정산 부근에 각각 배치하였다.

* 옥녀봉은 앞 「5. 문경 부근 저지전」에 나온 옥녀봉과 다른 옥녀봉이다.
  앞에 나온 옥녀봉은 문경읍 마원리와 마성면 남호리의 경계선 3번 국도 좌측 에 있는 632m의 산이다. 이곳 옥녀봉에서 동북쪽으로 도상거리 약 8km 지점에 있고, 그 서쪽 도상 거리 약 2km 지점에 백화산이 있다.

그동안 사단을 지원하던 제16포병대대는 18일 제3포병대대와 임무를 교대하고 대구로 갔다.

제3포병대대는 신형 105mm M-2포 8문으로 장비 한 2개 포대를 대대장 박영식(朴永湜) 소령이 지휘하여 제6사단을 지원하게 되었다.

제6사단 전력을 살펴보자.

병력은 지원포병 220명과 경찰 200명을 포함하여 8,000명 수준이었다.

육군본부와 미 제8군사령부는 이 지역의 중요성을 고려하여

21일 수도사단 제1연대를 비롯하여

미 제90포병대대 A포대(155mm포),

제79전차대대 A중대의 M-24전차 5대를 지원했고,

미 제5공군 전폭기가 집중적으로 근접지원을 했다.주)

전투가 고조에 이른 26일 제1사단이 부원하여 좌 인접으로 미 제25사단과 함께 함창~상주 간 방어를 맡았고, 우 인접에는 제8사단이 풍기, 영주 부근에서 중앙선 연변을 지켰다.
국방부 『한국전쟁사』 개정판 제2권 p666

제6사단 정면의 적은 충주에서 수안보~문경을 거쳐 계속 추격해 온 제1사단이 3번 국도 축선을 따라 진출했고, 괴산에서 제1사단과 접전한 적 제13사단이 산악으로 기동하여 가은 서북쪽 상괴리(上槐里-가은읍, 옥녀봉 서북쪽) 부근으로 진출했다.

1개 기갑연대가 지원하는 북한군 전력은

병력이 제1사단 약 10,000명, 제13사단 약 12,000명, 전차연대 약 700명,

도합 약 22,700명으로 추산됐고,

모터사이클부대와 122mm야포, 75mm유탄포, 45mm반전차포, 120mm 박격포 등 필요한 화력을 갖추고 있었다.주) 국방부 『한국전쟁사』 개정판 제2권 p665

21일 김일성이 수안보까지 와서 제2군단장 김무정 중장에게 전진 속도가 느리다고 호통을 친 것으로 알려졌고, 미원으로 진출한 적 제15사단은 화령장을 거쳐 상주 부근에서 합세한 것으로 판단되었다.

### 옥녀봉 전투 - 제7연대

제7연대(임부택 대령)는

제1대대(김용배 중령)를 우 일선 413고지에,

제3대대(이남호 중령)를 좌 일선 옥녀봉에 각각 배치하고

제2대대(김종수 중령)를 예비대로 작천리(鵲泉里-가은읍)에 두었다.

7월 19일 06시 적 대규모 병력이 제1대대가 있는 413고지를 공격했다. 1개 대대 규모가 정면에서 파상 공격을 했고, 다른 1개 대대 규모는 하내리

(下乃里-마성면)에서 동쪽으로 우회하여 우 인접 제2연대와의 접경선을 뚫고 남쪽으로 침투했다.

제1대대는 포 지원을 받지 못한 상태에서 일방적으로 적의 포화 세례를 받으면서 2시간 동안 격전을 치르는 동안 적은 1개 연대 규모로 늘어나서 마침내 우단 일각이 무너지기 시작했고, 적이 901번 지방도를 따라 배후로 밀려오자 걷잡을 수 없는 혼란 속에 빠져들었다.

연대는 예비 제2대대를 갈전리(葛田里-가은읍)로 급히 추진하여 901번 도로 축선을 따라 진출한 적이 영강을 도하하지 못하도록 하는 한편 제1대대를 옥녀봉 남쪽 성저리(城底里-영강 남안)로 철수시켰다.

상황이 이렇게 전개되자 강 서쪽 옥녀봉에 있는 제3대대진지가 노출되어 적의 표적이 되어 있었다. 옥녀봉은 922번 도로 축선상의 요충으로 이곳이 돌파되면 901번 도로를 통하여 연결되는 32번 도로(상주가도)가 위협을 받게 되고 결국 연대 배후가 차단된다.

제1대대진지(413고지)를 점령한 적은 한동안 침묵을 지키다가 14시에 이르자 제3대대가 있는 옥녀봉을 3면에서 공격하여 피아간 치열한 사격전이 벌어졌다. 수류탄으로 적의 접근을 저지하는 한편 81mm박격포와 기관총이 불을 뿜었고, 지원 포병이 적 포진지와 공격부대를 강타했다.

제3포병대대 제2포대(房景源 대위)가 무릉리(武陵里-상주시 銀尺面)에 도착하여 12시부터 포문을 열었다.

제3대대는 3시간에 걸친 필사적인 격전 끝에 적을 물리쳤다.

적은 이날 공격을 실패한 후 계속 침묵을 지키고 있었다. 포로 진술을 통하여 적은 제13사단이고, 산악기동을 하는 동안 지친 데다가 중화기 추진이 늦어져 이를 기다리며 재정비에 들어간 것으로 알려졌다.

7월 20일 05시 30분 적은 30분간에 걸쳐 옥녀봉과 그 서쪽 제9중대(정재갑 대위) 1개 소대가 나가 있는 305고지(옥녀봉 서쪽) 경계진지를 포로 강타한 후 06시 정각에 강력한 포격지원을 받으면서 은성천 부근 개활지를 횡단하여 밀어왔다. 지원포병이 집중 포격했으나 소용이 없었다.

교전 30분 만에 경계진지가 적 수중에 떨어졌고, 대대 좌 일선 제9중대는 격전의 소용돌이에 휘말렸다. 이때 대대는 화력을 922번 도로 축선에 집중적으로 배치하였기 때문에 화력지원을 할 수 없었고, 설상가상 격으로 적은 이곳에 병력을 집중 투입하여 전황은 걷잡을 수 없이 악화일로로 가다가 교전 2시간 반 만에 제9중대는 와해되었다.

10시 30분, 연대장 명령을 받은 제1대대가 제9중대진지(305고지) 탈환에 나섰다. 제1대대가 옥녀봉 서쪽 무두실 계곡으로 진출하였을 때는 전황이 크게 기울어져 있었고, 계곡은 이미 적 화망 속에 들어 있었다.

제1대대는 더 전진하지 못하고 옥녀봉 서쪽에서,

곤경에 빠진 제3대대는 옥녀봉 동쪽에서

각각 2개 대대 규모의 적과 맞서 5시간 동안이나 악전고투를 치렀다.

제1대대장 김용배 중령은 중화기중대까지 투입하여 전 대대 병력으로 세 차례에 걸친 공격을 했으나 성과 없이 사상자만 늘어났고, 제3대대도 40여 명의 희생자를 냈다.

14시를 전후하여 미군 F-80전폭기 1개 편대가 나타나서 옥녀봉 일대에 폭격과 함께 기총사격을 퍼부었다. 제3대대장 이남호 중령은 고전 중에도 대대OP가 있는 옥녀봉에 사주 경계를 펴기 위하여 산병을 수습하는 한편 일선 중대진지를 조정 배치하는 중에 있었는데 미군 항공기가 제3대대를 오폭하여 대대OP가 날아가고 옥녀봉 북사면에 있는 제10중대(金聖培 중위)는 대혼란이 일어났다.

다급한 대대가 흰 광목으로 대공포판을 만들어 표지했는데도 아랑곳하지 않고 4차례나 공격을 거듭하여 한도선(韓道善) 대위와 포병관측하사관 김종설(金鍾卨) 이등중사 등 4명이 전사하고 대대는 분산되었다.

연대장은 양 대대를 옥녀봉에서 철수하여 17시경 그 서남쪽에 있는 갈미봉(葛美峰, 575m-가은읍 葛田里 영강 남안)* 일대 고지를 연하는 선에 새로운 진지를 편성하였다.

> * 갈미봉은 앞 「5. 문경 부근 저지전」에 나온 갈미봉과 다른 갈미봉이다. 앞 갈미봉은 이화령 서남쪽 중부내륙고속국도 각서터널 서쪽에 있는 783m의 산이다.

7월 21일 02시 적 1개 연대 규모가 제3대대가 있는 387고지를 집중 공격했다. 제2연대의 어룡산진지를 공격한 시간과 같은 시간이다.

제3대대는 전날 옥녀봉에서 격전을 치르면서 상당한 병력 손실이 있었음에도 불구하고 대대장 이하 전 장병이 살아갈 생각을 버리고

"어디서 어떻게 죽느냐?"

만을 생각하면서 사투를 벌여 08시까지 6시간을 버텼다.

적은 3배가 넘는 병력을 가지고도 진지를 돌파하지 못하고 발악을 하고 있었는데 이때 제1대대 제1중대가 부원하였고, 제3포병대대 제2포대 포화가 적의 배후를 강타하여 마침내 적은 09시를 전후하여 작천리 계곡에 많은 시체를 널어놓고 퇴각했다.

제3대대가 387고지에서 격전을 치르고 있는 동안 농암리(籠岩里-문경시 농암면)에 있는 연대지휘소에 적이 침입하여 일대 혼란이 일어났다.

03시경 전선에서 7km나 떨어져 있고 보급요원만 있는 연대지휘소에 적 200여 명이 기습하였다. 다행히 송광보 대위가 지휘하는 대전차포중대가 이를 격퇴하였지만 전투 병력이 없는 연대지휘소가 큰 변을 당할 뻔한 사건이었다.

나중에 밝혀진 바에 따르면 이 적은 제15사단 소속으로 화령장에서 진출하여 함창으로 가는 진로를 탐색하다가 우연히 이곳에 온 것으로 의도적인 기습이 아닌 것으로 판단되었다.

7월 22일 제7연대는 전날 387고지에서 적의 공격을 물리친 뒤 그 여세로 옥녀봉을 탈환하기로 하고 제1, 제2대대로 하여금 영강 남안진지를 확보케 한 후 05시 비가 오는 가운데 제3대대가 옥녀봉 반격에 나섰다.

제3대대는 제10중대(김성배 중위)와 제11중대(인성훈 대위)가 공격 선두에 서서 901번 도로를 따라 옥녀봉 남록으로 진격하면서 이곳에 포진한 적 2개 중대를 기습하여 교전 30분 만에 격멸하고, 07시에는 옥녀봉을 탈환하였다. 30명의 포로를 잡았고, 각종 소총 12정을 노획하였다.

그러나 옥녀봉 탈환 1시간도 되기 전에 적이 반격하여 사투를 벌이다가 정오 무렵 다시 뺏기고 말았다.

연대는 제1중대와 제5중대(崔益榮 대위)를 증원하여 재반격에 나선 끝에 옥녀봉을 다시 탈환하였다. 고지에는 적 시체 20여 구가 널려 있어 격전을 대변해 주었다. 옥녀봉의 전략적 가치는 그만큼 컸던 것이다.

이 전투에 학도의용군이 참전하였다. 이들은 대전에서 지원한 180명의 소년 학생들로 점촌에서 제7연대에 배속되었고, 현지에서 소총 분해 결합 몇 번 해 보고 옥녀봉 전투에 참가하였다. 이들은 개전 이래 최초의 신병보충이기도 한데 어린 학생들을 보충 받은 즉시 전선에 투입할 수밖에 없었던 당시의 급박한 사정이 더욱 우리를 슬프게 했다.

제7연대는 옥녀봉을 탈환했음에도 불구하고 은성 부근 전황이 심상치 않은데다가 서남쪽 농암리 부근에서도 적의 압력이 가중되었으므로 남쪽 성저리(城底里)로 이동한 후 제1연대에 임무를 인계하고 사단예비가 되어 20시에 함창으로 이동했다.

7월 23일 제2연대의 불정산전선이 무너지자 사단에서는 제7연대를 다시 점촌으로 불러올려 제2연대의 철수를 엄호하도록 했다. 이때가 전선이 돌파된지 1시간 정도 지난 10시경이었다.

제7연대는 옥녀봉에서 4일간 격전을 치르고 전선을 떠난 지 14시간 만에 제대로 휴식도 취하지 못한 채 다시 유곡으로 진출한 것이다.

7월 24일 제7연대는 사단장 명령에 따라 불정산 반격에 나섰다.

06시에 제1, 제3대대가 반격을 개시하여 진격 중 우측 3번 국도를 따라 침공한 적이 돌모산 기슭에서 제19연대와 교전을 벌이는 바람에 퇴로가 차단될 위기에 놓였으므로 철수하여 제3대대를 제19연대 제1대대 직 후방 358고지(수정봉 북쪽)에서 유곡으로 통하는 요선에 진지를 확보하게 하고, 제1대대는 한작골(유곡 남쪽)에 집결하여 예비대가 되었다.

### 어룡산 전투 - 제2연대

7월 19일 제2연대는 남호리에서 철수하여 적 주공 방향인 문경~점촌가도를 따라 영강 남쪽에 있는 어룡산(魚龍山, 620고지-영강 남쪽)에서 불정리까지의 선에 방어망을 구축했다.

이 지역의 특성은 중앙지대가 험하게 솟은 산봉우리로 뭉쳐 북쪽에 어룡산, 남쪽에 조봉(668m), 동쪽에 582고지 등 삼각고지군을 만들어 놓았고, 4방이 강과 계곡으로 싸여 있다.

제3대대(이운산 소령)를 좌 일선 어룡산 주봉에서 산수동(山水洞-424고지 남쪽 마을)까지 뻗어내린 서사면으로 추진하여 적의 영강 도하를 저지하고,

제2대대(이종기 대위)를 중앙 불정원(佛井院) 북쪽 능선 일대에,

제1대대(박노규 중령)를 우 일선 도로를 따라 문경 광산(진남교 남쪽)에서 유곡리 북쪽 돌모산(일명 틀모산, 250고지-영강 남쪽, 3번 국도 동쪽)을 잇는 선에

각각 배치하여 3번 국도 축선을 제압하도록 하였다.

제3포병대대(박영식 소령) 제1포대가 105mm포 4문을 가지고 유곡 남쪽 한작골에서 지원 태세를 갖추었고,

제19연대 제3대대가 배속되어 연대 예비대대로 유곡에 위치했다.

06시, 옥녀봉 전투에서 본 바와 같이 적이 제7연대 지역으로 침공하면서 2개 중대 규모가 어룡산 서록으로 침투하여 일전을 벌였다. 적은 양 연대를 분리하려는 듯 양 연대 접경지역 계곡으로 침투하여 제3대대 정면을 돌파하고자 하였다.

제9중대(남백봉 대위)가 측사화력을 집중하여 적을 산수동(山水洞-어룡산 서남록) 동구 밖에 묶어놓고 81mm박격포와 제1포대의 야포가 합세하여 2시간에 걸친 격전 끝에 20여 명을 사살하고 적을 강 북쪽으로 격퇴시켰다.

좌 일선 제7연대는 계속 혈전을 벌이고 있었다.

7월 21일 02시 제2연대는 적의 공격을 받고 교전이 시작되었다.

2개 대대 규모의 적이 하내리 부근에서 영강을 도하한 후 좌 인접 제7연대와의 접경을 뚫고 제3대대가 있는 어룡산 서록으로 잠입하여 1개 대대 규모는 제9중대를 공격하고, 다른 1개 대대 규모는 그 남쪽 제19연대 제3대대가 있는 조봉을 침공했다.

아군의 효과적인 포격으로 적은 일단 영강 부근으로 물러섰다가 병력을 연대 규모로 증강한 다음 05시경에 전 병력이 어룡산을 포위 공격하여 약 40분에 걸친 사투를 벌였다. 제3대대는 20여 명의 사상자를 내고 동남쪽에 있는 583고지(불정리 서쪽) 부근으로 물러섰다.

제3대대는 07시에 어룡산 반격에 나섰다. 5시간에 걸친 공방전을 폈으나 적의 저항이 완강하여 진전이 없이 치열한 전투가 계속되었다.

12시 20분경 미군 전폭기 1개 편대가 나타나서 적진을 강타했다. 이 틈

을 타서 제3대대는 13시에 어룡산을 탈환했다. 그러나 공중 공격이 끝나자 다시 반격을 받았고, 이후 공방을 계속하다가 17시경에 이르러 피아 1km 떨어진 지호지간 거리에서 대치 상태에 들어갔다.

제3대대가 어룡산을 상실한 직후인 06시경 연대 우 일선을 맡은 제1대대(박노규 중령)와 중앙 불정원 북쪽 고지에 배치된 제2대대(서정학 소령) 진지로 적 1개 연대 규모가 침공했다.

제2대대를 지휘하던 이종기 대위는 20일 제10중대장으로 전임하였다.

적은 전차 4대를 앞세우고 진남교(鎭南橋) 부근에서 영강을 도하하고자 하였다. 제1, 제2대대는 제3포병대대 제1포대의 지원을 받아 적의 도하를 저지하고자 대안의 적선을 강타하였으나 적은 강을 건넜고, 선두 일부가 문경 탄광(불정탄광)까지 침투하여 제1대대는 진지를 이동해야 했다.

위기에 처한 사단은 항공지원을 요청하였고, 유재흥 군단장은 미 제25사단장 킨 소장에게 전차지원을 요청하기에 이르렀다.

바로 이 순간 미 제5공군 F-80 전폭기 1개 편대가 적진 상공에 나타나서 진남교 부근 적 전차 주차지역을 포함하여 적 진출로 후방 석현 일대를 강타하는 한편 일부 도하한 적이 집결해 있는 문경 탄광 일대와 3번 국도 주변을 기총소사로 싹쓸었다. 적은 사분오열하여 강물 속으로 뛰어들거나 숲 속으로 숨어들었고, 주변을 적 시체가 뒤덮었다.

공중공격에 이어 미 제90포병대대 155mm중포와 미 제79전차대대 M-24 경전차 5대가 부원하여 영강 남안으로 침투한 적을 싹쓸었다.

제1대대는 이 틈을 타서 원진지를 회복하여 영강을 사이에 두고 다시 대치 상태에 들어갔다.

미군 전폭기의 근접 지원으로 인하여 아군 2명이 부상하고 연대장 지프가 파괴되는 피해를 입었으나 그 정도는 감내할 수 있었다.

이 전투는 지상의 보·전·포 협동작전에다가 공지(空地) 입체 작전의 진수를 보인 전투였다. 미군이 전차와 함께 155mm중포와 항공지원을 한 것은 미 제8군사령부가 이 전투를 그 만큼 중요시한 증거다.

이후 미군기가 한 차례 더 출격하여 적 집결지로 지목된 남호리와 신현리(新峴里-진남휴게소 부근) 일대를 불바다로 만들었다.

22일 04시경 제3대대는 어제 공방을 벌인 적과 지호지간 거리에서 대치하고 있었는데 갑자기 양 측면에서 약 2개 대대 규모의 적이 기습하여 제한된 기동 공간에서 혼란이 일어났고, 1시간도 못 되는 사이에 어룡산 고지를 상실하고 말았다.

어룡산에서 물러난 제3대대는 583고지에서 병력을 수습하였다.

적은 어룡산을 점령한 여세를 몰아 그 남쪽 제19연대 제3대대가 있는 조봉을 공격하였으나 조봉에서는 효과적으로 저지하여 적을 격퇴했다.

23일 05시 연대 규모의 적이 전차를 앞세우고 전차포를 쏘면서 파괴된 진남교 상류 부근에서 강을 건너기 시작하였다.

문경에서 점촌으로 이어지는 3번 국도는 제6사단 작전지역 내에서 유일하게 기계화부대가 활동할 수 있는 기동로가 되어 적은 이 도로를 돌파해야 하고 아군은 이 도로를 지켜야만 하는 숙명의 대결장이다.

영강 남안에는 경전차 3대와 연대 대전차포중대(이훈 중위)가 포진하고 있었고, 그 직 후방 문경 광산에는 제1대대가 배치되어 있었는데 전차포와 대전차포 그리고 155mm중포까지 동원하여 집중 포격을 했으나 적 전차 7대는 아랑곳하지 않고 포를 쏘면서 광산 쪽으로 밀고 왔다.

적 T-34전차의 적수가 되지 못하는 미군 M-24경전차는 유곡 쪽으로 물러섰고, 대전차포 중대는 분산되었다. 적 진로가 제1대대로 지향하자 이를 저지하기 위하여 81mm박격포를 도로가로 추진하여 적 전차를 공격했다.

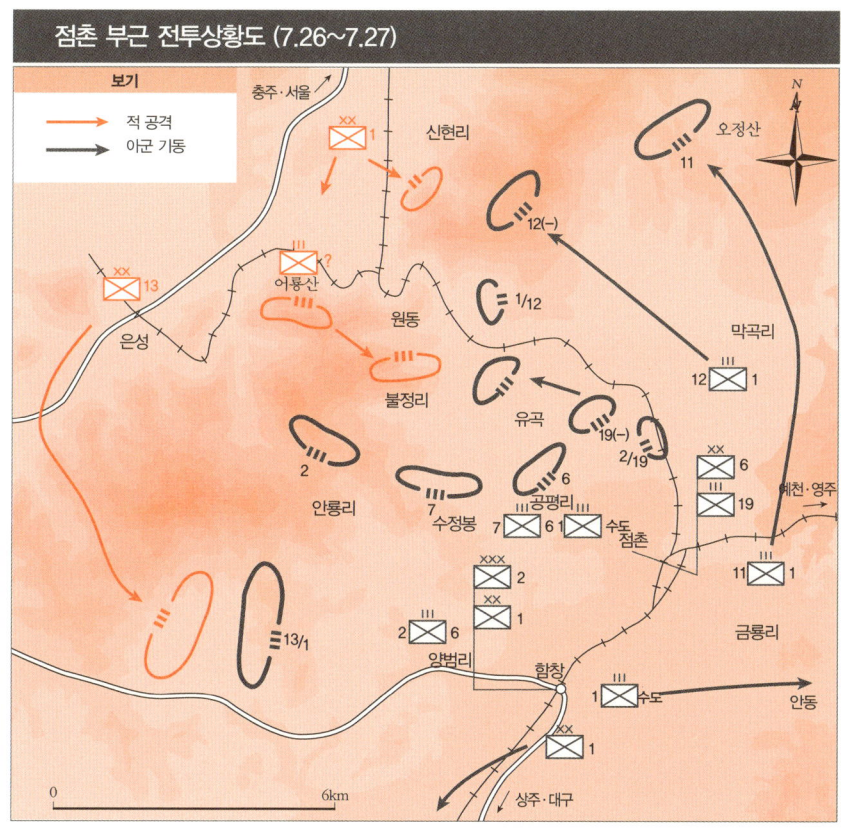

점촌 부근 전투상황도 (7.26~7.27)

그러나 오히려 적 전차의 기관총 사격을 받고 박격포소대는 포를 버린 채 분산되고 말았다. 결국 4대의 전차가 탄광촌 남쪽 외불정(外佛井)을 통과하였고, 2개 대대 규모의 보병이 제1대대진지로 침공했다.

07시경 적 일부가 어룡산으로 침투하여 583고지 제3대대를 위협하였다. 이로써 불정리 일대는 아군 3개 대대가 혈전을 벌이는 격전장으로 변했고, 혈투 두 시간이 지난 09시경에는 제19연대 제3대대가 있는 좌측 후방 조봉이 적 수중에 떨어져 연대는 퇴로가 차단될 위기를 맞았다.

사단장은 "제2연대는 유곡으로 철수하라."는 명령을 내렸다.

때맞추어 미군 전폭기 1개 편대가 나타나서 적 공격선 일대를 연타하였고, 제7연대가 부원하여 연대는 불정리를 빠져 나올 수가 있었다.

박격포소대 유영국(劉永國) 상사는 도로가에서 버리고 온 81mm박격포를 미군 전폭기가 전차를 폭파하는 틈을 타서 도로 찾아왔다.

### 조봉 혈전 – 제2연대

제19연대 제3대대(김한덕 소령)는 제2연대에 배속되어 좌 일선 조봉(鳥峰 668m-어룡산 남쪽)을 지키고 있었다.

7월 23일 05시에 적 2개 대대 규모가 조봉 서쪽 제11중대(李庠學 중위)진지를 공격하여 불꽃 튀는 격전이 벌어져 방어진지 전면이 총성과 함께 초연으로 뒤덮였고 도처에서 수류탄 폭음이 요란하게 들렸다. 이렇게 격전을 벌인지 2시간이 지나면서 마침내 제11중대진지가 백병 혈전장으로 변하더니 09시에 이르러 중대는 분산 상태에 빠져 들었다.

함병선 연대장은 배속된 제9중대장 황의철(黃義哲) 중위에게 조봉 탈환을 명령했다.

제9중대장 황의철 중위는 중대원 70명 중에서 행정요원 등을 제외한 전원을 인솔하고 21시에 유곡을 출발하여 다음 날 조봉 남쪽 능선에 도착했다. 도중에 고립된 1개 소대 병력을 만나 합류시켰다.

황의철 중위가 부대를 이끌고 조봉으로 가고 있는데 능선 서쪽 계곡에서 조봉으로 올라오고 있는 부대를 발견했다. 육안으로 피아를 구분할 수가 없어서 중대를 산개 한 다음

"몇 연대냐?"

하고 소리를 질렀다.

"제2연대다."

라는 대답이 왔다.

　의심스러워 더 가까이 접근하기를 기다리며 먼발치에서 살펴보았다. 철모를 벗은 병사의 머리가 짧고 군복에 붉은 줄이 쳐 있었다. 순간 적이라고 판단하고 60mm박격포와 기관총좌를 설치하고 일제 사격을 했다. 온 산이 총성으로 메아리쳤고 계곡은 순간 아수라장이 되었다.

　벌떼같이 몰려드는 적을 감당할 수 없어서 사격만 퍼붓고 물러났다.

　결국 제2연대는 불정산과 함께 지역 내 제일 높은 고지인 조봉을 적의 수중에 넣어주고 말았다.

　연대의 전 진지를 한눈에 감제할 수 있는 조봉이 적 수중에 들어감으로써 불정리 계곡이 적 기동로가 되어 제2연대는 위기를 맞았다.

　7월 24일, 전날 불정산에서 물러나 제19연대 제3대대진지를 인수한 제2연대는 06시에 제3대대를 선봉으로 조봉 탈환전에 나섰다.

　조봉은 이미 말한 바와 같이 지역에서 가장 높은 감제고지로서 전략상의 요충이므로 적은 이곳에 대대 병력을 배치하여 대비하고 있었고, 기동 공간이 좁아 300명 이상 병력을 동시에 투입하기가 어려워 공격부대로서는 불리한 지형이다. 더구나 적은 조봉 정상에서 아군의 기동을 손바닥 들여다보듯 감제하고 있어 주간 공격은 모험일 수밖에 없었다.

　연대는 이러한 불리한 조건을 무릅쓰고 제3대대를 제일진으로, 제1대대(박노규 중령)를 제2진으로 후속케 하여 연대의 전 화력을 총 집중하면서 공격을 개시했다. 적도 완강하게 저항하여 치열한 공방전이 벌어졌다.

　연대는 7시간 동안이나 끈질기게 공격하여 13시에 조봉을 탈환했다.

　조봉에는 사살된 적의 시체 300여 구가 널려 있었고, 기관총 18정, 각종 소총 128정과 실탄 3,500여 발이 시체 옆에 버려져 있는 것을 노획하고 포로 1명을 잡았다.

연대도 70여 명의 사상자가 발생하였다.주) 국방부 『한국전쟁사』 개정판 제2권 p692

조봉은 사단전선으로부터 1km쯤 북쪽으로 돌출하여 위험은 여전히 남아있었다.

제1, 제3대대가 조봉을 확보하기 위한 방어진지를 편성하였다.

7월 25일, 교전 일주일이 되는 이날 북한군 제2군단장 김무정은 3번 국도축선이 돌파되지 않자 저들 제13사단을 동쪽으로 이동시켜 중앙지대를 돌파하고자 집중 공격을 감행하기에 이르렀다.

02시 적은 연대 규모의 병력을 조봉으로 투입하여 공격했다.

조봉은 다시 혈전장이 되었다.

적은 대대 규모의 병력으로 조봉 서 사면 제3중대(趙重錫 중위)를,

다른 대대 규모의 병력은 북 사면 제3대대를 급습하여

진지가 큰 혼란에 빠졌다.

연대는 고전을 치르면서 2시간을 버티다가 제1대대진지가 무너져 저음리 부근으로 물러났고, 사단장은 연대를 은성재 부근으로 물린 다음 05시를 기하여 사단이 가용할 수 있는 전 화력과 미 제90포병대대의 155mm중포를 동원하여 1시간 동안 동시 집중 포격으로 조봉을 불바다로 만들었다.

06시 포격에 이어 이번에는 제2대대(서정학 소령)를 선봉으로 역습을 감행하여 1시간 만에 조봉을 재탈환하였다.

조봉에서 적 시체 200여 구를 확인했고, 2명을 생포했으며, 1명이 귀순했다. 또 박격포 6문, 기관총 10정, 각종 소총 70정, 각종 실탄 1,500여 발을 노획했다.주) 국방부 『한국전쟁사』 개정판 제2권 p693

이것은 전날 조봉을 탈환했을 때와 또 다른 전과이다.

지원 포와 연대 화력이 얼마나 치성을 부렸는가를 보여주는 단면이다.

적은 비록 진격은 계속했지만 엄청나게 비싼 값을 치르고 있었다.

고지 탈환 후 적정을 탐색하던 중 제10중대장 이종기 대위가 유탄을 맞고 전사했다.

### 오정산 전투 – 제19연대

제19연대는 7월 19일 09시에 영강 남쪽 방어선에 도착하여 사단 우 일선 영강 동북쪽 오정산~석현(石峴-문경시 마성면)선에 방어선을 폈다.

제2대대(崔錫洛 소령)가 우 일선으로 오정산 주봉 일대를 맡고,

제1대대(이계순 대위)가 진남교 부근까지 뻗어내린 좌측 능선을 맡았다.

3대대(김한덕 소령)는 제2연대에 배속되어 조봉으로 진출했다.

7월 21일 07시 적 1개 연대 규모가 오정산을 침공했다. 이 적은 제1사단 제3연대(金陽春 대좌)로 알려졌다.

적은 2개 대대 규모가 오정산 북쪽 1.5km 지점 오천리(梧泉里) 계곡을 따라 속칭 가섭이라고 불리는 산촌 고개를 넘어 오정산 동사면으로 침공하였고, 1개 대대 규모는 서사면 신현리 계곡으로 침공하여 이로부터 3시간에 걸친 치열한 총격전이 벌어졌다.

서 사면으로 침공한 적은 제6중대(박능식 중위)와 좌측에서 지원하는 제1대대의 화망 속에 걸려들어 연대 진전에 이르기도 전에 궤멸되었고, 가섭 부근으로 침공한 적은 병력을 수습하여 퇴각하기 시작하였는데 제5중대(김욱전 대위) 제1소대가 오정산 북쪽 능선으로 추격하여 이 적을 오천리 쪽으로 퇴각시켰다.

7월 22일 새벽부터 아침까지 비가 내렸다.

04시, 대대 규모의 적이 어둠을 타서 오정산 서 사면을 통하여 제6중대 진지를 집중적으로 공격했다. 이곳은 견탄리(犬灘里-유곡 북쪽 4km)로 넘어가는 지름길이어서 이곳을 중요시하고 미리 병력을 매복시켜 놓았기 때문

에 쉽게 포착할 수 있었다. 그러나 수적으로 우세한 적은 교전 30분 만에 진지 안으로 침투하여 육박전이 벌어졌다.

제6중대는 총검으로 찌르고 개머리판으로 쳐서 30여 명을 사살했으나 아군도 중대장 박능식 중위를 비롯하여 장병 6명이 전사하고 10여 명이 부상하여 더 이상 버티지 못하고 견탄리 쪽으로 분산 철수하였다.

이와 같은 상황에서도 대대나 연대는 예비병력이 없어 적기에 지원하지 못하고 포격으로만 돌파지역을 강타하다가 09시경에 이르러 공병대대 제3중대(朴秀一 대위)와 제1대대 제2중대(황종구 중위)가 반격에 가담하여 4시간 공격 끝에 오정산진지를 탈환하고 오정산~석현 간 원진지를 회복한 후 제1대대(이계순 대위)가 그 진지를 맡았다.

23일 연대는 중앙지대의 제2연대진지가 3km나 후방으로 물러나자 사단장 명령에 따라 영강 남안으로 이동하여 우지리(牛池里)~신기리(新機里-이상 당시 점촌읍, 영강서안) 간 강반(江畔)진지를 확보했다.

제2연대에 배속되었던 제3대대가 복귀하여 예비대로 연대지휘소가 있는 점촌에 대기하였다.

7월 24일 제19연대는 제7연대가 불정산 반격에 나설 때 그 우 일선진지 267고지(583고지 동남쪽, 3번 국도 우측)를 인수하였다. 267고지는 유곡 북쪽에서 제일 높은 봉우리로 적이 밀집하고 있는 강북 원동(院洞) 부근 3번 국도 일대를 감제할 수 있는 전략적 요충지다.

제7연대가 반격에 나선 지 1시간쯤 뒤인 07시에 적 대대 병력이 전차 2대를 앞세우고 267고지 정면 돌모산(틀모산) 쪽으로 침공하여 굴모리 교량 부근까지 접근했다. 이때 적은 강 대안 원동 부근에 연대 병력이 집결하고 있는 것으로 알려졌고, 공격한 적은 그 일부로 알려졌다.

이곳을 맡고 있던 제3대대는 전 화력을 총 집중하고 포병의 105mm와 미군의 155mm야포가 합세하여 적진을 강타하는 한편 파괴된 교량에서 우회하고자 머뭇거리는 전차를 집중 강타했는데 적은 집요하게 접근하여 10시를 넘으면서 돌모산에서 쟁탈전이 벌어졌다.

12시를 전후하여 F-80전폭기 2개 편대가 나타나서 영강 상공을 가로 누비며 원동과 진남교 일대를 차례로 강타하는 바람에 적은 지리멸렬하였다. 이 틈을 타서 대대는 적을 추격하여 20여 명을 사살하고 267고지를 확보했다. 아군도 제3포병대대 관측장교 함덕희(咸德熙) 중위가 전사하고 10여 명이 부상을 입었다.

15시에 제19연대는 267고지를 제1연대 제2대대에 인계하고 제3대대를 뽑아 강반으로 추진하여 진지를 확보했다.

### 제19연대 전차특공대

7월 25일 07시경 전차를 앞세운 적 보병부대가 3번 국도를 따라 원동~유곡 간으로 진출했다.

7월 23일 진남교 부근으로 도하한 전차는 모두 7대였다.

유곡 북쪽 돌모산 서록에는 제19연대 대전차특공대가 적 전차가 나타나기를 기다리며 매복하고 있었다.

연대장 민병권 대령은 전날 돌모산에서 적 전차 2대와 일전을 치른 뒤 달리 전차에 대항할 수단이 없다고 판단하고 제3대대 보급관 박노봉(朴魯鳳) 중위에게 지시하여 전차 파괴 특공대를 조직하게 하였다. 자원한 12명 중에서 독자 5명을 제외하고 7명을 선발하였다.

조장　　이등중사　조달진*

부조장　이등중사　조문종(趙文鍾)

조원　　일등병　　원근호(元根鎬), 이규환(李圭煥), 최홍식(崔弘植),

양학모(梁學模), 나용수(羅龍洙)

민병권 연대장은 홍천 전투 때 말고개에서 특공대 11명을 선발하여 적 전차를 파괴한 경험이 있고, 이번에 선발된 7명 중 조달진, 조문종, 원근호는 홍천 말고개에서 특공대원으로 전차를 파괴한 용사들이다.

민병권 연대장은 이들에게 술과 담배를 나누어 주고 홍천에서처럼

"성공을 빈다. 꼭 살아서 돌아오라."

고 격려하였다.

특공대가 가진 장비는 수류탄 2개와 1파운드짜리 TNT 12개를 한데 묶고 그 안에 수류탄을 끼워 만든 특수폭탄 1개씩 그리고 휘발유를 넣은 4홉들이 병 1개씩이었다. 이들은 연대지휘소를 출발하여 굴모리(U형으로 굴곡진 영강 동남안) 3번 국도 교량 남쪽에서 돌모산 기슭에 이르기까지의 도로변에 10m 간격으로 매복했다. 다리 북쪽에는 대전차지뢰가 매설되어 있고, 남쪽에는 57mm대전차포 1문이 전차를 노리고 있었다.

08시경 적 전차 4대가 교량 부근으로 접근했다. 이때 당황한 일부 병사들이 잠복지를 이탈하기 시작했다. 조달진 중사가

"눈앞에 전차를 두고 어디로 가느냐?"

고 타일러서 약 100m쯤 물러나서 육박돌격 태세에 들어갔는데 그 사이에 전차포가 날아와서 조문종 중사가 전사했다.

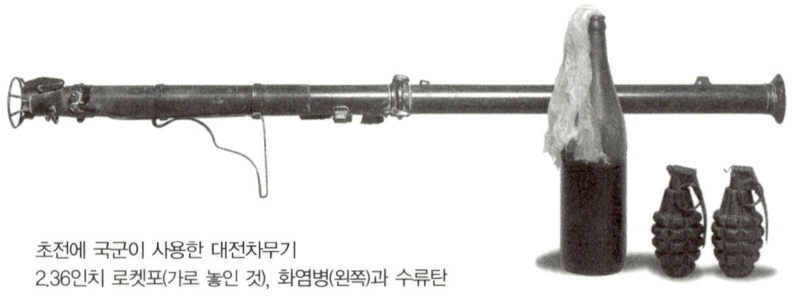

초전에 국군이 사용한 대전차무기
2.36인치 로켓포(가로 놓인 것), 화염병(왼쪽)과 수류탄

특공대원들은 조 중사의 전사에 적개심이 일어 모두가 결사적으로 나섰다. 대전차포가 1번 전차에 명중하자 전차 4대가 멈칫했다. 이 순간을 놓치지 않고 특공대원 6명은 전차 4대에 돌진하여 TNT, 수류탄, 휘발유 병을 포탑 안에 집어넣고 뛰어내렸다.

선두전차에서 폭음이 들리지 않자 조달진 중사는 다시 전차에 올라가서 "항복하라."고 소리를 질렀고 전차병은 조 중사를 떨어뜨리기 위하여 포탑을 회전시켰다. 조 중사는 포탑에 매달려 안간힘을 쓰고 있었는데 마침 포신이 미루나무에 걸려 회전이 멈췄고, 동시에 미군 전폭기 1개 편대가 와서 전차를 공격하는 틈을 타서 특공대원들은 위기일발에서 탈출하였다.

적 전차병들은 모두 도주했고, 전차 4대는 모두 파괴되었다.

특공대는 제3대대와 때마침 나타난 제1연대 수색대 엄호 아래 전차병들을 생포하여 호송했다.

특공대원 전원에게 2계급 특진이 상신되었고, 조달진 중사는 그 후의 전투에서 포로가 됐다.

> \* 대전차특공대의 계급 – ①, ② 등은 아래에 표시한 인용문헌, 숫자는 쪽수
> 진남교에서 전차를 파괴한 특공대원 7명의 계급
> 조달진, 조문종 이상 이등중사,
> 원근호, 이규환, 양학모, 최홍식, 나용수 이상 일등병          ① p694, ③ p697
> 조달진 하사, 조문종 하사, 나머지 5명은 모두 일등병          ④ p63
> 홍천 말고개 전투에서 전차를 파괴한 특공대 11명의 계급
> 조달진 일병 외 2명 2계급 특진, 원근호 일병 외 7명 1계급 특진  ② p268
> 조달진 일병이 1번 전차를, 2번 전차는 조문종 일병이          ③ p166
> 조달진, 원근호 일병 등 11명을 선발하였다                   ⑤ p292
> 말고개 특공대원 11명 중 조달진, 조문종, 원근호 3명의 이름이 확인되고
> 이들이 진남교에서도 특공대로 편성되었다.
> 말고개에서 전차를 파괴한 특공대의 특진
> 조달진 일병 외 2명은 2계급 특진, 원근호 외 일병은 1계급 특진  ② p268

2계급 특진을 현지에서 명하였다. ③ p166
조달진 외 2명 2계급씩, 나머지 대원들은 1계급씩 특진 ⑤ p294
원근호 일병은 말고개 전투에서 1계급 특진하였으므로 진남교 전투에서는 하사(상병)이어야 한다. 그런데 일병으로 기록되었다.
④는 조달진, 조문종을 하사로 기록했다. 일등병이 2계급 특진했으면 당시 계급은 이등중사이다. 하사는 상등병이다. 하사를 현재 계급으로 본 것이면 당시 계급은 일등중사로 3계급 특진이어야 한다.

인용문헌 ① 국방부 『한국전쟁사』 개정판 제2권  ② 같은 제1권  ③ 같은 제2권
④ 안용현 『한국전쟁비사』 제2권  ⑤ 같은 제1권

**유곡 전투 - 제1연대**

7월 21일 16시 20분 윤춘근 중령이 지휘하는 수도사단 제1연대가 제6사단에 배속되어 함창에 도착했다. 제1연대는 진천과 청주 전투를 치르고 전선정비계획에 따라 안동으로 이동 중 화령장에서 배속명령을 받고 이곳으로 왔다. 이날 전황 설명만 듣고 휴식에 들어갔다.

7월 22일 제1연대는

제1대대와 제2대대가 제7연대가 점령한 영강 남쪽의 갈미봉~갈전리~324고지 진지를 인수하고, 또 그 서남쪽 수예리(水曳里-문경시 가은읍)에 새로운 경계진지를 마련하여 제6사단 좌 일선을 맡았다.

우측 제19연대 제3대대가 조봉을 상실하자 7월 23일 14시, 후방 작약산(芍藥山, 780m-조봉 남쪽) 북쪽 760고지~수예리 남쪽 492고지선으로 이동하여 우 인접 제2연대와 전선을 연계하였다.

제6사단 방어 정면은 우측으로부터 신기리(우지골)~유곡~저음리(猪音里-어룡산 서남쪽)~작약산 북쪽 760고지~492고지~대현리로 이어지는 반원형으로 축소되었다.

7월 24일 제7연대와 제19연대가 불정산과 돌모산에서 격전을 벌여 바야

흐로 유곡 정면이 결전장으로 변하자 사단장은 제1연대진지를 1개 대대가 담당하게 하고 2개 대대를 뽑아 제7연대와 제19연대 중앙 유곡 정면에 투입하여 3번 국도 축선상의 요지를 전담하게 하였다.

제1대대(김황목 소령)는 연대진지인 작약산～492고지선을 확보하고,
제2대대(이의명 소령)는 제19연대 제3대대진지 267고지를,
제3대대(강완채 소령)는 제7연대 제3대대진지 358고지 동 사면을

각각 인수하여 방어태세에 들어갔다.

이렇게 하여 2개 연대가 맡았던 유곡 정면을 3개 연대가 맡았다.

21시 중대 규모의 적이 267고지 서사면으로 기습공격을 했으나 제2대대가 반격하여 격퇴시켰다. 4명을 사살하고 소총 6정을 노획하였다.

24시 함창에서 제5연대가 검안동(儉安洞-함창 서쪽 7km)으로 이동하여 제1대대진지를 인수하고 제1대대는 예비대가 되어 공평리로 복귀했다.

육군본부는 함창～점촌 정면이 위협을 받게 되자 제1사단을 이곳으로 추진하기로 하고 안동에 있는 제5연대(김동빈 중령)를 함창으로 이동시켜 제1사단장의 지휘를 받게 하였는데 제1사단보다 제5연대가 먼저 도착하자 군단장이 제5연대를 전선에 투입한 것이다.

제5연대는 실 병력이 차갑준 소령이 지휘하는 1개 대대 300여 명밖에 없었고, 제1사단이 도착할 때까지 제6사단 지휘를 받았다.

7월 25일 돌모산 서쪽에서 제19연대 특공대의 전차 공격과 미군 항공기의 공중 공격에 밀려 원동 쪽으로 물러났던 적은 다시 같은 축선인 3번 국도를 따라 전차 4대를 앞세우고 유곡으로 진출하여 보병은 267고지의 제1연대 제2대대를 집중 공격하고, 전차는 국도를 따라 남진하였다.

의정부 전선에서 적 전차에 혼이 난 병사들이 전차의 위압에 눌려 제대로 저항 한번 못해 보고 흩어져서 전선은 허물어졌다.

제2대대가 흩어진 병력을 수습하여 유곡 서북쪽 무명능선에 저지진지를 급편하고 있을 때 미군 전폭기 1개 편대가 날아와서 후미 전차 1대를 폭파하고 뒤따르던 보병부대를 기총소사로 휩쓸었다. 혼란에 빠진 적병이 목숨을 구하고자 숲 속으로 뛰어들었고, 전차 3대는 숨을 곳을 찾아 질주하다가 1대는 민가로 숨어들고 2대는 길가 들판으로 굴렀다.

이에 가세한 사단의 전 화력과 미군 155mm포가 불을 뿜어 유곡 일대를 포화로 뒤덮었다. 저항하는 전차병은 침투한 전차공격 특공대가 수류탄으로 제압하여 사로잡았고, 전차는 휘발유 병을 던져 불태웠다.

12시 30분 교전 3시간 만에 267고지를 회복하였으나 적은 단념하지 않고 15시에 연대 규모의 병력으로 다시 반격했다. 267고지를 에워싸고 7시간 동안이나 공방을 벌이다 중앙 지대가 뚫리면서 더 이상 버티지 못하고 연대는 22시에 유곡 남쪽으로 물러났다.

제6사단은 이날 조봉을 확보하고 적 전차 8대를 파괴하는 개가를 올렸으나 3번 국도 축선상의 요충 유곡이 적 수중에 들어감으로써 새로운 위기를 맞았다.

### 제6사단 반격·제1사단 부원

7월 26일, 하루 종일 비가 내렸다. 호 속에는 물이 괴어 철모로 물을 퍼내야 했고, 손발이 불어 감각이 둔해졌다.

제6사단은 전날 유곡 남쪽으로 물러나 3번 국도 축선의 장승백이(문경시청 북쪽 약 4km) 부근에 있는 제1연대와 연계하여 우로부터 제19연대, 제7연대, 제2연대 순으로 진지를 편성하였다.

제7연대는 수정봉(水晶峰, 487m-장승백이 서쪽)을 점령하였는데 이 고지는 우측으로는 제1연대 제1대대가 있는 186고지(수정봉 동북쪽)와,

좌측으로는 제2연대 제2대대가 있는 651고지(작약산 동쪽)가 한 능선으로 이어져 있어 이곳이 돌파되면 점촌과 함창이 위협을 받게 되는 전략상 요충이다.

제2연대는 08시경 조봉으로 침공하는 대대 규모의 적을,

제7연대는 11시경에 함창으로 이어지는 안룡리(安龍里-상주시 이안면) 고개로 침투하는 2개 중대 규모의 적을 맞아 격전 끝에 모두 물리쳤다.

12시에 제1사단이 함창에 도착하여 조봉 서쪽에서 함창 서북쪽 지역을 담당하고 조봉 동쪽 지역 격전지를 제6사단이 담당하여 군단 규모의 작전으로 발전하였다. 제6사단의 방어 부담이 크게 줄어들었다.

제5연대는 검안동진지를 제13연대에 인계하고 제11연대에 통합되었다.

7월 27일 07시 제6사단은 4개 연대를 총 동원하여 반격작전을 폈다.

사단을 부원한 제1사단이 그보다 1시간 앞선 06시 사단 우 일선 영강 동쪽으로 우회하여 적의 동쪽 배후를 공격하는데 보조를 맞춘 것이다.

제19연대는 서북쪽 신기리로 진격하여 2시간 만에 목표를 탈환하고 적병 2명을 사로잡았다. 연대는 계속 진격하여

제1대대가 주평 부근 강반진지를 점령하였고,

제3대대는 돌모산을 점령하여 전날 진지를 모두 회복했다.

제7연대는 수정봉에서 진격하여 중대 규모의 적 저항을 물리치고 358고지를 점령하였고, 우 인접 제1연대가 화력 지원을 했다.

제2연대는 조봉 주변 적을 4시간에 걸친 교전 끝에 몰아내고 정상주변 사방 2km 내외의 넓은 지역을 확보했다.

제1연대는 단숨에 유곡을 점령하고 계속 진격하여 1시간 동안의 교전 끝에 267고지를 탈환했다. 여기서 포로 5명을 잡았고 1명이 귀순하였으며, 각종 소총 7정과 실탄 1,000여 발을 노획했다.

제1연대는 20시 40분 진지를 제19연대에 인계하고 안동에 있는 수도사단으로 복귀했다.

제6사단은 제1사단이 영강 동쪽으로 우회하여 적 배후를 공격하는데 힘입어 전날까지 상실했던 신기리와 유곡 부근 중요 고지를 탈환하였다.

사단 우인접 제1사단이 함창으로 전진하라는 군단 명령을 받았다.

적 제2군단은 문경~점촌 축선 공격을 단념한 듯 사단 정면에서의 접촉은 점차 끊어졌다. 반면 주력이 함창 서북쪽으로 우회하여 상주 방면으로 지향하고 있는 것으로 확인되었고, 대구가도에 불똥이 떨어졌다.

7월 30일, 제6사단은 적 주공 방향이 함창 방면으로 이동하여 비교적 저항이 미약한 불정산~어룡산선을 점령하고 반격 거점으로 삼았다.

7월 31일 하오에 미 제8군사령부로부터

"제6사단은 용기동(龍基洞)으로 집결하라."

는 철수 명령이 하달되었다. 용기동은 경북 의성군 안계읍 용기리로 낙동강 남안에 있는 마을이고, 낙동강 방어선 최북단이다.

18시에 지휘부가 떠난 것을 비롯하여 다음 날 02시에 제19연대가 마지막으로 철수하여 당일 목적지에 도착했다.* 주) 국방부 『한국전쟁사』 개정판 제2권 p702

> \* 국방부 『한국전쟁사』 제3권(p100)은 "적과의 접촉이 비교적 적은 제19연대(민병권 대령)를 낙동강 남쪽 주요 고지에 이동 배치하여 제2 및 제7연대의 철수를 엄호했다."고 기술하여 제19연대가 마지막으로 철수하였다는 인용문헌과는 다르다.
> 또 인용문헌은 8월 1일 전 사단이 목적지(용기동)에 도착한 것으로 기술하였으나 위 문헌은 8월 2일 목적지에 도착한 것으로 기술하였다.

제6사단은 7월 12일 연풍에서 적 제1사단과 조우한 후 19일간 선전했고 영강 방어선에서만 12일간이나 버텼다. 제1사단과 함께 이제는 해 볼만하다고 자신감을 가졌을 때 낙동강을 건너야 했다.

제6사단은 영강 전투의 공로로 육군본부로부터 부대표창을 받았다.

## 8. 함창 지역 전투 - 제1사단

### 부대 정비

7월 25일 점촌과 함창이 위협을 당하자 육군본부는 화령장에서 전투 중인 제1사단을 함창으로 이동하여 제2군단 지휘를 받게 하고 화령장은 미 제25사단 제24연대에 인계하도록 했다.(군단소속 변경일자 7월 24일)

함창(咸昌-상주군)은 점촌 남쪽 3번 국도상에 있다. 안동과 영주로 이어지는 34번 국도와 괴산을 거쳐 대전으로 이어지는 32번 지방도의 갈림길이다.

제1사단은 미군 진출이 늦어 하루 뒤인 26일 상주에 도착했다.

상주에서 제1사단은 김동빈 중령이 지휘하는 전 제2사단 제5연대와 박기병 대령이 지휘하는 전 제5사단 제20연대를 흡수하고, 청년방위대 병력을 보충 받아 사단 병력이 7,000여 명으로 늘어났다.

**이즈음 사정을 백선엽 장군은 『군과 나』에서 이렇게 술회했다.**

"26일 낮 상주에 도착하자 그곳에는 제20연대와 청년방위대 병력이 기다리고 있었다. 이들을 사단에 흡수하니 병력이 7천 명 이상으로 불어났다. 또 포병 17대가 배속되었고, 총이 없는 병사들에게 모두 M1소총과 카빈이 지급됐다. 마침내 1사단은 부족하나마 보병사단의 모양을 되찾게 된 것이다."

제5연대는 진천, 청주, 문의 전투를 거치는 동안 사상자와 낙오자가 많이 생겨 함창에 이르렀을 때는 병력이 300명 수준에 불과하였으므로 제11

연대 제2대대로 편성되었고, 대대장은 제5연대 이두황(李斗璜) 소령이 임명되었다. 원 제11연대는 제1대대와 제3대대로 재편성되었다.

제1대대장에 부연대장 김재명 소령이, 제3대대장에 제2대대장 정영홍 소령이 각각 임명되었고, 제1대대장대리 장근술 대위와 제3대대장대리 김소 대위는 각각 그 대대의 부대대장으로 자리를 옮겼다. 또 제5연대 제1대대장 차갑준 소령을 연대작전주임으로, 연대작전주임 정용식(鄭龍植) 소령을 사단 정보보좌관으로 자리를 정리했다.

제20연대 역시 병력이 1개 대대에도 미달하여 제12연대 제2대대로 편성됐다. 그동안 제20연대를 지휘하던 김한주 소령(원래 제1대대장)은 문의 전투에서 부상하여 후송되었고, 함창에서 보충되어 부대를 지휘하던 조성래(趙成來) 소령이 제2대대장으로, 제2대대장 이무중 소령이 제3대대장으로 각각 전임되고, 제1대대장은 신현홍 소령이 그대로 있었는데 27일 원동에서 전사하여 한순화 소령이 제1대대장으로 임명되었다.

한순화 소령은 원래 제12연대 제2대대장이었다. 청단에서 김포반도로 철수한 이후 본대와 떨어져 독자적으로 전투하면서 철수했다. 김포반도에서 일부 병력은 백문 대위가 지휘하여 수원으로 갔고, 대대장은 나머지 병력을 지휘하여 배 편으로 군산에 상륙하여 이리로 갔다가 7월 17일 육군본부가 대전에 있다는 것을 확인하고 당일 대전으로 갔는데 서대전에 있는 군보급소에서 제12연대 보급차량을 만나 함께 미원으로 가서 연대에 합류했다. 복귀한 병력은 1개 소대에 불과하였다. 한순화 소령은 복귀 후 신병으로 요양하고 있던 중 신현홍 소령이 전사하여 제1대대를 지휘하게 된 것이다.

연대장의 경우는 달랐다. 연대가 통합됨으로써 양 연대는 졸지에 연대장이 2명이 된 것이다. 연대장은 선임자로 임명한다는 원칙에 따라 제11연대는 제5연대장 김동빈 중령이 연대장이 되고 권동찬 중령은 부연대장으로, 제12연대는 제20연대장 박기병 대령이 연대장이 되고 김점곤 중령은 부연대장으로 각각 정리되었다.

연대장 두 사람이 부연대장으로 강임되는 현상이 일어났다.

제13연대는 연대장 김익렬 대령이 부상으로 후송되어 공석인 상태에서 최영희 대령이 임명되었다. 앞 두 연대의 경우와 다르다.

제11연대장 권동찬 중령은 7월 15일 최경록 대령이 수도사단 참모장으로 전임된 후 부연대장에서 연대장을 맡은 지 10여 일 밖에 되지 않았기 때문에 큰 문제가 없었으나 제12연대장 김점곤 중령은 개전 초 개성 전투에서 연대장 전성호 대령이 부상으로 후송된 후 연대장에 임명되어 줄곧 연대를 지휘해 왔기 때문에 사정이 달랐다.

제12연대 장병들은 김점곤 연대장이 계속 연대를 지휘했고 부연대장을 한 사실이 없다고 하면서 부연대장인 사실을 받아들이지 않았다. 불만이 컸을 것이다. 그래서 한 사람은 '작전연대장', 다른 한 사람은 '후방연대장'이라고 불러 상관의 명예와 자존심을 지켜주었다.

'상명하복을 생명으로 하는 군이기에 선임자가 지휘관이 되는 것이 당연하고 그 지휘에 따라야 한다.'

고 생각하는 것이 원론적인 이치다. 그러나 다른 한편으로는

'군대는 명예와 전통을 중시하는 조직.'

이기 때문에 이를 바탕으로 상명하복의 관계가 유지될 수 있고 부하 장병들은 그가 신망하는 지휘관의 명령에 복종하는 것이 현실이다.

제12연대 장병들은 김점곤 연대장을 끝까지 연대장으로 받들었다. 바로 이러한 전통과 명예가 인간관계를 유지했기 때문으로 여겨진다.

백선엽 사단장도 제12연대장이 두 사람이었다고 말했다.

당시 전선에서 구두 명령이 성행했던 점을 감안하면 이해가 된다.

**백선엽 장군은 『군과 나』에서 이렇게 기술했다.**

"전쟁 전 예편됐던 김석원 준장이 7월초 수도사단장에 복귀하자 많은 장교들이 김 장군 아래로 몰려들었다. 당시 그의 명성은 높았다. 나의 부하이던 11연대장 최경록 대령과 작전참모 김덕준 소령이 이때 수도사단으로 떠났다. 그러나 어려운 전시에 자기가 믿는 상관 곁에서 싸우겠다는 것을 말릴 수는 없었다.

상주에서의 재편성에서 최경록 대령의 후임으로 11연대장에 김동빈 중령, 부상으로 후송된 김익렬 대령 후임으로 13연대장(후에 15연대로 개칭)에 최영희 대령이 임명됐다. 그리고 12연대장에는 김점곤 중령과 함께 제20연대장이던 박기병 대령을 임명했다.

1개 연대에 2명의 연대장은 전시에나 있을 수 있는 일이다."

### 굴러온 돌이 박힌 돌을 차 낸 연대장

인사의 묘를 살려야 했었다.

연대장을 다른 사람으로 임명했을 때 전임자를 그가 지휘하던 연대의 부연대장으로 두는 것은 가장 치졸한 인사 스타일이다. 전시에 어쩔 수 없는 사정이 있을 수 있고, 또 대령과 중령이라는 계급을 고려하더라도 어제의 연대장을 오늘의 부연대장으로 만드는 것은 본인은 말할 것도 없거니와 부하 장병들에게도 그런 가혹한 고문은 없다. 마땅히 다른 보직으로 옮겼어야 하고, 부득이 하면 다른 대령급 연대장이 있는 연대의 부연대장으로 이동할 수도 있다.

또 하나 간과한 것은 연대가 통합한 것이 아니고 폐합된 것이다. 한 연대가 없어지고 한 연대는 존속했다. 없어진 연대장은 연대가 없어지는 순간 그 지위를 잃는다. 당연히 다른 보직으로 옮겨야 한다.

제1사단 3개 연대장은 모두 굴러온 돌이 박힌 돌을 차 냈다.

제11연대장은 흡수된 제5연대장이, 제12연대장은 흡수된 제20연대장이 그리고 제13연대장은 역시 흡수된 제15연대장이 임명되었고, 제13연대는 그 연유로 얼마 후에 연대 명칭까지도 제15연대로 바뀌게 된다.

7월 27일 백선엽 제1사단장은 상주우체국 사단지휘소에서 준장 계급장을 달았다. 신성모 국방부장관과 정일권 총참모장이 직접 찾아와서 계급장을 달아주며 축하해 주었고(진급일자 7월 25일) 아울러 제1사단이 제2군단에 예속됐다고 알려주었다.

육군은 7월 5일 건군 이래 최초로 제1군단을 창설하여 수도사단과 제1, 제2사단을 지휘하게 하였고, 7월 12일 제2군단을 창설하여 제6사단과 제8사단을 지휘하게 하였었다.

전선이 압축되고 사단 작전지역이 변경되면서 전선을 정리하여 제1군단은 수도사단과 제8사단을 지휘하여 동부 지역을 담당하고, 제2군단은 제1사단과 제6사단을 지휘하여 중부전선을 담당하게 하였으며, 제3사단은 작전지역의 특성 때문에 육군본부가 직접 지휘했다.

제2사단은 7월 24일 해체됐다.

이때 전선은 진주~김천~함창~안동~영덕선으로 압축되어 있었고, 함창을 경계로 하여 동북 90km의 전선은 국군이 담당하고, 서남 120km의 전선은 미군이 담당하였다.

제1사단 정면의 적은 북한군 제1사단과 제13사단이다.

적 제1사단은 개전 이래 계속 전투에 참가하여 병력은 50% 수준에 미달하였고, 중장비는 거의 상실하고 없었다.

적 제13사단은 문경 지구 전투에서 처음으로 전선에 투입되었다.

병력은 편성 당시의 수준인 12,000명, 장비는 122mm곡사포 8문, 76mm 곡사포 30문, 45mm대전차포 41문, 120mm박격포 12문, 82mm박격포 79문, 자주포 9문을 보유하고 있는 것으로 판단되었다.

저들 병력의 상당수는 남한 점령지에서 강제로 모병한 소위 의용군으로 충원되어 전투력은 다소 떨어졌다.

제1사단 병력은 공식 기록상으로 7,133명이었고, 이 무렵부터 보급 체계가 정상 가동되어 M1소총을 비롯한 각종 장비가 보충되었으며, 일반 보급도 원활하여 장병의 사기는 어느 때보다 높았다.

전력 자료 : 국방부 『한국전쟁사』 개정판 제2권 「전투 전의 개황」(p708)

### 오정산 반격전

함창에 도착한 제1사단은 7월 27일 영강 동쪽으로 추진하여 제6사단과 함께 문경탈환작전에 나섰다.(앞 「제6사단 반격」 참조)

제11연대는 금룡리(金龍里-문경시 永順面사무소 소재지)에서,

제12연대는 막곡리(幕谷里-문경시 虎溪面사무소 소재지)에서

06시를 기하여 각각 반격에 들어갔다.

제13연대는 제5연대로부터 인수한 검안동진지를 고수하고 있었다.

막곡리를 출발한 제12연대는 08시에 오정산(烏井山, 810.2m)을 무혈점령했고, 금룡리를 출발한 제11연대는 그 보다 1시간 늦은 09시에 부운령(富雲嶺, 692m-오정산 동북쪽 4km)을 점령하였다.

양 연대는 적 책원지(策源地)로 알려진 오천리(梧泉里-오정산 서북쪽)와 신현리(新峴里-오천리 서남쪽)를 한눈에 내려다 볼 수 있는 선에 방어진지를 편성한 다음 13시에 다시 공격을 개시하여 제11연대는 부운령 서쪽 4km 지점 외어리(外於里)에 진출했고, 제12연대는 오천리에 이르렀는데 이때 적의

포화가 집중되는가 싶더니 오천리 서남쪽 저부실에서 전차를 동반한 적 2개 대대 규모가 반격하여 치열한 공방 접전이 벌어졌다.

이날 제1사단이 반격을 개시한 시간과 거의 같은 시간에 적 주력이 서쪽으로 우회하여 함창 서북쪽에 있는 제13연대 정면으로 침투했다.

사단은 상황이 위급해지자 17시경에 격전 중인 제12연대를 오정산으로 철수시키고, 18시에는 제11연대에 함창으로 이동 명령을 내렸다.

적 제2군단은 문경~점촌으로 이어지는 3번 국도 축선으로의 총공격이 여의치 않자 후속하던 제13사단을 함창으로 투입하여 적 제1사단과 함께 함창과 상주를 점령하고 하루 빨리 낙동강을 건너고자 기도했다.

이를 간파한 군단장 유재흥 준장은 허술한 군단 서쪽 방어를 보강하기 위하여 우익 제1사단을 군단 좌 일선으로 전환한 것이다.

제12연대는 오정산 일대에서 적 후속부대를 견제하고 있었기 때문에 당장에 뺄 수 없었으므로 그대로 두고 제19연대 제2대대(최석락 소령)를 제1사단에 배속하여 제11연대와 함께 함창으로 이동시켰다.

오정산진지로 돌아온 제12연대는 2개 대대가 오정산진지를 확보하고 제1대대는 적 집결지로 알려진 유곡 북쪽 원동(院洞)을 기습공격했다.

제1대대장 신현홍 소령은 21시에 제3중대(辛溶軾 중위)를 선두로 영강을 건너 원동으로 진격 중 적 기관총에 맞아 전사했고, 제3중대의 소대장 정기팔(鄭基八) 중위도 전사했다. 부대대장 주여준 대위가 부대를 수습했다.

공격은 성공하지 못했다.

7월 28일 제12연대는 제3대대를 오정산에 남겨 놓고, 주력은 함창 서쪽으로 이동했다.

### 경돌저수지 섬멸전 - 제13연대

7월 26일 15시 제5연대가 점령하고 있던 검안동진지를 인수한 제13연대(최영희 대령)는 도로를 중심으로

제1대대(김진위 소령)를 아천리(雅川里-함창 서쪽 12km)에 있는 경돌저수지(지평지. 상주시 이안면, 32번 도로 남쪽) 북쪽 366고지에,

제2대대(안광영 소령)를 경돌저수지 동쪽 212고지에 각각 배치하고

제3대대(최병순 소령)를 구릉리(具陵里-함창 서쪽 3km)에 대기시켰다.

7월 27일 석양 무렵에 주민들이 몰려와서

"가은(加恩-함창 서북쪽 12km) 부근 마을에 북한군이 집결하고 있는데 오늘밤에 도로를 따라 남진할 것."

이라고 알려 주었고, 같은 시각 무렵에 연대정찰대로부터

"22시에 장갑차를 동반한 적 1개 연대 규모가 주막동(酒幕洞, 일명 주막담-경돌저수지 서쪽 7km, 32번과 901번 도로 분기점)에서 2대로 나누어 1대는 32번 지방도를 따라 아천리로, 다른 1대는 다른 길(현 901번 지방도선)을 따라 남쪽으로 진출하고 있다."

고 보고했다. 뒤의 다른 길은 함창이나 상주로 빠지는 길이다.

최영희 연대장은 이 정보에 따라 예비인 제3대대를 저수지 남쪽 국사봉(國社峰, 338m-북류하는 이안천 동안)으로 이동하여 저수지로 연결되는 이안천(利安川) 도하지점을 봉쇄하도록 해 놓고, 전투태세에 들어갔다.

7월 28일 04시경 아천리로 동진한 적이 366고지 제1대대 좌 일선 제3중대 정면으로 진출했다. 제3중대장 백남원 대위는 장갑차 소음을 듣고 상황을 판단한 후 대대에 보고하는 동시에 중대와 지원 대전차포소대의 사격태세를 갖추어 놓고 적이 접근하기를 기다렸다.

적이 20m 거리에 접근했을 때 사격 명령을 내렸다. 동시에 예광탄을 연

속 발사하여 도로상의 목표물을 알려주었다. 57mm대전차포 2문이 화염을 토했고, 전 중대 화기가 도로상으로 불을 뿜어냈다. 적도 완강하게 저항했으나 날이 밝으면서 적은 분산 퇴각했고, 도로상에는 부서진 장갑차 1대와 적 시체 30여 구가 버려져 있었다.

저수지 동쪽 212고지에 배치된 제2대대는 제6중대(김국주 대위)가 남쪽 저수지 제방을 경계하고 있었다.

새벽에 북쪽 제1대대 쪽에서 나는 총소리를 들었다. 날이 밝았는데도 저수지와 이안천에 둘러싸인 지형적 특성으로 안개가 짙게 끼어 시계가 5m에도 못 미쳤다. 사태를 분간할 수 없어 중대장이 직접 각개 산병호로 돌아다니며 경계 상태를 확인하고 있었는데 고지 아래쪽에서 인기척이 나더니 조금 있다가 안개 속에 두 사람의 머리가 떠올랐다. AK소총을 메고 올라오고 있어 적 초병이라고 판단하고 붙잡았다.

북한군 제13사단 제21연대(이승준 대좌) 소속인 이들은

"제21연대는 어젯밤 왕릉리(旺陵里-가은읍사무소 소재지)에서 출발하여 1개 대대는 중간에서 떨어졌는데 남쪽 방향으로 갔다는 말을 들었고, 2개 대대는 함창을 목표로 장갑차 4대를 앞세우고 아천리로 갔다가 국방군의 기습사격을 받아 분산되었는데 일부가 도로 남쪽 산으로 갔다가 저수지에 막혀 길을 잃고 이곳까지 오게 됐으며 일행은 170명인데 건제가 없는 혼성 부대이고 아침식사를 하기 위하여 경돌마을에 들어왔다."

고 하면서 살려달라고 애원했다.

제2대대는 제7중대가 32번 도로를 봉쇄하고, 제5중대(鄭點棒 중위)가 저수지 제방에서 퇴로를 막고, 제6중대는 경돌마을을 포위했다.

08시경 전투배치가 끝났을 무렵 안개가 걷히고 마을에는 우글거리고 있는 적병의 모습이 눈에 들어왔다.

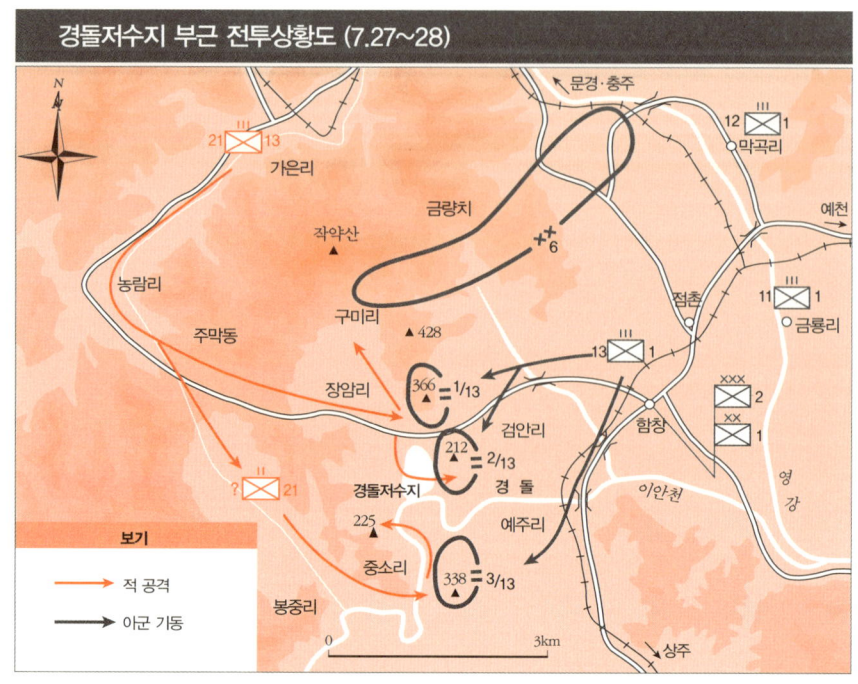

대대장은 사격 명령을 내렸다. 제5, 제6중대 전 화기가 불을 뿜어 마을은 순식간에 불바다가 됐다. 적은 대항할 엄두를 못 내고 우왕좌왕하다가 쓰러졌다. 마을에 들어온 적은 섬멸했고, 15명을 사로잡았다.

### 국사봉 전투 - 제11연대

제11연대는 7월 27일 저녁 늦게 부운령에서 반전하여 제13연대진지에 투입되었다가 다음 날(28일) 06시 제13연대의 이안천 이남 진지 및 국사봉 진지를 인수하고, 함께 국사봉을 점령하고 있는 제13연대 제3대대(최병순 소령)를 배속받았다.

06시 짙은 안개로 뒤덮인 이안천변에서 총소리가 요란하게 들려왔다.

배속된 제13연대 제3대대가 이안천을 도하하여 예주리(曳舟里-336고지 북쪽)로 침공하는 적을 발견하고 교전을 벌인 것이다.

연대장 김동빈 중령은 상황을 파악할 겨를도 없이 우선

배속된 제19연대 제2대대(최석락 소령)를 제13연대 제3대대에 증원하고,

제1대대(김재명 소령)를 336고지 북쪽에,

제3대대(정영홍 소령)를 그 남쪽에 전개하여 방어 태세를 갖추었다.

제13연대 제3대대가 국사봉을 점령한 것은 04시경이다. 1시간쯤 지났을 무렵 이안천변이 갑자기 소란하여 최병순 대대장이 확인한 결과

제10중대장 김주명 대위가

"밤중에 안개까지 끼어 식별할 수가 없으나 한 무리가 이안천을 도하하고 있다."고 보고했다.

이보다 앞서 연대 집결지인 구릉리에서 연대장으로부터

"적 일부가 주막동에서 무명도로를 따라 남쪽 동막동(東幕洞-상주시 恭儉面) 쪽으로 침투하고 있다."

는 정보를 들었기에 저들이 그 적임을 쉽게 판단할 수 있었다.

대대장은 적 동태를 주시하도록 하면서 진지를 고지 서단부로 압축하여 경계태세에 들어갔다.

적 무리는 일부가 도하 중에 있었고, 도하한 일부는 제방에 집결하여 웅성거리고 있었는데 가끔 억센 북한 사투리가 들려왔다.

곧이어 중대 규모 병력이 예주리(曳舟里-국사봉 북쪽, 이안천 남안) 쪽으로 오고 있었다. 대대장 최병순 소령은 더 이상 지체할 수 없다고 판단하고

"사격개시!"

하고 소리를 질렀다.

순간 이안천변은 총포성이 천지를 진동했다. 때마침 증원되어 있던 제19

연대 제2대대(최석락 소령)가 가세하여 이안천을 완전히 제압했다. 적은 응사할 엄두도 못 내고 분산 도주했고, 도하를 서두르던 적이 응사했으나 날이 밝았을 때는 시체 50여 구가 천변에서 발견되었을 뿐 적의 행적은 보이지 않았다.

제13연대 제3대대 사병 7명, 제19연대 제2대대 사병 5명을 잃었다.

하흘리(下屹里-상주시 恭儉面)로 도하한 적을 추격하는 제2대대를 지프를 타고 따라가던 제11연대장 김동빈 중령은 담배 밭고랑으로 도망가는 북한군 중위 1명을 붙잡아 사단으로 압송했다.

23시에 제6사단 지역에 남아있던 제12연대 제3대대가 복귀했고, 제11연대에 배속되었던 제19연대 제2대대는 원대로 돌아갔다.

### 덤재산 전투 – 제13연대

제13연대는 28일 32번 도로와 경돌저수지에서 적을 격파한 후

제1대대를 428고지(366고지 북쪽)로,

제2대대를 366고지(덤재산)로,

제3대대를 181고지(366고지 동쪽)로 이동하여 진지를 편성하였다.

7월 29일 05시 제1대대가 있는 428고지 북쪽 작약산 쪽에서 포성이 들리는가 싶더니 428고지 하단부에서도 적의 총성과 함성이 들렸다.

대대장 김진위 소령은 사격 명령을 내리는 한편 포병지원을 요청하였으나 당시 제3포병대대의 105mm곡사포(8문)는 제6사단 지원 요청에 응하기에도 모자라는 형편이라 지원을 받을 수 없었다.

대대는 자체 화력 81mm박격포 2문, 60mm박격포 6문, 2.36인치 로켓포 6문에 기관총 8정과 개인화기를 총 집중하여 화력을 작렬했다. 적은 포격과 총격으로 공세를 펴 안개가 걷힐 무렵에는 7부 능선까지 육박했다가 날

이 밝으면서 대대의 집중된 화력에 견디지 못하고 물러갔다.

적은 시체 100여 구를 버리고 달아났는데, 잡은 포로 진술에 의하면 적병의 태반은 남한에서 강제 동원한 소년 의용군들이고, 계속되는 공격에 보급이 불충분하여 사기가 극도로 떨어져 있다고 했다.

대대도 장교 3명과 사병 36명이 부상했다.

이날 이른 아침 제2대대가 있는 366고지에도 연대 규모의 적이 장갑차 4대를 앞세우고, 전 화력을 집중하면서 단숨에 돌파하려는 기세로 366고지와 경돌저수지가 접속하는 애로(隘路)를 통하여 침공했다.

이 길목을 지키고 있던 대전차포소대장 조봉래(趙鳳來) 중위는 적 장갑차가 100m 거리에 접근했을 때 사격 명령을 내렸고, 대전차포 2문이 '펑' 하는 소리와 함께 불기둥을 솟구쳤다. 이를 신호로 로켓포와 박격포가 작렬했고, 이어서 총성이 전 대대로 번져갔다.

불나비처럼 죽음도 아랑곳하지 않고 화염 속으로 뛰어들던 적병은 우왕좌왕하면서 살길을 찾아 사방으로 흩어졌다.

날이 밝아오면서 총성은 멎었다. 도로상에는 불에 탄 장갑차 3대가 있었고, 도로변에는 무수한 적병의 시체가 널려 있었으며, 붉게 물든 경돌저수지에도 시체 30여 구가 떠 있었다. 7명을 사로잡았는데 이들은 적 제1사단 소속으로 밝혀졌고, 적은 문경~점촌 간 3번 국도로의 정면 돌파를 피하여 우회 기동한 것으로 확인되었다.

연대는 김희요(金熙堯) 중위 등 11명이 전사하고 20여 명이 부상했다.

### 경돌저수지 전투(제2차) - 제12연대

제12연대는 전날 복귀하여 04시에 경돌저수지 동쪽을 점령했다.

29일 제2대대(조성래 소령)는 제13연대가 격전을 벌이고 있는 가운데 북쪽 428고지에서 저수지 동쪽 212고지에 이르는 선에 병력을 배치하고 제6중대(조기백 대위)를 추진시켜 적정을 탐색하게 하였다.

08시경 정찰을 마친 제6중대는 진지를 편성하고 제3소대(이각현 중위)가 정찰 임무를 수행했는데 고지 남쪽에서 연기가 피어오르는 것을 보고 그 위치를 확인한 결과 연골이라는 작은 마을에 적 1개 중대 규모가 아침식사 준비를 하고 있었다.

이각현 소대장은 중대장에게 보고하기 위하여 전령을 보내고 저들의 동태를 살피고 있었는데 중대로 가던 전령이 근처에 나와 있던 적 전초병에게 발견되어 총격을 받고 대퇴부에 관통상을 입어 산 밑으로 굴러 떨어졌다. 이를 본 정찰대가 적 전초병 2명을 사살하였다.

사태는 급변했다. 식사 준비에 정신을 팔고 있던 적병이 총소리에 놀라 사방으로 흩어졌다. 소대장은 전 소대에 사격 명령을 내렸다. 적병 30여 명이 정찰대가 있는 산으로 달려오다가 전원 몰살했다. 나머지 흩어진 적은 뒤늦게 달려온 중대 증원병과 함께 추격했으나 행적을 찾지 못하고 18시 경계진지로 복귀했다.

제3대대(이무중 소령)는 대대 주력을 212고지 남록에 전개하고 제11중대(강영걸 대위)를 전방에 추진하여 경계태세에 들어갔다.

제3소대가 이안천변에 연한 고지 남쪽 지대를 정찰하던 중 08시경 흑연광산 쪽에서 총성이 울려 퍼졌고, 그 10분 뒤 안개 속에서 적의 모습이 드러났다. 소대는 이들을 모두 사살하였다.

바로 서쪽 고지에 있던 제2소대는 진지 남단부를 정찰 중 적의 총격을 받아 소대장 강면섭(康冕燮) 중위가 전사하고 사병 7명이 부상했다.

제1대대(한순화 소령)는 예비대로 연대본부에 대한 경계 임무를 수행하고 있었다. 외각 경계 임무를 수행하던 제2중대(한만형 대위)가 포로 36명을 잡아와 한때 긴장했으나 이들 포로는 전날 경돌부락에서 도망친 패잔병들이었다. 퇴로를 잃고 산 속에 숨어 있다가 도주할 길도 없고 며칠 굶어서 더 이상 견딜 수 없게 되자 투항한 것이다.

### 이안천 도하 저지전 – 제11연대

제11연대는 이안천 서안으로 전진하여 적 도하를 저지하기로 하였다.

적 제13사단은 적 제1사단이 점촌 지구에서 고전하여 진격이 늦어지자 증원된 사단인데 저들 역시 3번 국도로의 정면 공격이 여의치 않자 그 예하 제21연대가 제2군단 후방지역으로 은밀하게 침투하기 위하여 농암리에서 우회하여 동막리로 진로를 택했던 것이다. 그러나 저들이 경돌저수지와 이안천에서 우리 제1사단에 의하여 저지 섬멸되자 적 제1사단이 그 뒤를 이어 우회 침투했는데 그 역시 제13연대의 역공에 막혀 분산되고 일부가 32번 도로를 따라 경돌저수지 서쪽으로 접근했다.

제3대대가 제1대대의 엄호를 받으며 전날 적이 도하한 예주리에서 이안천을 역으로 도하하여 225고지(901번 지방도 동쪽, 동류하는 이안천 북안)와 247고지(225고지 북쪽, 북류하는 이안천 서안)를 탈환하였다. 225고지의 적은 이미 도주하고 없었다.

제10중대(양봉직 대위)는 247고지 북쪽에 있는 우기리(于基里)까지 진출하였으나 적은 은척산(銀尺山, 632고지~247고지 서쪽) 방면으로 잠적하여 보이지 않았다. 주민들 말에 따르면 저들은 몹시 지쳐 있는 것처럼 보였고, 300여 명으로 추산되는 병력 중 절반은 남한 출신 소년들이었다고 했다.

적은 많은 병력을 상실한 것으로 알려졌고, 은척산에 숨어서 병력 수습과 재편성을 서두르고 있는 것으로 확인됐다.

제1사단은 우회한 적 주공의 이안천 도하를 효과적으로 저지하였다.

적 주공 방향이 제1사단 정면으로 옮겨짐에 따라 사단에 대한 항공지원이 본격화되었고, 이때 적·황·백의 대공포판(對共布板)이 중대 단위까지 지급되어 항공기로부터의 식별을 용이하게 하였다. 또 30일 신형 M-2 105mm곡사포 1개 포대(6문)가 직접 지원하였고, 그동안 낙오했던 병력이 속속 복귀하여 사단 전력이 날로 증강되어 갔다.

제1사단과 제6사단은 3번 국도 축선의 적 주공을 저지하고 반격하여 잃었던 진지를 모두 확보하고 반격의 발판을 마련하였다. 이제는 해 볼 만하다고 판단되어 전열을 가다듬고 있을 때 철수 명령이 내려졌다.

미 제8군사령관 워커 중장은 병력의 열세를 지리의 이점으로 극복하고, 공세 전환에 필요한 시간을 벌기 위하여 낙동강 방어선을 형성하기로 한 것이다.

제1사단은 31일 우 인접 제6사단 철수를 엄호하면서 사단의 도하 준비를 위하여 비교적 접적이 경미한 제12연대가 낙동(洛東里-상주 동남쪽 13km, 25번 국도 낙동강 도선장)으로 선발하고, 8월 1일부터 3일 사이에 낙동강을 도하하여 낙동강 방어선에 새로운 진지를 점령하게 된다.

# 제4절 동부 방면 저지전

## 1. 단양 부근 저지전 - 제8사단

**피아군 상황**

제8사단이 동해안을 포기하고 제천으로 철수함으로써 이 방면으로 진출한 적 제5사단은 아무런 저항 없이 삼척을 점령하고 동해안 가도를 따라 급속도로 남진을 계속했고, 동해안으로 상륙한 적 제766군부대(유격대)와 제549군부대(육전대)는 영남 산악지대로 침투하고 있었다.

적 제2사단과 제7사단이 춘천과 홍천을 점령할 때까지 예비사단으로 뒤를 따라오던 적 제8사단은 원주를 점령한 후 평창을 거쳐 제천으로 남진하였고, 일부 선견대는 예천과 영월 방면으로 우회 침투하였다.

이 무렵 국군은

수도사단과 제1사단이 음성~진천 부근에서,

제3사단 제23연대가 동해안 연도에서,

제8사단이 단양~풍기선에서,

제6사단이 충주~문경선에서 각각 저지전을 펴고 있었다.

미 제8군사령부는 이때 차령산맥과 소백산맥에서 적을 저지하고, 일본에서 이동 준비 중인 미 제25사단과 미 제1기갑사단을 투입하여 공세로 이전하고자 구상하고 있었다.

육군은 이에 맞추어 전선을 정제(整齊)하고자 노력하였으나 병력이 부족하고, 지형이 험준하여 좌우 인접부대 간 연계가 충분하지 못하였다.

제8사단의 경우 영해(寧海)에 있는 우 인접 제3사단 제23연대와는 직선거리 110km의 간격이 벌어져 있었고, 좌 인접 제6사단이 위치한 충주와는 40km나 떨어져 있었다.

적은 병참선 신장과 미군 참전을 계기로

'고도의 공격 속도에 맹렬한 타격'

이라는 구호를 내걸고 주요 도로를 중심으로 공격하여 간선도로 주변에서 공방전을 벌이게 된 결과 측 후방이 취약점을 지니고 있었다.

제8사단은 제천에서 정부 양곡을 수송하면서 일부를 군량미로 충당하여 보급이 양호하였고, 전력 손실도 크게 없어서 장병들의 사기는 크게 떨어지지 않았다. 그러나 인접부대와의 연계가 이루어지지 않았고, 상부의 작전계획과 전반적인 전황을 알 길이 없어 사단만이 고립된 것이 아닌가하는 불안감을 씻을 수 없었고, 여러 가지 유언비어가 나돌았다.

전투지역은 계속된 장마로 홍수를 이룬 남한강이 방어에 유리한 장애물이 되어 도움을 주는 일면이 있으나 이러한 기상 조건은 해발고도 1,000m를 넘는 고산준령의 험준한 지형과 겹쳐 전투에서 부담감으로 작용하고, 유일한 기동로인 5번 국도는 굴곡이 심하고 고산 절벽에 쌓여 기동을 제한하고 있는 것이 퇴로에 대한 불안감으로 작용하여 복합적으로 전의를 약화시키는 장애 요소가 되어 있었다.

제8사단은 제6사단과 함께 한강을 건너지 않은 사단으로 비교적 건제를 유지하고 있었으나 2개 연대만을 유지하고 있는데다가 그간의 전투에서 1,500여 명의 병력 손실이 있어 단양에 이르렀을 때

사단 병력은 약 5,500명에 불과하였으므로 보병 중대의 경우 화기소대를 없애고 3개 소총 소대로만 편성 운영하였는데 제천에서 남하한 청년방위대원 약 500명과 학생 250명을 모집하여 보강하였다.

보유 장비는 105mm유탄포 13문, 57mm대전차포 11문,
중기관총 23정, 경기관총 21정, Cal-50 기관총 30정,
81mm박격포 19문, 60mm박격포 27문,
2.36인치 로켓포 120문으로 크게 손실을 입지 않았다.

북한군은 38경비 제1여단을 개편한 제8사단을 단양으로 투입하였다. 적 제12사단(전 제7사단)은 원주 침공 이후 제6사단을 쫓아 충주 방면으로 방향을 잡은 듯하였으나 서부의 적 제1사단이 충주로 전환하면서 적 제12사단은 단양으로 침로를 전환하여 적 제8사단을 지원함으로써 중앙축선에 대한 압력이 배가하였다.

적 병력은 제8사단이 약 10,000명으로 확인되었고, 제12사단은 많은 손실이 있었다고 하나 사단 건제를 유지할 정도의 병력은 보유하고 있는 것으로 보였다.

장비는 122mm유탄포 10문, 75mm직사포 15문,
120mm박격포 12문, 82mm박격포 60문,
45mm반전차포 30문,
중기관총 130정, 경기관총 200정 등

우리와는 비교가 안 되는 월등한 장비를 보유하고 있었다.

전력 자료 : 국방부 『한국전쟁사』 개정판 제2권 「전투 전의 개황」(p158)

**원주 진출을 위한 공격**

7월 2일 11시에 제천으로 이동완료한 제8사단은 부대 정비를 마친 후 사단지휘소를 제천 의림국민학교에 개설하고, 당초에 내려진 사단 진출목적지 원주로 진출하기 위하여 이성가 사단장은

제21연대(김용배 중령) 주력을 제천 북쪽 약 6km 지점으로 추진하여 38번 국도를 중심으로 무도리(務道里)~도화리(桃花里)선에서 영월~주천으로부터 침공하는 적에 대비하는 한편,

제21연대 1개 대대를 증강한 제10연대(고근홍 중령)를 신림리로 추진하여 신림에서 사단 전진을 엄호한 제6사단 제7연대(임부택 중령)와 함께 원주를 탈환하도록 명령하였다.

제8사단이 대관령에서 철수할 때 받은 명령은

"원주로 철수하여 원주를 확보하라." 는 것이었다.

사단이 이동 중에 얻은 정보에 의하여 원주가도(42번 국도)가 차단되었고, 원주가 함락되는 것도 시간문제라는 것을 알고 진로를 바꾸어 제천으로 이동하였으므로 당초의 명령에 대한 미련을 버릴 수가 없었다.

신림리로 진출한 제10연대가 제7연대와 협동으로 7월 3일 08시에 공격을 개시하여 신림치(神林峙-5번 국도상)에 이르렀는데 11시에 제7연대가 원대복귀하라는 긴급명령을 받고 충주로 이동하게 되었다.주)

제10연대는 제7연대 철수를 엄호한 후 제1대대와 제2대대는 신림치 후방 559고지(신림역 동쪽, 5번 국도 동쪽)에, 제3대대는 705고지(신림역 남쪽 약 4km, 국도 서쪽) 일대에 각각 방어진지를 점령하였다. 안용현 『한국전쟁비사』 1 p340

적 제8사단은 원주를 점령한 후 평창을 경유하여 제천으로 진출하였고, 그 일부가 주천과 영월 방면으로 우회하고 있었다.

그날 저녁에 559고지 능선에 배치된 제1대대 제3중대 정면에 소수의 적

이 야습하였다. 야간 전투경험이 부족한 제3중대는 진지가 돌파되어 방어선이 붕괴되고 중대는 분산하여 일부 병력이 연대본부가 위치한 장평리(長坪里-제천시 鳳陽邑, 중앙고속국도 제천IC 부근)까지 후퇴했다.

이를 본 연대장 고근홍 중령은 명령 없이 후퇴한 것에 화가 나서 제3중대 소대장 김천만(金千萬) 중위(8기)와 이인수(李寅洙) 소위(9기)를 7월 4일 이른 아침에 연대장이 직접 총살했다.*

이것은 사단에서 부하장교를 즉결처분한 최초의 사건이다.

> * 육군본부는 1950년 6월 26일 분대장급 이상의 지휘자에게 즉결처분권을 부여하였다. 전투 중에 전장을 무단이탈하거나 적진으로 귀순하거나 아니면 명령 없이 후퇴하는 등 적전비행을 저지르는 경우에는 절차 없이 총살하도록 한 조치였다. 그러나 분별없는 지휘관의 사형(私形)에 가까운 독단 전횡이 없지 않아 여론이 좋지 않았으므로 1951년 7월 1일 폐지했다.

사병 한 사람이 아쉬운 판에 장교를 둘씩이나 죽이는 것이 얼마나 전력손실을 가져오는 것인지 생각해 볼 일이다.

이에 대하여 당시 제8사단장 이성가 장군은 이렇게 증언했다.

나는 인민군이 남침한 날 장병들에게 "나를 비롯하여 누구를 막론하고 뒤로 도망가는 자는 사살하라."고 훈시한 바 있었다. 그러나 '만 부득이할 경우'라고 못을 박았다. 만 부득이할 경우란 싸움을 해 본 자가 아니면 모른다. 싸우다 보면 뒤로 도망가는 자가 있게 마련이며, 이런 자 때문에 전선이 무너질 때가 허다했다. 실상 싸울 때면 지푸라기가 움직여도 머리가 오싹해지는 판에 도망가는 자를 그대로 놔두어 모두 도망가면 전선은 누가 지킬 수 있는가? 그러나 보초가 위치를 이탈해서 도망하던가, 적지로 도망하던가, 싸움하는 도중에 뒤로 도망할 때를 제외하고는 즉결처분이라는 것은 있을 수 없는 일이라고 믿고 또 실천

해 왔다.(안용현 『한국전쟁비사』 제1권 p340)

## 미스터리 이동명령

> 제8사단은 충주로 이동하라

7월 4일 오후

"제8사단은 즉시 충주로 이동하라!" 주)     국방부 『한국전쟁사』 제2권 p435

는 명령을 받았다. 이 이동 명령은 지난번처럼 제6사단장 김종오 대령으로부터 유선으로 전달받았다.

이성가 사단장은 전화상으로 김종오 사단장에게 '이동의 부당성'을 지적하였으나 김종오 사단장은

"명령을 전달할 뿐이다."

라는 대답이었다.

이어서 미 고문관 앞으로 부대 이동 독촉 전문이 계속 날아오자 미 고문관도 부대이동 명령에 따르도록 권고했다.

이성가 사단장은 사단 이동명령을 이해할 수 없어 망설였다. 혹시 그 명령이 오열(五列)* 소행일지도 모른다는 생각과 함께 만일 진실한 명령이라면 상부에서 상황을 잘못 판단하고 있는 것이 분명하다고 생각되었다.

* 오열은 제오열이라고 한다. 근대 군대의 대오는 4열로 되어 있어 제3열이 기준인 지금과는 달랐다. 제4열이 정열(正列)인데 눈에 안 보이는 또 하나의 열이 있다고 하여 제5열이라고 지칭한 것이다. 즉 간첩을 말한다.

사단 참모장 이하 참모들이

"명령 불복종에 대한 책임 문제가 제기될 수 있다."

는 의견이 제기되어 사단장은 부대이동 명령에 따르기로 결심했다.

각 연대를 제천으로 집결시켜 이동 준비에 착수했다. 사단 공병대대(金默 대위)는 신림~제천 간 철교와 교량을 폭파하였다.

이성가 사단장은 부대이동을 열차를 이용하기로 했다.

제천에서 중앙선을 이용하여 영주를 거쳐 영천에, 영천에서 대구선을 이용하여 대구에, 다시 경부선을 이용하여 조치원에, 조치원에서 충북선을 이용하여 충주로 가야하는 엄청나게 긴 이동 여정이다.

육로를 이용할 경우 차량이 부족하여 대부분의 보병부대는 도보로 가야 했다. 또 차량을 이용할 경우도 협소한 도로에 박달재(제천시 鳳陽邑~白雲面 경계)와 다리재(제천시 백운면~충주시 山尺面 경계) 같은 험준한 고개를 넘어야 하고 남한강을 배로 건너야 하는 등 어려움이 많아 사단 병력이 이동하기는 어려움이 많았다.

열차를 이용할 경우 도보행군을 할 경우와 비교하여 시간상으로는 같으나 6월 25일 이후 전투와 후퇴를 거듭하는 과정에서 병사들이 극도로 지쳐 있었으므로 하루라도 쉬게 할 수 있는 이득이 있었다.

제8사단은 7월 5일 02시를 전후하여 열차를 타고 대구로 출발했다.

이성가 사단장은 부대를 대구로 출발시킨 후 헌병을 앞세우고 지프차로 밤새껏 달려 6일 07시에 대전에 도착하여 육군본부가 있는 충청남도 도청으로 들어갔다. 그곳에는 신성모 국방부장관과 육해공군총사령관 보좌관 황헌친(黃憲親) 대령이 있었다. 총참모장과 참모들은 없었다.

이성가 사단장은 신성모 국방부장관에게 부대이동 명령을 받은 사실을 보고하고 미 고문관 앞으로 발송된 전문 5~6매를 제시하면서 부대이동의 부당함을 개진했다. 신 장관은 별다른 의견 없이 제8사단의 전황을 물어본 후 옆방에 있는 미 제24사단장 딘 소장에게 안내했다. 딘 소장은 그때 주한미군사령관으로 임명되어 작전에 관여하고 있었다.

딘 소장은 이성가 사단장에게 제8사단의 전황을 묻고는 대안 제시를 요구했다. 통역은 언더우드(Horace G. Underwood) 박사가 했다.

이성가 사단장은 그때까지의 제8사단 전황을 설명하고 의견을 제시했다. 중앙선은 원주에서 영천을 경유, 부산으로 직결되어 있기 때문에 매우 중요한 작전지역이라는 것과 만약에 아군이 중앙선을 포기한다면 적은 진공지역을 그대로 남진하여 일거에 부산을 점령할 수 있을 것이라고 설명하고 제8사단이 이제라도 다시 중앙선 방면을 방어하는 것이 상책이라고 건의했다. 이어서 제8사단은 현재 2개 연대뿐이므로 1개 연대를 더 증원해 줄 것과 소백산맥 죽령이 전략적 요충이므로 그 선에서 방어하면 최대한으로 시간을 지연시킬 수 있다고 부연 설명을 했다.

딘 소장은

"무조건 되돌아가라."

고 했고, 신성모 국방부장관은

"부대 이동에 관하여 앞으로 나의 친서가 아니면 총참모장의 명령이라도 일절 듣지 말라."

고 하면서 비행기편을 알선해 주었다.

그 시각에 부대는 선발대가 대구에 도착하여 점심식사를 하고 있었고, 나머지는 영천과 안동에 각각 도착해 있었다.

사단장은 우선 부대가 되돌아간다는 사실을 통신으로 알리고 비행기 편으로 대구에 가서 부대와 함께 열차를 되돌려 단양으로 되돌아갔다.

단양에 도착한 시간은 7월 6일 18시였다.

### ▮ 제8사단은 대구로 이동하라

국방부 『한국전쟁사』 개정판 제2권(p158, 159)은 이렇게 기술했다.

"사단은 즉각 대구로 이동하라."
는 육본작명이 하달되었다.

"7월 5일 02시 선발대가 출발하였고, 특별열차가 준비되는 대로 주력이 후속하고 있었는데 선발대가 대구에, 중간 제대가 영천에 그리고 공병파괴반을 제외한 후방제대가 안동에 각각 도착한 것은 15시경이었다. 이때 대전으로 선행한 사단장은 총참모장 정일권 소장으로부터

'그러한 작명을 하달한 사실이 없으니 즉각 북상하여 제천선을 확보하라.'
는 작전 지시를 받고 즉각 L-4연락기로 대구에 당도하게 되었으며 사단 주력은 기관차를 돌려 달고 그대로 북상하기에 이르렀다."

이렇게 하여 되돌아오게 된 제8사단은 23시 안동에 집결하여 숙영한 다음 6일 10시에 출발하여 18시에 단양에 도착하였는데 이때 북한군 제8사단은 이미 제천을 거쳐 남한강 북안까지 진출해 있었다.

## ▌허위 작명으로 밝혀졌다

안용현 『한국전쟁비사』는
앞의 것을 '충주이동설',
뒤의 것을 '대구이동설'
이라는 제목으로 두 가지 내용을 함께 소개하였다. 그리고 '대구이동설'은 당시 제8사단 작전참모 정진(鄭震) 소령이 "사단은 대구로 이동하라."는 작전 명령을 받았다고 주장하여 발단이 되었다고 했다. 그러나 이 작명이 허위인 것으로 밝혀져 지휘관과 참모들은

"정진 소령이 적과 내통하여 만든 장난이니 총살해야 한다."
고 주장하기도 하였으나 사단장이 무마하여 사태를 수습하고 정 소령을 교체했다고 했다.

정 소령은 끈질긴 노력 끝에 출처가 불명한 수수께끼의 전문을 찾아내어 '빨갱이' 누명을 벗었다고 소개하였다.(제1권 p343)

어찌했든 이로 인하여 제8사단은 전선을 40시간 비웠다. 중부전선에 큰 구멍이 생겼는데 천만다행하게도 멍청한 북한군 제8사단은 이런 사실을 모른 채 꾸물거리느라 절호의 기회를 이용하지 못했다.

### ▌의문은 남아 있다 – 과연 허위 작명인가?

충주 이동명령은 제6사단장 김종오 대령을 통하여 전달되었고, 이성가 사단장이 육군본부에 들렸을 때 처치 준장의 태도는 작명을 잘못 내린 것을 인정하고 있는 것 같은 태도로 보였다.

반면에 대구 이동설은 작전참모 정진 소령이 이동명령을 받았다고 주장한 것으로 기술했다. 앞의 사단장이 직접 전달 받은 것과는 모양새가 맞지 않는다. 작전참모가 주요한 위치기는 하나 사단이동이라는 중요한 작명을 작전참모의 말만 믿고 놀아난 꼴이 되었다. 마땅히 사단장이 상급부대의 책임있는 사람에게 확인했어야 한다.

앞 『한국전쟁비사』(1 p343)는 다음과 같은 사실을 소개했다.

"정 총장의 회고록 :

「틀림없이 육군본부가 이동명령을 내렸다. 그러나 일부 병력으로 제천을 확보하도록 지시 했을 뿐이다. 사단이 대구로 돌아가서 이동하리라고는 꿈에도 생각하지 않았다.」"

이동명령을 내렸다면 충주로 이동하라는 명령이었을 것이다. 제천에서 충주로의 이동은 전투지경선 조정 수준이었으므로 충분히 이해 할 수 있는 명령이다.

"대구로 돌아가서 이동하리라고는 꿈에도 생각하지 못했다."

는 너무 무책임한 말이다. 대구로 돌아가는 것이 이동의 순로다.

이성가 사단장은 이동에 앞서 철도를 이용하는 경우와 도보로 행군하는 경우를 비교 검토하고 열차이동을 선택했다. 이동에 소요되는 시간은 같은데 6월 25일 이후 계속된 전투와 이동으로 인한 피로에 극도로 지쳐 있는 장병들을 열차에서나마 쉬게 할 수가 있어서 열차이동을 택했다고 했다.

당시 제천~충주간에는 철도가 연결되어 있지 않기 때문에 열차를 이용할 경우 제천~안동~영천~대구~조치원으로 돌아서 가야 했다.

사단이 처한 상황을 고려하지 않고, 제천에서 충주는 가까운 거리이기 때문에 명령을 내리는 사람은 쉽게 생각하였고, 부대를 지휘한 사단장은 실제 상황에서 제반여건을 고려하여 가장 현실적인 방법을 선택한 것이다.

결국 탁상 명령과 실제 상황과의 괴리현상이 빚은 해프닝이다.

대구로 이동하라는 명령은 실제 명령이라고 보기는 어렵다. 후에 전사를 쓰는 사람이 그렇게 추측하고 쓴 것으로 보는 것이 옳을 것 같다.

## ▎좀 생각했어야!

이동 목적지가 충주와 대구로 다를 뿐 모든 과정은 둘 다 같다.

충주로 이동하라는 명령은 방어지역 조정이라는 명분이 있다.

수도사단과 제1사단을 보은에서 안동으로 이동하라는 명령,

미 제25사단을 상주에서 마산으로 이동한 명령 등이 그 예다.

열차를 이용할 경우 제천~영천(중앙선), 영천~대구(대구선), 대구~조치원(경부선), 조치원~충주(충북선)로 우회하는 번거로움이 있었고, 그것이 결과적으로 터무니없는 이동으로 비추어졌을 뿐 제천과 충주의 간격은

# 1950년대 철도 지도

2002년 철도청 발간 철도 주요 연표

제8사단 이동 경로
— 이동한 경로(제천~대구)
— 이동할 경로(대구~충주)
가는 선은 협궤철도

* 충주(◻)~봉양(◻) 간 철도는 1958년 5월 15일 연결되었다.

1개 연대 전투지경선에 불과하다. 육로 이동이 가능한 상황이므로 충분히 있을 수 있는 명령이다.

앞에 본 정일권 총장의 "일부 병력으로 제천을 확보하도록 지시하였다."는 사실은, 일부 병력은 제천에, 주력은 충주로 이동하여 충주~제천에 새로운 전선을 형성하라는 뜻으로 받아들이기에 충분한 정황이다.

대구로 이동하라는 명령은 황당하다. 전투사단을 전선이 아닌 대구로 뽑아야 할 이유가 없다. 사전에 반드시 확인을 했어야 했다.

국방부 전사편찬위원회가 먼저 편찬한 『한국전쟁사』 제2권은 충주로 이동 명령을 받은 것으로, 뒤에 편찬한 개정판 제2권은 대구로 이동 명령을 받고 기동한 것으로 기술했다.

앞의 것은 제천에서 충주로 가는 철도 이동의 순리를 아는 사람이 썼고, 뒤의 것은 제천과 충주 사이에 철도 이동이 안 된다는 사실을 모르고 쓴 것으로 볼 수 있다. 그래서 부대가 대구까지 간 결과적인 사실을 기초로 대구 이동설을 기술한 것이 아닌가 생각해 볼 수 있는 상황이다.

뒤 전사는 제6사단 제19연대가 제천에서 열차 편으로 충주로 이동했다고 기술했다. 그때 제천에서 충주까지 철도가 연결되지 않았다는 사실을 모르고 기술한 것이다. 이로 미루어 보면 충주이동설은 얼토당토 않는 일이라고 생각하고 대구 이동설로 귀결시킨 것 같기도 하다.

제1장 제5절 「5. 싸우지도 않고 물러나야 하는 제6사단」 참조

### 매포리 적 사단지휘소 공격 – 제10연대

7월 6일 18시, 제8사단이 대구에서 반전하여 단양에 도착했을 때는 적은 이미 제천을 점령하고 1개 연대 병력이 남한강 상류 대안 매포리(梅浦里-단양군 매포읍-5번 국도변)까지 진출해 있었다.

제8사단은 단양공업중학교에 집결하여 부대를 정비한 후
제21연대를 일선으로 하여 남한강 연안에 배치하고,
제10연대를 예비로 단양 주변 경계와 북쪽 적정에 대비하였다.

이날 육군본부로부터

"제8사단은 1개 연대로 원주를 공격하고, 나머지 부대는 현 전선을 고수하여 적의 남하를 저지하라."

는 명령을 받았다.

또 전날에는 제천으로 되돌아오는 길에 안동에서

"제8사단은 제천에서 고립을 각오하고 남하하는 적을 저지 섬멸하라."

는 명령을 받았었다.주)

국방부 『한국전쟁사』 개정판 제2권 p161

육군본부 작명은 제8사단이 제천은 능히 확보할 수 있을 것으로 믿고 내린 것으로 보였다. 한편 이성가 사단장은 그 나름대로 그릇된 작명에 놀라 제천을 적에게 내어줌으로써 작전에 차질을 초래한 책임을 통감하고 제천 탈환을 굳게 결심하였다.

대구 이동의 책임을 지고 물러난 정진 소령 후임으로 작전참모가 된 권태순(權泰順) 중령이 제천 탈환을 위한 작전 계획을 짜고 있는데

"매포국민학교에 인민군 사단전방지휘소가 있고, 주변에는 소규모 경계병력만 있을 뿐 주력은 제천에서 침공 준비를 서두르고 있다."

는 첩보가 강을 건너 온 피난민으로부터 입수되었다.

첩보를 제공한 사람은 경찰관과 제천 유지로 신뢰할 만한 사람이었다.

사단장은 작전 계획을 수정하여 제10연대 제1대대(박치옥 소령)로 하여금 적 사단지휘소를 기습케 하여 적의 예봉을 제압하기로 하였다.

사단 공병대대가 공격대대 도하를 위한 교량 가설을 시도했으나 부교나 가교 장비를 갖추지 못한데다가 적 위협이 가중되어 실패했다.

제1대대장 박치옥 소령은 더 이상 공병대의 도하준비를 기다릴 수 없어서 6일 23시 단양을 출발하여 중방리에서 제2중대(안동훈 중위)가 먼저 도하를 강행하여 대안에 교두보를 확보하고, 주력은 나룻배 3척을 이용하여 아래하진으로 강을 건넜다. 다음 날 05시에 도하를 완료했다.

적 사단전방지휘소는 단양 북방 10km 지점에 있었고, 공격목표에 이르는 길은 우측 천주봉(天柱峰-579고지)과 좌측 금수산(錦繡山-1,016고지) 중간으로 흐르는 계곡을 타야 했다. 첨병소대를 앞세우고 하리(下里)~상리(上里)~솔고개(松峴)를 넘어서 각기동(角基洞-매포국민학교 서남쪽) 서쪽 계곡에 도착하였다. 길이 험하고 적지에서 주간에 은밀히 행동하기 때문에 6km남짓 진격하는데 하루가 걸렸다. 밤중에 휴식을 취한 후 8일 04시에 매포국민학교가 눈 아래 내려다보이는 평동리(坪洞里) 무명능선에 도착했다.

정찰대가 침투하여 확인한 결과 매포국민학교에 사단전방지휘소가 있고, 북쪽 257고지와 동남쪽 265고지에 증강된 1개 중대 규모 병력이 분할 배치되어 경계를 맡고 있었다.

무명능선에서 공격 목표까지는 동북방 약 1km이고 그 중간에는 들판이 있는데 그 한가운데에 267고지 능선이 가로놓였다.

대대장 박치옥 소령은

제2중대가 267고지 능선에서 정면으로 공격하고

제1중대는 평동리 좌측 능선으로 우회하여 서북쪽 257고지를 공격한 후 북쪽의 적으로부터 제2중대를 엄호하고

제3중대는 267고지로 진출하여 제2중대를 엄호하게 하였다.

박격포와 기관총은 제1, 제2중대에 배속했다.

매포국민학교 운동장에는 적 장갑차 여러 대와 포 10여 문 그리고 견인용(牽引用) 말 100여 필이 즐비해 있었다.

8일 05시에 공격을 개시하였다. 81mm박격포, 기관총 4정, 2.36인치 로켓포 6문, 20정의 유탄발사기가 일제히 불을 뿜었다. 운동장에 있던 장갑차와 포 10여 문이 파괴되었고, 보급품을 실은 트럭은 불길에 싸였으며, 사람과 말 시체가 사방으로 튀었다.

이른 새벽에 기습공격을 당한 적은 우왕좌왕하면서 갈피를 못 잡았다. 257고지에서 경계하던 일부 병력이 소총과 기관총을 난사하면서 응전했는데 평동리 좌측 능선으로 침투한 제1중대가 돌진하여 급습하자 저들은 분산 퇴각했고, 이 틈을 타서 정면 제2중대가 매포국민학교로 돌진했다. 이때 1개 대대 규모의 적이 속칭 생선바위로 급진하여 소화기와 함께 122mm유탄포와 120mm박격포를 집중하는 바람에 선두에서 지휘하던 제2중대장 안동훈 중위가 전사하고, 사상자가 속출하였다. 중대는 이를 무릅쓰고 매포국민학교로 진입하여 수류탄과 소총으로 포와 장갑차를 가격하고 적을 박멸하여 한 사람도 남겨놓지 않았다.

전황의 추세를 지켜보던 대대장 박치옥 소령은 소기의 목적을 달성한 이상 더 머물 필요가 없다고 판단하고 양 중대에 철수 명령을 내렸다. 상황이 급박하여 전사자는 버리고 나왔다.

시간이 흐르면서 전열을 가다듬은 적 약 2개 중대 병력이 우측으로 침투하여 대대 후방을 포위하고 퇴로를 차단했다.

대대는 적과 접전하면서 포위망을 돌파하여 우덕리(友德里-매포국민학교 남쪽) 계곡에서 병력을 수습하고 단양으로 철수하던 중 속칭 버심이고갯마루에 이르렀을 때 481고지~미면리(米面里-우덕리 남쪽)선 일대에 피아를 구분할 수 없는 진지가 보였다.

대대장 박치옥 소령은 이 진지가 제3대대일 것이라고 생각했다. 고근홍 연대장으로부터 제1대대가 적의 역습을 받아 철수할 경우를 대비하여 제3

대대 1개 중대를 금수산 우측 575고지에 배치하여 퇴로를 확보하겠다는 말을 들었기 때문이다.

쌍안경에 비친 병사들 모습이 이상하여 제3중대 1개 소대를 정찰대로 보내어 확인토록 하였다. 정찰대가 능선을 타고 올라가자 "빨리 올라오라."고 소리쳤다. 7부 능선에 진출했을 때 갑자기 욕설과 함께 사격이 퍼부어졌다. 소대는 분산 퇴각했고, 유도된 포가 대대 주변에 작렬했으며, 북쪽에서 적이 추격해 왔다.

대대장은 이미 퇴로를 차단한 적이 앞뒤에서 협공한 것으로 판단하고 집결지를 도하지점 하진리로 정하여 중대 단위로 분산하여 퇴각시켰다. 적 포격과 함께 추격이 급박하여 부상자도 수습하지 못하였다.

대대는 천신만고 끝에 적의 포화와 함께 험준한 산악을 돌파하여 18시에 하진리 도하지점에 집결하였다. 강 북안에 교두보를 확보해 주지 않아 철수하는 병력을 자체 병력으로 엄호했다.

하진리 도선장에는 나룻배 4척이 있었고, 제9중대는 강안(江岸)진지에 그대로 머물고 있으면서 퇴로를 확보해 주지 않았다.

이 전투에서 제1대대는 적 100여 명을 사살하고, 장갑차 3대와 소구경포 10문, 트럭 3대를 파괴 또는 소각하는 전과를 올렸고, 중대장 안동훈 중위를 비롯하여 20여 명이 전사하는 피해를 입었다.

## 단양의 바뀐 지리

충주호 조성으로 옛 단양은 읍사무소를 비롯한 중심지 일부가 수몰되어 지금의 신단양으로 옮겼다. 지금의 단양시가지는 남한강이 S자형으로 만들어진 아래 반원 안에 있고 구 단양으로부터 약 5km 정도 서북쪽으로 옮겨졌다. 위 반원에는 도담리가 있다. 구단양은 지금의 단성면사무소 부근에 있었다. 제10연대 제1대대가 도하한 하진나루는 당시는 단양의 서쪽으로 지척이었지만 지금의 단양에서는 서남쪽으로 직선거리 약 6km 지점이다.

단양읍이 옮기면서 새로운 단양읍이 생겼고, 구 단양읍 지역은 단성면이라는 새로운 행정구역이 생겼다. 당시 단양면은 단성면으로 바뀌었다.

철도도 옮겨졌다. 당시 철도는 단양역(지금의 단성역) 북쪽 1km 지점에서 철교를 건너 강 북안을 따라 도담역으로 이어졌는데 지금은 단성역에서 5번 국도와 같이 강 남안을 따라 가다가 단양역이 있는 못골에서 철교를 건너 도담역으로 이어진다. 당시의 단양역이 단성역이 됐고, 그로부터 약 5km 북쪽 강 남안 심곡리 못골에 새 단양역이 생겼다.

지명과 거리와 방향이 당시와 많이 달라진 것을 참작해야 한다.

### 남한강 도하 저지전 - 제21연대

제21연대(김용배 중령)는 7월 6일 밤 이래

우측 봉의등(696.1m-고수동굴 동쪽)*1에서 좌측 아래텃내(下坊里)의 324고지에 이르는 남한강 남쪽 연안 10km 정면에

우로부터 제2대대, 제1대대, 제3대대 순으로 배치하고,

제7중대(김성빈 대위)를 단양 서북쪽 20km 지점에 있는 청풍(淸風-제천시 청풍면)에 파견하여 남한강 연안선을 확보하게 하였다.

도담리(島潭里-단양읍) 대안에는 적 정찰대가 때때로 나타나서 소규모 사격전이 되풀이 됐다.

8일 저녁 무렵 하괴터널*2 고지에서 적 직사포가 맹위를 떨치면서 연대 진지를 교란하고 대안 덕천리와 상진리(上津里)에 적 그림자가 자주 나타나면서 도하 준비 징후를 보이기 시작했다.

* 1 봉의등의 명칭
  현대지도 편『전국도로안내지도』(p83)와 면사무소에 확인한 명칭은 봉의등
  국방부『한국전쟁사』개정판 제2권(p167), 영진문화사 편『정밀도로지도』는 峰郵登
* 2 하괴터널은 중앙선 결설 당시에 조성된 것으로 보이나, 철도터널로 사용하지 않고, 버려져 있는 빈 터널이다.(철도공사 홍보실 배은선 확인)

김용배 연대장은 전투태세에 들어가면서 적 포진지에 대한 포격을 요청하였는데 M-3포 사정이 짧아 위력을 발휘하지 못한 반면 적 직사포는 여전히 치성을 부렸다.

저녁부터 내리기 시작한 비는 밤이 깊어가면서 더 세차게 내려 음산한 분위기를 감돌게 하였다.

8일 23시 30분부터 도담리 서안과 상진리에서 적 도하가 시작되었다.

제2대대(朴永燮 대위)는

제6중대(우교봉 중위)를 우 일선 봉의등에서 고수리(古藪里)에,

제5중대(李聖五 대위)를 좌 일선 외양방(外陽坊, 속칭 바깥양뱅이-지금의 단양시가지 대안) 664고지에 진지를 점령하고 있었다.

19시부터 대대 정면에 적 포격이 집중되자 81mm박격포와 60mm박격포로 맞섰다. 하늘에는 형형색색 조명탄이 날고, 포탄의 섬광이 굉음을 내며 교차하여 불꽃놀이를 방불케 하였다.

이윽고 제6중대 정면에 1개 중대 규모의 적이 10여 척의 철선과 뗏목으로 도하하는 것을 박격포 조명탄이 비춰주었다. 중대 전 화력이 불을 뿜었고, 대대의 81mm박격포가 가세하였다. 그러나 적은 더욱 치열하게 포격을 집중하여 중대진지를 초연으로 뒤덮어 놓고 도담리로 도하한 즉시 358고지 능선으로 올라붙어 공방전이 벌어졌다.

적은 계속 도하하여 병력이 늘어났고, 덕천리에서 도하한 무리가 고수리

로 진출하여 협공했다. 중대는 퇴로가 차단되어 물러설 수밖에 없었다. 포위망을 돌파하고 다음 날 03시에 봉의등으로 이동하였다.

제5중대는 강안이 벼랑으로 이루어진 지형 조건 때문에 적이 도하하지 못하였는데 우측 제6중대가 물러서자 함께 고수리 계곡으로 이동하여 기촌리 쪽 능선에 진지를 편성했다.

제1대대(최취성 대위)는 연대 중앙 664고지에서 슬금산(瑟琴山, 671m)* 에 이르는 정면을 담당하였다.

> * 슬금산(瑟琴山) 명칭
>   孫成祐 편 『한국지명사전』과 현대지도 편 『전국도로안내지도』는 슬금산.
>   국방부 『한국전쟁사』 개정판 제2권은 금음산(琴吟山, p167), 슬음산(瑟吟山, p169, 171)이라고 기술. 현지 주민들은 실금산이라고 부른다.

제2중대(金鍾浩 중위)를 우 일선 664고지 서쪽 능선에,
제1중대(양보 중위)를 중앙 일선으로 심곡리(深谷里) 돌출부에,
제3중대(金漢龍 중위)는 예비대로 슬금산에 거점을 확보하고 있었다.
제4중대(김광철 중위)는 제1중대진지 돌출부 능선을 확보하였다.

제4중대는 강릉에서 낙오한 박격포소대가 복귀하지 않아 중화기중대로서의 기능을 발휘할 수 없었기 때문에 보병진지를 점령한 것이다.

제2대대가 포격을 받던 19시 하괴리 터널고지에 포진한 적 직사포가 일선 양 중대진지를 굽어보면서 포격을 집중하였다.

제4중대장 김광철 중위는 이에 굴하지 않고 Cal-50기관포와 제3중대에서 배속된 60mm박격포로 응사했다.

23시 30분, 도담리 제2대대진지에서 요란한 총성이 울리자 양 중대는 60mm박격포 조명탄을 하늘 높이 쏘아 올렸다. 조명탄 불빛에 비친 상황은 긴박했다. 적 1개 중대 규모가 이미 강 남안에 다다랐고, 2개 중대 규모가

그 뒤를 이어 도하하고 있었다.

중대 전 화력이 불을 품어 저지하였으나 적 포가 돌출부에 집중하였고, 강안에 이른 적은 수류탄과 다발총을 난사하며 덤벼들어 돌출부 중앙까지 침공했다. 제1중대와 제4중대가 차전차퇴(且戰且退) 고전을 치르는 동안 고음리(古音里-슬금산 북쪽 강안) 계곡으로 침투한 적이 하양방(下陽坊, 속칭 아랫양뱅이)에서 제2중대와 교전을 벌였다.

제2중대는 전 화력을 총동원하여 저지에 사력을 다했으나 결국 적이 진전으로 밀려들면서 수류탄전으로 이어졌고, 적 120mm박격포와 직사포가 664고지 서쪽 능선 일대에 집중하여 중대는 혼란에 빠졌다. 이때 일부 적이 노동리(盧洞里-664고지 서남쪽) 쪽으로 침투하자 퇴로가 차단될 것을 우려한 대대장은 양 중대를 슬금산으로 물러서게 하였다.

대대는 7월 9일 03시에 슬금산에 집결하였고, 제2중대가 664고지 서남쪽 무명고지를 점령했다.

### 단양 공방전 - 제21연대 제3대대

연대 좌 일선 제3대대(이창률 소령)는 단양시가지 정면을 맡았다.

제10중대(黃基相 중위)를 우 일선 현천리(玄川里-단양읍)에서 5번 국도에 이르는 강안 일대에 배치하고

제9중대(崔泳龜 중위)를 좌 일선 324고지를 확보하게 하였다.

제11중대(맹보영 중위)는 예비로 덕상골(현천리 남쪽) 서북능선에 배치했다.

7월 8일 우인접 제1대대가 공격을 받은 19시, 좌일선 제9중대가 확보하고 있는 324고지에 포격이 시작되더니 시간이 갈수록 극성을 부렸다.

대대장 이창률 소령은 이 포격이 단양 철교 부근에서 도하하기 위한 준비 사격으로 판단하고 연대장에게 대전차포 지원을 요청하였다.

21시 30분, 대전차포 중대장 서봉교 중위가 57mm포 2문을 가지고 와서 324고지 동단 도로가에 배열하고 적 포진지가 있는 터널고지와 적 집결지로 예상되는 애실(천주봉 남쪽) 계곡 일대에 포격을 집중했다. 얼마동안 포격전이 벌어졌는데 시간이 가면서 점차로 유도된 적 야포 사격이 극심해져서 대전차포는 22시 30분에 물러설 수밖에 없었다.

23시 30분 무렵에 이르자 우측 제2, 제1대대 정면에서는 "적 도하 개시"의 급보가 계속되었으나 포병대대의 집중엄호 탓인지 중대 정면에서는 도하징후가 보이지 않은 채 포격만 계속했고, 때때로 쏘아 올리는 조명탄에도 적의 그림자는 보이지 않았다.

9일 04시, 심곡리 돌출부에 진출한 적이 박격포를 쏘면서 강변로와 심곡리로 뻗은 북쪽 능선을 타고 중대 규모의 무리가 침공했다. 제10중대는 대대 81mm박격포 지원을 받아 1시간 여의 격전 끝에 물리쳤다.

18시 연대 전 정면에 포탄을 퍼붓더니 슬금산 공격에 맞추어 2개 중대 규모가 동북쪽 심실과 동남쪽 뒷실에서 공격했다. 적이 북쪽 능선을 버리고 양쪽 능선을 택함으로써 아군 화력이 분산되어 위력을 잃었고, 상대적으로 적은 직사포를 집중하여 중대를 곤경에 빠뜨렸다.

예비 제11중대 2개 소대가 급진하여 뒷실에서 공격하는 적 측배를 강타하여 서북쪽의 적세는 둔화되었으나 2개 소대 규모의 새로운 적이 북쪽 능선으로 침공하여 제10중대는 3면에서 포위된 채 전황이 시시각각으로 악화되어 갔다.

대대장 이창률 소령은 돌출부 무명고지를 확보하기 위해 손실을 초래하는 것보다는 지형이 유리한 새로운 방어진지를 점령하여 결전을 펴는 것이 낫다고 판단하고 철수 명령을 내려 제10중대는 21시에 슬금산 서쪽 511고지로 물러났다.

제21연대 제9중대(최영구 중위)는 7월 9일 제21연대가 제10연대와 진지를 교대한 후에도 사단 정면 돌출부 324고지를 확보하고 있으면서 연대의 직접 지휘를 받았다.

제9중대는 강릉 전투에서 50명에 가까운 병력 손실을 보아 실 병력은 약 100명 정도에 불과하였다. 그것도 제천에서 현지 입대한 신병과 강릉에서부터 부대를 따라 후퇴한 청년, 학생 20여 명을 포함한 인원이다. 장교는 중대장과 제1소대장 경윤호 중위 두 사람뿐이었으므로 화기소대를 해체하여 3개 소총소대로 재편성하고 제2, 제3소대장은 선임하사관이 대리했다.

중대장 최영구 중위는 천주봉(天柱峰) 방면에서 도하한 적을 저지하기 위하여 강안 가까운 능선에 중대를 배치하였다. 진지는 사단 정면에 돌출되어 있어 적의 포격권에 들어있었다.

10일 해질 무렵에 적의 포격이 시작되었고, 21시가 되자 예광탄이 하늘 높이 치솟는 것과 함께 동북쪽 능선에서 총성이 들려왔다. 제1소대장 경윤호 중위로부터 1개 중대의 적이 공격했다는 보고가 왔다.

최영구 중대장은 60mm박격포를 동북쪽으로 집중하여 소대를 독전하고 있는데 이번에는 서남쪽 단양읍 대안 형곡리(玄谷里)에서 도하한 적 2개 중대가 북쪽 와지선(窪地線-움푹 파여 웅덩이처럼 된 땅)으로 침투하여 진지 능선으로 기어 올라왔다. 바야흐로 1개 대대 규모의 적으로부터 협공을 받고 있었다. 적 포화는 야간임에도 불구하고 아군진지에 정확하게 떨어졌.

60mm박격포를 총 집중하여 결사적으로 저항했으나 정면의 적은 중앙을 돌파했고, 일부 적은 후방으로 우회하여 퇴로를 차단하려고 하였으므로 더 이상 지탱하기가 어려워 철수 명령을 내렸다.

최영구 중대장은 병력이 많은 것처럼 위장하기 위하여 적을 역습하는 것 같이 큰소리로 공격 명령을 내리며 야간 철수를 했다. 한참 후에 속은 것을 안 적은 추격했고 단양시내에는 적의 자동화기가 집중되었다.

연대와는 통신이 두절되어 연락병이 오갔는데 연락병으로부터 연대본부가 오늘 밤중에 죽령을 넘어 이동한다는 말을 들었을 뿐 연대나 사단의 계획을 알지 못한 상황에서 대책 없이 무턱대고 남쪽으로 갔다.

밤새 행군하여 가산리(佳山里-단양군 단성면)~도락산(道樂山-964.4m)을 넘어 다음 날 새벽 단양 남방 20km 지점인 적성리(赤城里-문경시 동로면, 59번 국도와 901번 지방도 분기점)에 도착하였다. 이곳은 단양과 예천 중간지점이다. 다시 남진을 계속하여 예천으로 갔다. 이곳에서 제7중대(김성빈 대위)를 만나 합세하여 이곳을 방어하기에 이르렀다.

제9중대가 324고지에서 물러남으로써 단양은 적의 수중에 들어갔다.

### 남한강 연안 전투 - 제21연대 제2대대

7월 9일 새벽부터 적은 122mm유탄포와 75mm직사포로 그리고 이어서 120mm와 82mm박격포로 제2대대진지 봉의등~664고지를 마음껏 두들겨 놓고는 주력이 도담리로 도하하여 05시부터 봉의등과 고수리 계곡으로 침공하였는데, 안개가 걷히고 시야가 트일 무렵에는 적의 무리가 서남쪽 능선 300m 전방까지 다다라 있었다.

봉의등 제6중대진지는 밤새 내린 비로 물에 잠겨 있는데다가 적의 집중포화에 파괴되어 병사들은 물에 잠기고 파괴된 참호 속에 버티고 서서 적이 접근하기를 기다리고 있었다.

적이 완만한 경사를 이룬 진지 전면 200m까지 접근했을 때 중대장은 "사격개시" 명령을 내렸다.

박격포와 기관총 그리고 개인화기가 불을 뿜었다. 선두의 적 일단은 거의 전멸되다시피 하여 물러갔다. 그러나 후속한 주력이 박격포와 직사포의 위력적인 지원을 받으며 쇄도했다. 우측 고수리 계곡으로 침공한 2개 중대 규모의 적이 기촌리 쪽 능선에 있는 제5중대 정면을 돌파하고 금곡동 계곡 선으로 침투하여 봉의등 서남쪽 능선을 타고 침공하였고, 고수리 강변도로를 따라 북으로 우회한 일부의 적은 봉의등 북쪽 계곡으로 침공하여 바야흐로 제6중대는 중포위 속에 들어갔다.

전황의 추세를 파악한 대대장 박영섭 대위는 때마침 진출한 공병대대를 음지촌 서쪽 능선으로 급진시켜 상양방(上陽坊, 윗양뱅이)으로 물러선 제5중대와 함께 계곡을 제어(制御)케 하면서 제6중대의 철수를 명령했다.

제6중대는 포위망을 탈출하여 10시에 664고지로 집결했다.

기촌리 능선에서 공격을 받은 제5중대는 무너진 호 속에서 반신을 드러낸 채 전 중대 화력을 집중하면서 적에 맞섰으나 전력 열세를 극복하지 못하고 상양방(지금의 단양시가지 동남 대안)으로 물러섰고, 제6중대가 664고지로 철수하자 연계하여 거점을 확보하였다.

도담리를 비롯하여 남한강 남안을 점령한 적은 664고지 일대에 포격을 집중하더니 11시에 증강된 대대 규모의 적이 침공했다.

밤새 내리던 가랑비가 먼동이 트면서 그치는가 싶었는데 정오 무렵에 먹구름이 하늘을 가리더니 세찬 빗방울이 산과 들을 뒤덮기 시작했다.

대대장 박영섭 대위는 강변 승패가 이 일전에 달려있다고 통감하고 연대장에게 포 지원을 요청했다.

대대장은 낙오탄으로 인한 손실이 생기더라도 이를 감수하고 병사들의 사기 진작을 위하여 포병지원이 필요하다고 역설하였다. 노도처럼 밀려드는 적을 대대 화력을 총 집중하여 사력을 다하고 있었는데 이때 포병 제1탄이 적이 쇄도하고 있는 북쪽 능선에 정확히 작렬하였다.

싸우던 병사들이 비 오듯 하는 적탄을 무릅쓰고 상반신을 일으킨 채 환호성을 울려 그동안 얼마나 위축되었던가를 엿보게 하였다.

대대장은 명중을 외치며 효력사(効力射)를 긴급히 요청했고, 포탄은 정확하게 작렬했다. 제1파의 적은 많은 희생을 낸 채 물러갔다.

그러나 적의 공세는 호락호락하지 않았다. 숨을 죽이고 있던 적은 18시에 다시 포문을 열어 연대진지선을 초연으로 덮어놓고 공격했다.

19시 30분, 맹위를 떨치던 포병지원이 전 연대 정면으로 분산되면서 집중력이 다소 떨어지자 틈을 놓치지 않고 적은 북쪽과 서북쪽 7부 능선 그리고 우측 제1대대와의 간격인 외양방~하양방으로 침공했다.

제2대대는 50여 명의 사상자를 내면서 분전하여 적을 물리쳤으나 또 다시 증강된 대대 규모의 적이 포위하기에 이르렀고, 비가 내리는 음산한 밤기운까지 곁들여 병사들은 불안한 마음에 사로잡히기 시작했다.

21시에 들어 664고지 동쪽 음지촌 계곡으로 침투한 일부 적이 다발총을 쏘면서 후방을 교란하는 가운데 북쪽과 서북쪽 능선 그리고 외양방~하양방으로 침공한 적이 일제히 공세를 취하였다. 불안감에 휩싸여 있던 병사들은 접적하기도 전에 한 사람, 두 사람 진지를 이탈해 갔고, 급기야 근접전을 제대로 펴보기도 전에 저지선이 무너졌다.

제2대대는 가락골(可樂洞)에서 병력을 수습하여 급편진지를 마련하였다.

**포병의 분전**

덕상골(단양읍 德尙里)에서 제21연대를 지원하던 포병진지가 노출되어 적으로부터 집중 포격을 받게 되었다. 이성가 사단장은 포병진지를 적의 포격권에서 벗어난 새터(新基里-슬금산 동남쪽)로 옮길 것을 명령하였는데, 대대장 이하 대부분이 서북청년단 출신인 포병들은

"포병이 포병으로서의 기능을 제대로 발휘하지 못하고 안전지대로 물러

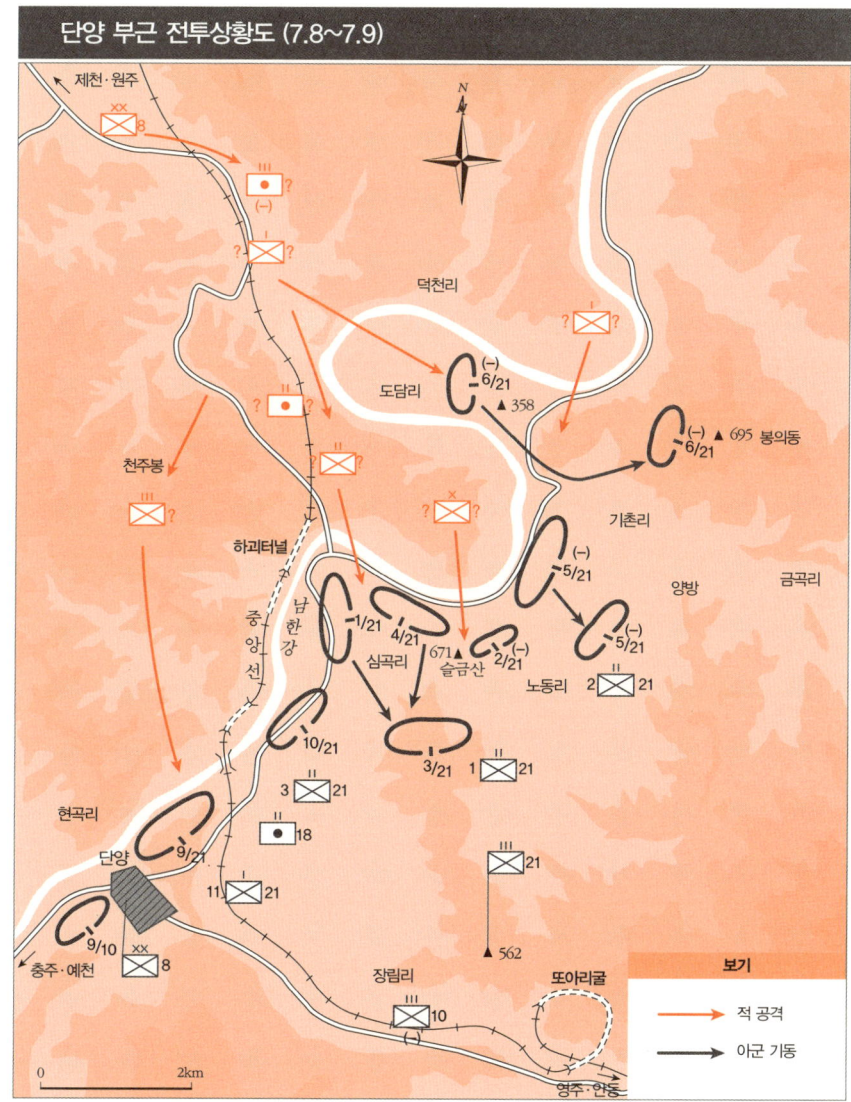

단양 부근 전투상황도 (7.8~7.9)

서면 완전히 적에게 등을 돌리는 것입니다."

라고 항변하면서 오히려 포진지를 북상리(北上里-단성면) 계곡으로 전진한 후 사정이 7,000m에 불과한 M-3포의 성능을 최대한 활용하여 적진에 포격을 가했다. 그러나 소백산맥의 험준한 지형 조건으로 포진지 위치 선정에 제한을 받아 적 주력 도하지점인 도담리 일대와 적 야포진지까지 사정이 미치지 못하여 장병들이 애를 태우고 있었는데 다행히 10시부터 제21연대 제2대대가 664고지를 중심으로 진지 정면을 축소하여 포 사정이 전 정면에 미치게 되자 포병들은 환호성을 지르며 포신이 달도록 사격하여 적을 강타했다.

각 포대 전포대장들은 힘이 절로 솟아 '전포 계속 쏴!'를 외쳐댔다.

어둠이 깔리고 다시 포진지가 노출되자 적의 포격이 포진지에 집중하였고, 제10연대가 전선으로 진출하여 서측방 방어가 허술해졌으므로 21시에 포진지를 당동리(堂洞里-대강면, 똬리굴 서쪽) 계곡으로 전진하여 양 연대가 진지교대 하는 것을 엄호하였다.

### 남한강 연안 반격전 - 제10연대

지루하게 계속 된 장마가 그치고 오랜만에 쾌청한 날씨를 보였다.

제21연대는 계속된 전투로 전투력이 많이 저상되어 있었고, 제10연대는 매포리를 기습하고 돌아온 후 장림리(長林里-大崗面) 대강국민학교에서 정비를 하면서 전열을 가다듬었으므로 제21연대와 전선을 교대했다.

전투력이 우수한 것으로 정평이 나있는 제1대대(박치옥 소령)가 슬금산을 확보하여 여기를 기점으로 반격을 감행하기로 하였다.

제1대대는 10일 03시 슬금산으로 진출하여 제21연대 제1대대진지를,
　제2대대는 같은 시각에 가락골로 진출하여 제21연대 제2대대진지를
각각 인수했다.

제3대대(하병래 소령)는 23시에 제21연대 제3대대(이창률 소령) 주력이 확보하고 있는 511고지를 인수하였고,

제21연대 제3대대 제9중대는 진지를 교대하지 않고 그대로 324고지를 계속 확보하고 있었다.

7월 10일 05시 기촌리 서쪽 적을 구축하기 위하여 반격을 개시했다.

제2대대(鄭順基 대위)는 제5중대(김동중 중위)가 우 일선, 제6중대(김순기 대위)가 좌 일선으로 선봉이 되어 공격을 개시하였다. 적의 포화에 일시 공격이 주춤하기도 하였으나 07시에 664고지~하양방선을 탈환하고 제5중대가 양방~기촌리로, 제6중대가 외양방으로 각각 진격했다.

전날부터 진지를 구축하여 아군의 강력한 포격에도 버티고 있던 적은 밀집 방어태세를 갖추어 완강하게 저항하였고, 수류탄 투척거리까지 접근하여 근접전을 펴고 있었는데 08시경에 이르러 야포와 직사포, 박격포와 반전차포까지 동원된 듯 적 총 화력이 일시에 집중되었다.

이를 지켜보던 연대장은 포병지원을 긴급 요청하였다. 그러나 지원된 M-3포는 사정이 짧아 도움이 되지 못한 반면에 적의 포화가 더욱 위세를 떨치자 연대장은 싱겁게 대대를 664고지로 철수하였다.

공격부대가 적의 저항을 받는 것은 정한 이치인데 용 한번 써 보지 못하고 어렵게 진출한 전선을 물러나게 한 것이다. 장병들은 이런 연대장 밑에서 전투를 승리로 이끌기는 힘들 것이라 했고, 전쟁이 아니라 전쟁놀이 같은 해프닝이 벌어졌다고도 했다.[주]      국방부 「한국전쟁사」 개정판 제2권 p181

같은 공격 시간에 제1대대장 박치옥 소령은 제11중대(이춘식 중위)를 통합지휘하여 고음동~심곡리를 공격하였다.

제3중대(박용학 중위)는 강변에 짙게 덮인 안개 속을 약진하여 북상리 동쪽 봉우리에 있는 1개 소대 규모의 적을 무찌르고 고음동 쪽으로 진격하였는데 그 동쪽 능선을 점거한 중대 규모의 적이 박격포와 기관총을 집중하면서 완강히 저항하였으므로 중대는 서쪽 능선에 산개한 채 2.36인치 로켓포로 응사하면서 돌파를 시도하고 있었다.

좌 일선 제2중대(金益洙 중위)는 북상리로 돌진하여 마을 서쪽 능선으로 오르기 시작하였는데 동서 양쪽 봉우리를 점령한 중대 규모의 적이 일제히 사격을 집중하여 중대는 화망에 휩싸인 채 일진일퇴 혈전을 벌이게 되었다. 이때 동쪽 봉우리에 있는 적 기관총이 치성을 떨자 제2중대장 김익수 중위가 2.36인치 로켓포 2문을 이끌고 적 기관총좌 10m 전방까지 포복으로 접근하여 기관총을 침묵시켰다. 그러나 중대장은 집중된 수류탄 공격을 받고 10여m 벼랑으로 떨어져 부상을 입었다.

제11중대는 북하리(北下里-단양역전, 현재 단성역전) 서쪽 무명고지를 탈환한 후 서쪽으로 진출하여 제2중대와 합세하여 적진으로 약진하였는데 이때 적의 포화가 집중하여 포연과 굉음(轟音)이 병사들의 눈과 귀를 가려 병사들은 방향 감각을 잃었고, 사상자가 속출하였다.

대대장은 각 중대에 철수 명령을 내렸다. 그러나 계속된 적의 포격으로 퇴로가 차단되어 병사들은 분산되고 말았다.

제11중대 제1소대장 정구정(鄭求精) 중위는 적의 포격권을 벗어나 강변 도로 쪽에서 흩어진 사병들을 수습하면서 주력과 헤어진 채 철수하고 있었다. 그는 방금 연옥(煉獄)의 불길 속에서 벗어나 미처 정신을 가다듬지 못하고, 도로를 따라 내려오다가 연대장 고근홍 중령과 마주쳤다.

고근홍 연대장은 정 중위를

"전장이탈자로 간주하여 총살한다."

고 선언하고 권총을 뽑아 정 중위에게 발사했다.

옆에 있던 부연대장 조원영 소령과 작전주임 은형원(殷炯元) 소령 등 참모들이 극구 만류했으나 듣지 않았다. 실탄 7발이 모두 빗나가자 연대장은 화를 내면서 돌아섰는데 이때 쓰러졌던 정 중위가 벌떡 일어나서 큰소리로

'대한민국 만세!'를 삼창하고 자기 권총을 뽑아 입에 물고 발사했다.주)

국방부 『한국전쟁사』 개정판 제2권 p182, 183

**안용현 『한국전쟁비사』(제1권 p435)는 다음과 같이 기술하였다.**

"제10연대는 억수같이 쏟아지는 빗속을 뚫고 야간 행군으로 10일 03:00에 슬금산(瑟吟山)진지를 점령하고 진지 편성 중 05:00 사단장으로부터 '적을 남한강으로 압축하여 섬멸하라.'는 무전이 날아들었다. 고근홍 연대장은 돌연한 공격 전환에도 진두에서 공격 중 정구정 중위가 지휘하는 제11중대가 치열한 적 포탄에 분산되어 단양 쪽으로 밀리자 연대장은 정 중대장에게 무전으로 '다시 원 진지를 점령하라.'고 호령하여 정 중위는 원위치를 암중모색하다가 연대장과 맞닥뜨렸다. 화가 머리끝까지 난 고 연대장은 정 중대장을 향해 '진지이탈자'라고 소리치며 권총을 난사했으나 치명상은 입지 않았다. 그러나 정 중대장은 '대한민국 만세'를 삼창하고 자기 총으로 자결하고 말았다."

고근홍 연대장의 의도는 정 중위에게 각성을 촉구하기 위하여 위협사격만 하고 돌아섰다는 시각이 있다. 진정으로 죽일 생각이었으면 얼마든지 죽일 수 있었을 것이다. 가까운 거리에서 실탄 7발을 쏘고도 안 죽었다면 위협사격으로 볼 수 있는 충분한 정황은 된다.

정 중위는 연대장으로부터 전선을 이탈한 비겁한 장교로 오인 받은 것이 억울하고 창피했을 것이다. 자결은 그가 선택한 최선의 길이었는지도 모른다.

고근홍 연대장은 제천 지구 전투에서도 소대장 2명을 총살한 일이 있다.

철수한 제1대대는 슬금산에서 재편성한 후 그 일대 진지를 점령하였다.
제10연대의 과감한 반격에 전열이 흩어진 적은 공격을 멈추고 얼마동안 공격 징후를 보이지 않았다.

제21연대는 제10연대와 진지를 교대한 후 12시에 장림리 대강국민학교에 집결하여 재편성에 들어갔다. 연대가 진지를 교대한 후에도 제9중대는 324고지에 그대로 남아있었고, 제7중대는 청풍에 있었다.

제1대대는 강릉에서 낙오했던 제4중대 박격포소대장 신영철 중위가 81mm박격포 2문을 끌고 복귀하여 중화기중대 기능을 회복했다.

21시에 324고지 정면에서 요란한 총소리가 나고 예광탄이 하늘에 수를 놓고 있었다. 연대장 김용배 중령은 적의 침공이 시작된 것으로 판단하고

제2대대를 북하리 437고지로,

제3대대를 북상리 두악산(斗岳山-732m)으로

각각 진출시켜 적 침공을 차단하되 단양이 상실되었을 경우에는 역습을 감행하여 제9중대를 구출하고,

제1대대는 예비대로서 현 위치를 확보하라고 명령했다.

21시 20분 제2대대가 선봉으로 출발하여 5번 국도를 따라 진격하였는데 대대 진격을 예측이나 한 듯 적의 포탄이 집주(集注)하여 이를 뚫고 가느라 437고지에 도착한 것은 23시가 지나서였다.

제2대대장 박영섭 대위는 제5, 제6중대를 좌우 일선으로 전개하고, 김명각(金明珏) 소위가 지휘하는 소대를 324고지에 보내 정찰케 하였던 바 그 곳에는 이미 적이 점령하여 진지 공사를 하고 있었으므로 역습태세에 들어갔다.

제3대대는 장촌리에서 능선을 타고 두악산으로 진출하였는데 도중에 단양 쪽에서 때때로 신호탄이 여기저기서 오르는 것이 보여 단양은 이미 적의 수중에 들어간 것으로 판단되었다.

대대장 이창률 소령은 행군 속도를 재촉했지만 밤 중이라 행군 속도가 더디어 다음 날 02시에야 두악산 북사면 고지를 점령했다.

### 수산리에서 와해된 청풍 중대

제21연대 제7중대(김성빈 대위)\*는 7월 6일 사단 선견중대로 청풍(淸風-제천시 청풍면)에 진출하여 비봉산(飛鳳山)에 OP를 설치하고 우측 망월산(望月山) 북방 평동(坪洞)나루에서 남한강 하류를 따라 요소마다 3km에 이르는 도하예상지점에 병력을 배치했다.

제21연대가 제10연대와 진지를 교대했을 때 제7중대는 제9중대와 같이 진지를 교대하지 않았다.

> \* 김성빈 대위는 제주도 4·3사건을 주도한 남로당제주지구총책 김달삼을 사살한 공으로 특진하여 대위가 된 사람이다. 김달삼은 제주도반란사건 진행 중에 해주인민대표자회의에 참석하기 위하여 제주도를 빠져나와 월북하였고, 1949년 8월 4일 인민무장유격대 김달삼 부대를 이끌고 경북 영양 일월산으로 침투하여 동해연단을 조직하고 암약하다가 보현산 지구에서 제3사단 제22연대 제2대대의 토벌작전에서 김성빈 대위에 의하여 사살됐다.

8일 아침에 중대에 배속된 정 모 중사를 대장으로 한 대대 수색대 20명이 청풍으로부터 남쪽에 있는 도리(道里-청풍면)에 정찰을 나갔다가 적 유격대의 기습을 받았고, 일부 적은 제7중대 후방에 침투했다.

김성빈 중대장은 적이 이미 중대 후방으로 침투한 상황에서 적은 병력으로 적의 도하에 대비하는 것보다는 수산리(水山里-제천시 수산면)에서 양쪽 방면으로 침투하는 적을 포착하는 것이 사단 서측면 엄호에 실효가 있을 것이라고 판단하고 9일 오후 수산리로 이동했다. 그리고 마침 도착한 보급차량편을 통하여 연대에 이동상황을 보고했다.

수산리는 단양 서방 12km 지점에 있다. 단양~충주 간 36번 국도와 청풍을 거쳐 제천에 이르는 56번 지방도가 분기하는 곳으로 사단 서 측면을 엄호하는데 필요하고 용이한 곳이다.

제7중대의 이동 보고를 받은 연대장 김용배 중령은 대대 정보관 권영길(權寧吉) 중위를 급파하여

"누구의 명령으로 철수하였는가? 즉시 청풍으로 돌아가라."
고 명령하고 듣지 않으면 총살하겠다고 경고했다.

김성빈 중대장은 부대를 이끌고 청풍으로 발길을 돌렸다. 수산리에서 4km쯤 진출했을 때 연락장교 조규영 소령*이 지프로 달려와서

"제7중대는 이동을 중지하고 최선을 다하여 수산리를 사수하라."
는 새로운 명령을 전달했다.

* 조규영 소령은 제2대대장으로 있다가 직위 해제되어 연대연락장교로 있었다.

제7중대는 다시 행군 방향을 돌려 18시에 수산리로 돌아왔다.

일관성 없는 명령에 갈팡질팡하느라고 시간과 노력만 낭비했다.

수산리에 도착한 중대는 이곳 감제고지 야미산(夜味山, 525.7m-수산 서쪽)을 확보하고 남북 능선에 병력을 배치하여 사주방어진지를 구축하였다.

중대장 김성빈 대위는 그때까지 행동을 같이한 조규영 소령을 도롯가에서 전송하고 발길을 막 돌렸을 때 수색대가 진출한 방향에서 총소리가 울리는가 싶더니 적 박격포탄이 중대진지에 떨어지기 시작했다. 김성빈 중대장은 급히 중대OP로 올라가서 병력을 수습하였으나 적 포격은 점차 치열해졌고, 교란사격을 퍼붓는 가운데 적 1개 중대 규모가 서북쪽 능선으로 침투했다.

진지가 정돈되기 전에 급작스럽게 기습을 당한데다가 6·25남침 이래 적과 교전한 경험이 없는 병사들은 적이 돌격해 오자 각개 분산하여 후퇴하였고 진지는 곧 와해되어 중대장은 부하들의 행방을 잃고 말았다.

다음 날 동이 틀 무렵 연락병을 데리고 수산리 동남쪽 1km 지점에 정해

놓은 중대 집결지에 가 보았더니 단 한 명의 병사가 있었다. 지나가는 주민이 있어

"병사들을 보지 못했느냐?"

고 물었더니 몇 명씩 남쪽으로 가는 것을 보았다고 하면서 인민군이 아래 마을에 와 있다고 했다.

중대장은 병사 두 명을 데리고 남쪽으로 가는데 여기저기 숲 속에 숨어 있던 병사들이 합류하여 날이 저물 무렵에는 중대 병력이 60여 명으로 늘어났으므로 2개 소대를 편성하고 김윤선(金潤旋) 중위와 박용부(朴用孚) 소위를 소대장으로 지명하여 지휘하게 하였다.

김성빈 대위는 수산리로 침공한 적 진출 방향이 예천일 것으로 판단하고 남행을 계속하여 12일 예천에 도착했다. 이곳에서 단양에서 주력과 떨어져 철수한 최영구 중위의 제9중대를 만났고, 또 작전 명령을 전달하고 돌아가다가 적의 기습을 받고 구사일생으로 탈출해 온 대대 정보관 권영길 중위도 만났다. 세 사람 모두 동기생이다.

김성빈 대위와 최영구 중위 그리고 권영길 중위는 예천에서 저지전을 펴기로 의견을 모으고 권영길 중위가 경찰경비전화를 통하여 2개 중대의 도착을 보고했다. 사단에서는 뜻밖에도

"그렇지 않아도 예천이 노출되어 걱정이었는데 참 잘되었으니 그곳을 계속 확보하라."

고 하면서 사단 본부중대요원으로 편성한 혼성 2개 중대를 사단 병기장교 김종렬(金鍾烈) 중위 인솔 하에 보내주었고, 또 이때 예천에 경기도 경찰대 500명이 집결해 있었으므로 이들을 통합하여 혼성대대를 편성하고 김성빈 대위가 대대장이 되어 예천 외곽에 방어진지를 구축하였다.

## 제2의 천험 죽령도 버렸다

7월 11일, 좌측 제6사단은 적 제1사단의 압박을 받고 수안보에서 이화령으로 물러났고, 제1사단은 음성에서 적 제15사단의 공격을 저지하다가 괴산으로 이동했으며, 수도사단은 문안산에서 청주 북쪽 미호천으로 전진하고 있었다.

적 제3, 제4사단은 미 제24사단을 밀고 조치원~금강선에 진출했다.

아군은 금강~소백산맥의 회랑에서 적을 저지하여 공세전환의 전기를 마련하고자 구상하고, 소백산맥의 양어깨인 죽령~조령을 담당한 제6, 제8사단을 효율적으로 지휘하기 위하여 함창에 제2군단을 창설하였다.

19시경 미군 F-51전폭기 2개 편대가 근접 지원하여 30분간 단양시내에 불기둥이 치솟고 적 포격이 한동안 침묵하기는 했으나 적의 공세기도를 무산시킬 만큼의 결정적인 위력은 발휘하지 못했다.

남한강 반격에 실패한 제8사단은 단양을 지키기 위하여 이틀 동안 안간힘을 쏟았으나 전력의 열세는 어쩔 수가 없어 물러나야 했다.

결전을 벌인 지역은 소백산국립공원 서북쪽이다. 소백산에서 이어지는 연봉과 계곡은 천혜의 경관을 이루어 많은 사람들이 그 절경을 찾아 풍광을 즐긴다. 여름철이면 먹고 노는 인파로 산과 계곡이 미어지고 주변에는 유흥시설이 꽉 들어찼으며 구석구석에 신작로가 나 있다.

관광이 제격인 선경(仙境)에서 사람을 죽이는 불꽃놀이를 하여 온통 비경을 초토화했으니 신의 시샘인가? 조물주의 질투인가? 조화로다.

### ▌7월 11일

제10연대는 전날 664고지~슬금산~현천리선으로 물러나 새로운 방어진지를 편성하였다.

11일 21시 30분 2개 중대 규모의 적이 제10연대 제3대대가 있는 슬금산 서쪽 511고지를 공격하여 일선 주력과 후방 예비중대 간 진지선을 차단하였다. 일선 제9, 제10중대는 포위망 속에 들 위기에 처했다.

적진 속에 갇힌 양 중대는 필사적인 항전을 했으나 후방으로 우회한 적으로부터 포위되었고, 전면의 적과는 육박전이 벌어졌다. 칠흑 같은 어둠 속에서 피아를 구분하지 못하여 머리를 만져보고 상대를 찔렀다.

중대장들이 철수를 요청하였으나 대대장 하병래 소령은 어제 무단 철수하다가 일어난 제11중대 정 중위의 불상사를 상기시키며 분발을 촉구했다. 그러나 시간이 갈수록 전황이 악화되자 어쩔 수 없이 연대에 상황을 보고하고 철수 명령을 내려 23시경에 장현리로 분산 철수했다.

철수 과정에서 부상 중이던 제11중대 제3소대장 정현섭(鄭顯燮) 소위가 실종되었는데 적에게 포로가 된 것으로 추정되었다.

제21연대는

제2대대가 단양 남방 북하리 437고지에,

제3대대가 북상리 두악산을 점령하였다.

이날 미명에 연대가 단양으로 역습하고자 출동태세를 갖추고 있었는데 이를 알아차린 듯 적이 324고지 일대에 포격을 집중하면서 두악산으로 선제공격하여 제3대대는 하루 종일 총격전을 벌여야 했다.

제10연대진지선이 무너졌고 제3대대마저 고전을 면치 못하자 다급해진 사단에서는 23시에 제1대대(최취성 대위)를 장림리(長林里) 동쪽 5km 지점에 있는 936고지(똬리굴 동쪽)로 진출하라는 명령을 내렸다.

제1대대는 속칭 매바위골로 들어서서 남쪽 능선으로 진출하였는데 칠흑 같은 밤중에 떡갈나무 숲이 우거진 험준한 산악지대를 거치는데 많은 시간이 걸려 다음 날 먼동이 틀 무렵에야 고지정상에 도착했다.

**| 7월 12일**

　제1대대가 936고지를 점령했을 때는 짙은 안개로 앞이 보이지 않았다.

　안개 틈새로 진지 전면이 보였을 때는 약 1개 대대 규모의 적이 50m 전방까지 압박해 있었다. 제4중대장 김광철 중위로부터 보고를 받은 대대장 최취성 대위는 즉시 전방 제4중대OP로 달려가면서

　"적이다. 각 중대는 사격 개시."

라고 소리쳤다. 순간 적의 총구에서 뿜은 불길이 대대진지에 빗발쳤다. 뜻밖의 기습공격을 받은 병사들은 돌과 나무그루터기에 차폐하여 응사했으나 적은 기관총 사격을 집중하는 가운데 수류탄을 던지며 돌진했다.

　대대장 최취성 대위는 제4중대OP에서 부대를 지휘하다가 적탄이 가슴을 관통하여 그 자리에 쓰러졌다. 대대장이 다시 벌떡 일어나면서 권총을 든 왼손(오른손은 개전 전에 부상으로 절단)을 치켜들고

　"각 중대는……"

하고 외치는 찰나에 또 한 발의 적탄이 머리를 관통했다. 아직도 체온이 남아있는 대대장을 위생병이 응급조치한 후 업고 내려가는데 또 한 발의 적탄이 업혀 있는 대대장의 등을 관통하였다.

　이러는 동안에 적이 진지 중앙을 돌파하여 대대는 와해되었고, 병사들은 방향도 분간하지 못 한 채 사방으로 흩어졌다.

　제10연대가 마조리~장현리선에서 물러나고 제1대대의 936고지가 돌파되어 후방이 차단될 위기에 놓이자 제2, 제3 양 대대는 포병의 엄호 하에 물러서기 시작하여 09시 30분

　제2대대가 우 일선 매바위 능선에,

　제3대대가 좌 일선 퇴리굴 능선에

　진지를 확보한 후 936고지에 대한 공격을 감행하였다.

적은 제1대대와 격전을 치렀고, 이어 제10연대 제2대대의 공격을 받아 타격을 입은 듯 처음에는 저항이 미약하였다. 그러나 시간이 가면서 새로운 적이 가세하고 포격이 유도되어 밀리기 시작하였다. 11시에는 제2대대 엄호를 받으며 제3대대가 물러나고, 제2대대는 1,178고지에 있는 제10연대의 지원을 받아 철수하기 시작했다. 적의 차단 포격으로 연대는 분산 철수하여 942고지에서 일단 병력을 수습하고 기관총과 박격포를 936고지 일대에 퍼부어 압박하는 적을 견제한 후 제10연대 엄호를 받으며 물러나서 21시에 죽령을 넘어 풍기로 갔다.

비가 억수같이 쏟아졌다.

제10연대는 우측으로부터 674고지(당이재)~마조리(磨造里)~장현리선으로 급진하여 02시 30분

제2대대를 우 일선에,

제1대대를 중앙 일선에,

제3대대를 좌 일선에 각각 전개하였다.

전선은 대체로 소백산국립공원 서북쪽 경계선이다.

적은 야음을 이용하여 포격을 집중한 후 적 일단은 제1대대와 제3대대 간격으로, 2개 대대 규모는 제2대대 정면으로 침공했다. 제1, 제3대대는 포병지원과 대대 화력을 집중하여 적을 격퇴했다. 그러나 674고지 제2대대는 분전에도 불구하고 중앙이 돌파되어 끝내 진지를 회복하지 못하고 속칭 가리점으로 물러났다.

마조리~장현리선으로 압축된 전선은 적과 지호지간의 거리를 두고 대치하면서 격전을 치러야 했다.

제1대대장 박치옥 소령은 674고지를 탈환하고자 제1중대를 돌진시켰으나 속칭 당이재에서 명멸하는 포화의 섬광에 중대가 노출되어 적 화망에

휩싸이고 말았다. 결국 중대는 공격을 실패하고 중대장 오효한(吳孝漢) 중위가 부상을 입었다.

이때 제21연대 제1대대가 확보하고 있는 936고지에서 총성이 요란하게 울리고 연사하는 기관총 소리와 함께 수류탄이 작렬하는 소리가 울려퍼지더니 종내에는 적의 다발총과 AK 소총소리가 기승을 부렸다.

고근홍 연대장은 이미 전방지휘소를 죽령으로 이동해 있는 사단장에게 후방이 차단될 긴박한 상황을 보고했다.

사단장은 이날 일출과 더불어 공중지원이 예상되어 이를 계기로 획기적인 전세의 호전을 기대하고 있었다. 몇 시간만 버텨주면 되는 일인데 더 이상 퇴각하는 일은 내키지 않았다.

그러나 연대장이 보고한 상황은 절망이어서 앞뒤 적으로부터 협공당할 우려가 있고 또 동쪽으로 우회하는 적의 동향이 심상치 않아 더 이상 버티라고 할 수도 없는 상황이었다. 아쉬움을 달래며 제10연대를 1,178고지(936고지 동쪽, 지도에는 1,174m)로 물러서게 하고, 제21연대 주력을 936고지로 급진시켜 제10연대 전진을 엄호하게 하였다.

적은 마조리~장현리를 점령하고 그 기세를 몰아 철수하는 연대를 압박하여 진지이탈이 쉽지 않았다. 일면 접전, 일면 이동을 하는 어려움을 겪고 있는데 09시 동쪽 하늘에 F-51 전투기 2개 편대가 나타났다. 포병이 백린탄으로 유도했다. 전투기는 기총소사와 로켓포에 이어 네이팜탄을 적진에 퍼부었다. 이 틈을 타서 연대는 11시 1,178고지를 확보하였다. 936고지에서 분산된 제21연대 제1대대 병사들이 많이 합류했다.

적이 추미(追尾)하여 접전은 계속되었다. 1,178고지는 암벽으로 이루어져 호를 팔 수 없어 돌을 쌓아 차폐하고 있었다. 연대는 밀집 방어태세를 갖추고 몰려드는 적에게 총 화력을 집중하여 저지하고 있었는데 적 일부가 험한 지세를 타고 접근하여 바위를 사이에 두고 수류탄을 주고받는 근접전이 벌어졌다.

제10중대 제3소대장 태호숙(太鎬淑) 소위는 1개 분대를 이끌고 진 밖으로 나가서 큰 바위를 사이에 두고 날아오는 수류탄을 주워 되던지고 나서 카빈 M-2를 갈기고는 몸을 숨기고, 또 수류탄을 주워 던지고 총을 쏘고 숨고 하는 방법을 되풀이 하면서 적을 구축하였다. 그러나 그도 한계가 있는 듯 날아오는 흉탄을 피하지 못하고 부상을 입었는데 출혈이 과다하여 빈사 상태에서 후송되었다.

14시경, 부슬비가 내리기 시작한 무렵 봉의등~어의곡리(於衣谷里-봉의등 동남쪽 약 4km)~상의골로 우회한 적이 경찰대가 확보하고 있는 소백산 주 능선 제1연화봉(蓮花峰 1,394고지-1,178고지 동쪽 약 5km)을 탈취하였다.

사단장은 1,178고지가 협공당할 것을 우려하여 제10연대를 죽령 남쪽 약 5km 지점에 있는 도솔봉(兜率峰, 1,324m)으로 전진하여 결전 태세를 갖추라고 명령하였다가 적이 우회 침투할 것을 우려하여 풍기에서 전열을 가다듬어 일전을 벌이기로 하고 풍기로 철수하도록 명령했다.

제10연대는 942고지(죽령역 남쪽)에서 물러나는 제21연대를 엄호한 뒤 21시 풍기로 물러섰다. 어제 저녁 이후 한 끼의 식사도 구경하지 못했고, 한잠도 자지 못한 사병들은 지칠대로 지친 모습에 비와 땀과 흙탕으로 얼룩진 처절한 몰골로 분루를 삼키며 죽령고개를 넘었다.

## 2. 영주 부근 저지전 - 제8사단

### 전열 정비

제8사단은 12일 21시부터 13일에 걸쳐 풍기로 철수했다.

제8사단은 보급차량을 영주로 철수한 외에도 풍기에 있는 모든 차량을 영주로 철수시켰다. 야간에는 전조등을 켠 채 이동하여 마치 전 사단이 영주로 철수한 양 양동작전을 폈고, 전투 병력은 도보로 이동하여 풍기국민학교에서 재편성한 후

제21연대는 풍기시가지 동남쪽 2km 지점 철도 동쪽 258고지(256.7m) 능선에서 그 동쪽 377고지(노인봉-931번 지방도 동남쪽)~홈다리선에,

제10연대는 시가지 서남방 426고지를 기준으로 철도 서쪽 생현동(生峴洞)에서 서쪽으로 426고지~장군봉(將軍峰, 733m) 능선 일대에

전개하여 풍기시가지를 V자형으로 에워싸는 방어진지를 구성했다.

이 방어선은 풍기 남쪽에서 풍기읍을 지나 동북쪽 봉화 방면으로 이어지는 931지방도 동남쪽에서 도로와 평행하는 선이다.

연대진지전환으로 적의 공격도 주춤해졌고, 전선은 다시 고요한 적막 속에 잠기면서 긴장감만 감돌았다.

죽령에서 남쪽을 바라보면 바로 발밑에 풍기시가가 있고 저 멀리 영주시가지가 한눈에 들어오는데 그 사이는 들판으로 이어져 마치 바다를 조망하듯 시야가 트인다.

죽령에 다다른 적 제8사단은 2주야에 걸친 차량 이동행렬을 보고 제8사단이 영주까지 곧바로 후퇴한 것으로 착각하고 거침없이 풍기로 진입했다. 단양에서 풍기까지는 약 30km에 이르고 중간에 소백산맥이 가로놓여 적 후방지원이 더욱 어려워졌다.

적 제8사단도 재편성에 들어간 것으로 보였다. 단양 전투에서 입은 병력 손실이 큰데다가 신장된 보급선이 아군의 제공권 장악으로 수송에 제약을 받게 되자 식량과 부식을 현지에서 약탈하여 조달할 수밖에 없었고, 또 주민과 우마차를 동원하여 야간 수송에 의존할 수밖에 없는 어려움 때문에 준비하는데 시간이 필요했던 것 같았다.

이 무렵 북한군은 중동부전선 보강을 위하여 서부전선 제1군단 소속 제1사단을 제2군단으로 소속을 변경하여 충주 방면으로 증강하는 동시에 아군 제6사단을 쫓아 충주로 진출한 적 제12사단을 7월 13일 단양으로 이동하여 적 제8사단을 증원케 하였다.

제8사단 정면 적은 제8, 제12의 2개 사단으로 늘어났다.

저들의 전력은<sup>주)</sup>　　　　　　　　　　국방부 『한국전쟁사』 개정판 제2권 p331

병력 20,000여 명에

장비 122mm유탄포 34문, 76mm직사포 45문,

　　　120mm박격포 35문, 82mm박격포 170문,

　　　45mm반전차포 90문, 고사기관총 30정,

　　　경기관총 650정, 중기관총 400정을 보유하였고,

T-34전차 5대와 SU-76자주포 4문이 적 제12사단을 지원하고 있었다.

이에 비하여 제8사단 전력은 보잘 것이 없었다.

제8사단은 단양 전투 이후 별 손실이 없어 당시 수준은 거의 보유한 것으로 보여진다. 단양 전투에서의 전력은

병력이 약 5,000명,

　장비는 81mm박격포 19문, 60mm박격포 27문, 57mm대전차포 11문,

　　　중기관총 23정, 경기관총 21정, Cal-50기관총 30정에

제18포병대대의 105mm곡사포 13문이 지원하고 있었다.

새로이 신형 105mm M-2곡사포 6문으로 장비한 제50포병대대 제1포대가 배속되어 적 122mm유탄포 성능을 능가하는 화력을 보유함으로써 그동안 겪은 작전상 애로를 극복할 수 있게 된 것이 큰 위안이었다.

7월 12일, 10일 부산에 상륙한 미 제25사단이 국군을 지원하기 위하여 상주 방면으로 진출했다.

7월 13일 임익순 대대(전 제25연대 제1대대)가 제8사단에 편입되었다.

7월 16일 미 제24사단 금강 방어선이 무너지면서 제1사단이 미원으로, 수도사단이 보은으로 물러났고, 제8사단 좌 인접 제6사단이 영강선으로 철수하면서 괴산~속리산~상주선이 텅 비게 되었다.

육군본부는 이에 대비하기 위하여 제17연대를 함창으로, 미 제25사단 제24연대 제2대대를 화령장으로 추진하여 미봉하였다.

같은 날 동해안 제3사단은 영해에서 영덕으로 물러났고, 다음 날 영덕을 실함하는 위기를 맞는다.

### 풍기에서의 일전

14일 정오 무렵 적 제8사단은 우리 제8사단의 양동작전에 걸린 듯 1개 연대 규모가 아무런 경계태세를 갖추지 않고 죽령을 넘어 창락국민학교(昌樂-풍기 북쪽 4.5km)에 집결한 후 13시경 1개 대대 병력이 장갑차를 앞세우고 5번 국도를 따라 거침없이 진출했다. 저들이 풍기를 지나서 생현교(生峴橋-풍기 남쪽)까지 이르렀을 때 이미 V자형 방어망을 형성하여 풍기시가지를 에워싸고 있던 제8사단의 보·포가 일제히 불을 뿜었다. 적은 순식간에 궤멸되어 수많은 시체를 둔 채 분산 도주했고 장갑차 4대가 격파되었다.

15일 02시경에는 병력을 가득 실은 적의 트럭 34대가 죽령을 넘어 풍기로 진입하는 것을 포착하고 포격을 유도하여 전 차량을 파괴하거나 불태웠다. 이때 적은 증강된 대대 규모 병력이 섬멸적인 타격을 입었고, 주력은 북쪽으로 퇴각한 것으로 보였다.

12시경 적은 사단 전 진지에 포격을 집중하고 나서 16시 좌 일선 제10연대 정면으로 2개 대대 규모가 침공하여 한때 장군봉을 실함하였으나 과감하게 역습하여 회복하였고, 16일에는 426고지로 침공한 적을 단병혈전으로 물리쳤으며, 최석천(崔錫天) 중위가 지휘한 제3중대 제2소대는 진지 전면 적의 배후로 진출하여 적을 역 포위하고 30여 명을 사살한 외에 8명을 사로잡는 전과를 올렸다. 이러한 전과로 사기가 오른 연대는 17일 밤까지 거듭된 적의 공격을 수포로 돌렸다.

제21연대는 12일 전사한 제1대대장 최취성 대위 후임으로 보병학교 교육파견 중 복귀한 윤태현(尹泰鉉) 소령을 임명했다.

적 제8사단은 연전연패를 거듭하여 전투력을 크게 상실하자 17일 저녁 무렵 제12사단과 임무를 교대한 것으로 알려졌다.

### 무단 철수한 대대장을 총살

7월 18일 02시, 전날 밤 전선에 투입된 것으로 알려진 적 제12사단이 포병지원 없이 전 사단 정면을 기습공격했다.

제21연대 제1대대(윤태현 소령)는 연대 좌 일선 산법동(山法洞-영주시 풍기읍) 서남쪽 술바위~258고지선을 맡고 있었다.

02시경 토성(土城)부락 하천선으로 추진한 제3중대 제3소대 매복선에서 총성이 일어나는가 싶더니 258고지 남쪽과 그 동남쪽 서재골로 우회침투한 적 무리가 다발총을 쏘면서 후방을 교란하였고, 대대 규모의 적이 능선으로 올라붙으면서 대대를 급습했다.

지척을 분간할 수 없는 어둠 속에서 불의의 기습을 받은 대대는 81mm박격포로 조명탄을 쏘아 주변을 밝혀 놓고 화력을 집중했으나 적은 수류탄을 투척하면서 진전으로 육박하여 곳곳에서 백병전이 벌어졌다.

이때 서재골과 옹암동(甕岩洞-258고지 동쪽) 쪽에서 신호탄이 올라가고 다발총 소리가 들려왔다. 258고지는 포위 상태에서 혼전하고 있는 듯 했다.

대대장 윤태현 소령은 전황이 극한 상태에 이르고 퇴로가 이미 차단된 것으로 판단하여 독단으로 철수 명령을 내렸다.

대대장이 철수 명령을 내렸을 때 우 일선 제1중대(양보 중위)는 예비인 제2중대(김종호 중위)가 증원되었고, 우 인접에는 임익순 대대 제2중대(蔡明新 대위)가 측면 지원하여 비록 혼전을 벌이기는 하였으나 중대장이 진두지휘하여 점차 진지가 회복되고 있던 중에 대대장이 SCR-300무전기*로 철수 명령을 내렸고, 제1중대는 진지에서 물러났다.

> *  국방부 『한국전쟁사』 개정판 제2권(p335)은 "SCR-609를 통하여 대대장의 철수 명령이 거듭 하달……"이라고 기술. 당시 대대와 중대 간 교신용 무전기는 SCR-300이고 SCR-609는 1951년(하반기로 기억)에 SCR-300과 교체되었다.

또 258고지 제3중대(김한룡 중위)는 매복 중인 제3소대가 기습을 받아 분산되는 바람에 중대가 포위되어 진지선이 돌파되자 중대장을 중심으로 정상 부근에 타원형 진지를 마련하고 수류탄과 총검으로 일진일퇴의 혈전을 벌이고 있던 중에 철수 명령을 받고 진지를 이탈했다.

일선 중대는 대체로 병사들의 전의가 고조되어 고전을 치르면서도 노호(怒號)하는 중대장 독전소리에 힘을 얻어 용전분투하고 있었는데 대대장의 성급한 철수 명령으로 진지를 이탈해야만 했었다.

대대장은 전황을 면밀히 검토하지 않은 채 근접전을 치르는 상황에서 화력지원이 불가능하고 가용할 예비대가 없다는 것만을 고려하여 철수를 서둘렀던 것이다. 첫번째 과오다.

제1대대는 안심리(安心里) 250고지(248고지 동남쪽) 일대로 물러나서 새로운 진지를 점령했다.

제1대대가 철수한 후에도 제2대대는 진지를 고수하고 있었다.

제1대대는 철수 후에 병력을 수습하여 곧 역습을 감행하고 포병지원을 유도하여 제2대대를 지원했어야 했다. 그러나 새 진지에서 적의 침공에만 대비하는 소극적인 작전을 펴고 있었다. 두 번째 과오다.

이 때문에 제2대대도 철수하게 되었고, 결국 연대의 전 전선이 무너지는 결과를 초래하였으며 사단 방어선 정비를 서두르게 한 요인이 되었다.

연대장 김용배 중령은 제1대대의 무단이탈로 사단의 전 방어선이 와해된데 대하여 격분한 나머지 대대장 윤태현 소령에게 책임을 물어 안심동 북방 능선에서 즉결처분했다.*주)  국방부 『한국전쟁사』 제2권 p461

후임 대대장에는 제2대대장으로 있다가 작전 실패의 책임을 지고 직위가 해제되어 연대 연락장교로 있던 조규영 소령을 임명했다.

> *  윤태현 소령은 육군사관학교 제7기 특별반 출신이다. 6·25 전에 제1대대장으로 있다가 고등군사반 교육 중에 6·25남침을 당하여 죽령에서 복귀하였다. 전임 대대장 최취성 대위가 12일 전사한 뒤 그 후임대대장으로 임명되었다.

### 후퇴했다고 즉결 총살된 장교의 명예 회복

"…… 상해임시정부 예하의 광복군 출신인 고(故) 윤태현 소령은 국군 8사단 21연대 1대대장으로 6·25전쟁에 참전했다가 1950년 7월 17일 경북 영주에서 작전명령 위반 혐의로 총살당했다. 당시 국군 8사단은 경북 영주와 풍기 일대에서 인민군 2개 사단에 맞서 싸웠지만 병력과 장비가 열세였다. 때문에 1대대가 제 위치를 사수하지 못하고 후퇴하자 당시 21연대장이 대대장인 윤 소령을 즉결처분하도록 명령했던 것이다.

　진실화해위는 전투지휘자에게 즉결처분을 인정한 훈령이 1950년 7월 25일 하달됐고, 그 훈령 역시 헌법과 법률에 근거가 없다고 밝혔다. 따라서 윤 소령에 대한 즉결처분은 위법한 것으로 국가가 사과하고 명예회복 조치를 취해야 한다고 진실화해위는 권고했다." (2008년 11월 28일 《조선일보》 보도)


　제2대대(박영섭 대위)는 미곡동(味谷洞) 남쪽 홈다리 고지에서 서남쪽으로 377고지~어은골에 이르는 선을 확보하고 있었다.

　제2대대에는 임익순 대대 제2중대가 배속되어 있었다.

　제1대대가 철수한 뒤에 258고지 일대를 점령한 적은 5발의 신호탄을 쏘아 올린 것을 신호로 대대 규모의 병력이 377고지 정면을 공격했다. 대대는 제1대대와 제3대대의 81mm박격포 및 전 자동화기 지원을 받아 진전 개활지를 강타하여 한동안 적의 기세가 꺾이는 듯하였다.

　이때 제1대대진지를 탈취한 적 일부가 동쪽 계곡으로 진출하여 제3대대가 떠난 309고지(안정면 丹村洞-풍기읍사무소 동쪽)를 탈취하였고, 또 다른 일부의 적이 산법동으로 침투하여 노인봉 배후를 위협했으며, 제1대대진지를 탈취한 적 주력이 서측면으로 쇄도함으로써 제2대대는 도합 1개 연대 규모의 적에게 포위되어 혈전을 치러야 했다.

　연대장 김용배 중령은 377고지를 고수하기 위하여 많은 희생을 감수할 이유가 없다고 판단하고 철수 명령을 내렸다.

　제2대대는 05시 30분에 신기(新基-풍기 동남쪽 4km) 일대로 이동하여 횡격능선(橫隔稜線)을 확보하였다.

　제3대대(이창률 소령)는 연대 예비대로 309고지에 있다가 적 일부가 순흥(順興) 동쪽을 위협하자 16일 지동리로 이동했다.

제10연대는

제1대대(박치옥 소령)가 오향골~426고지의 주진지를,

제2대대(정순기 대위)는 장군봉을 중심으로 저지진지를 확보하고 있었고,

제3대대(김순기 대위)는 예비진지 971고지(장군봉 남쪽)를 점령하고 있었다.

18일 02시 제21연대가 기습을 받은 같은 시각에 제10연대도 기습공격을 받았다. 연대는 일선 제1, 제2대대가 총력을 다하여 저지전을 폈으나 제21연대가 258고지에서 물러난 후 증강된 병력이 우측배로 협공하여 혼전 속에서 사상자가 속출하였으므로 사단장 이성가 대령은 사단 방어선 개편이 불가피하다고 판단하고 연대장에게 철수 명령을 내렸다.

고근홍 연대장은 연대를 생현동~용암산~유전동선으로 물려서 병력을 수습하였다.

### 예천 혼성대대

김성빈 대위가 지휘하는 혼성대대는 예천 외곽선에 방어진지를 편성하고 있었다.

7월 15일 12시 미 제25사단 제24연대 제3대대와 포병 1개 대대가 동 사단 부사단장 윌슨 준장이 지휘하여 예천에 진주하였다.

김성빈 대대장은 윌슨 준장과 협의하여 외곽진지를 미군에게 인계하고 생천동(生川洞-예천군 예천읍, 예천 북쪽)으로 진출하여 적성동(赤城洞-문경시 東魯面, 59번 국도변) 쪽으로부터 침공이 예상되는 적 제12사단에 대비하였다.

16시부터 잠복조를 예천 북방 5km 지점 일대 능선으로 진출시켜 탐색하였는데 정찰대 아니면 유격대로 추정되는 소수 병력이 침투한 것을 잠복조가 사살하였다. 주력은 나타나지 않았다.

17일 17시

"24시까지 영주로 복귀하라."

는 명령을 받았고, 이어서 수송 차량 10대가 도착했다.

김성빈 대위는 윌슨 준장에게 이동을 통보하였다.

"야간 철수는 불가하고 전초진지를 확보해 주지 않으면 미군진지의 안전을 보장할 수 없다."

고 막말을 하면서 이동을 거부했다.

김성빈 대위는 경비 전화로 사단 작전참모 권태순 중령에게 사정을 보고했더니

"귀관은 누구의 부하인가? 명령을 불복종하면 총살을 면하기 어려울 것이니 즉각 복귀하라."

고 성질을 부리면서 일방적으로 전화를 끊었다.

다음 날 05시에 차량 편으로 출발하여 10시에 영주에 도착했다.

김성빈 대위는 수산리에서 예천으로 무단 철수한 죄와 어제 복귀 명령을 받고 즉시 이행하지 않은 죄가 겹쳐 총살을 각오하였는데 사단장과 참모들이 수고하였다고 치하해 주면서 참외와 수박을 산더미처럼 사 주어 포식하고 18일 14시 연대로 복귀했다.

### 풍기 반격전

제8사단이 후퇴하여 생현동~범챙이~용암산 일대 진지를 점거한 적은 13시에 이르도록 별다른 움직임을 보이지 않았다.

사단장 이성가 대령은 적이 공세준비를 하고 있는 것으로 판단하고 그 공세기도를 분쇄하기 위하여 선제 기습공격을 감행하기로 하였다.

19일 14시에 반격 명령을 내렸다.

제21연대는 일부 병력으로 지동리~309고지~377고지~258고지를,
제10연대는 일부 병력으로 용암산~971고지를 공격하라.
공격 진전에 따라 별명이 있을 때 주력이 공세로 이전한다.

### ▎제21연대

예천에서 제7중대(김성빈 대위)와 제9중대(최영구 중위)가 복귀하여 제2대대와 제3대대는 오래간만에 4개 중대를 모두 지휘하게 되었다.

16시 공격준비사격으로 포병이 적의 전선을 강타하고 30분 후에는 포격을 신장하여 적의 포를 제압하면서 적 주력의 증원을 차단하기 위한 포격으로 전환하였고, 각 대대는 선발된 공격중대가 돌진하였다.

제3대대는 최영구 중위가 지휘하는 제9중대가 지동리로,
제2대대는 김성빈 대위가 지휘하는 제7중대가 377고지로,
제1대대는 양보 중위가 지휘하는 제1중대가 258고지로

각각 진격하였다. 적의 완강한 저항을 받아 백병전까지 치르는 치열한 공방전을 벌이면서 적에게 상당한 타격을 주기는 했으나 많은 병력 손실을 내고 목표지점을 탈취하지 못한 채 원진지로 되돌아왔다.

무모에 가까운 역습으로 공격이 실패하여 목표지점에는 진출하지 못했으나 선제 공격으로 적의 공세기도를 좌절시킨 효과는 분명히 있었다.

이 역습 공격에서 제9중대에서만 적 50여 명을 사살하는 전과와 함께 25명이 사상하는 피해를 입었다.

### ▎제10연대

제2대대가 16시 30분을 기하여 용암산~971고지를 축차로 탈취하고 별도의 명령에 따라 장군봉을 공격하며,

제1대대는 별명이 있을 때 범챙이고지~426고지를 공격하도록 명령이 내려져 있었다.

제2대대 선공 중대인 제6중대(白南洙 중위)는 제18포병대대의 공격 준비 포격에 이어 발진하여 단숨에 유전동을 돌파하고 용암산 7부 능선까지 진출했는데 이때 적은 6정으로 추정되는 기관총 사격을 집중하고 수류탄을 굴려 내리며 집요하게 저항했다. 백남수 중대장은 5문의 로켓포를 일제히 쏘아 기관총 3정을 침묵시키고 "돌격 앞으로!"를 소리쳤다. 병사들은 함성을 지르며 노도처럼 적진에 뛰어들어 육박전을 벌였다. 저항하던 적은 점차 전의를 잃고 유전동 북쪽 무랭이 계곡을 타고 달아났다.

제6중대는 적 60여 명을 사살하고 75mm직사포 1문, 61mm 박격포 2문, 기관총 4정을 노획했다.

마침 정일권 총참모장이 전선시찰차 영주에 와 있다가 노획품과 적을 사살한 전과를 확인하고 중대를 치하하면서 고근홍 연대장에게

"2계급 특진을 상신하라."

고 지시하였다. 고근홍 연대장은

"군인이 적과 싸워 죽이고 뺏는 전과를 올리는 것은 당연한 일인데 특진은 무슨 특진이냐?"

고 하면서 상신하지 않아 흐지부지되고 말았다고 당시 중대장 백남수 중위가 뒷날 술회했다.<sup>주)</sup>

국방부 『한국전쟁사』 개정판 제2권 p351

제6중대가 용암산을 탈환하자 제5중대(김동증 중위)는 제6중대를 앞 질러 971고지를 공격했다. 7부 능선까지 진출했을 때 적의 포격이 집중되어 공격선이 화염에 휩싸였고, 이에 제18포병대대가 응사하여 포격전이 벌어졌다. 보병은 더 이상 진격하지 못 하였다.

대대장은 제7중대(李榮珏 중위)를 증원하여 971고지 동남쪽 능선을 공격

케 하였는데, 제7중대는 천부산(天浮山, 849m-鳳峴面 柳田里)까지는 별 저항 없이 진격하였으나 여기서부터 적 화력에 밀려 꼼짝하지 못했다.

연대장은 대대장의 건의를 받아 제5, 제7중대를 용암산을 점거한 제6중대 엄호하에 철수시켰다. 제6중대장 백남수 중위는 용암산을 계속 확보할 것을 주장했으나 용암산진지가 돌출되었고, 양익이 포위될 위험에 처했으므로 493고지로 복귀시켰다.

### 봉화 지구 전투 – 임익순 대대

7월 13일 0시 제25연대 제1대대는 제8사단으로 편입 명령을 받았다.

제25연대(김병휘 중령)는 제2사단 소속으로 안동과 영덕 지구에서 공비 토벌을 마치고 1950년 3월 원 주둔지 온양으로 돌아가서 부대 정비와 교육 중이었고, 제1대대는 그때까지 준동하고 있는 잔비를 소탕하고 연대창설 기념행사를 마친 후에 복귀할 예정으로 안동에 남아있었다.

연대창설기념일은 6월 15일인데 날씨가 좋지 않아 25일로 연기했다.

제1대대장 임익순 소령은 연대창설기념행사에 참석하기 위하여 24일 단신으로 온양에 갔다가 다음 날 6·25남침을 당하여 안동으로 복귀하였고, 제25연대는 의정부 방면으로 출동하였다.

제1대대는 아무런 연락을 받지 못해서 그대로 있었다. 제1대대는 정비를 위하여 다른 장비

임익순 소령

와 함께 무전기를 연대에 반납했기 때문에 연대와는 교신이 불가능했다.

대대장 임익순 소령은 상부 지시를 받기 위하여 백방으로 노력하고 있었는데 25일 밤 대구 주둔 제3사단장 유승렬 대령으로부터 경찰경비전화를

통하여

"제25연대 제1대대는 봉화에서 동해안까지의 방어를 담당하라."

는 지시를 받았다. 이로부터 제1대대는 제8사단에 배속될 때까지 20일 가까운 기간 독립대대로서 봉화 지구에서 독자적인 작전을 수행하였다.

이 지역 상황은 제8사단이 대관령에서 제천으로 철수한 후 공백 상태가 되자 적 제5사단은 무인지경인 동해안으로 남진하여 6월 28일 삼척을 점령한 후 급속도로 남진을 계속했고, 6월 25일 임원과 정동진으로 상륙한 제766부대 일부가 춘양 지구로 침투했다.

27일 육군본부는

"제3사단은 제23연대(김종원 중령)와 진주에 있는 독립 제1대대를 통합 지휘하여 동해안을 방어하라."

는 명령을 내렸다.

이들 부대가 30일 울진으로 이동하여 적 제5사단 전면을 맡았고, 제25연대 제1대대(임익순 대대)는 춘양 지구에서 유격대를 맡게 되었다.

임익순 대대는 6월 27일 오후 춘양에 도착했고, 이후 30일까지 봉화군 소천면(小川面)과 재산면(才山面) 일대에서 유격대 토벌작전을 폈다.

재산면 현동리(縣東里)에서는 2일간 전투에서 적 사살 10명, 생포 65명에 60mm박격포 3문, 기관총 3정, 소총과 실탄 등을 노획했다.

생포한 65명 중 북한 정규군은 5명이었고 나머지는 모두 이들에게 가담한 지방 주민이었다. 지방민들은 조사하여 대부분 석방하고 북한군을 포함한 10여 명을 대구로 후송했다.

7월 9일 14시경 대대정찰대는 적 차량부대가 영월에서 춘양에 이르는 길목인 소백산맥의 도래기재[봉화군 춘양면-동쪽 시루봉(1,093m)과 서쪽 옥돌봉(1,242m) 사이 88번 지방도 상 고개를 넘어오는 것을 발견했다.

적 차량부대가 진입해 오는 길은 해발 1,000m의 도래기재로부터 약 10km 내리막길이 거의 일직선으로 이어져 감제가 쉬운 도로다.

이 길로 병력과 보급품을 가득 실은 차량 대열이 진입하고 있었다.

임익순 대대장은 감제가 가장 용이한 춘양 서북방 낙천당리 364고지능선에 대대OP를 설치했다. 대대OP에서 보면 적이 진입해 오는 도로는 직선으로 오다가 400m 전방에서 좌로 90도로 꺾이어 ┘형을 이루고, 꺾인 지점에서 대대지휘소 앞까지 300m는 논밭으로 시계가 열려 있다.

이 ┘자형 도로를 U자형으로 에워싸고 화망(火網)을 편성했다.

16시경 적의 차량 행렬은 이 완전무결한 함정 속으로 진입하였다.

선두가 대대지휘소 500m 전방에 이르렀을 때 사격 명령을 내렸다.

2정의 0.5인치 기관포 불빛은 선두차를 꿰뚫었고, 81mm박격포탄은 꺾여진 도로에 작렬했다. 양쪽 능선에 매복한 2개 중대 화력이 불을 뿜었다. 불의의 습격을 받은 적은 대항할 엄두를 못 내고 괴멸 상태에 빠졌다. 30분 후 적 차량은 모두 불에 탔고 일부가 살아남아서 도망갔다.

이 전투에서 적 80명을 사살하고, 15명을 생포했으며, 차량 6대를 파괴하였고 차량 4대를 비롯하여 많은 무기와 보급품을 노획했다.

차량은 모두 남침 후 약탈한 일제 차량이었고, 보급품은 대부분 통신기재, 영사기, 의료품이었으며, 식량과 무기는 불에 타서 재만 남았다.

포로 진술에 의하면 저들은 적 제5사단 소속의 특수임무를 띤 증강된 1개 중대 병력으로 춘양 방면에 침투한 유격대를 지원하기 위하여 왔으며, 안동과 대구를 거쳐 울진으로 되돌아갈 예정이라고 했다.

임익순 대대는 7월 13일 제8사단에 편입된 후에 내성으로 철수하여 춘양과 영주에 이르는 사단 동 측면 방어임무에 들어갔다.

제8사단에서는 이 대대를 춘양 또는 내성지구독립대대라고 불렀다.

**영주 지역 전투**

7월 20일 대전이 실함 위기에 빠졌다. 미 8군사령관 워커 장군은 18일 영일만으로 상륙하기 시작한 미 제25사단을 영동으로 추진하여 경부축선을 맡게 하고, 대전에서 고전을 치른 미 제24사단을 김천으로 철수하여 재편성하게 하였으며, 괴산~상주선을 기준으로 서쪽은 미군이 맡고, 동쪽은 국군이 맡도록 전선을 정리했다.

국군 방어 부담이 많이 줄어들었다.

육군본부는 이에 호응하여 제1군단사령부를 의성으로, 수도사단을 안동으로 각각 전진시키고, 제2사단을 해체하여 대구방위사령부로 전환하면서 그 예하의 제16연대를 제8사단에, 제5, 제20연대를 제1사단에 각각 편입하고 제1사단에 편입되었던 제22연대를 제3사단으로 복귀시켰다.

제2군단은 군단장 김백일 준장이 육군본부 작전참모부장으로 복귀하고 후임에 제1군단 부군단장 유재홍 준장이 임명되었다.

이 무렵 제8사단은 강릉 전투 때 군사고문단으로 복귀하여 일본으로 갔던 수석고문관 케슬러 소령을 비롯한 미 고문관이 돌아와서 공지 협동작전이 원활하게 이루어지기 시작했다.

### 제21연대

제21연대는 동촌동(東村洞)에서 서쪽으로 268고지~신촌~옹암동~250고지선으로 이어지는 중앙선 동쪽을 확보하고 있었다.

7월 20일 02시 제21연대는 적의 공격을 받고 격전을 치렀다.

사단 공병대대(김묵 대위)는 임익순 대대 제2중대를 배속 받아 제21연대의 우 일선 조와동(助臥洞)~동촌동(東村洞)선을 확보하고 있었다.

이때 사단 공병대대는 전투대대의 임무를 맡고 있었다.

02시 적 2개 중대 규모가 공병대대 좌 인접 제3대대와의 간격을 뚫고 침공하여 격전 중 좌측 제3대대의 268고지가 돌파되면서 이 방면의 적이 합세하여 공병대대는 죽계천을 넘어 307고지로 철수했다.

　268고지 제3대대(이창률 소령)는 우 인접 공병대대와의 간격을 타고 침투한 적이 남쪽으로 우회하여 배후를 급습했고, 북쪽 능선에 대기하고 있던 적 1개 대대 규모가 정면으로 침공했다.

　박격포가 쏘아 올린 조명탄 아래서 화력전에 이은 수류탄전까지 벌이며 분전했으나 진지선이 돌파되면서 육박전을 벌이는 혼전 상태에 빠졌다. 시간이 흐르면서 적은 병력을 증원하여 포위했고, 대대는 병력 손실이 가중되는데다가 지휘체계마저 흔들려 오계동(梧溪洞-동촌동 남쪽) 고지로 축차 철수하였다.

　이때 전환된 야포가 동촌동~268고지 일대를 강타하였고, 81mm박격포가 능선과 계곡 일대를 화염으로 뒤덮었으며, 기관총을 비롯한 전 직사화기가 물샐 틈이 없이 농밀(濃密)한 화망을 폈는데도 적의 무리는 그 十자 화망을 뚫고 "죽여라!" 하고 달려들었다.

　대대는 오계동에서 급편진지를 마련하였으나 참호나 교통호를 미처 구축하지 못한 상태에서 추격하는 적을 맞아 일진일퇴의 격전을 벌여야 했고, 적 야포가 쏟아져 진지가 아비규환의 도가니를 방불케 하였는데 우회한 일단의 무리가 서 측방에서 포위 공격하여 어쩔 수 없이 05시경에 창진동(昌津洞-영주시)고지로 물러났다.

　신촌 부근 제2대대(박영섭 대위)는 공병대대가 습격을 받은 직후 옹암동 고지에서 적 1개 대대 규모가 밀물처럼 밀려들어 제7중대(김성빈 대위) 경계소대진지가 순식간에 돌파되었다.

　제7중대는 근접전을 치르면서 안간힘을 썼으나 불리한 지형 조건에 시간이 가면서 증강된 대대 규모의 적에 의하여 중포위(重包圍) 속에 빠져든 채 걷잡을 수 없이 혼란에 빠졌다.

대대장 박영섭 대위는 병력 손실을 감수하면서까지 전술적 가치도 없는 야산 고지를 지킬 것인가를 고민하다가 이틀 전에 있은 제1대대장 윤태현 소령의 총살이 떠올라 철수 명령을 내리지 못하고 독전을 했고, 중대장들도 이러한 고충을 이해한 듯 진두에서 백병혈투를 지휘했다.

그러나 시간이 갈수록 전황은 악화되고 사상자가 늘어나자 대대장은 연대장에게 건의하여 276(석벽산-중앙선 안정역 동쪽)고지로 철수했다.

250고지에 있는 제1대대(조규영 소령)는 지난날 대대장 윤태현 소령의 처형으로 인한 죄책감에 사로잡혀 중대장들은 물론 장병 모두가 무거운 분위기에서 헤어나지 못하고 있었다.

신임 대대장 조규영 소령은 각 중대를 돌아다니면서 장병들의 사기 진작을 위하여 많은 노력을 했다. 그 결과 장병들의 죄책감은 대대의 불명예를 씻기 위한 결의로 반전하여 오히려 전의가 치솟았다.

02시 30분 옹암동 쪽 능선을 타고 대대 규모의 적이 쇄도했고, 일부는 서쪽으로 우회하고 있었다. 전 화력을 집중하여 총력 저지하였으나 적은 저들 독전대의 총뿌리에 밀린 듯 미친 듯이 달려들었다. 이에 맞서는 대대의 투혼도 만만치 않았다. 전날의 울분을 씻으려는 듯 앞다투어 육박혈전을 벌이는 병사들의 함성은 산천을 울렸다.

적은 점차로 병력을 증강하여 대대를 포위 압박했으므로 연대장은 재정비를 위하여 276고지로 철수 명령을 내렸다. 중대장들은 연대장 철수 명령이 믿기지 않은 듯 몇 번씩 대대장에게 확인하면서 진지를 고수하자고 건의하는 촌극도 벌어졌다. 05시에 276고지로 전진하였다.

이날 순흥(順興-영주시 순흥읍) 쪽에 집결한 새로운 적이 동쪽으로 우회하여 영주를 급습할 징후가 보이자 제1대대는 17시경에 265고지(마근댕이고개-영주 북쪽)로 이동하여 연대 우 일선 진지를 편성하였다.

### ▌제10연대

제10연대는 사단 좌 일선으로 중앙선 철도 서쪽에 우측으로부터 매봉산(鷲峯山, 275m)~256고지~493고지를 잇는 선을 확보하고 있었다.

제2대대가 확보한 493고지는 적진에 돌출되어 주진지라기보다는 전초진지적 성격을 띠었고, 역습기점으로 확보하였다.

20일 02시 용산 동쪽에서 발진한 중대 규모의 적이 유전동을 거쳐서 사단 좌 일선 제5중대 제3소대(張佑奉 소위)를 양 측면에서 기습공격했다. 소대는 침착하고도 효과 있게 저지하여 이 적을 물리쳤다.

물러났던 적은 다시 화력지원을 받으며 결사적으로 쇄도하여 일진일퇴 공방전이 벌어졌다. 중대장 김동중 중위는 이홍진(李洪眞) 중위가 지휘하는 40명의 특공대를 투입하여 이를 저지했다.

이번에는 대대 규모의 다른 적이 정면으로 진출하여 일선 제5중대와 제7중대의 연계를 차단해 놓고 공격했다.

예비 제6중대를 투입하여 박격포가 쏘아 올린 조명 아래 결전을 벌였으나 적은 계속 병력을 증강하여 세가 불리해진데다가 대대OP가 서측면으로 우회 침투한 적 1개 중대 규모의 기습을 받았다.

대대OP를 습격한 적은 계속 동쪽으로 침투했다.

연대장 고근홍 중령은 제2대대에 철수 명령을 내렸다.

제2대대(정순기 대위)는 동이 틀 무렵 노루모기~255고지 일대로 전진하여 제1대대를 지원하다가 제1, 제3대대가 진지를 전환한 후에 예비가 되어 201고지(영주 서남쪽 5km)로 전진하였다.

256고지에 있던 제1대대(박치옥 소령)는 02시 좌 인접 제2대대 정면에서 치열한 교전 소리를 듣고 전투태세에 들어갔다.

30분 후에 제2대대가 있는 시루봉~493고지 안부를 돌파한 적 일부가 용산동 쪽으로 침입하여 이를 격퇴하였는데 적은 256고지 일대에 포격을 집중하면서 증강된 대대 규모의 다른 적이 정면으로 공격했다. 쌍방간에 치열한 포격전이 벌어졌고, 아군진지의 급조한 개인호와 교통호는 포격에 무너져 병사들은 노출된 상태에서 고전을 치러야 했다.

적은 여러 갈래 공격 제대를 편성하여 파상 공격을 했다. 제1파가 물러나면 제2파가, 다시 제3, 제4파가 연이어 저돌적으로 몰려와서 진내 곳곳에서 육박전이 벌어졌다. 병사들은 박격포 지원을 받으면서 수류탄을 던지고, 총검으로 찌르면서 좌충우돌 분전했으나 밀물처럼 밀려드는 적세에 밀려 일선 제2, 3중대는 256고지 정상으로 물러섰다.

이때 용산동 골짜기로 우회 침투한 적이 256고지를 포위할 기세였으므로 예비 제1중대(弓仁喆 중위)를 투입하고 대대 전 화력을 집중하여 섬멸적인 타격을 입히는 한편 제3중대가 반격하여 서남쪽 능선을 점거한 적 1개 중대 규모를 구축하고 대대 주력과 연계하는데 성공하였다.

전황이 급변하자 적은 곳곳에서 신호탄을 쏘아 올리고는 진전에서 썰물처럼 일시에 물러가는가 했는데 박격포와 직사포를 집중하면서 지축을 뒤흔드는 굉음 속에 적 2개 대대 규모가 재차 공격을 감행했다.

대대는 야포를 유도하고 전 박격포를 동원하여 능선과 계곡을 불바다로 만들었다. 동이 틀 무렵에 적은 십자포화 속에서 쓰러지면서도 양익으로 돌진하여 진내는 다시 백병 혈투장으로 변했다.

이때 사단 방어선 재편성이 불가피하여 제1대대에 철수 명령이 내려졌고, 대대는 동이 틀 무렵 두전동(豆田洞)에 집결하여 병력을 수습하였다.

제3대대(김순기 대위)는 연대 우 일선 매봉산 능선을 확보하고 있었다.

좌측 제1대대가 공격을 받아 교전하고 있을 때 제3대대는 81mm박격포로 조명탄을 쏘아 올려놓고 경계태세에 들어갔다.

제1대대를 공격하던 적 일부인 2개 소대 규모가 제3대대 좌 일선 제10중대 뒷쪽으로 우회하여 침투했다. 대대장 김순기 대위는 예비 제11중대(이춘식 중위)를 급진시켜 제10중대를 포위한 적을 역 포위하고 81mm박격포로 후속하는 무리를 차단한 후 침투한 적을 섬멸하였다.

제3대대는 매봉산진지를 고수하고 있던 중 사단 방어선 재편성에 따라 226고지로 물러났다.

### 소대장님 먼저 갑니다 - 제10연대 제2대대

22일 02시경 제2대대는 전날 탈취한 돌출진지 256고지에서 적의 공격을 받았다. 적은 1개 연대 규모가 좌·우 양익을 포위 공격하였다.

제2대대(정순기 대위)는 절대 열세인 병력으로 유도된 포병의 지원사격을 받으며 거점방어에 들어가 근접전을 폈으나 적 포위망 속에서 고전을 면치 못하자 연대장 고근홍 중령은 256고지 고수가 무모하다고 판단하고 02시 30분 철수 명령을 내렸다.

대대는 제5중대(김동중 중위)가 선두에서 백병전으로 진로를 개척하고 묵동(墨洞) 능선을 확보하여 엄호하는 가운데 꼬리를 물고 추격하는 적과 한차례 격전을 치른 뒤 축차로 철수하여 201고지 예비진지에서 병력을 수습하고 재편성에 들어갔다.

대대 주력 철수를 엄호하던 제5중대는 이홍진 중위가 지휘하는 특공대가 기관총 2정과 2.36인치 로켓포 5문을 가지고 묵동고지에 끝까지 남아서 대대 철수를 엄호하다가 적이 진내로 진입하자 물러났다.

이 중위와 함께 맨 후미에서 물러나던 손석근(孫錫根) 하사가 적탄을 맞고 쓰러졌다. 이 중위가 그를 부축하자 자기 때문에 소대장마저 적에게 포로가 되는 것을 걱정하여

"나는 이곳에서 몇 놈이라도 더 해치우고 자결하겠으니 수류탄만 남겨놓고 철수하세요."

하고 당부했다.

이 중위는 그를 달래기도 하고 호통도 치면서 부축하려 했으나 듣지 않았다. 적이 30m 거리에 접근했을 때 이 중위는 수류탄 3발을 그에게 주고 물러났다. 곧이어 자동소총 연발음이 울렸고, 잇따라 수류탄 터지는 소리가 들리는가 싶더니

"소대장님! 먼저 갑니다." 주)   국방부 『한국전쟁사』 개정판 제2권 p371

라는 절규와 수류탄 터지는 소리가 귓전을 울렸고, 곧 사방은 고요해졌다.

## 영주가 적의 수중에 떨어지다

7월 22일 현재 제8사단은

제21연대를 우 일선 동쪽 마근댕이 부근 265고지(영주 동북쪽 약 4km, 36번 국도 북쪽)에서 서쪽 창진동 276고지(영주 서북쪽 약 4km, 5번 국도 동북쪽) 선에

제10연대를 좌 일선 226고지(영주 서쪽 4km)에서 서쪽 갈산리(葛山里-영주시 長壽面, 28번 국도변)에 이르는 선에 진지를 편성하였다.

대체로 예천에서 영주로 이어지는 28번 국도와 여기서 연장되어 울진으로 이어지는 36번 국도 서북쪽으로 2km 내지 4km의 거리를 두고 국도와 병행하는 선이다.

22일 23시, 치열한 포격과 함께 T-34전차 5대와 SU-76자주포 4문이 직접

지원하는 증강된 2개 연대가 제21연대를 일제히 공격했다.

제21연대는 일선 제3, 제2대대가 혈전을 벌이면서 맞섰으나 적세에 밀려 더 버티지 못하고 자정 무렵 두전리를 중심으로 타원형진지를 편성하여 결전태세에 들어갔는데 영주 북쪽 4km 지점 선바위 부근에 접근한 적 전차와 자주포가 가세하여 연대를 3면에서 압박했다.

23일 01시 무렵에 이르자 전차와 자주포 지원을 받은 적 1개 연대 규모가 일제히 공격하여 진지선이 위협을 받았다.

사단 공병대대는 268고지의 제3중대가 증강된 적 1개 대대의 공격을 받고 중과부적으로 진지가 돌파 당하자 동촌동으로 물러나서 임익순 대대 제2중대와 합세하여 타원형진지를 편성하고 수류탄과 총검으로 백병혈투를 벌였는데 적은 일선에 다발총만을 가진 무리가 덤벼들었고, 뒤이어 수류탄만을 가진 무리가 달려들었으며, 또 뒤에는 다른 무리가 쇄도하여 하는 수 없이 죽계천(竹溪川)을 넘어서 309고지로 물러났다.

276고지 임익순 대대(-제2중대)는 01시 무렵 제10연대를 압박한 T-34전차 5대와 SU-76자주포 4문의 무차별 사격을 받아 진지선이 교란되는 순간 증강된 1개 대대 규모의 적이 진전으로 쇄도했다. 포병의 엄호사격을 받으면서 백병전으로 맞섰으나 사상자가 속출하는 가운데 계속 증강되는 적으로부터 포위되었으므로 02시경에 포위망을 뚫고 죽계천을 건너와서 309고지에서 병력을 수습하였다.

연대가 309고지에서 병력을 수습하고 있을 때 적은 영주시내와 309고지 일대에 전차와 자주포 사격을 집중하면서 기동하기 시작하였다.

사단장은 제2선 확보를 명령하였다.

연대는 08시경에 전선을 이탈하기 시작하여 영주 동남쪽 약 6km 지점에서 중앙선 철도 동쪽에 우에서 좌로 271고지~적동동(赤東洞-영주시 文殊面)

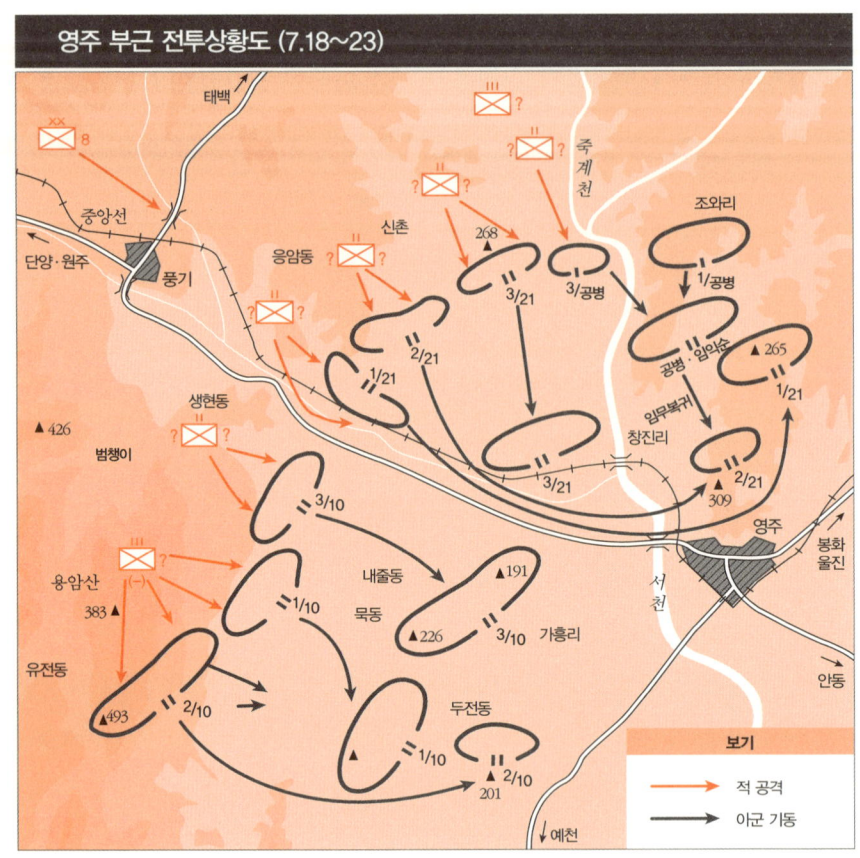

~293고지(중앙선 문수역 동쪽)선에 새로운 진지를 급편하였다.

임익순 대대가 우 일선,

제2대대가 중앙

제3대대가 좌 일선을 맡았고,

제1대대는 예비대가 되었다.

사단 공병대대는 복귀하여 본연의 임무로 돌아갔다.

제10연대는 7월 23일 23시경 두전동(豆田洞)에서 전차와 자주포 지원을 받은 2개 연대 규모의 적이 공격하여 3면에서 포위되었다.

연대는 사단포병이 근접지원을 하는 가운데 전 화력을 동원하여 분전하였으나 우 인접 제21연대가 적동동 부근으로 철수한데다가 사단지휘소가 옹천(甕泉-안동 북방 18km, 중앙선 옹천역)으로 이동한다는 사실이 알려지면서 장병들이 동요하기 시작하여 사기가 떨어졌다.

적의 집요한 공격은 계속되었다. 적 기갑부대가 영주에 접근하자 F-80전폭기 1개 편대가 영주 시내를 강타하였고, 또 다른 1개 편대는 두전동 부근 적진을 공격하여 장병들 사기를 드높였으나 적세는 꺾이지 않고 집요하게 포위 압박했다. 10시에는 전차 5대와 자주포 4문 그리고 이들을 엄호하는 대전차포 4문을 앞세운 적 1개 중대 규모가 영주시내로 진입하였고, 제21연대진지선을 뚫은 무리와 5번 국도를 따라 후속한 무리가 영주시내로 집결하기 시작하였다.

제10연대는 꼼작할 수 없는 위기를 맞았다.

제8사단의 위급한 상황을 보고받은 육군본부는 수도사단 제18연대 제1대대를 급진시켜 제10연대 철수를 엄호하도록 했고, 제10연대는 24일 05시경에 포위망을 탈출하여 서천(西川)을 도섭으로 도하한 후 금광동(金光洞-영주시 平恩面, 중앙선 평은역)에서 병력을 수습하였다.

### 전열 정비

제8사단은 7월 12일 죽령을 넘었고, 14일 적과 마주친 후 10일간 영주 사수를 다지며 선전했다. 1개 연대 손실을 입은 적 제8사단은 제12사단과 교체를 불가피하게 하였고, 개전 이래 물러서기만 했던 제8사단은 병력과 장비의 열세에도 불구하고 선전하여 적을 효과적으로 저지하였으나 절대 우세한 적의 보·전·포 협동 공격을 감당하지 못하고 23일 영주를 적에게 내주어야 했다.

　24일 23시 40분경 사단에 예속된 제2사단 제16연대(문용채 대령)가 옹천으로 진출하여 사단에 합류했다. 제8사단은 사단 창설 이래 비로소 3개 연대 진용을 갖추게 되었다.

　제2사단은 대구방위사령부로 개편되었다.

　사단은 진용을 갖추고 반격 준비를 하고 있던 중 25일 안동으로 진출한 제1군단으로 예속이 바뀌었고, 군단 작명에 따라 반격을 보류하고 내성천(乃城川) 남안에서 방어태세에 들어갔다.

　제2사단 소속이면서 주력과 떨어져 녹귀부대(綠鬼部隊)라는 별명을 가지고 공비토벌작전에서 용맹을 떨친 임익순 대대(제25연대 제1대대)는 제21연대 제1대대로 개편되었고, 제1대대장 조규영 소령은 제2대대장, 김도진(金道鎭) 소령이 제3대대장이 되어 새로운 진용을 갖추었다.


## 3. 무모한 안동철수 - 제8사단, 수도사단

### 안동 방어선

　영주에서 축차적(逐次的)으로 철수한 제8사단은 부대 정비를 마친 후 28일 안동 북방 18km 지점 옹천에 사단지휘소를 설치하고, 5번 국도를 중심으로 내성천 남안에 방어진지를 편성하였다.

　　제21연대를 우 일선 289고지(봉수산 동쪽)~봉수산(烽燧山, 570m)에,
　　제16연대를 중앙 일선 397고지(江東里)~불로봉(不老峰, 482m)에,
　　제10연대를 좌 일선 갈미봉(葛尾峰, 548m)~석탑동(石塔洞)으로 선에 저지진지를 확보하였다.주)

부도 2 제20호 안동부근 전투경과 요도

수도사단 제1연대(윤춘근 중령)는 제8사단을 증원하기 위하여 29일 03시 조운산(鳥雲山, 630m-갈미봉 남쪽)으로 급진하였다가 안동 서쪽 예천 방면에서 침투하는 적에 대비하기 위하여 풍산 방면으로 이동했다.

　수도사단은 진천을 떠난 후 청주, 보은, 함창을 거쳐 7월 20일, 제1연대는 안동에, 제18연대는 예천에 와 있었고, 재정비를 마치고 29일 수도사단에 배속되어 안동으로 왔던 제17연대는 당일 거창으로 이동했다.

　7월 29일 적은 제12사단을 주공으로 삼아 영주에서 안동가도를 따라 제8사단 정면을 공격하였고, 적 제8사단은 예천으로 우회하여 안동 서쪽으로 진출하였으며, 동해안으로 침투한 적 제5사단 일부 병력은 영양을 거쳐 진보(眞寶-청송군 진보면)~청송 부근으로 침투한 적 제766부대와 합세한 후 안동 서쪽으로 우회하여 제1군단을 포위하고자 기도하였다.

　이에 앞서 김일성은 김책 전선사령관을 대동하고 수안보까지 와서 독전을 했고, 적 제2군단장 김무정은 김일성 독전에 따라 7월 26일까지는 어떠한 일이 있어도 안동을 점령해야 한다고 사단장을 다그쳤으나 제8사단의 강력한 저지에 막혀 그 진격 속도는 저들 뜻대로 되지 않았다.

　적 제2군단장 김무정은 남진 속도를 높이기 위하여 전투력이 강한 제12사단을 주공으로 삼아 안동 정면으로 진출시켰다.

　안동을 직접적으로 위협하는 적은 제12사단과 제8사단 일부로서
병력은 약 16,000명으로 추산되었고,
장비는 122mm유탄포 22문, 120mm박격포 28문, 82mm박격포 145문, 76mm직사포 43문, 고사기관총 25정을 갖추어 여전히 병력과 장비면에서 절대 우위를 차지하고 있었다.<sup>주)</sup>　　국방부 『한국전쟁사』 개정판 제2권 p640

　29일 미명, 적은 저들의 계획에 따라 공격을 개시했다. 중앙 제16연대가 돌파되면서 제10연대가 후방에서 기습공격을 받아 전선이 무너졌다.

안동읍 전경

제8사단 방어선은 4km 정도 물러났고, 돌파된 제16연대는 사단 우측으로 이동하여 예안(禮安-안동시) 방면으로 우회하는 적에 대비하였다.

**안동 저지전**

7월 30일 미명에 적 주력이 옹천으로부터 제21연대 정면으로 침공하여 중앙 돌파를 시도하였고,

예안 방면으로 우회한 적 1개 연대 규모가 우 일선 제16연대 정면으로,

조운산을 거쳐 천등산(天登山, 575.5m-북후면사무소 서쪽 약 5km)에 이른 일부 적이 제10연대 정면과 측배로 각각 공격을 개시했다.

사단은 포병엄호 하에 일진일퇴 혈전을 벌였으나 일격에 안동을 탈취하고자 하는 적 발광에 밀려 축차로 물러서기에 이르러 10시에

제16연대가 35번 국도 서쪽 지리산(枝利山, 335m)~278고지선,

제21연대가 사야골~오산동(梧山洞)~187고지선,

제10연대가 보리고개(麥峴-안동 북쪽 약 5km 지점 5번 국도상)~이송천동(二松川洞-5번 국도 서쪽)선을 잇는 선으로 물러섰다.

군단예비 수도사단은 제18연대가 예천에서 적 포위망 속에 갇힌 채 고전

하고 있었고, 제1연대는 풍산 부근에서 적 제8사단의 우회 침투에 대비하고 있었다.

## 제16연대 상황

제16연대는 6·25남침 당시 제2사단 소속으로 청주에 주둔하고 있다가 의정부 방면으로 출동하여 많은 인명 손실을 입었고, 계속된 후퇴와 이동으로 병사들이 전쟁공포증에 사로잡혀 사기가 말이 아니었다. 게다가 궁여지책으로 사단 정훈참모 김정윤(金亭胤) 대위가 의성 지역에서 신병 1,200명을 모집하여 겨우 실탄 사격훈련만을 거친 후 머릿수를 채워 3개 대대 건제를 유지했다.주)

국방부『한국전쟁사』개정판 제2권 p642

이렇게 군복 입은 민간인이 연대 병력의 반을 차지했는데 29일 미명에 적의 공격을 받고 30%의 병력 손실을 입었다.

제16연대장이 문용채 대령에서 김동수(金東洙) 중령으로 바뀌었다.

새로 연대장이 된 김동수 중령은 강력한 통솔 방침을 내걸고 진두지휘하여 전쟁공포증 해소와 사기진작책에 힘을 쏟았다.

제1대대를 우 일선 293고지~260고지~240고지 일대에,

제3대대를 중앙 일선 282고지~속칭 한골 일대에,

제2대대를 좌 일선 280고지 일대에 각각 전개하고

연대OP를 일선진지에 근접한 278고지에 설치했다.

04시 무렵 2개 대대 규모의 적이 35번 국도(안동~춘양~태백가도)를 따라 중앙 돌파를 시도하였고, 그 중 1개 대대 규모는 산간도로를 따라 용두골로 깊숙이 우회 침투하여 연대 동측배(東側背)로 공격했다.

제1대대장 유의준 중령은 즉시 포병사격을 유도하면서 박격포와 기관총을 집중시켰다. 내성천변 기습 성공으로 사기가 오른 적은 기세가 등등하

여 순식간에 정면을 압박하였고, 동측방으로 우회 침투한 적이 등 뒤에서 위협했다. 대대장은 위험에 처한 돌출진지의 제2, 제3중대를 293고지~장수골에 이르는 선으로 물려 급편진지를 점령케 하였는데 적이 뒤쫓아 진내로 침입하여 백병혈전을 벌였다.

제3대대(최민섭 대위)는 한골 일대에서 적 주력의 침공을 받고 진지선이 돌파되어 순식간에 진지 안에서 전투가 벌어졌다. 실전 경험이 없는 병사들이 당황하여 진지를 이탈하는 바람에 진지 일부가 돌파되었으나 대대장이 진두에 나서서 흩어진 병력을 수습하고 역습을 감행하여 백병난투 끝에 적을 물리치고 진지를 고수했다. 그러나 적은 집요하게 집중 공격을 되풀이하여 08시경에 이르자 중앙 일선이 돌파되었고, 뒤이어 주력이 파도처럼 밀어닥쳐 더 이상 버티지 못하고 278고지로 철수하였다.

좌우의 제1, 제2대대(김헌 중령)도 물러섰다.

연대는 재정비하여 반격을 시도하다가 사단장 명령으로 지리산(枝利山, 335고지)으로 전진하여 12시 무렵에 새로운 진지를 확보하였다.

## 제21연대 상황

제2대대를 좌 일선 연곡동(連谷洞)~217고지 일대를,
제3대대를 우 일선 319고지 일대를 확보하게 하고
제1대대를 예비로 278고지(아래마서)에 두었다.

제1대대는 임익순 대대가 편입된 대대다. 전날 연대가 봉수산에서 적의 기습을 받고 전선이 붕괴되어 대대가 고립 상태에 빠지자 대대장 임익순 소령은 임의로 예안으로 철수하여 본대와 떨어지게 되었다. 이 사실을 알게 된 사단장은 부대대장 허순오(許順五) 대위를 대대장대리로 임명하여

"대대를 끌고 와서 30일 05시까지 오동 남쪽 3km 지점에 있는 380고지

에 배치하라."

고 명령했다.

허순오 대위는 01시 트럭 20대를 몰고 출발했다. 안동에 이르렀을 때 헌병이 저지하여 통과할 수가 없었다. 수도사단장 김석원 준장이 전선에서 나오는 병력과 차량은 무조건 통과하지 못하게 엄명을 내렸던 것이다. 허순오 대위는 무조건 통과를 저지하는 헌병에게 권총으로 위협하고 작전병력 수송차량임을 강조하여 통과했다.

허순오 대위가 예안에서 병력을 인솔하고 돌아왔을 때는 적이 이미 380고지를 점령한 뒤였으므로 예비대로 278고지를 점령하게 된 것이다.

대대장 임익순 소령은 3일 동안 지휘권이 정지되었다.

30일 03시 30분, 연대 전 정면에 포격이 치열하게 집중되더니 04시에 이르자 2개 대대 규모의 적이 제2대대(조규영 소령) 정면으로 공격했다.

제2대대는 즉각 포병 엄호사격을 받으며 박격포 조명탄을 계속 발사하여 어둠을 밝혀 놓고 대대의 전 화력을 퍼부었다. 선두 무리는 순간 방향감각을 잃고 자취를 감추었으나 곧이어 주력이 독전의 총부리에 밀린 듯 빗발처럼 치열한 ＋자 포화의 화망을 뚫고 파도처럼 밀고 왔다.

진내는 순식간에 수류탄이 오갔고, 곧 육박전으로 이어졌다.

연대장은 중앙선이 돌파될 위기를 맞은 것으로 판단하고 예비 제1대대를 투입했다. 허순오 대위의 제1대대는 연곡동으로 돌진하여 진내에 침입한 무리들을 단병혈전으로 격멸하였고, 제2대대가 전열을 가다듬고 가세하여 진지를 회복했다. 이후 적은 심심치 않게 파상 공세를 취하였으나 그때마다 저지하고 진지를 고수하였다.

08시, 우 인접 제16연대가 돌파되면서 우회한 적 1개 대대 규모가 제3대대(김도진 소령) 동측방으로 쇄도하여 위기를 맞았다. 제3대대는 텃골로 축차 철수하여 제1대대와 연계진지를 점령하고 사주방어로 전환하여 일진일퇴의 접전을 벌였다.

시간이 흐르면서 적의 무리가 늘어나자 방어선을 재편성하기로 한 사단장 명령으로 10시경에 축차로 물러나기 시작하여 정오 무렵 사야골~오산 동선에서 새로운 진지를 점령하였다.

### ▍제10연대 상황

사단 좌 일선(5번 국도 서쪽)을 맡고 있는 제10연대는

제1대대를 우 일선 204고지에,

제3대대를 중앙 일선 개실~항골 일대에,

제2대대를 좌 일선 384고지에 각각 배치하여

부채꼴 모양의 방어망을 구축하고 안동 서북쪽 15km 지점에 있는 학가산(鶴駕山, 860m)에 거점을 확보한 적 유격대의 침투에 대비했다.

04시, 적 포가 치성을 부려 진지선을 교란하더니 북쪽 천등산 방면에서 1개 연대 규모의 무리가 일제히 공격했다.

우 일선 제1대대(박치옥 소령)는 개활지로 쇄도하는 무리에 포병 엄호사격을 유도하고, 박격포와 기관총으로 구성된 +자 포화 속으로 몰아넣어 일거에 격퇴했고, 개목사(開目寺-천등산 동남록) 쪽 능선을 타고 제1대대와 제3대대 간격을 틈 타 중앙 돌파를 시도하는 다른 한 무리는 제3대대(김순기 대위) 예비 제10중대(河相卓 중위)가 급진하여 역습으로 양 대대 간격을 메웠다. 또 그 남쪽 봉정사(鳳停寺) 능선을 타고 달려든 한 무리는 제3대대 화력으로 제압하여 진전에 묶어두고 사격전을 벌였다.

이때 학가산에 거점을 둔 것으로 추정되는 유격대 한 무리가 233고지로 침투하여 제2대대(정순기 대위) 좌 일선 제5중대(김동중 중위) 진전에서 신호

탄을 쏘아 올리며 후방교란을 노리는 것을 제5중대 이홍진 중위가 지휘하는 특공소대가 로켓포와 기관총으로 233고지를 교란한 후 돌진하여 1개 소대 규모 유격대를 제압하고 고지를 확보하였다.

이홍진 중위는 적의 다발총탄이 복부를 관통하여 후송되었다.

제10연대는 간단(間斷)없이 달려드는 적을 힘겹게 제압하고 진지를 고수하였다. 그러나 우 인접 제21연대가 철수하자 사단장 명령으로 철수하여 이송천동에서 병력을 수습하고 정오 무렵 보리고개~200고지~능동(陵洞)선으로 전진하여 안동을 지키기 위한 최후 저지선으로 삼았다.

**안동을 지킬 수 있다**

7월 31일 제21연대는 전날 정오 무렵에 사야골~오산동~187고지선으로 물러나 새로운 진지를 확보하고 있었다.

06시경 적은 T-34전차 4대를 앞세운 증강된 1개 연대 규모가 사단 중앙 일선 제21연대 정면을 집중 공격하여 연대진지선이 돌파되었고 연대는 09시경에 옥달봉(玉達峰, 264m)으로 후퇴하여 병력을 수습하였다.

제21연대를 돌파한 적은 전차포 지원을 받으며 제10연대 정면으로 침공했고, 새로운 적 1개 연대 규모가 제16연대 정면으로 공격했다.

사단 전 연대가 공격을 받게 되자 이성가 사단장은 긴급히 항공지원을 요청하였고, 해가 뜨면서 미군 F-80전폭기 2개 편대가 날아와서 건방을 떠는 적 전차와 적 무리 위에 불벼락을 내렸다.

이 틈을 타서 제21연대는 제2, 제3대대가 역습을 감행하여 공중 공격으로 궤멸적인 타격을 입고 우왕좌왕하는 적을 섬멸하고 오산동~187고지선을 회복했다.

우 일선 제16연대는 지리산을 중심으로 거점방어를 하고 있던 중 제21

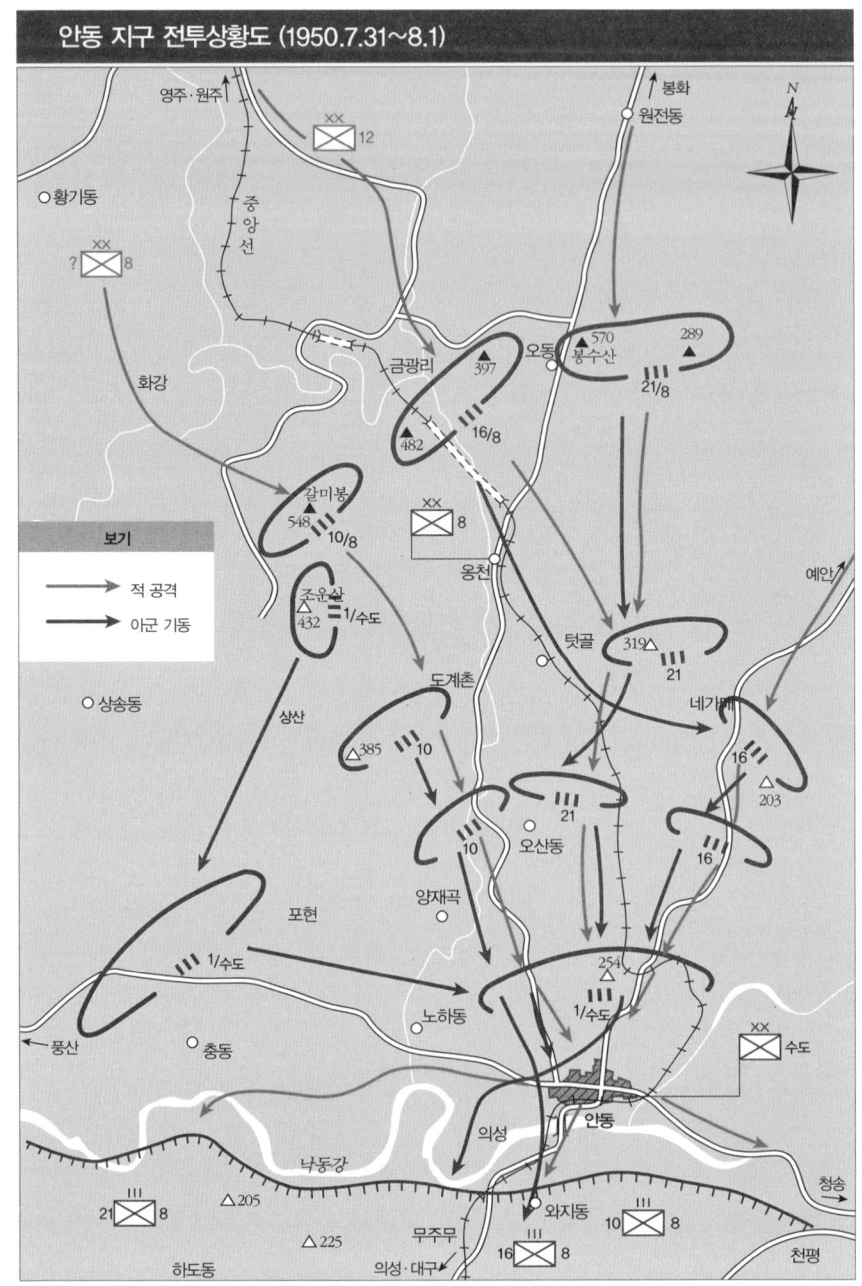

연대가 공격을 받은 같은 시간에 1개 연대 규모의 적으로부터 공격을 받았다. 포병지원을 받고 연대의 전 화력을 집중하여 일진일퇴 공방을 벌이고 있는데 미군 항공기가 와서 적을 강타하여 적이 분산되었고, 이 틈을 타서 반격하여 패주하는 적을 격멸하고 원진지를 확보하였다.

좌 일선 제10연대는 제21연대진지를 석권한 적 대대 규모의 공격을 받았다. 전차포 지원을 받은 적은 보리고개 일대 제1대대 정면으로 밀어닥쳤다. 제1대대는 대대장 박치옥 소령 진두지휘 하에 똘똘 뭉친 병사들이 전 화력을 집중하면서 용전했다. 거세게 밀려든 적세는 방파제에 부딪히는 파도처럼 튕겨져 나갔는데 때마침 날아온 미군 항공기가 적진을 강타하는 바람에 적은 지리멸렬하여 일부 죽지 않은 자만이 퇴각했다.

28일 안동으로 전진하여 제8사단을 증원한 수도사단 제1연대(윤춘근 중령)는 29일 03시 조운산으로 진출하여 내성천을 방어 중인 제8사단 서쪽을 엄호하다가 내성천 방어선이 무너져 물러서게 되자 예천 쪽으로 우회 침투가 예상되는 적을 대비하여 풍산 쪽으로 전진하였다.

제1연대는 30일 미명에 상리동(上里洞-풍산읍)으로 진출하여 34번 국도를 중심으로 저지진지를 마련하였다.

31일 김홍일 군단장은 풍산 방면이 소강 상태를 유지하자 제1연대 주력을 안동 서북방 노하동(鷺下洞)으로 이동하여 제8사단을 지원하게 하고, 풍산 방면에는 수도사단 부사단장 김웅조 중령이 지휘하는 혼성 1개 중대를 추진하여 대비하였다.

수도사단에 배속된 제17연대는 29일 거창 부근 권빈리(勸彬里-합천군 鳳山面, 합천~거창간 24번 국도와 59번 북쪽도로 분기점)로 이동했고, 예천에 있던 제18연대(임충식 중령)는 제2군단에 배속되었다.

수도사단장 휘하에는 제1연대만 남았다.

풍산으로 전진한 사단 혼성중대는 풍산지서에 잔류하고 있는 경찰관 15명을 통합지휘하여 제1연대가 확보하고 있던 상리동 일대 고지에 진지를 편성하였다.

19시 30분경, 대대 규모의 적이 별다른 경계 태세를 갖추지 않은 채 밀집대형으로 접근했다. 적 대오가 지근거리에 접근하자 57mm대전차포와 박격포 그리고 기관총을 퍼부어 일거에 격퇴했다. 적은 제대로 저항도 못해 보고 혼비백산하여 40여 구의 시신을 남긴 채 도주했다.

비록 1개 중대에 불과하고 그것도 혼성중대가, 부사단장이 직접 지휘하여 첫 전투에서 개가를 올리자 사병들의 사기는 하늘을 찌를 듯이 높았다. 이때 혼성중대는 작전참모 김덕준 소령이 보좌하고 있었다.

### 낙동강을 건너라 – 안동 철수 명령

미 제8군사령관 워커 중장은 낙동강 방어선을 구축하기로 결심하고 상주 정면에 있던 미 제25사단을 서부전선 진주 방면으로 전용하는 한편 전군에 낙동강 방어선(X선)으로 철수하라는 명령을 내렸다.

7월 31일 19시에 제1군단사령부가 있는 안동 남방 단촌(丹村-의성군 단촌면, 중앙선 단촌역)에 경비행기가 날아와서 통신통을 투하했다.

"제1군단은 8월 1일 05시까지 낙동강 동남안 저지진지로 철수하라."

는 영문으로 된 명령서였다.

함께 투명도가 붙어 있었는데 투명도가 사단에서 사용하는 지도와 축척이 달라서 군단 작전참모 김종갑 대령이 번역을 하면서 5만분의 1 지도에 맞추어 다시 그렸다. 바쁜 시간에 시간을 많이 낭비했다.

20시에 참모장회의를 소집했다. 철수 명령을 전달하고 철수 작전과 차기 작전을 토의하기 위해서다. 군단 참모장 최덕신 대령과 수도사단 참모장 최경록 대령, 제8사단 참모장 최갑중 중령, 군단 작전참모 김종갑 대령 그리고 미 고문관이 참석했다.

철수 문제에 의견이 백출하여 결론이 나지 않았다.

(1) 아군이 제공권을 장악하고 있는데 야간에 철수할 필요가 있느냐?

(2) 인도교 하나로 철수하는 혼란을 어떻게 방지할 것인가?

(3) 접적하고 있는 상태에서 어떻게 적을 속이고 이탈할 수 있는가?

(4) 두 사단 중 어느 사단이 먼저 철수할 것인가?

뒤늦게 전선에서 돌아온 군단장 김홍일 소장이 일선 사단 제8사단이 먼저 철수하고 수도사단은 제8사단을 엄호한 후 철수하도록 결정하였다.

철수 명령을 요약하면 다음과 같다.

(1) 제8사단은 수도사단 엄호 하에 04시까지 안동교를 통과한다.

(2) 제8사단은 강 남안에 진지를 점령하고 수도사단 철수를 엄호한다.

(3) 수도사단은 낙동강을 도하한 후 안동~청송가도를 확보하여 적 침투를 저지하고, 신풍 부근에 집결하고 있는 제18연대를 삼거리(5번 국도와 930번 도로분기점)로 이동하여 낙동강 남안을 확보한다.

(4) 군단 포병은 원리동(院里洞-안동시 一直面) 부근에서 제8사단을 지원한다.

(5) 공병은 인도교와 철교 폭파 준비를 완료하고 차후 명령을 대기한다.

(6) 철수 중 유무선 통신 사용을 금한다.

(7) 군단CP는 단촌에 위치하고 8월 1일 12시 이후 의성에 개설한다.

군단에서 회의가 끝난 시간이 02시였다.

### 제8사단 낙동강 도하

제8사단 참모장 최갑중 중령이 사단에 돌아온 시간은 03시경이다.

야간 철수 시간은 1시간 밖에 없었다. 이미 첫 단추는 잘못 끼워졌다. 사단장 이성가 대령은 안동교 통과 완료 시간을 06시까지로 임의 연장하고, 연대 작전주임회의를 소집하여 작전 명령을 전달했다.

(1) 제10연대는 제5번 국도를 따라 06시까지 안동 인도교를 통과하라.

(2) 제21연대는 제10연대를 후속하라.

(3) 제16연대는 주력이 철수하는 동안 접적을 유지하다가 제1연대 엄호하에 제919번 작전 도로를 따라 철수하여 신기동(新基洞-의성군 단촌면)에 집결하라.

(4) 제18포병대대는 중대간 축차 철수하면서 보병부대 철수를 엄호하라.

(5) 사단 공병대대는 군단 공병단과 긴밀하게 협조하여 인도교 및 철교 폭파 준비에 만전을 기하라.

(6) 명령 시행 중에 유무선 통신을 일절 엄금한다.

(7) 철수하는 동안 사단장은 인도교 남쪽에 위치하며, 10시 이후에는 운산동에 CP를 개설한다.

제10연대는 은형원 소령, 제21연대는 김철수(金哲壽) 대위가 참석하였다. 제16연대는 통신 불통으로 연락이 늦어 작전주임 이상환(李相煥) 중위가 도착하지 않았으므로 연락장교 박승진(朴勝瑨) 소위를 보냈다.

제10연대 작전주임 은형원 소령이 연대에 도착한 시간은 04시가 조금 지난 무렵이었다. 연대는 순조롭게 철수하여 06시 40분 안동교를 통과했다.

안동시가 건물 벽에는

"김석원 장군 만세!"

"더 이상 후퇴는 없다. 안동을 사수하자."

는 벽보가 붙어 있어 철수하는 장병들의 발걸음을 무겁게 하였다.

연대장 고근홍 중령이 연대장교를 개활지에 모아 놓고 막 훈시를 시작할 무렵 천지를 진동하는 폭음과 함께 인도교가 하늘로 치솟았다. 때를 같이 하여 인도교 북안

 능선을 점령한 적이 기관총 사격을 퍼부어 인도교 쪽으로 밀려들던 사단 병사들이 아비규환의 아수라장을 이루었다.

제10연대는 낙동강 남안진지를 점령하고 철수 부대 도하를 엄호했다.

제21연대 작전주임 김철수 대위가 철수 명령을 가지고 연대CP에 도착한 시간은 제10연대와 같은 04시가 조금 지난 무렵이었다.

이때 우 일선 제2대대가 확보하고 있는 사야골 정면에 1개 대대 규모의 적이 공격 중이라는 보고를 받았다.

연대장 김용배 중령은 다음과 같이 명령을 내렸다.

우 일선 제2대대는 접적을 유지하고,

좌 일선 제1대대는 제10연대 철수를 엄호하며,

중앙 제3대대는 제10연대를 후속하여 선발 철수하고

이어서 제1, 제2대대 순으로 축차 철수한다.

05시경 제3대대는 진지를 이탈하여 제10연대 뒤를 따라 철수했고, 제1대대도 그 뒤를 따랐다. 이때 선발 철수할 제3대대 우 일선 제10중대장 황기상 중위는 적 침공을 받고 치열한 교전을 벌이고 있던 중 연락병으로부터 선발대로 철수하라는 명령을 전달받았다.

"이놈아! 지금 교전 중인데 무슨 잠꼬대 같은 소리야! 우 인접 제2대대도 치열하게 전투를 하고 있는데……. 다시 대대에 가서 확인해 와라."

며 호통 쳐서 되돌려 보냈다.

곧이어 우 인접 제2대대가 접적을 유지하면서 진지를 이탈하기 시작했

고, 대대에 간 연락병은 돌아오지 않았다. 황 중위는 자신의 잘못을 뉘우치고 중대 철수를 명령한 뒤 그 자리에서 권총으로 자살했다.

황기상 중위는 개전 전날 외박했다가 비상소집에 응하지 못하여 초전에 참가하지 못한 죄책감에서 언제나 솔선수범하여 어려운 일을 도맡았고, 전투가 벌어지면 앞장서서 죽음을 두려워하지 않았다. 이 같은 그의 책임감이 교전 중인 중대 철수명령은 있을 수 없다고 자기 나름대로 판단하고 진지를 확보하면서 연락병이 돌아오기만을 기다렸던 것이다.

제10중대의 분전으로 제2대대는 진지선을 무사히 이탈하였다.

제3대대 선두가 안동시내에 들어왔을 때 이미 시내에 침입한 적으로부터 사격을 받았고, 인도교에 이르렀을 때에는 강 북안 일대 능선을 점령한 적이 기관총 사격을 집중했다. 제3대대 주력과 제1대대 일부는 인도교를 통과하였으나 제1대대 제2, 제3중대와 제2대대는 인도교가 폭파되어 강 북안에 고립되고 말았다.

이들은 폭파되지 않은 철교 쪽으로 달려갔으나 증강된 적 기관총 화망에 걸려 철교로 접근이 불가능하자 제방 쪽으로 밀려들어 우왕좌왕하다가 장비는 모래밭에 묻고 강물 속으로 뛰어들었다. 그러나 급류에다가 수심이 깊고 하상이 고르지 못하여 도섭이 쉽지 않았다. 이 틈새에 적은 조준 사격으로 화력을 집중하여 사상자가 많이 발생했다. 무주무(강 남안 5번 국도 서쪽)에 상륙하여 병력을 수습하였을 때 제1대대 제2중대와 제3중대는 50%의 병력 손실을 보았다. 대기하고 있던 트럭으로 연대 집결지 무릉동(武陵洞-안동교 남쪽 3km)으로 갔다.

제2대대는 제8중대(김광철 중위)를 선두로 제1대대를 후속했다. 제8중대 선두가 무리하게 철교를 통과하다가 적 화망에 휩싸이자 제방으로 흩어져 하류 쪽에서 장비를 백사장에 묻고 강물에 뛰어들었다. 이때 뒤따르던 수도사단 제1연대 병력이 같은 양상으로 뒤섞여 걷잡을 수 없는 혼란이 일어났고, 적 총탄이 빗발치듯 쏟아져 많은 사상자를 냈다.

이렇게 어렵게 도강한 제21연대는 무릉동에 집결하여 재편성했다.

제16연대장 김동수 중령이 사단 연락장교 박승진 소위로부터 철수 명령을 전달받은 것은 07시경이다. 박승진 소위는 적 포위망 속에 든 연대를 찾아 사로잡힐 위기를 여러 차례 넘기면서 어렵게 연대OP에 당도했다.

제16연대장 김동수 중령은 문용채 대령 후임으로 연대장이 된 이후 결사방어의 신념을 가지고 작전을 지휘하고 있었다.

31일 03시 적 박격포 사격이 시작되더니 04시에는 제1대대 정면에 1개 대대 규모의 적이 침공했고, 다른 1개 연대 규모가 연대주진지 지리산 정면으로 공세를 취하면서 일부가 동 측면으로 우회하여 후방으로 침투했다. 또 연대지휘소 후방에서 적의 총탄이 날아왔고, 안동 시내로 후송됐던 환자가 되돌아와서 시내에는 적이 들어와 있으며, 제21연대는 철수하고 없다고 보고했다. 사단에 간 작전주임도 돌아오지 않았다.

연대장은 필사적으로 방어하라고 진두에서 독전을 하고 있었는데 이때 연락장교가 철수 작명을 가지고 온 것이다.

연대장 김동수 중령은 명령을 내렸다.

"제2대대가 엄호하고 제1대대, 제3대대 순으로 접적선을 이탈하라."

이때가 07시였다.

적 압력으로 일진일퇴 공방전을 벌이고 있던 각 대대는 철수 명령이 말단 소대에까지 제대로 전달되지 않은 채 제1대대가 선발대로 진지를 이탈하기 시작하자 제2, 제3대대가 연속적으로 앞을 다투어 철수하기 시작하여 각 중대와 소대는 통제권을 벗어난 채 분산되었고, 병사들은 우왕좌왕 갈

피를 잡지 못 하다가 적 다발총 사격이 집중되자 당황한 나머지 북쪽으로 도망가는 병사들도 있었다.

이때 제16연대 철수를 엄호하던 제1연대가 우회 침투한 적의 급습을 받고 진지선이 무너져 후퇴함으로써 혼란은 극에 달했다. 퇴로를 차단한 적이 도처에서 사격을 하여 사상자가 속출했고, 포위망을 탈출하여 가까스로 안동시내에 들어왔을 때는 인도교는 폭파되었고, 시내에 이미 침투한 적이 저지사격을 하여 도하가 쉽지 않았다.

병사들은 무작정 물속으로 뛰어들었다.

강 북안 모래밭에는 적의 사격을 받고 쫓겨온 제21연대, 제16연대, 제1연대의 수천 병력이 뒤엉켜 마치 여름철 해수욕장 인파를 방불케 하였다. 이들은 모두 살길을 찾아 장비는 강변 백사장에 묻고 강을 건너기 위하여 강물 속으로 뛰어들었다. 이미 그들은 군대가 아니었다.

안동 시내를 흐르는 낙동강은 수심 2m 안팎, 폭 400여m의 급류다. 추격한 적이 조준사격을 했고, 혼비백산한 병사들은 무턱대고 강물로 뛰어들었다. 강물이 붉게 물들었고, 익사자까지 발생하여 시체가 강을 메웠다. 순식간에 강변은 아비규환의 도가니로 변했다.

제21연대 제8중대장 김광철 중위와 제4중대 박격포소대장 신영철 중위는 도하 중 익사 직전에 이른 많은 사병을 구출하였고, 이들을 하류 쪽으로 유도하여 도하를 도왔다.

가장 피해가 큰 제16연대는 강을 건너 철수한 병력이 연대장을 포함하여 260명에 불과했다. 철수 중에 장교 21명, 사병 814명이 전사하거나 실종되는 피해를 입었다.주)

국방부 「한국전쟁사」 개정판 제2권 p657

뒷날 밝혀진 바에 따르면 포로가 된 병력이 300여 명에 이르렀는데 이들은 창고에 감금되어 이틀 동안 물 한 모금 먹지 못했다고 했다.

적 제12사단은 그 후 장교 포로 중 제5, 제7중대장을 돌려보내면서 "중대를 재편성하여 귀순 월북하라."고 심리전을 폈다.<sup>주)</sup>

국방부 『한국전쟁사』 제2권 p657

포로 중에 탈출하다 잡히면 무조건 총살했고, 환자 포로를 후송하거나 치료를 해 주지 않았으며, 머큐름을 발라주는 것이 최상의 대우였다고 했다. 북한군은 아군이 반격할 때 보행이 불가능한 자는 총살했고, 나머지는 민가에 수용했는데 제8사단 수색대가 급습하여 극적으로 구출했다.

### 후퇴할 만큼 위급한 상황이냐? – 사단장의 분노

수도사단 참모장 최경록 대령은 03시경 사단에 복귀했다.

수도사단은 제17연대가 미 제24사단에 배속되어 거창 방면으로 이동했고, 제18연대(-제2대대)는 상주 방면에 있던 미 제25사단이 마산으로 이동하면서 빈자리가 된 상주 방면을 보강하기 위하여 제2군단에 배속되었으므로 제1연대만 남아있었다.

국방부『한국전쟁사』개정판 제2권(p658)은 이렇게 기술했다.

"이날 03시가 조금 지났을 무렵 군단 작전회의에서 돌아온 참모장 최경록 대령이 군단 철수 명령을 사단장 김석원 준장에게 전달하자 계속적인 후퇴 이동에 크게 실망하여 분개하고 있던 사단장은 진노하여

'도대체 후퇴만 하면 어쩌자는 것이냐? 더욱이 지금 후퇴하여야할 만큼 위급한 상황도 아니지 않느냐? 그리고 안동시민에 대한 나의 체면도 있으니 절대로 철수하지 못한다. 또 이렇게 무모하고 무지한 작전 명령이 어데 있는가?'
라고 대갈하였다.

그러나 참모장이 '그렇다고 고집만 피워 우리 사단만이 이곳에 남아 있을 수도 없으니 명령대로 시행하는 것이 좋을 듯 하다.' 고 건의함으로써 사단 철수 명령은 동녘이 훤히 틀 무렵에야 하달하기에 이르렀다."

안용현『한국전쟁비사』(제2권 p74)는 이와는 다르게 기술했다.
"철수 명령을 훑어본 김석원 사단장은 노발대발하면서
'전투경험도 없는 병력을 야간에 철수시킨다는 것은 언어도단이다. 이런 무모하고, 무지하고, 무능한 철수 명령이 어디 있어?'
라고 소리치며 군단에 전화를 걸어 때마침 나온 김백일 부군단장에게
'왜 자꾸 후퇴 명령만 내리느냐? 우리는 버틸 수 있단 말이야!'
라고 대들었다.
이에 대해 그도
'작명이다. 후퇴하라.'
고 되받아 울화가 터진 김 사단장은
'안동시민에게 이게 무슨 체면이람!'
하면서 권총을 빼들고 자결하려는 것을 진정시켰다."*

김석원 장군은 『노병의 한』에서 이렇게 술회했다.
"아무리 생각해 보아도 무모하기 짝이 없는 작전 명령이었다. ……
도하 작전은 밤중에 끝내야 한다는 것은 군사학 ABC에 속하는 문제였다. 그리하여 나는 …… 이 작전지시에 응할 수 없다고 고함을 질렀다.
'하지만 각하, 상부 명령이니 끝까지 고집할 수도 없지 않습니까? 우리 부대만 여기에 남아있을 수도 없구요.'
하고 참모장 최경록도 한숨을 쉬었다.

말은 그렇다. 아무리 무모한 작전 명령이라도 군은 무조건 상부 명령에 복종해야 하는 것이다. 나는 할 수 없이 분을 참고 철수 작전에 임해야 했다."

> ＊ 과연 김석원 사단장은 작명을 받고 부군단장에게 항의 전화를 걸었는가?
> 작명에 응할 수 없다고 고함을 친 것은 참모장을 향해서였고, 결국 참모장의 건의를 받아 명령에 따르기로 하였다.
> 김석원 사단장은 『노병의 한』에서 부군단장과의 통화 사실은 기술하지 않았다. 사실이었다면 그분의 성격으로 보아 빠트리지 않았을 것이다.

수도사단이 안동에 들어왔을 때 김석원 장군의 명성을 잘 아는 안동시민들이 몰려와서 '김석원 장군 만세!'를 외치며 안동 방어를 당부했었다. 김석원 장군은 이러한 시민 기대에 부응하기 위하여 안동 사수를 다짐했고, 사단 정훈부에서는 '안동은 결단코 사수한다.'는 전단과 벽보를 붙이기까지 했었다. 이러한 상황에서 철수명령이 내려지자 김석원 사단장은 안동시민에 대한 책임의식을 느꼈을 것이다.

### 제1연대 철수

제1연대(윤춘근 중령)는 안동 북방 2km 지점에서 명령에 따라 제8사단 철수를 엄호하였다.

제1연대는 우 일선 제2대대(류환박 소령)가 증강된 적 1개 대대 규모의 공격을 받고 일진일퇴 격전을 치르고 있었는데 낙동강 상류 쪽 강변을 따라 침투한 일부 적이 배후로 침공하여 포위망 속에 들어 있었다.

대대가 어렵게 고전을 겪으면서 진지를 확보하고 있었는데 후방으로 침투한 적이 곳곳에서 다발총을 쏘면서 후방을 교란하자 병사들은 전의를 잃고 동요하기 시작했다.

연대장 윤춘근 중령은 진두로 달려 나가 독전했다.

"북쪽에는 제8사단이 건재하다. 일부 적이 침입하였을 뿐이니 모조리 때려잡아라. 명령이 있을 때까지 현 진지선을 고수하라."

제2대대 정면이 돌파된데 이어 제1대대 정면마저 무너져 혼전 상태에 들어갔는데 이때 제8사단 철수 병력이 5번 국도를 따라 이동하는 것이 병사들 눈에 띄었다. 그렇지 않아도 전의를 잃고 있던 병사들은 누가 먼저랄 것도 없이 한 사람 두 사람 진지를 빠져나가기 시작하여 순식간에 중대장이나 소대장이 통제할 겨를도 없이 무너져 나갔다.

제1연대 철수병력이 안동시내에 이르렀을 때는 인도교가 폭파되는 순간이었고 시내에 잠입한 적 유격대로부터 총격을 받았다. 제1연대 장병들은 자연히 강둑으로 몰려들 수밖에 없었는데 그곳에는 이미 제21연대 병력이 강물 속으로 뛰어들고 있었다.

본능적으로 따라 들어갔다.

다행히 이때 위험을 무릅쓰고 나타난 이름 모를 민간인이 도섭장을 안내해 주어 주력은 다른 부대에 비하여 비교적 쉽게 강을 건널 수 있었다.

제1연대는 광음동(光音洞-안동시 南後面, 안동서 남쪽 8km 지점 5번 국도 서남쪽)에서 병력을 수습하여 재편성에 들어갔다.

참모장 최경록 대령은 박격포탄에 부상을 입고 후송됐고, 사단장은 철수명령을 내린 후 의성으로 철수하여 연대장이 단독 지휘했다.


낙동강을 도하한 제8사단은 운산동(雲山洞-안동시 一直面, 5번 국도와 930번 지방도 분기점)에 사단지휘소를 개설하고

제10연대를 우 일선 구미동(九尾洞)~상아동(上阿洞)선 20km 정면을,

제21연대를 좌 일선 반변천(半邊川)~낙동강변에 이르는 강안진지를 확보하여 낙동강 방어선의 X선을 확보하였다.

제1연대는 의성으로 철수하였고,

제18연대 제2대대는 삼거리로 남하하였으며

제16연대는 재편성에 들어갔다.

**안동교 폭파**

안동 인도교와 철교 폭파 준비는 한강폭파작업을 담당했던 육군공병학교장 엄홍섭 중령이 지휘하여 7월 30일 완료했다.

안동 철수작전이 시작되자 군단 참모장 최덕신 대령은 직접 인도교 남안에서 상황을 관망하고 있었다. 한강 다리 폭파와 같이 조기 폭파로 인한 혼란을 피하기 위하여 최대한으로 배려하고 있었다.

적 제12사단은 제8사단 철수를 간파하고 안동 우측으로 우회 침투하여 조기에 안동에 진입한 후 엄호부대인 제1연대를 급습하여 제1연대진지가 붕괴되면서 적과 아군이 뒤엉키는 바람에 제16연대와 제1연대가 철수한 후 교량을 폭파하는 것은 불가능하게 되고 말았다.

최덕신 참모장은 더 이상 기다리는 것은 무모하다고 판단하고 제8사단장과 협의하여 인도교를 폭파했다. 8월 1일 07시경이었다. 철교는 그보다 늦은 시각 적의 기관총 사격을 받으면서 공병폭파조가 폭파했다.

김석원 사단장은 폭파 시간을 05시 30분으로 보고 있다.

사단 주력이 강북에 머물고 있는데 사단장과 협의나 통고도 없이 다리를 폭파한 것은 한강다리 폭파에 비유되는 무모한 짓이라고 평했다.

수도사단장 김석원 장군은 『노병의 한』에서 이렇게 심경을 토로했다.

"최전선까지 철수 명령이 전달되었을 때는 아침 해가 훤히 뜨고 있었다.

이렇게 해서 우리는 필사적인 노력을 다하여 빠른 동작으로 안동천을 건너고 있었다. 그런데 그때 '예상대로' 아군은 공산군의 공격을 받은 것이었다.

환한 낮에 강을 건너다가 적의 공격을 받았으니 희생자를 많이 낸 것은 어쩔 수 없는 일이었다."

"육본에서는 안동에 도착한 우리 수도사단의 병력을 강화하기 위해 정비 중이던 제17연대를 원대 복귀시켜 주었다.

나는 안동에서는 어떤 일이 있어도 절대로 물러나지 않을 생각이었다.

육본에서도 물론 내가 안동을 꿋꿋이 지켜주기를 바라는 심정에서 우리 수도사단에 17연대 병력을 보내준 것으로 알고 있었다. 그리하여 나는 안동서의 일대 격전을 예상하고 안동 시민들에게 다음과 같이 말했다.

'시민 여러분! 우리 군대는 외적의 침입을 막아 국토를 방위함으로써 국민 여러분의 생명과 재산을 보호해 주는 것이 최대 임무입니다. 하지만 현재의 전국을 전망하건대 유감스럽게도 나는 이곳에서 여러분들의 안전을 보장할 수 없습니다. 그러므로 시민 여러분께서는 한 시각이라도 빨리 이곳 안동을 떠나주시기를 부탁합니다. 우리 모든 고통을 잠시 참고 견디면서 내일의 승리를 확약합시다.'

나는 열차를 준비하여 피해야 할 수천의 안동 시민들을 후방으로 안전하게 이동시켰다."

수도사단은 2개 연대(제1, 제18연대)에 병력은 5,000여 명에 불과했다. 김석원 사단장은 안동철수작전에 대하여 이렇게 평했다.

"안동철수작전은 상부의 졸렬한 작전 계획 때문에 최소한으로 줄일 수 있었던 아군의 희생을 최대한으로 늘린 셈이었다. …… 다행히 인접 제8사단의 병력과 안동시민 그리고 사단 직할부대는 거의 도하를 완료했다는 것으로 만족해야 했고, 1연대와 18연대 병력은 대낮에 대안에서 하늘을 향해 쏘아대는 엄호사격하에 강물을 건너야 했으니 이런 기막힌 현상을 어찌 표현해야 할지 지금도 그

때 생각을 하면 현기증이 다 일어날 형편이다."(『노병의 한』)

### 고립된 제8사단 수색 중대

제8사단 수색중대는 박창암 중위가 지휘하여 풍산 방면에서 예천 방면을 경계하고 있었다. 철수 명령을 전달받지 못한 수색중대는 사단 주력이 안동에서 철수한 사실을 8월 1일 늦게야 알았다. 이때 풍산에는 호림(虎林) 부대와 수도사단 부사단장이

지휘하는 1개 중대가 함께 있었는데 수도사단 1개 중대는 적 1개 중대를 격퇴하고 안동으로 복귀했다.

예천에서 우회한 적이 풍산 내성천 다리와 함께 이를 감제하는 고지를 점령하는 바람에 퇴로가 차단되어 안동으로의 철수가 불가능해졌다.

박창암 중위는 호림부대를 함께 지휘하여 교량을 돌파하기로 하였다.

1개 소대가 엄호하고 주력부대는 차량 10여 대로 돌파를 시도했다. 선두 차량이 600m 길이의 다리 중앙에 이르렀을 때 적이 집중사격을 하여 운행할 수 없게 되자 후속 차량이 모두 연쇄적으로 멈춰 섰다.

전멸 위기에 놓인 중대는 모두 물속으로 뛰어 들었고, 적의 집중사격을 받아 대부분 전사하였다. 박창암 중대장이 수습한 병력은 박명현(朴明鉉) 중위를 포함하여 12명이었다.

박창암 중위는 남쪽으로 퇴로를 찾아 헤매었으나 사방이 적이라 쉽지 않았다. 밤중을 이용하기로 하고 은폐된 곳에서 잠을 잤는데 박명현 중위 꿈에 백발노인이 나타나서 "빨리 이곳을 떠나라."고 현몽을 하였다.

박명현 중위가 깨어나서 사방을 살펴보니 10여m 전방에 10여 명의 적이 중기관총 1정을 배치해 놓고 낮잠을 자고 있었다. 박명현 중위는 박창암 중대장과 병사들을 깨워서 적병을 사살하고 그들이 가지고 있던 밥으로 3일

간의 허기를 채웠다.

　박창암 중대장은 노획한 기관총으로 적 후방에 교란사격이나 하고 갈 생각으로 병기하사 왕순철에게 사격을 지시했는데 그때 전방능선을 타고 1개 중대 병력이 오고 있었다. 박 중대장은 어차피 죽을 바에야 이놈들을 먼저 죽여야겠다고 결심하고 10m 앞에 이르렀을 때 종사(縱射)하여 일렬종대로 오던 적이 순식간에 쓰러졌다. 적 1개 중대는 전멸했다.

　박창암 중위는 기관총 노리쇠를 제거하고 탈출하여 3일 후인 8월 6일 사단에 복귀하였다.

　김홍일 군단장은 전원을 1계급 특진시키고 금성화랑훈장을 수여했다.

　제8사단 수색중대는 육군보국대대 또는 제803독립대대라는 이름으로 대북 침투 훈련을 마치고 대기 중 6·25남침을 당했다. 병력 반을 제1군단 정찰대로 개편하고 나머지 병력으로 제8사단 수색중대를 편성했다.

　보국대대는 북한군을 탈출한 귀순 장교로 편성되었고, 모두 공산당을 타도하고 북쪽에 있는 부모형제를 구출하겠다는 의지로 국군에 투신한 용사들인데 허무하게 죽고 말았다.

### 수도사단장 경질

　8월 7일 수도사단장 김석원 준장이 제3사단장으로 전임하고 후임 수도사단장에 전 제17연대장 백인엽 대령이 임명되었다. 참모장에는 전 제3연대장 이상근 중령(이형근 장군의 동생)이 부임했다.

　수도사단은 8월 1일

"의성과 청송으로 갈리는 삼거리를 방어하라."

는 명령을 받고 다음 날 삼거리에 도착했다.

　8월 6일 정일권 총참모장이 삼거리 수도사단지휘소를 방문하였는데 이

때 정 총장은

"김 장군께서는 동해안 지구 제3사단장으로 가시게 됩니다. 새로 군단이 편성되니까 어쩌면 군단장 후보가 될지도 모릅니다. 그리고 참모장 최경록 대령은 신설되는 사단장요원으로 내정되었지요."
라고 알렸다.

김석원 장군은 후임 백인엽 대령에게 지휘권을 인계하고 대구로 가서 신성모 장관을 방문하고 1개월 만에 사단장을 바꾼 이유를 물었을 때

"동해안 지구는 비행장도 있고 전략상 요지이기 때문에 미 군사고문단에서 가장 용감하고 유능한 사단장을 요청하기에 김 장군을 가시게 하였으니 잘 싸워 주시오."
라고 말했다는 것이다.㈜   국방부 『한국전쟁사』 제2권 p663

이 무렵 제3사단 고문관 에머리치(Rollinse S. Emmerich) 중령은 미 제8군사령관에게 제3사단장 교체를 건의하였고, 이 건의를 받은 미 제8군사령관 워커 장군이 국방부에 사단장 교체를 요청하게 되었다고 한다.

"신성모 국방부장관은 수도사단장에서 해임된 김석원 준장을 제3사단장으로 발령하게 되어 8일 지휘권을 인수하였다."㈜   국방부 『한국전쟁사』 제2권 p715
라고 하여 제3사단장으로 전임이 아닌 해임으로 기술했고,

"김석원 준장이(제3사단장으로) 발탁된 이유는 그의 용맹성과 과감한 진두지휘를 평가한데 있었고, 괴뢰군은 실상 김석원 장군의 존재를 두려워하고 있었던 것이다."   ▶ 다음 「5. 영덕 지구 전투 – 제3사단 사단장교체」 참조
라고 하여 새로이 사단장으로 발탁하였다는 표현을 썼다.

결국 김석원 장군은 수도사단장에서 제3사단장으로 전임이냐? 수도사단장 해임, 제3사단장 임명이냐? 의문을 낳게 한다.

김석원 준장은 안동철수작전(엄호 임무) 실패의 책임을 물어 수도사단장

제4절 동부 방면 저지전 **345**

에서 해임하였는데 공교롭게도 같은 시기에 제3사단장 발탁 요인이 겹쳐져서 전임의 형태가 된 것이 아닌가 생각해 볼 수가 있다.

정일권 총참모장의 군단장후보 언질에 대해서 살펴보자.

8월 12일 제2군단이 창설되었다. 정일권 총장이 김석원 준장에게 언질을 준 5일 후다. 이것이 언질의 근거이고, 김석원 장군이 제2군단장후보로 거론되었음을 짐작하게 한다. 그런데 그 군단장에 김백일 준장이 임명되었고, 정일권 총장의 언질은 무산되었다.

어떻게 봐야 할까 흥미롭다.   ▶ 앞 제2절 「4. 육군 제2인자 김백일 참모부장」 참조

### 제8사단장 해임

제8사단장 이성가 대령이 8월 4일 제1군단 참모장으로 전출하고 후임에 제1군단 참모장 최덕신 대령이 전임했다.

사단장 교체에 대한 당시 군단장 김홍일 장군 증언을 요약해 본다.

안동철수 직전 작전 때 안동역 보급소에는 제8사단 보충 장비로 소총, 기관총, 박격포 등 화기가 도착해 있었는데, 상황이 급박하여 일선 부대에 보급하지 않고 그대로 철수시켰다. 이를 미 고문관이

"전방에는 무기가 부족한데 시급히 보급하지 않고 중국식으로 팔아먹으려고 후방으로 철수시켰다."

고 보고를 했다. 육군본부에서 군단장에게 "진상을 조사하여 보고하라."는 지시가 나왔다. 김홍일 군단장은 사단장의 진의를 알기 때문에 조사할 것도 없이

"무기가 도착하던 날 철수 명령이 나서 보급할 수 없었다. 만일 주었다면 모조리 버리고 나왔을 것이다." 주)    국방부 「한국전쟁사」 제2권 p665

라고 보고했다. 그런데도 그 후 계속 이 문제를 물고 늘어졌다.

김홍일 군단장은 이 때문에 교체된 것으로 알고 있다고 했다.
이성가 장군의 이야기는 이와는 좀 다르다.

"내가 해임된 동기는 죽령에서 영주로 후퇴 작전을 할 때 사단 수석 미 고문관으로 모 대령이 부임하여 왔는데 그는 사단장하고 같이 행동을 하지 않고 낮에는 참모장한테 전황을 묻고 밤에는 안동에 가서 자고 다음 날에는 오후쯤 나타나니까 사단장으로서 좋지 않게 보고 있었다. 때마침 죽령에서 차량으로 후퇴를 하게 되자 고문관은 그제야 사단장에게

'왜 싸우지 않고 후퇴하느냐? 후퇴하면 제8군사령관에게 보고하여 총살한다.'
고 사단장을 공박하였다." 주) 　　　　　　국방부 『한국전쟁사』 제2권 p664

이렇게 되자 사단장은 참모들에게 미 고문관과의 대화를 금지시켰고, 미 고문관은 제8군사령부에 보고할 작전정보 자료를 얻을 수 없게 되어 입장이 난처하게 되자 15일쯤 후에 영주에서 사단장에게 사과를 했다.
이때 사단장은 고문관에게 이렇게 경고했다.

"우리는 부산까지 밀려가면 바다 속으로 밖에 갈 곳이 없지만 당신은 미국으로 갈 수 있지 않느냐? 당신은 우리가 싸우는 것을 도와주어야지 감독자 입장에서 독전을 한다면 나는 이를 받아들일 수 없다."

사단장은 이 사실을 신성모 국방부장관에게 보고했고, 신 장관이 미 고문단장에게 알려 고문관은 옹천에서 해임되었다.
해임된 고문관이 제8군사령부로 복귀하여 있는 말, 없는 말로 사단장을 모함하여 해임된 것으로 알고 있다고 했다.주) 　　국방부 『한국전쟁사』 제2권 p665

### 조선인민군 '안동 제12보병사단'

8월 1일 적 제12사단이 안동을 점령하자 김일성은 제12사단에

'조선인민군 안동 제12보병사단'

이라는 명예 칭호를 내렸다.주)　　　북한 과학·백과사전출판사『조선전사』25 p253

이로서 홍천 전투에서 대패하여 사단장이 바뀌고 사단 이름까지 제7사단에서 제12사단으로 바뀐 불명예를 씻었다.

8월 3일 평양방송은

"안동을 해방하면서 사살 1,500명, 포로 1,200명, 105mm곡사포 6문, 기관총 13정, 소총류 900정을 노획하는 전과를 올렸다."

고 대대적인 선전을 했다.주)　　　안용현『한국전쟁비사』제2권 p78


## 4. 울진 지역 저지전 – 제23연대

### 울진 지역 상황

적 제5사단은 강릉을 점령한 후 동해안 가도를 따라 남진을 계속하였고, 오진우가 지휘하는 유격대 제766부대와 육전대 제549부대는 옥계, 삼척, 임원진, 울진 등지 해상으로 이미 침투하여 후방지구를 차단하고 제8사단을 태백산 지구로 몰아넣어 발을 묶어놓은 후에 적 제5사단의 진로를 열어 일거에 포항을 거쳐 부산을 점령하고자 기도하고 있었으며, 또 이승엽(李承燁)이 지휘하는 남로당계 유격부대는 보현산 지구로 침투하여 잔존 유격부대와 지방공비를 규합하고 대구, 부산을 조기에 해방시키고자 획책하고 있었다.

제8사단이 6월 27일 강릉을 비우고 대관령을 넘어 평창~영월로 전진함

으로써 강릉~울진에 이르는 동해안선은 무방비 상태로 버려졌다.

강릉에서 포항에 이르는 동해안은 태백산맥이 국토를 동서로 양분하여 동서 교류를 막음으로써 독립된 생활공간이 형성된 지역이다.

동해안을 방어하는 부대가 따로 없었으므로 적은 이 공간을 이용하여 육로와 해안으로 쉽게 침투할 수 있었고, 뒤늦게 이곳을 1개 연대가 맡았으나 전략적인 허점은 그대로 남아있었다.

울진에서 평해에 이르는 32km(도상거리) 공간에는 태백산맥을 분수령으로 하여 동해로 흐르는 짧으면서도 넓고 깊은 대소하천이 많이 발달하여 천연방어벽을 형성함으로써 방어전에 유리한 지형 조건을 제공하는 반면에 험준한 산세는 적이 숨어들어 후방으로 침투하는데 절대 유리한 조건으로 작용하여 방어 작전에 어려움을 함께 주는 지세라 하겠다.

### 제3사단

제3사단(유승렬 대령)은 대구에 사단사령부를 두고 경남·북 지역의 방위와 함께 공비토벌작전을 담당하고 있었다.

제3사단은 2개 연대로 편성되어 있었는데 제22연대(강태민 중령)는 대구에, 제23연대(김종원 중령)는 주력이 부산에, 1개 대대가 마산에 각각 주둔하고 있었다.

6·25남침 전에 태백산, 보현산, 지리산 각 지구에 남파된 인민유격대 잔당과 지방공비 약 270명이 준동하고 있었는데 여기에 50년 6월

유승렬 대령

중순 이승엽이 북한에서 남파한 30개 조 유격대가 태백산 지구와 보현산 지구에 침투하여 그 수가 약 배로 늘어나 있었다.

육군본부에서는 이들 잔존 유격대와 공비를 완전 소탕하기 위하여 6월 24일 진주에서 작전 협의를 가졌다.

협의회의에 육군본부 작전국장 강문봉 대령, 제5사단 참모장 박병권 대령, 제3사단장 유승렬 대령과 작전참모 장송주(張松胄) 소령, 제1독립대대장 김종순 중령, 영등포학원 부대장 홍성준(洪聖俊) 소령과 경찰대표가 참석하였다.

이 회의에서

제5사단 일부 병력과 영등포학원, 경찰대대는 지리산 지구를,

제3사단은 동해안과 태백산 이남 지구를 담당하여

토벌작전을 펴기로 하고, 25일 05시에 출동하기로 결정하였다.

제3사단장 유승렬 대령은 진주에서 회의를 마치고 25일 08시경 대구로 귀임 도중에 경찰경비전화를 통하여 남침 보고를 받았다.

유승렬 사단장은 정오경 대구 사단사령부에 도착하였다.

육군본부 지시에 따라 당일 제22연대 2개 대대를 참모장 우병옥 중령이 지휘하여 서울로 출동하고 나머지 1개 대대는 휴가병을 수습하여 26일 연대장 강태민 중령이 지휘하여 서울로 출발하였으며, 육군본부 지시로 제23연대 대전차포중대와 진주 제1독립대대 중화기중대 및 제23연대의 2개 중화기중대를 서울로 출동시켰다.

유승렬 사단장은 경남북 일원에 계엄령을 선포하고 도내 트럭 300여 대를 증발하여 작전에 대비하는 한편 대구시내 걸인을 모두 체포하였다. 인민유격대와 공비가 걸인을 가장하고 활동하고 있었기 때문이다.

동해안에는 청년방위대를 50m 간격으로 배치하여 적 상륙을 경계하도록 하고, 안동에 잔류하고 있는 제2사단 제25연대 제1대대장 임익순 소령에게 전화를 걸어 봉화에서 울진에 이르는 지역을 방어하도록 했다.

제23연대는 마산과 평해 지구에 분산된 병력을 부산에 집결하여 출동준비를 갖추는 한편 제11중대는 25일부터 28일까지 대통령 행차에 대비하여 대전~대구 간 철도 경비 임무를 맡았다.

### 남대천 도하작전

25일 제3사단장 유승렬 대령은 육군본부로부터 제23연대와 진주 제1독립대대를 통합지휘하여 동해안 지구를 방어하라는 지시를 받았다. 제23연대는 25일 대전차포 1개 중대와 중화기 2개 중대를 서울로 출발시켰으므로 화력은 거의 없는 상태였다.

27일 울진 북방 온양리(溫洋里-울진읍, 7번 국도변)에 적 제5사단 1개 대대 병력과 유격대가 25일 상륙했다는 정보를 입수했고, 또 울산 방어진(方魚津) 해상에는 적선이 부산으로 향하고 있다는 정보가 있었다.

제23연대는 28일 부산에서 기차로 출발하여 대구를 거쳐 29일 10시 포항에 도착한 후 자동차 편으로 제1대대를 울진 방면에 선발하고, 제2대대와 제3대대는 15시에 자동차 편으로 후속시켰다.

제3사단장 유승렬 대령은 독립 제1대대와 영등포학원을 같은 날 17시까지 포항으로 진출시켜 제23연대를 엄호하게 하였다.

제23연대장 김종원 중령은 울진을 적 제5사단 주력이 점령하기 전에 먼저 확보해야 하겠다고 결심하고 제1대대장에게

"6월 29일 17시까지 울진을 점령하라."

명령을 내렸다.

선발한 제1대대장 박재열(朴載烈) 소령은 울진을 목표로 진출하면서도 언제 어디서 어떤 규모의 적과 부딪치게 될지 알 수 없어서 확신 있는 작전 계획을 세울 수 없었다. 진출로에 대한 적정을 탐색하고자 제1중대(池龍泰

중위)를 1km 전방에 앞세웠는데 수산리(水山里-울진 남쪽) 어귀에서 만난 주민이 울진시내에는 29일 북한군이 들어왔다고 알려주었다.

대대장은 이 사실을 연대장에게 보고하고 수산리 서북쪽 140고지에 중대를 배치하여 동해가도를 경계하면서 연대 주력이 오기를 기다렸다.

울진에 적이 들어왔다는 보고를 받은 김종원 연대장은 울진을 확보하려던 계획을 변경하여 30일 하루 동안 적정 파악에만 골몰하고 있었다.

30일 07시, 제2중대(權五鳳 중위)가 경계하고 있는 해안도로를 따라 민간인 복장을 한 무리가 오는 것을 발견하고 경계병이 수하(誰何)를 했다.

무리는 12명이었다.

"우리는 3사단 수색중대인데 삼척까지 정찰 갔다가 오는 길이다."
라고 대답했다. 이때 중대장 이하 장교들은 민가에서 아침식사를 하고 있었으므로 경계병이 이들을 감시하고 연락병이 가서 보고를 했다.

제1소대장 박순권(朴淳權) 소위가 현장에 달려와서 보았으나 외관상 구분할 수 없었다. 대표자를 불러서 그가 가진 다발총을 해제하려고 하였더니 불응하여 체포하려고 하자 도망쳤다. 비로소 적인 줄 알고 사격을 하여 2명을 사살하고 1명을 생포했다.

제2소대장 박원달(朴元達) 소위가 부상하여 후송됐다.

포로 심문 결과 25일 온양리 해안으로 유격대가 상륙하였는데 본대는 태백산으로 잠입하여 저들 제5사단이 도착할 때까지 그곳을 확보하고, 일부가 울진으로 침투하여 울진교와 남대천 연안에 병력을 배치해 놓고 국군의 반격에 대비하고 있다는 사실을 알아냈다.

울진에 침투한 적은 약 250명으로 파악되었다.

김종원 연대장은 7월 1일 04시에 울진을 향하여 공격을 개시했다.

### 제1대대 – 울진교 공격

제1선 제1대대는

제2중대(권오봉 중위)가 선봉이 되어 울진교로 진격하고

제1중대(지용태 중위)는 오시골로 진출하여 남대천 남안에서 적 화력 일부를 유인 견제하면서 제2중대 공격을 엄호하게 하였다.

공격 선봉 제2중대장 권오봉 중위는 공격 접근로를 정찰한 결과 울진교까지 약 600m가 개방되어 있는 논인 것을 확인하고 주공 제1소대(박순권 소위)와 제3소대(韓相浩 소위)를 30일 밤중에 은밀히 추진하여 울진교 남쪽 800m 길이 제방에 다리를 중심으로 동쪽은 제1소대, 서쪽은 제3소대를 전개하여 돌격조를 편성해 놓고 공격 명령을 기다리게 했다.

공격 개시 10분 전 대대지휘소 상공에 한 줄기 적색신호탄이 오르고 남대천 남쪽고지에 있는 제1중대에서 총소리가 요란하게 울렸다. 이와 함께 중대 60mm박격포 2문과 연대에 남아있는 유일한 중화기중대인 제8중대 81mm박격포 8문이 불을 뿜었다. 보잘것 없는 화력이지만 박격포 탄착은 정확했다. 10분간의 공격준비사격이 이어졌다.

04시, 중대장 권오봉 중위가 카빈 M-2로 연사하는 예광탄 불빛이 교량 너머로 포물선을 그렸다.

제1소대장 박순권 소위가 "돌격 앞으로"를 외치며 뛰쳐나갔고, 제1분대가 그 뒤를 따랐다. 교량 입구까지는 150m. 완전히 노출된 혈로다. 소대장과 분대원들은 모두 15kg짜리 모래주머니를 가슴에 안고 달렸다. 10m 돌진한 뒤에 모래주머니를 바닥에 던져놓고 그 앞에 납작 엎드렸다. 총알받이로 모래주머니를 가슴에 안고 뛰는 것이다. 웬만한 총탄은 막아준다. 중대장과 소대장이 밤새도록 고안하여 만들어낸 고육지책의 발명품이다. 그렇게 엄호하면서 후속 조를 기다리고 후속 조가 오면 모래주머니를 겹으로

## 울진 부근 전투상황도 (1950.6.29~7.1)

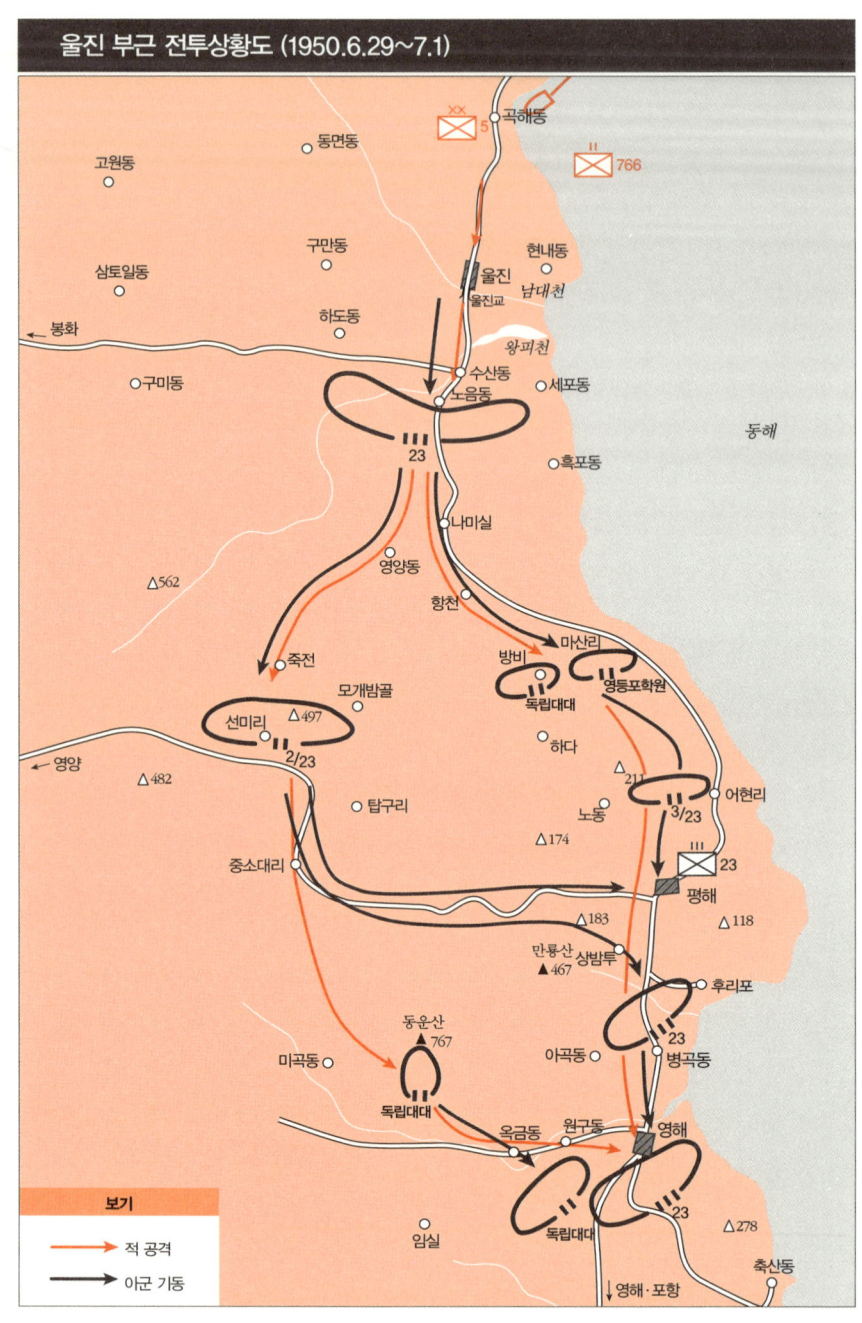

354 제5장 _ 다시 보자 한강수야!

쌓아 차폐물로 삼았다.

　북쪽에서 총알이 비 오듯 날아왔다. 박격포의 엄호 화력이 집중하는 순간을 이용하여 각개약진으로 모래주머니를 밀면서 나아갔다. 제1분대가 30m를 전진했을 때 2명이 전사하고 4명이 부상했다. 게다가 모래주머니가 터져서 더 이상 나아갈 수 없게 되었다.

　제2분대는 엄호화력이 적 거점 일대에 초연을 덮는 순간 약진하여 30m 전방 제1분대진지에 이른 후 포복 약진으로 20m를 앞질러 나아갔다. 이렇게 하여 제1소대는 선혈로 얼룩진 촌진(寸進)을 거듭한 끝에 교량 입구 50m 전방까지 진출했다. 같은 방법으로 후속한 제3분대는 분대장 이하 전원이 사상하는 손실을 입어 더 나아갈 수 없게 되었다. 제1소대장 박순권 소위는 예광탄을 쏘아 올렸다. 제3소대의 후속 돌진을 요청하는 신호다.

　제3소대장 한상호 소위는 제1소대장이 쏜 예광탄을 보는 순간 모래주머니를 안고 선두에 서서 돌진했다. 선임하사관 황정원(黃貞元) 상사가 만류했지만 소용이 없었다. 제1소대의 처절한 혈투를 보았기에 소대원의 투혼을 불러일으키기 위해서는 소대장이 앞장서야만 했기 때문이다.

　분대는 소대장 뒤를 따라 돌진했다. 모대주머니는 제1소대 것보다 가벼웠다. 앞선 소대의 것을 이용할 수 있기 때문에 가볍게 만들었다.

　제3소대는 제1소대 모래주머니를 이용한 것만 아니라 앞선 전우의 시체까지도 차폐물로 삼아서 싸웠다. 제3소대가 수류탄 투척거리까지 접근했을 때 5명이 전사하고 7명이 부상하여 양 소대는 50%의 전력도 보유하지 못한 채 전원 옥쇄를 각오해야만 했다.

　이 절망의 순간 교량 북쪽 적 배후에서 요란한 총성과 함께 함성이 울려 퍼졌고, 때를 같이하여 완강하게 저항하던 적진이 일순 무너지면서 달아나는 적병의 모습이 눈에 들어왔다. 이때가 06시 15분이었다.

뜻하지 않은 이 함성에 모두 의아해 했으나 나중에야 남대천 제방을 따라 우회한 제5중대가 울진시내로 돌진하면서 지른 함성과 총성이었음이 확인되었다.

한상호의 제3소대는 이 절호의 기회를 놓치지 않고 돌진하여 일로 다리를 건너서 울진으로 약진했다.

## ▎제2대대 - 남대천 제방 확보

제2대대(白基千 소령)는 29일 밤중에 읍남리(邑南里-울진읍) 고지로 이동하여 남대천 서쪽 제방에 중대를 배치하고 30일 하루 동안 적정을 탐색하면서 연대 공격에 대비했다.

제2대대는 공격 개시 시각인 7월 1일 04시에 남대천을 도하한 후 울진 서북방으로 돌입하여 해안도로(7번 국도)를 차단하여야 한다.

제7중대는 대대 제1선으로 04시 이전에 도하지점 동안을 확보하고,

제6중대는 남대천을 도하하여 울진 북쪽 해안도로를 장악하며,

제5중대는 제6중대에 이어 도하하여 울진시가지를 점령하기로 하였다.

제1선 제7중대(朴永元 중위)는 제1소대를 선발로 도하를 개시했다. 분대별로 병사들을 밧줄로 묶어 물에 떠내려가거나 낙오자가 생기지 않도록 해 놓고 가슴까지 차는 강물을 건넜다. 전 중대가 도하를 완료하여 도하거점을 확보할 때까지 적정은 전혀 나타나지 않았다. 적이 대대 도하를 예상하지 못한 때문인 것으로 판단되었다.

중대장은 손전등으로 강 서안에 신호를 보내 후속 중대 도하를 촉구했고, 제6, 제5중대가 뒤따라서 도하를 완료했다. 시각은 03시 40분경.

제5중대(이일수 중위)는 도하 즉시 남대천 동안으로 진출하여 제7중대를 앞질러 전개했다.

04시 정각, 공격개시 신호와 함께 제1선 제1소대(李明喆 소위)와 제2소대(劉在弘 소위)가 돌진했다. 들판으로 된 개활지를 70m쯤 진격했을 때 적 사격이 시작되더니 점점 화력이 증가하였고 우 일선 제2소대는 자동화기에 막혀 더 나아가지 못하고 밭두렁에 차폐한 채 꼼짝하지 못하였다.

제2소대장 유재홍 소위는 자동화기가 집중할 것을 예상하고 각 분대에 2인 1조 특공대를 편성해 놓았는데 특공조 김화준(金華峻) 이등병이 포복으로 약진하여 수류탄 2발로 적 화기진지 1개를 폭파했고, 후속 약진한 다른 특공조도 화기진지 2개를 폭파하는데 성공하였다. 적 자동화기를 잠재운 제2소대는 제1소대의 엄호를 받으며 야산으로 진격했다.

좌 일선 제1소대도 2개 소대 규모 적으로부터 소총 사격을 받았으나 이를 무릅쓰고 약진하여 야산 북록 일각을 점령하고 제2소대 돌진을 엄호하였고, 제3분대는 야산 정상으로 진격했다. 적의 저항은 경미하였다.

제5중대는 울진시가지를 동쪽으로 감제하는 야산을 완전히 점령하였다. 이때 시각은 05시 30분경. 중대장 이일수 중위는 제3소대로 하여금 울진시가지와 야산 사이 접근로를 확보하게 하고 SCR-300무전기로 대대장에게 상황을 보고하였다.

제6중대(金相鉉 중위)는 도하 즉시 제7중대가 장악하고 있는 강가 야산을 지나 울진 북쪽으로 진출했다. 성저동(城底洞-울진 북쪽)을 거쳐 고산성(古山城-성저 동북쪽, 7번 국도변)에 이르기까지 적정은 전연 나타나지 않았다.

중대는 7번 국도 굴곡진 양정동(陽井洞) 고갯길에 전개하였다.

### 울진 탈환전

제5중대는 울진 서쪽 교외 야산을 장악하는 즉시 제3소대를 선봉으로 공격을 개시했다. 주변 국민학교 일대 산병호에서 완강하게 저항하는 적을 가볍게 일축하고 하천변을 따라 울진교 쪽으로 진출했다.

06시 15분, 제3소대장 한상호 소위와 선임하사관 황정원 상사 그리고 나머지 소대원 12명은 생사를 가름하는 결사적인 최후 순간에 한 덩어리가 되어 질풍노도 같이 돌진했다. 함성과 총성이 새벽 공기를 갈랐고 기세에 눌린 적은 사방으로 흩어져 도망쳤다.

울진교를 공격하던 제2중대는 이 기회를 놓치지 않고 돌진하여 울진시내로 진격했고, 제5중대와 합세하여 울진을 탈환하고 적을 완전히 소탕했다. 이때가 7월 1일 07시를 막 넘을 무렵이었다.

적 사살은 확인할 길이 없고, 15명을 사로잡았다.

포로 신문 결과 울진에 침투한 적은 제549부대 일부로 확인되었고, 유격부대 제766부대는 이미 태백산맥으로 잠입하여 포항~경주를 목표로 남진 중이며, 적 제5사단은 이날 중 울진에 진출할 것으로 알려졌다.

제23연대는

제2대대가 양정동~138고지선에 전개하여 적 주력의 남진을 저지하고,

제1대대는 울진을 확보하고 있으면서 긴급시 제2대대를 부원하며,

제3대대는 왕피천 남쪽에 주저항선을 급편하게 하였다.

정보주임 정범진 대위는 죽변(竹邊-울진 북쪽 9km)까지 동해가도 주변 상황을 파악하기 위하여 수색 활동을 실시하였고, 작전주임 하수덕(河守德) 대위는 남대천에 있는 울진교와 왕피천에 있는 수산교를 철수시 폭파하기 위하여 그 방법을 모색하였는데 두 다리 모두 교각과 경간이 크고 견고하여 공병지원 없이는 파괴가 불가능하였다.

벙어리 냉가슴 앓는 격이 되었다.

제23연대는 출동 당초부터 북한군 정규부대를 상대하기에는 불비한 점이 많았다. 포병지원이 없는 것은 고사하고 연대 기본 중화기 대전차포가

없고 박격포도 1개 중대밖에 갖지 못한 것과 공병 지원이 없는 것도 그러했다. 교량 파괴가 절실한데도 속수무책일 수밖에 없었다.

해안도로 정황을 파악하기 위하여 죽변 방면으로 출동한 연대 수색대(鄭祥萬 소위)가 방축골(坊築谷)에 이르렀을 때 전차 6대(실은 자주포)를 앞세운 대규모 적을 보고 대경실색했다. 정찰 상황을 6명이 1조로 편성한 연락조로 하여금 연대본부에 보고하게 하고 수색대는 철수를 서둘렀다.

보고를 받은 연대지휘부도 전차에 대하여 아는 바가 없어 막연하게

"적이 전차를 동반하여 접근 중이니 어떠한 수단을 강구해서라도 이를 격파하여 현 선을 사수하라."

고 지시를 내리는 외에 따로 방법이 없었다.

이날 적 주력 제5사단은 제10연대가 동해가도를 따라 직진하고 제12연대는 남대천 지류변을 잇는 산비탈로 진출했다.

08시 30분경 적 제10연대 첨병중대와 더불어 자주포 6대가 무한궤도의 요란한 굉음을 울리면서 고갯길 어귀에 나타났다.

고갯길 제2굴곡 지점에 화력을 치중하고 도로 차단 임무를 띠고 있던 제6중대는 처음 보는 전차의 위용에 놀라움과 두려움이 앞섰다. 실은 자주포였는데 중대 병사들은 모두 전차로 알고 있었다.

중대장 김상현 중위는 병사들 사기를 고무시켜야 한다고 생각하고

"뒤따르는 산병만 처치하면 전차는 허수아비에 지나지 않는다."

고 소리쳤다.

곧이어 적이 준비 사격을 시작했다. 천둥소리를 방불케 하는 포성과 작렬하는 포탄 파편에 병사들은 정신을 잃었고, 급편한 개인호와 교통호는 순식간에 허물어졌다.

제23연대가 비로소 정규군과 맞붙는 순간이었다. 적 장비에 기가 죽었

고, 화력에 전의를 잃었다. 우리에게는 적 자주포나 화력을 막아낼 장비를 갖지 못했다. 제6중대는 접적 15분 만에 진지가 무너졌다.

제7중대가 부원했으나 방약무인으로 무한궤도를 굴리며 76mm포를 휘두르는 오만한 적 자주포의 기승에 눌려 버틸 힘이 없어졌다.

북한군 패주 상황을 '혼비백산하여 퇴각했다.'는 표현으로 많이 묘사했다. 우리야말로 이때 혼비백산하여 패주하고 말았다.

제6, 제7 양 중대는 대대지휘소가 있는 138고지에서 병력을 수습하고자 89고지 배사면(背斜面)으로 집결시켰다.

제5중대는 138고지 정상을 점령하고 있었다.

09시 10분, 멀리서 울리는 천둥소리와 같은 포성이 은은히 들려오는 것과 함께 각종 포탄이 진지 일대를 뒤덮기 시작하였다. 개인호와 교통호 같은 급편진지는 견뎌낼 수 없는 처음 겪는 집중포화였다.

적 제12연대 첨병인 듯한 2개 중대가 포격 신장에 맞추어 공격 대형으로 138고지 정면에 접근했다. 일방적인 포화에 압도되어 접전 1합에 병사들은 전의를 잃고 고개를 숙인 채 목표도 없이 방아쇠만 당기고 있었다. 진지가 돌파되는 것은 뒷전이고 전멸할 위기에 몰렸다.

이미 제6, 제7중대의 진지가 무너진 상황에서 더 이상 희생을 강요할 수 없다고 판단한 대대장 백기천 소령은 SCR-694무전기로 연대장에게 상황을 보고하고 남대천 이남으로의 철수를 건의했다.

김종원 연대장은

"그 자리에서 모두 죽는 한이 있어도 버틸 때까지 버텨라."

고 소리를 질렀다. 작전주임 하수덕 대위와 정보주임 정범진 대위가

"제2대대를 잃는 것보다 다음 작전을 위하여 연대 수습이 시급하다."

고 건의하여 제2대대 철수를 승인했다.

제23연대는 울진을 탈환한지 3시간 만에 남대천 이남으로 철수하여 전선을 수습하였다가 다시 이날 12시를 시한으로 전 병력을 왕피천(王避川) 남쪽으로 철수하여 병력을 수습했다.

적 제5사단은 울진을 침탈한 여세를 몰아 남대천을 지나고 포격 지원을 받으면서 왕피천 남안으로 진출할 것을 기도하고 있었다.

### 평해 전투

7월 2일 05시 연대는 다시 주진지를 물려

제1, 제2대대를 울진 남쪽 22km 지점에 있는 기성리(箕城里-울진군 기성면 동해 연안)로 이동하고,

제3대대는 그보다 더 남쪽 9km 지점에 있는 평해(울진군 평해읍, 7번 국도와 88번 국도 분기점)로 옮겼다.

제23연대가 이렇게 멀리 물러난 것은 적 화력과 자주포 위력에 전의를 잃은 병사들의 사기가 말이 아니었고, 제2대대 병력 손실이 너무 많아서 재편성이 시급하였으며, 중원부대와 조속한 합류를 위해서였다.

김종원 연대장은 왕피천에서 철수하기 전 사단에 병력 증원을 요청하였다. 사단장 유승렬 대령은 포항에 진출해 있는 독립 제1대대(김종순 중령)와 영등포학원(홍성준 소령)을 연대에 배속하여 평해로 진출시켰다.

이들 증원부대는 7월 2일 21시에 평해에 도착하여 영등포학원은 제2대대에 배속되고, 독립 제1대대는 기성리 북쪽 3km 지점 무명고지에 진출하여 진지를 점령하였다. 제1대대와 제3대대는 재편성에 들어갔다.

적 제5사단은 추격을 서두르는 듯 3일 04시경에

제10연대가 동해 본도를 따라,

제12연대는 왕피천 상류에서 태백산계의 계곡으로

**나뉘어서 주파해 오고 있었다.**

독립 제1대대는 기성리 북쪽 7번 국도 좌우 하사리~212고지선(망양 남쪽)에 진지를 급편하고 있다가 적 제10연대 첨병 2개 중대를 만나 교전 20분 만에 자주포 6대의 화력에 밀려 기성리로 철수했다.

독립 제1대대를 엄호하기 위하여 추진된 제3대대도 버티지 못하고 영덕 북쪽 14km 지점에 있는 영해까지 장장 28km 후방으로 철수하여 전선을 수습해야 했다.

제1대대는 재편성을 마치고 선미리(仙味里-평해 서북쪽 11.5km)로 추진하여 평해 서 측면을 엄호하다가 적 제12연대 1개 대대 규모를 맞아 교전하였으나 40분 만에 화력에 밀려 평해로 철수했다.

4일 제3사단은 제23연대를 모두 영해로 철수하여 정비에 들어갔다.

신병을 보충하여 그동안 손실 병력 일부를 충원하였고, 제22연대 복귀를 육군본부에 요청하였다.

영등포학원은 독립 제1대대와 통합하여 김종순 중령이 지휘하였다.

**제23연대는 해안선을 낀 병곡동(柄谷洞-영해 북쪽 8km)선에,**

**독립대대는 미곡동(美谷洞-영해 서북쪽 약 8km, 69번 도로 서쪽)선에**
진지를 점령하고 영해로 우회하는 적에 대비하였다.

7월 9일 적 제5사단 주력이 양 부대를 공격했다. 3일 동안 사력을 다해 버텼으나 종내에는 탄약과 필요한 보급이 제대로 되지 않아 더 버티지 못하고 11일 오후에 영해로 후퇴하여 새로운 저지선을 점령했는데 여기서 또 야간 공격을 받아 영덕으로 철수하였다.

사단 작전참모 장송주 소령과 미 고문관 에머리치 중령이 김종원 연대장에게

**"왜 후퇴만 하느냐? 이렇게 후퇴만 하다가는 부산까지 며칠이면 갈 것**

아니오!"라고 하니까 연대장은

"적이 강력하기 때문에 별 도리가 없다. 후퇴는 좋은 방어지역을 점령하기 위한 것이다."라고 대답했다.

독립대대는 옥금동 도로에서 남진하는 적 연대 병력을 진전까지 접근시켜 선두 1개 중대를 완전히 섬멸했으나 후속 부대의 공격과 포격 때문에 후퇴할 수밖에 없었다. 그러나 이번 전투에서 최대 전과를 올렸다.

7월 6일 현재 전선은 평택~안성~장호원~제천~영월선에 형성되어 있었고, 이 선은 북한군 제2단계 작전 목표와 거의 일치한다. 다만 충주 목표가 장호원에 머물러 있는 차이가 있었다.

이에 비하여 동해안이 영해까지 밀린 것은 크게 우려되는 상황이다. 이 선은 그 20일 후에 형성된 함창~안동선과 균형이 맞는 선이니 얼마나 동해안이 무방비 상태였는가를 말해 준다.

## 5. 영덕 지역 전투 – 제3사단

### 제3사단 전력 보강

7월 9일 제3사단장 유승렬 대령이 영남편성관구사령부 부사령관*으로 전임하고 이준식 준장이 부임했다. 이준식 준장은 육군사관학교 교장으로 있다가, 7월 5일 수도경비사령부가 수도사단으로 개칭되면서 수도사단장에 임명되었는데 5일 만에 제3사단장으로 전임된 것이다.

* 국방부『한국전쟁사』개정판 제2권은 "사단장 유승렬 대령을 경남편성관구사령관으로 전보"라고 기술(p583).(제8권「편성관구사령부와 사령관」참조)

같은 날 육군본부는 음성 방면으로 이동 중인 제22연대를 조속히 원대복귀하도록 명령했다.

이러한 일련의 조치는 포항을 고수하기 위하여 영덕~강구선에서 적을 저지하고자 하는 긴급 조치의 일환으로 파악된다.

포항은 부산과 함께 전선에 보급되는 군수물자가 들어올 수 있는 항만이고, 인근 연일비행장은 미 제40전투비행대대 기지로서 중요성을 가진 곳이므로 북쪽 영덕~강구전선은 포항을 확보하는 마지막 보루였다.

미 제8군사령관 워커 장군은 작전참모부 매크린(Allen D. Maclean) 중령에게 긴급 지시하여 동해안 전선에 화력 지원을 위하여 할 수 있는 모든 수단을 동원하도록 하였다.

이렇게 하여 다음과 같이 막강한 화력 지원이 이루어졌다.

포병 - 미 제159야전포병대대 C포대(105mm)
공군 - 미 제35전투비행단 제40전투비행대대
해군 - 미 해군 제7함대 소속 경순양함 주노(Juneau),
　　　　구축함 칼넷(Collett), 히그비, 맨스필드(Mansfield),
　　　　데하벤(Dehaven), 스웬슨(Sw-enson) 등 6척
　　영국 해군 극동함대 소속 순양함 자마이카(Jamica),
　　　　구축함 블랙스완(Black Swan) 등 2척.

이와 함께 미 제8군사령관은 화력 지원 협조 체제를 유지하기 위하여 미 제8군사령부 작전참모부 매크린 중령과 제3사단 수석고문관 에머리치 중령 간에 긴밀한 연락을 유지하도록 하였고, 육군본부에서는 함포와 항공기 및 지상포 지원을 원활하게 하기 위하여 미 육군보병학교 고등군사반 과정을 이수한 전 육군사관학교 교장 최덕신 대령을 제3사단장 연락고문관으로 파견하여 미 지원부대와 협조 체제를 갖추었다.<sup>주)</sup>

국방부 『한국전쟁사』 개정판 제2권 p583

제3사단은 지상에서는 미군 포병, 해상에서는 미·영 해군의 함포, 공중에서는 미군 항공기의 폭격지원을 받게 되어 국군 사단 중 최대의 화력 지원을 받는 사단이 되었다.

### 영덕 공방전

12일 제3사단은 영해에서 철수한 제23연대와 독립대대를 재정비하여
제1, 제2대대를 영해 남방 1.2km 지점 목골재 동쪽 동해안 망월봉(望月峰-220고지)에,
제3대대를 목골재 서쪽 저산 지대에,
독립 제1대대를 가마실재(목골재 서쪽) 일대에 진지를 점령하였다.

이날 14시 진지 정면에 적 2개 대대 규모가 나타났다. 때마침 영해 전면 해상에 출동한 미 해군 경순양함 주노를 비롯한 구축함 3척이 이를 발견하고 함포로 화염을 뿜어 적 접근로를 불바다로 만들었다.

적 제5사단은 제10연대가 동해안 본도를 따라, 제12연대는 그 서쪽 산기슭을 따라 남진하다가 함포 위력에 혼비백산하여 산악지대로 숨어들었고, 이후 저들은 함포와 간단(間斷)없이 이어지는 전폭기의 근접공격에 행동 제약을 받아 기동이 눈에 띄게 둔화되었다.

제3사단은 이 막강한 화력 지원에도 불구하고 그동안 손실된 병력보충이 뒤따르지 못하여 적을 저지하는 데는 한계가 있었다.

14일 적이 압력을 가해오자 사단사령부를 영덕에서 포항으로 이동하였고 예하부대도 영덕으로 철수하고자 하였으나 미 고문관 에머리치 중령이 영덕 지구를 고수해야 한다고 하면서 반대하여 이루지 못했다.

14일부터 공격을 개시한 적 제5사단은 미군 함포 사격과 항공기 공격에

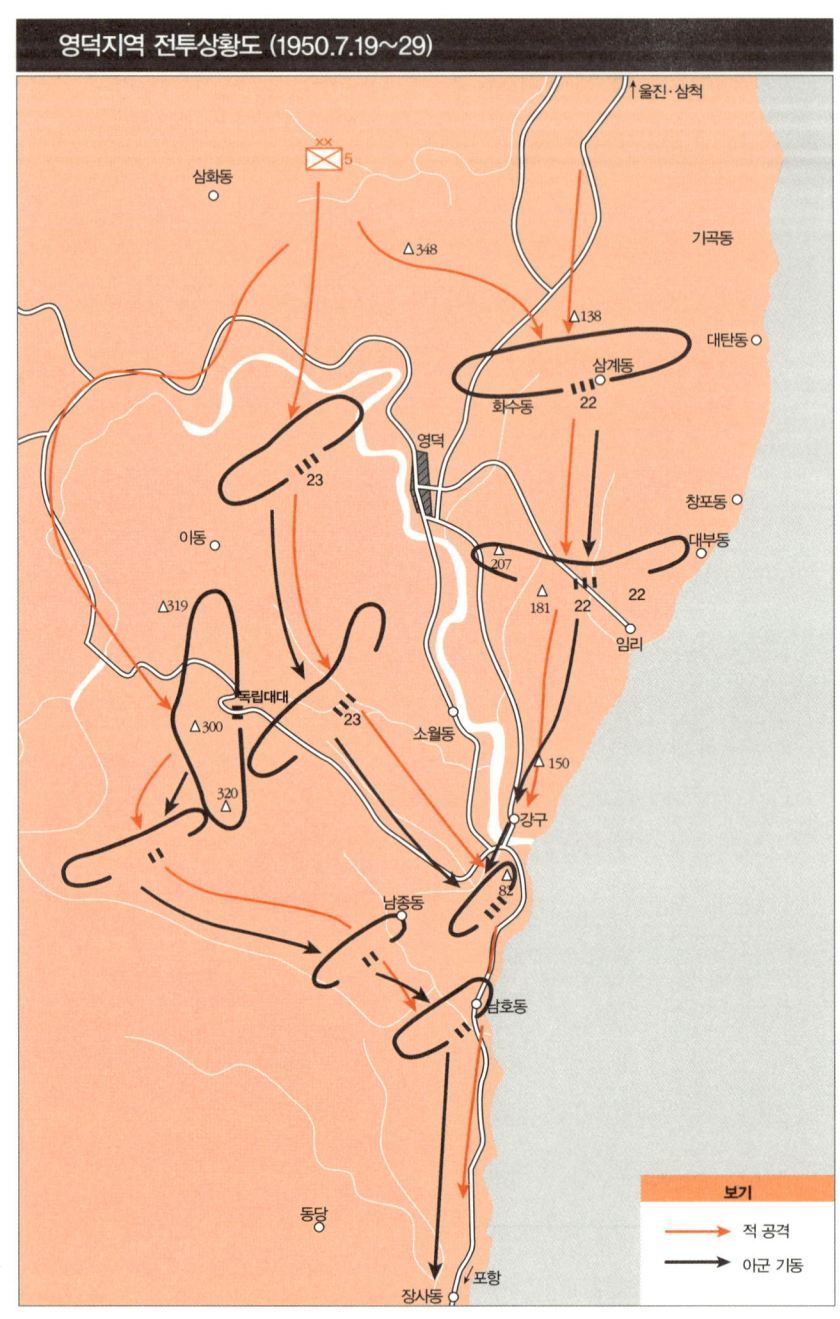

도 불구하고 16일에는 제23연대와 독립대대를 강타하여 사단은 영덕 방면으로 분산 후퇴했다.

제3사단 고문관 에머리치 중령은 미 제8군사령부로부터 책임 추궁을 받았고, 에머리치 중령은 미 제8군사령부에 전문을 보냈다.

"사태는 아주 절망적이다. 국군 제23연대 75%가 도로로 남하하고 있는데 사단장이 설정한 저지선에서 병력을 수습하고 미 고문관들은 공포를 쏘면서 독전하고 있다. 병력 수습이 성공하면 다행이나 실패하면 결과는 기대할 수가 없다. 미 고문관들도 식량과 휴식이 필요하다." 주)

국방부 『한국전쟁사』 제2권 p708

제3사단은 16일 사단지휘소를 포항에서 북쪽 강구(江口)로 옮겼다.

영덕 북방 화수동(華水洞-영덕읍)에 배치된 제23연대는 전날 분산 후퇴하면서 전력이 약화된 부대를 정비할 사이도 없이 19일 미명에 적의 공격을 받고 05시에 영덕 남방으로 후퇴했다.

적 제5사단은 19일 09시 30분 영덕에 무혈 진입했다.

제23연대는 영덕 동남쪽 우곡동(右谷洞) 207고지~181고지 능선을,

독립 제1대대는 오십천 남쪽 208고지(영덕 서북쪽)를

각각 점령하여 영덕 탈환을 위한 역습 거점을 확보하였다.

20일 영덕~강구선을 고수하여 포항에 대한 적의 위험을 배제하고자 하는 미 제8군사령관 워커 중장은 미 제25사단장 케인 소장을 대동하고 포항에 와서 동해안 전선 전반적인 상황을 검토하였다.

제3사단에 가장 시급한 병력 보충이 불가능한 현실에서 해·공군에 의한 화력지원이 방어력을 보강하는 유일한 방법임을 인식하고 미 제35비행단장 위티(Robert Witty) 대령에게 제3사단 고문관 에머리치 중령과 공군 지원에 관한 협의를 갖게 하였고, 미 제159포병대대 C포대를 남호동(南湖洞-

강구 남쪽)으로 전진하도록 하였다.

　워커 사령관은 이준식 사단장에게 영덕을 탈환하라고 지시했다.

　21일 미명 제23연대는 함포와 항공기 지원을 받으며 역습하여 08시에 영덕을 탈환했다. 영덕이 적 수중에 들어간 19, 20 양일간 미 해군 함정들은 영덕시내에 함포 사격을 계속하였고, 큰 타격을 입은 적은 20일 밤에 일부 병력만을 남겨 놓고 주력은 철수해 갔기 때문에 제23연대는 별다른 저항을 받지 않고 영덕에 진입할 수 있었다.

　일몰과 동시에 적 1개 연대가 공격하여 제23연대는 퇴로가 차단될 위험에 몰렸으므로 21시 50분에 영덕에서 물러났다.

　제23연대는 207고지~181고지선을 중심으로 하는 금호동(錦湖洞-영덕 동남쪽)에 주저항선을 급편하고 시시각각으로 가중되는 적의 압력을 막강한 화력지원에 힘입어 일진일퇴의 혈전을 벌이면서 23일까지 오십천 북안에서 적을 저지했다.

### 181고지 공방전

　영덕에서 강구에 이르는 해안본도는 오십천 연변을 따라 남쪽으로 이어지는데 영덕 동쪽의 지맥(地脈)은 태부동(太夫洞-영덕 동쪽 4km)~우곡동(右谷洞-영덕읍)을 저변으로 하여 역삼각형(▽)으로 좁아지면서 강구교를 정점으로 하고 있으므로 아군으로서는 밀집방어에 유리한 지형이다.

　181고지는 이 역삼각형 저변(상변) 중앙에 위치하여 피아간 감제고지이다. 적에게는 181고지가 강구를 점령하는 발판이 되고 아군은 181고지를 잃으면 강구도 잃게 된다.

　181고지는 환산(丸山)이라고도 한다. 둥근 만두 모양의 이산은 정상에서 완만한 능선이 사방으로 흘러내려 지세가 완만하고 정상에서는 사방을 조망할 수 있어 공격자 측에서는 화력 집중을 각오해야 한다.

24일 새벽 적은 제23연대 제3대대(許亨淳 소령)가 확보하고 있는 181고지를 포위 공격했다. 제3대대 장병들은 연일 전투와 이동으로 지쳐 있었다. 고지 동록에 있는 제9중대(鄭名煥 중위)는 전초조가 졸고 있는 사이 적 2개 중대가 기습공격하여 완전 포위망 속에 갇히고 말았다. 이때 고지 남록에서 대기 중이던 제10중대(朴鍾秉 대위)가 역습하여 대대 주력의 퇴로를 타개하고 금호동으로 대대 주력이 철수하여 병력을 수습했다.

제10중대장 박종병 대위는 치성을 부리는 적 기관총을 제압하기 위하여 박격포를 수직으로 놓고 사격을 했다. 그 중 한 발이 명중하여 기관총이 파괴되자 돌격하여 적 1개 중대를 섬멸하고 퇴로를 열었다. 적 시체 속에 강구 출신 중대장이 1명 있었다.주) 국방부『한국전쟁사』제2권 p712

207고지 제2대대(백기천 소령)도 적 1개 대대 규모의 공격을 받고 고지 남쪽에 있는 상금호동(上錦湖洞) 능선 일대로 물러났다.

6월 26일 봉일천 제1사단 지역에 투입되었던 제22연대(강태민 중령)가 대구에서 재편성을 마치고 포항에 복귀했다.

재편성할 때 제12중대는 병력이 93명이었고, 장교는 호국군 출신 소위 한 사람밖에 없었다. 중·소대장의 손실이 많았는데도 보충되지 않아 고참 상사를 현지 임관시켜 소대장으로 임명했다.주) 국방부『한국전쟁사』개정판 제2권 p596

제22연대는 그동안 전투에서 병력 손실이 막대하였고, 장거리 도보 이동에 극도로 지쳐 있었으므로 충분한 휴식을 취하고 병력을 보충하여 강구 북쪽 150고지에 진출하였다.

해군 육전대와 사단 공병대대(약 500명)가 증원되어 전력이 보강되었다.

또 강원도 경찰국장 윤명운(尹明運) 경무관이 지휘하는 경찰 병력 6개 대대가 제3사단에 배속되었다. 이준식 사단장은 경찰대 전력이 미약하므로 경찰대를 사단 좌일선 영덕 서쪽에서 포항 방면 산악지대에 노출되게 배치하여 산악지대로 침투하는 유격대를 저지하도록 하였다. 이것은 아군 병력을 과시하여 적에게 경계심을 주고자 함이다.

또 김안일(金安一) 중령을 경찰대에 파견하여 작전을 돕게 하면서 부득이하면 후퇴하여도 좋으나 정확한 정보를 보고하도록 하였다. 경찰대는 작전기간 중 많은 전과를 올렸고, 상당수의 유격대를 생포하였다.

25일 제23연대 제1대대(박재열 소령)는 06시부터 181고지를 공격했다. 181고지와 207고지는 적 수중에 들어간 전날 07시부터 강구 앞바다에 출동한 미 해군 각 함정이 종일 함포로 두들겨 제1대대가 진격했을 때는 적의 주력은 이미 달아나고 없어서 쉽게 고지를 탈환했으나 이날 밤중에 적이 역습하여 181고지를 다시 잃었다.

이준식 사단장은 150고지에 대기하고 있는 제22연대를 가지고 영덕을 탈환할 복안을 가지고 있었는데 181고지가 다시 적의 수중에 들어가자 이 연대를 181고지 역습에 투입하기로 했다.

쟁탈이 몇 번 반복되는 바람에 181고지를 죽음의 고지라고 불렀다. 지근거리에서 쟁탈전이 반복되다보니 사격전보다는 수류탄과 육박전을 주로 했고, 사상자가 많이 발생했다. 또 소대장의 희생이 많아 중·상사가 소대장을 대리했다. 이 무렵에 '소모품 소위'라는 말이 생겼다.

사단은 제22연대를 투입하여 181고지 탈환에 나섰다.

181고지~207고지에서 물러난 제23연대 제3대대를 음지마 야산에,

제2대대를 상금호동 능선에 진지를 편성케 하여

제22연대 역습을 엄호하게 하였다.

제1대대는 예비로 172고지(181고지 남쪽)에 있었다.

그동안 하나뿐인 제23연대를 무리하게 계속된 전투에 투입하여 극도로

지치게 만들었고, 제23연대 장병들은

'즉흥적으로 지휘하면서 화력 지원도 제대로 받지 못하는 의붓자식'

이라는 자조적인 불평불만이 팽배해 있었다.

제22연대는 26일 12시부터 1시간에 걸쳐 적이 점령하고 있는 181고지와 그 북쪽 207고지에 함포 사격과 포격으로 민둥산을 만들어 놓고,

제3대대(廉貞泰 소령)가 181고지를,

제2대대(張麟杰 소령)가 207고지를 공격하여

이미 쑥대밭이 된 두 고지를 점령했다.

제22연대 양 대대가 두 고지를 탈환한 후 진지를 급편하는 동안 주간에는 쥐 죽은 듯 침묵을 지키던 적이 22시가 되자 고지정상에 포탄을 퍼붓기 시작했다. 적 제5사단 전 화력이 총 집중된 듯 포격은 치성을 부렸고, 이로 미루어 대병력이 투입될 것 같이 예상했는데 그와는 달리 181고지 제3대대 선봉 제10중대와 제11중대 정면에 증강된 1개 대대 규모로 추산되는 적이 몰려들었고, 또 제2대대 207고지에도 자동화기로 증강된 1개 중대 규모가 접근하여 교란 사격을 하였다.

181고지에서 야습을 받은 제3대대는 처절한 투혼을 발휘했다. 우 일선 제10중대(梁成植 대위)와 좌 일선 제11중대(文龍琪 중위)는 급편한 진지가 무너지자 적병 시체를 쌓아서 방어벽을 삼았고, 화력 지원 없이 자체 화력으로 막강한 적 화력과 병력에 맞서 2시간이 넘는 사투를 벌렸다.

제11중대 화기소대장 주갑복(周甲福) 중위는 기관총반을 직접 지휘하면서

"한 놈도 남기지 말라."

대성일갈(大聲一喝)하던 중 적탄이 머리를 관통하여 즉사했다. 이를 본 기관총반원들은 분루를 삼키면서

"소대장님의 죽음을 헛되이 하지 말자." 주) 국방부 『한국전쟁사』 개정판 제2권 p592

고 다지고 총열이 달아오르도록 기관총을 쏘아댔다.

제22연대 제3대대 장병의 투혼은 빛났다. 이들의 결전 의지는 막강한 적의 전력을 뛰어넘었다. 자정이 넘으면서 적은 광기가 사라진 듯 많은 시체와 병기를 버린 채 어둠을 타서 계곡으로 숨어들었다.

**영덕 탈환**

26일 207고지를 공격 목표로 한 제22연대 제2대대는 우 일선 제3대대의 181고지 공격에 맞추어 제5중대(李領濟 중위)가 선봉으로 상금호 북쪽으로 진출하고 제6중대(黃漢俊 중위)가 후속했다.

대대장 장인걸 대위는 207고지에는 적 1개 중대 규모가 있을 것으로 예상하고 제5중대를 선봉으로 삼았고, 후속 제6중대를 7번 국도를 통하여 북상시킨 것은 국도를 통하여 진격하면서 자연스럽게 고지 서쪽을 감제할 수 있을 뿐만 아니라 고지에서 내려다보고 있는 적에게 대병력이 진출하고 있음을 과시하는 효과를 노렸다. 이 길이 영덕에 이르는 요로(要路)이므로 1개 중대가 진출한다는 것은 적에게 여간 위협이 아니었다.

이러한 대대장 판단은 적중하여 적 화력이 제6중대로 분산되면서 제5중대 공격을 용이하게 하여 큰 저항을 받지 아니하고 고지를 점령했다.

이때가 14시 20분으로 제3대대도 이미 181고지를 회복하고 있었다.

207고지는 영덕시가지와 지호지간에 있었다. 대대장은 머지않아 적의 대역습이 있을 것으로 예상하고 제7중대를 증강시켜 3개 중대가 고지 주변에 사주 경계진지를 편성하였다.

사단 고문관 에머리치 중령은 영덕시가지 주변이 감제되는 이 고지에 미군 관측반을 파견하여 함포 및 항공지원을 유도케 하였다. 영덕시가지와 그 주변 일대는 종일 함포가 작렬하였고, 연일비행장에서 출격한 미군 항공기 5개 편대가 영덕 상공을 누볐다.

22시, 207고지에 적의 역습이 시작되었다. 181고지 역습과 같은 시간이다. 야포와 자주포인 듯한 직사포가 작렬하여 고지는 화염에 휩싸였다.

적은 전 화력을 동원한 듯 엄청난 포격이 치성을 부려 대반격이 예상되었으나 정작 1km 방어 정면에 나타난 적은 자동화기로 증강된 1개 중대 규모에 불과하였다. 고지정상에서 북쪽으로 뻗은 능선 북단으로 접근한 적은 제자리에서 더 접근하지 않고 이튿날인 27일 새벽까지 진전에서 교란 사격만 하다가 물러갔다.

이 괴이한 행동은 아마도 181고지에 대한 공격을 엄호하기 위하여 207고지의 방어 화력을 견제하고자 한 것으로 추단(推斷)되었다.

제22연대는 27일 적의 재침이 있을 것으로 예측하고 진지를 보강하면서 보급 지원을 요청하여 181고지~207고지선 방어망을 굳게 다졌다.

27일과 28일 양일에 걸쳐 미 해군 함포와 미 제159포병대대 C포대 그리고 미 공군 제40전투비행대대는 산발적인 적의 포격을 제압하면서 영덕과 그 주변 일대를 공격하여 적의 예기를 꺾어 놓았다.

29일 15시 제23연대가 반격하여 영덕을 탈환했다. 미 해·공군과 포병 입체 공격에 예봉이 꺾인 적은 별다른 저항을 못하고 화림산(華林山, 347.4m-영덕 북쪽)과 삼화동(三和洞-영덕군 知品面) 간 계곡으로 물러갔다.

영덕을 탈환한 후 제22연대와 제23연대는 영덕 북쪽 2km선까지 진격하여 진지를 확보하였고, 독립대대는 영덕 서쪽 4km 지점 삿갓봉(320고지)으로 진출하여 오십천을 경계하였다.

적 제5사단은 이 전투에서 막대한 손실을 입었는데 포로 진술에 의하여 사단 전력 40%가 손실된 것으로 확인됐다.

제23연대장 김종원 중령은 181고지를 빼앗겼고, 또 공격에 실패했다는 이유로 소대장 1명과 사병 1명을 권총으로 즉결 처분했다. 이를 본 미 고문관이 못마땅하게 생각하고 상부에 건의하여 연대장을 해임했다. 후임에는 독립대대장 김종순 중령이 임명됐다.

### 이명수 상사의 자주포 공격

영덕 동북방 삼계동(三溪洞-7번 국도 동쪽)과 대탄동(大灘洞-해안)에 배치된 제22연대는 전면에서 적 전차의 위협을 받고 있었다.

제3대대장 염정태 소령은 제12중대 제3소대장대리 이명수(李明守) 상사에게

"전차를 없앨 수 있는 방법이 없을까?"

근심어린 상의를 했다. 실은 자주포였지만 그때는 전차로 알았다.

이명수 상사는 이렇게 대답했다.

"대대에 대전차화기가 없으니 그 놈들이 낮에 움직일 때보다 밤에 잠자고 있을 때 파괴할 수밖에 없겠습니다. 저에게 맡겨 주십시오."

이 상사는 용감할 뿐만 아니라 결정적인 시기에 기지를 발휘하였다. 적 자주포는 강구를 위협하고 있었고 강구가 적 수중에 들어가면 제22연대는 바다로 들어갈 수밖에 없었다.

28일 21시 이명수 상사는 특공대원 12명을 선발하여 자주포가 위치한 장소로 잠입해 들어갔다. 도중 어느 계곡에 이르렀을 때 약 2개 소대 규모로 추산되는 적이 휴식하면서 수통에 물을 넣고 있는 것을 발견하고 수류탄을 던져서 대부분을 사살하고 10명을 생포했다. 저들은 적 제5사단 소속 정찰대이고, 자주포 유도 임무를 띠고 있었다.

저들 중 저항하는 7명을 사살하고 3명의 협조를 얻어 '쥐', '새' 라는 암호를 알아낸 뒤에 저들을 앞세우고 자주포 3대가 포진하고 있는 진지까지

접근한 후 저들로 하여금 정찰 보고를 하면서 자주포 승무병들을 밖으로 유도해 내게 하였다. 자주포 승무원들이 포탑 뚜껑을 열고 나오는 순간 사살하고 자주포 안에 수류탄을 던져 넣었다. 자주포 안에 꽂혀있는 많은 포탄이 연쇄 폭발하면서 자주포 3대가 파괴됐다.

특공대원들은 철수하여 아군진지로 돌아오던 도중 적 경계부대의 공격을 받고 분산되었고, 이명수 상사는 제11중대 앞에 이르러 졸도하여 의식불명이 된 것을 구출하였다.

29일 이명수 상사는 제11중대의 공격에 가담하여 수류탄으로 적 20명을 살상하고, 포로가 된 특공대원 2명을 포함하여 아군 포로 6명을 구출하였으며, 또 적병 8명을 생포했다.

제11중대는 공격 목표인 138고지를 점령했다.

이명수 상사는 이 공으로 1951년 9월 17일 사병 최고의 영예인 태극무공훈장을 받았고, 그 후 현지 임관하였다.

참고문헌 : 국방부 「한국전쟁사」 제2권 「전차파괴조의 활동」(p713), 안용현 「한국전쟁비사」 2 p96, 97

### 사단장 교체

적 제2군단장 김무정 중장은 저들 제5사단 진출이 부진하자 제12사단장에게 7월 26일 안으로 포항을 점령하라는 명령을 내렸는데 그때 적 제12사단은 영주선에 있었으므로 그 명령은 소용이 없었다.

제3사단은 예하부대를 모두 전선에 투입하여 예비대를 갖지 못하였다. 이 때문에 사단사령부 자체 경비가 소홀하여 적 침투부대로부터 기습을 받는 경우가 있었고 또 항상 기습을 받을 우려를 가지고 있었다. 그래서 궁여지책으로 공병대대 1개 중대를 예비대로 확보하였다.

7월 30일 제11포병대대 75mm포 2개 중대가 노재현 소령 지휘하에 배속되어 사단 화력이 보강되었다.

8월 1일 10시경 적 일부 병력이 사단사령부를 기습하고자 도로를 따라 강구로 침투하는 것을 공병중대가 제22연대 대대화력 지원을 받아 1개 대대 병력을 섬멸했다. 현장에서 2트럭 분의 무기를 노획했고, 적 시체는 민간인을 동원하여 매장했다. 이후 적은 사단지휘소에 대한 기습은 포기한 것으로 보인다.

8월 5일 제3사단은 적의 포위 공격을 받고 영덕 남방으로 후퇴했다. 워커 사령관은 사단장에게

"영덕은 어떠한 희생이 따르더라도 탈환해야 한다."

고 강조했다.

6일 제22연대는 함포와 공중 지원 아래 공격하여 수류탄전을 치르면서 밤에 181고지를 탈환했고, 7일 아침에는 영덕선까지 적을 구축했다.

독립대대는 해체되어 제22연대와 제23연대에 흡수됐다.

7일 이준식 준장은 제3사단장에서 해임되고 후임에는 수도사단장에서 해임된 김석원 준장이 임명됐다.

**국방부 『한국전쟁사』 제2권(p714)은 이렇게 기술했다.**

제22연대가 181고지에 대한 야간 공격이 전개되고 있을 때 사단전방지휘소에는 적의 포탄이 낙하하여 수 명의 병사들이 전사하였다. 포탄이 떨어지니까 사단장 이하 참모들이 부근에 산재된 개인호 속으로 피신하였는데 이때 사단 고문관이 연락병을 지휘소에 보냈던 바 지휘소에 아무도 없다고 보고하므로 에머리치 중령이 직접 와서 지휘소 부근 호 내에서 이준식 사단장을 만났는데 그는 말하기를 빨리 참모들을 찾아 지휘소의 기능을 유지하라고 하였다. 에머리치 중령은 사단장이 잠시 포격을 피하여 호 속으로 대피한 것을 못마땅하게 여기고 7일

미 제8군사령관에게 제3사단장의 교체를 건의하게 되었다.

아무리 미 고문관 발언권이 센 당시라고 하지만 한낱 중령의 말 한 마디에 당일로 사단장을 교체했다는 것은 이해하기 힘든 부분이다.

이렇게 한번 생각해 볼 필요가 있을 것 같다.

울진, 영덕 지구 전투에서 살펴본 바와 같이 제3사단은 무기력하게 후퇴만을 거듭하여 미 제8군사령부의 관심사가 되어 있었다. 이러한 과정을 거치면서 미 제8군사령부는 제3사단장 교체를 염두에 두고 국군 측과 의견을 교환해 왔거나 교체를 건의하여 국군에서 후임을 물색하여 왔었다고 보면 전후 사정이 맞아 떨어진다. ▶「사단장 교체」앞 3.「수도사단장 경질」참조

### 오십천교(五十川橋) 조기 폭파

강구 남쪽에는 오십천을 가로지른 다리가 있다. 강 하류에 위치하여 길이가 250m나 되는 대교다.

7월 13일 제3사단 고문관 에머리치 중령은 동해안 도로상에 있는 교량 파괴 계획을 미 제8군사령부에 제출했는데 강구에 있는 다리는 동해안에서 가장 중요한 위치에 있기 때문에 적 전차가 접근할 때까지는 파괴하지 못하게 하였다.

다리 폭파 권한은 미 고문관 브리턴(Clyde Briton) 소령에게 맡겨졌고, 강구 다리에는 미 제24사단 공병 1개 분대가 폭파조로 배치되어 있다가 복귀하고 제3사단 공병대가 브리턴 소령 지휘하에 배치되어 있었다.

8일 밤 적은 181고지에 대한 견제공격을 하면서 주력부대가 후방 강구쪽으로 우회 침투하여 제22연대는 분산되었다. 제2대대장 장인걸 대위가 부상으로 후송되고 연대 교육장교 김상균(金相均) 중위가 제2대대를 지휘

하여 강구 북쪽 150고지를 확보하고 있었는데 각 중대가 분산하여 강구 쪽으로 후퇴하고 있었기 때문에 김 중위도 강구로 빠져 나왔다.

연대장 강태민 중령은 철수 명령을 내리면서 후퇴하는 장병들에게 흰 수건으로 완장을 만들어 차도록 지시하여 피아를 구분할 수 있게 해 놓고 다리 남쪽에서 헌병을 지휘하여 완장을 확인하고 있었다.

다리를 건너는 장병은 모두 흰 완장을 차고 건너왔다. 이때 제2대대는 철수 명령을 받지 않았으므로 완장 착용 지시도 받지 못했다.

제2대대 제5중대장 백(白) 모 중위는 흰 완장을 차지 않고 다리를 건너다가 연대장 권총에 맞아 죽었다. 백 중위는 연대장이 총을 겨눌 때

"나는 5중대장입니다." 라고 외쳤다고 한다.주)

지휘관의 희생이 많아 중위가 대대를 지휘해야 할 정도로 장교 한 사람이 아쉬운 판에 상급 지휘관이 장교를 무모하게 희생시킨 것은 스스로 전력을 감소시킨 안타까운 일이다. 국방부 「한국전쟁사」 제2권 p715, 안용현 「한국전쟁비사」 2 p99

김상균 중위가 다리를 건너자마자 다리가 폭파됐.

8월 9일 05시경이다.

강태민 연대장은 철수하는 병력에 흰 완장을 차게 할 때부터 적 조기 도하에 위기 의식을 느끼고 있었다. 강구 북쪽 전선이 무너졌고, 아군이 무질서하게 후퇴하고, 그 뒤를 따라 적이 추격했다. 제2대대 도하를 기다리지 못하고 조급하게 다리를 일찍 폭파하였다. 연대장 단독 폭파인지, 미 고문관 브리턴 소령에 요청하여 폭파했는지는 알려지지 않았다.

다리가 폭파되는 순간 다리를 건너던 많은 사람(병력과 피난민)이 폭사했다. 제2대대는 장비를 모두 버려야 했고, 강북에 고립된 350여 명의 병력이 강물에 뛰어들었다가 급류에 휩쓸려 많은 희생자를 냈다.

임진강 다리는 폭파 시기를 놓쳐 적의 진출을 크게 도와주었고, 한강다

리와 안동다리는 조기 폭파하여 아군의 막대한 희생을 가져왔는데 또 다시 강구다리를 조기 폭파하는 전철을 밟아 큰 희생을 불렀다.

낙오병 증언에 따르면 제2대대를 추격한 적은 소수여서 위협받지 않고 다리를 건널 수 있었는데 너무 일찍 폭파했다고 했다.<sup>주)</sup> 국방부 「한국전쟁사」 제2권 p716

사단 참모장 김웅조 중령은 연대장을 군법회의에 회부하여 엄단하자고 사단장에게 건의하였다. 그러나 참모장과 연대장을 맞바꾸는 것으로 일단락 지웠다.

## 6. 청송 지역 전투 – 수도사단

### 청송의 지리적 특성

청송은 경상북도 내륙 깊숙이 들어앉은 오지다. 태백에서 포항으로 이어지는 31번 국도가 유일한 교통망이다. 그러나 북쪽 약 15km 지점에 있는 진보(청송군 眞寶面 眞安洞)는 안동에서 영덕으로 이어지는 34번 국도와 영양에서 청송으로 이어지는 31번 국도가 교차하는 교통의 요충이다.

적은 제5사단이 동해안으로, 제12사단이 안동으로 진출하여 그 사이 55km에 이르는 공간이 생겼는데 이 공간이 청송 지역이다.

이 지역에는 6·25 전에 침투한 인민유격대 잔당이 그때까지 준동하고 있었는데 적 제766부대가 주왕산(周王山-720고지)으로 침투하여 유격대 잔당과 합세한 후 후방교란작전을 펴면서 아군이 이 방면으로 진출하도록 유도하여 병력 분산을 압박하는 한편

적 제5사단 제11연대를 청송 전면 진보로,

안동을 점령한 적 제12사단은 수도사단 제18연대가 포진한 청송 좌 측

방 박곡동(朴谷洞- 안동시 臨東面, 안동댐에 수몰)과 임하동(臨河洞-안동시 臨河面)으로

각각 투입하여

청송을 포위하고 아군을 섬멸하려는 양면작전을 꾀하였다.

적 전력을 살펴보면

적 제5사단 제11연대가 병력 3,000여 명에 76mm야포 4문, 120mm박격포 5문, 45mm대전차포 5문을 가졌고,

제766부대는 병력 약 1,400명에 게릴라전을 위한 개인화기만 가졌고,

제12사단은 병력 8,000여 명에 전차 5대, SU-76자주포 5문, 122mm야포 8문, 76mm야포 7문을 가졌다.주)     국방부 『한국전쟁사』 개정판 제2권 p607

아군은 이 지역에 미약한 유격대가 준동하고 있는 정도로 판단하고 빈 공간을 메우기 위하여 기갑연대를 투입하고, 현지에서 공비 토벌 중인 강원도경찰 제5대대를 배속하였다가 나중에야 적이 중무장을 한 정규군임을 알고 수도사단을 투입하기에 이른다.

강원도경찰대는 7월 19일 안동에서 강원도경찰비상경비사령부를 설치하고 그 예하에 경찰 6개 대대를 편성하여 제3사단에 배속하였고, 경찰 제5대대가 청송 지구를 중심으로 주 보급로 경비를 담당하였다.


### 독립기갑연대 진출

독립기갑연대(이하 기갑연대로 약칭)는 서울 한남동에 주둔하고 있었다.

연대장은 유흥수 대령이었고, 예하에

제1장갑수색대대(장갑차 27대, 이하 장갑대대로 약칭),

제2기병수색대대(2개 중대 - 말 350마리, 이하 기병대대로 약칭),

제3도보수색대대(이하 도보대대로 약칭)로 편성되어 있었다.

기병대대는 6·25남침을 맞자 대대장 장철부 소령이 지휘하여 퇴계원 방면으로 출동하였다가 26일 육군사관학교로 철수하여 수색작전을 폈고, 27일 15시경 뚝섬으로 철수하여 진지를 구축한 후 28일 야간에 한남동 연대지역을 습격하여 적 수백 명을 사살했다.

기병대 전투는 재래식 기병 전투가 아니라 말은 단순히 이동 수단이고 전투할 때는 말에서 내려서 보병 전투를 하였다. 말은 병력뿐만 아니라 기관총과 81mm박격포를 운반할 수 있는 기동력이기 때문에 보병대대보다는 전력이 강했다.

도보대대(이봉직 대위)는 27일 김포 방면으로 출동하였다가 한강을 도강한 적에게 섬멸되어 대대를 해체하고 중대(6개 소대)로 개편하였는데 전투기록에서는 기병대대라는 이름을 그대로 사용하고 있다.

장갑대대(박무열 소령)는 6·25남침을 맞아 1개 소개씩을 각 사단에 배속하여 분전하다가 적 전차 공격을 받고 장갑차 대부분이 파괴되어 한강 이남으로 철수한 장갑차는 5~6대에 불과했다.

기갑연대는 각 지역에 분산되어 저지전을 펴다가 7월 18일 대전에 집결하였고, 대전이 함락되자 대구~안동~영천~군위~의성 등을 거쳐 24일 제3사단에 배속명령을 받고 25일 청송에 도착했다.

기갑연대가 청송에 도착했을 때 병력 550명, 장갑차 4대, 반장갑차 1대, 말 200마리를 가지고 있었는데, 말은 전투에 방해가 된다고 하여 대구로 호송하였다가 후에 기마헌병대가 사용했다.

배속된 강원도 경찰제5대대(金麟鎬 총경) 병력은 약 400명에 모두 소화기로 장비했다. 이를 합쳐도 기갑연대 병력은 1개 대대 수준에 불과했다.

후에 투입된 수도사단 전력은 병력 7,885명에 105mm야포 4문, 81mm박격포 16문, 60mm박격포 27문이었다.

### 진보 전투 - 기갑연대

7월 25일 진보국민학교에 연대지휘소를 설치한 기갑연대는 이후 8월 2일 수도사단에 배속될 때까지 장마철 폭우가 계속되는 상황에서 청송 지구 일대에서 저지전을 펴게 된다.

26일 아침부터 1개 연대 규모의 적이 영양에서 침투하여 경찰대대가 진보 동쪽 월전삼거리 북쪽 약 4km 지점 407고지에서 저지전을 폈으나 중과부적으로 그 남쪽 339고지로 물러났고, 진보 동남쪽 12km 지점 원전동(院田洞-영덕군 지품면)에서 진보~영덕 간 도로(34번 국도)를 경계하고 있던 경찰 제3중대는 적 1개 대대 규모의 공격을 받고 진보로 철수하였으며, 대대 후방 이전동(梨田洞-주왕산 남쪽 4km, 영덕가도) 부근에서는 제766부대 일부 병력과 재산 공비 등 1,400여 명이 잠동하고 있었다.

유홍수 대령은 이곳에 있는 적이 육군본부의 작명을 받을 때 생각했던 유격대나 재산 공비가 아니라 완전 편성된 정규군임을 확인했다.

기갑연대는 잠목(갯마~월전삼거리 북쪽)~261고지(진보 북쪽 반변천 돌출부)선에 저지진지를 편성하고 경계 태세에 들어갔다.

7월 28일, 폭우가 내려 산악지대 계곡과 길은 물로 가득 찼다.

연대 전면에는 적정이 나타나지 않았다. 피난민 제보로 화매동(花梅洞-원전동 북쪽)에 북한군으로 보이는 1개 대대 규모의 병력이 집결해 있고, 이전동(청송 동남쪽 12km) 쪽에는 1,000여 명의 공비가 주왕산(周王山-720.6m)에서 내려오고 있음을 알았다.

연대장 유홍수 대령은 병력이 분산되는 한이 있어도

현 전선을 사수하고,

제3사단과의 연계를 이루며,

공비를 토벌하여야 하는

세 가지 임무를 동시에 수행하기로 결심하고,

　기병대대 1개 소대를 출동시켜 제3사단의 소재를 파악하게 하고,

　경찰대대 1개 중대에 장갑차 1대를 증원하여 이전동 공비를 소탕하도록 명령을 내렸다.

　08시에 청송을 출발한 경찰중대는 폭우로 인하여 도처에 홍수가 진데다가 행군 중에 반복적으로 수색을 실시한 때문에 진격이 늦어져서 저녁 무렵 청송 동남쪽 이전동 서쪽에 이르렀는데 마침 부락을 약탈하고 있는 1개 대대 규모의 공비를 발견하고 장갑차의 37mm포와 함께 소화기를 집중하여 섬멸하였다. 공비들은 혼비백산하여 100여 구의 시체를 남겨둔 채 주왕산 쪽으로 도주했다. 후에 잡은 포로 진술에 의하면

　"우리가 어떻게 전차(장갑차를 오인)와 싸울 수가 있느냐?"

고 하면서 지휘관의 제지를 뿌리치고 도주했다고 했다.

　29일 전날부터 내리던 호우가 그치고 정오 무렵에 개이기 시작했다.

　07시, 2개 대대 규모의 적이 각종 포화를 집중하면서 339고지와 31번 국도(영양~진보 간 국도)를 따라 침공했다. 339고지를 확보하고 있던 경찰대대는 200명도 채 안 되는 적은 병력으로 맞서 저항하다가 11시에 월전삼거리 부근으로 물러나서 급편진지를 마련하였다.

　7월 30일, 폭우가 다시 쏟아졌다. 경찰대대가 포진하고 있는 671고지(飛鳳山-진보 동남쪽) 일대 연대 주저항선에 적 1개 연대 규모가 공격했다. 적은 경찰대를 가볍게 제압하고 청송으로 직행할 기세인 듯 여러 무리로 형성한 공격 제대를 연차적으로 투입하였다.

　대대장 김인호 총경은 적을 유인하기 위하여 대대 정면을 차례로 축소하면서 일선 2개 중대를 물러나게 하였다. 기회를 잡은 듯 적은 그 틈새를 타서 떼를 지어 밀려왔다. 경찰대대는 우측 273고지에 포진한 제3중대가 측

면에서 일제히 사격을 퍼붓고, 물러나는 척 했던 제1, 제2중대가 역습하였다. 함정에 빠진 적은 지리멸렬하여 동북쪽 화매천(花梅川)을 건너 406고지로 도주했다.

경찰대대는 공용화기도 없이, 실탄마저 부족한 소총만으로 공격했다.

그러나 적은 다시 전열을 가다듬은 듯 14시경 273고지를 단숨에 집어삼키려는 듯 포화를 집중하면서 돌진했다.

긴박한 상황을 주시하던 연대장 유흥수 대령은 연대본부 행정요원으로 급편한 1개 중대(100명)와 장갑차 2대를 월전삼거리로 급진시켜 분산직전에 있는 경찰대대를 증원했다. 장갑차 37mm포가 화력을 집중하고 연대 본부요원과 경찰대가 반격하자 의표가 찔린 적은 지리멸렬하여 수많은 시체를 남겨둔 채 406고지로 도주했다.

7월 31일 미명에 273고지를 적 1개 대대 규모가 공격했다. 경찰대대 제3중대는 결사 의지로 버텼으나 허술한 산병호가 초격에 무너졌고, 후사면에서 적 탄우를 피해가면서 저항했으나 2파 3파로 밀려드는 적세에 중과부적으로 밀려 273고지를 적에게 내어주고 제2중대가 포진한 비봉산(飛鳳山, 671m-진보 동남쪽) 동북쪽 능선으로 이동했다.

연대 우 일선에서 격전을 벌이고 있는 사이에 다른 1개 대대 규모의 적이 좌 일선 잠목(273고지 북쪽) 쪽으로 접근했다. 그 남쪽에 배치된 장갑대대(대리 朴道環 대위)와 경찰 제1, 제2중대는 적이 논 한가운데로 접근할 때 총포화를 집중하자 적은 많은 희생을 내고 북쪽 방전동(方田洞-월전삼거리 북쪽) 방면으로 퇴각했다.

연대도 희생이 있었으므로 비봉산~월전삼거리~무명고지~261고지로 이어지는 선으로 진지를 축소 조정하였다.

적의 병력과 화력은 점차 늘어났다. 피난민 제보에 따라 괴정동(槐亭洞-

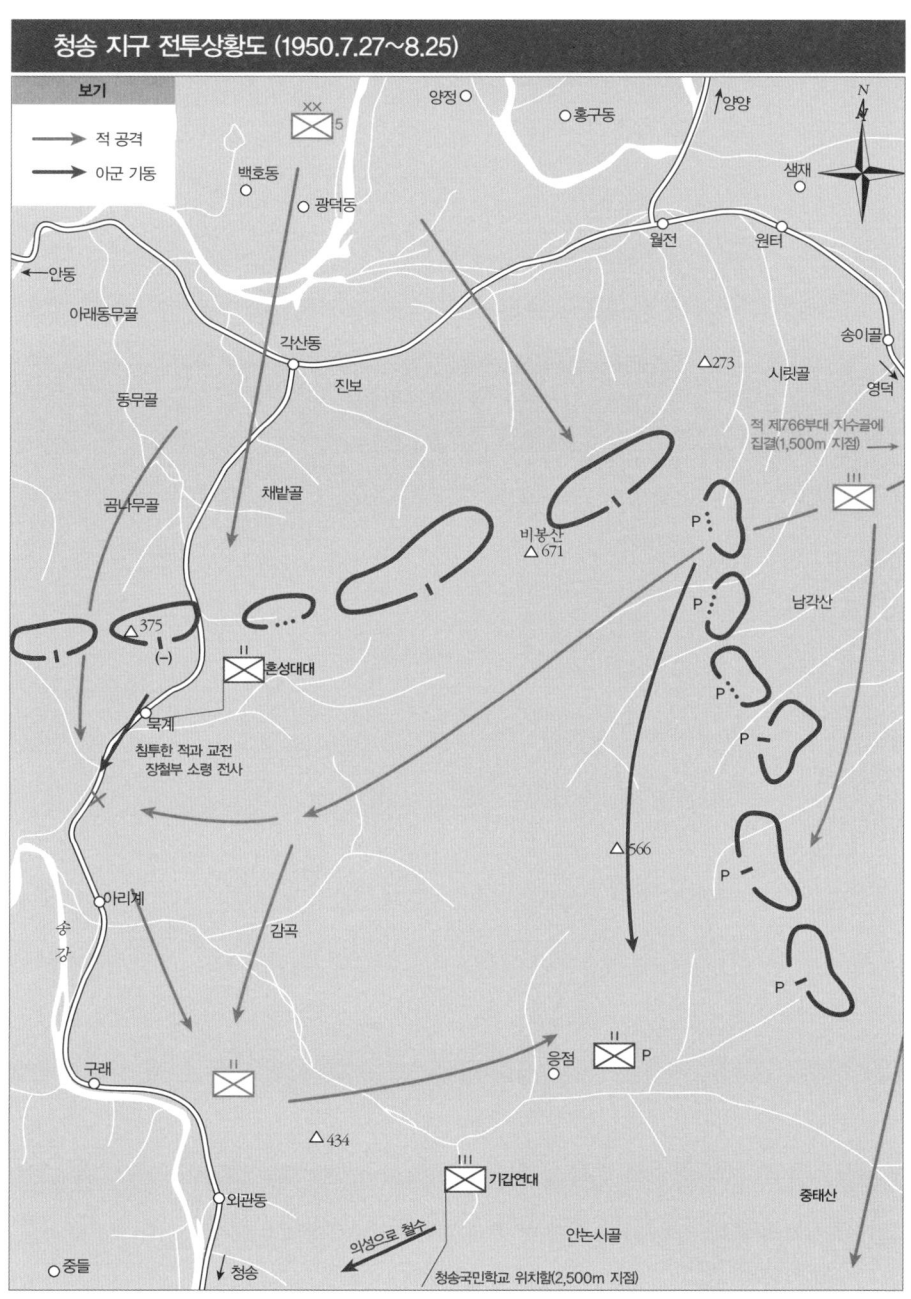

청송 동북쪽 7km)에 1개 대대 규모의 적이 집결해 있는 것을 알았다.

연대장은 적이 청송을 협공할 것이라고 판단하고 작전주임 정세진(丁世鎭) 소령에게 대비책을 세우도록 지시했다.

정세진 소령은 숙고 끝에

연대 주력이 월외동(月外洞-청송 동쪽 7km)으로 집결하여 적 좌 측배(左側背)로 우회 공격할 태세를 갖추고 있다는 첩보가 저들에게 들어가게 하여 적 병력을 분산시키고 아울러 그 예봉을 둔화시키기로 하였다.

22시에 차량 30대에 본부중대 및 일부 경찰 병력을 승차시킨 후 전조등을 휘황하게 밝히고 군가를 높이 부르면서 대행산(大行山, 933.1m) 남록에 있는 달기약수터까지 가서 일부 병력을 남기고 차량은 전조등을 끄고 소리를 죽여 조용히 청송으로 돌아왔다. 이렇게 3차례 되풀이하여 마치 대병력이 월외동으로 집결하는 것처럼 기만전술을 썼다.

이 전술이 얼마나 효과가 있었는지는 확인할 길이 없으나 적에게 경계심을 유발시켜 상당기간 발을 묶어두는 효과는 있었다고 보인다.

8월 1일 오래간만에 쾌청한 날씨를 보였다.

동쪽에서는 제3사단이 영덕을 재탈환하기 위하여 적 제5사단과 치열한 공방전을 펴고 있었고, 서쪽에서는 수도사단과 제8사단이 안동을 적에게 내어주고 낙동강을 건너 남쪽으로 철수하고 있었다. 그러나 기갑연대는 이러한 사실을 알지 못하고 있었다.

기갑연대는 제3사단에 배속되어 청송으로 이동한 후 지금까지 3차례나 작전을 펴면서 상급사단과의 접촉을 시도했으나 모두 무산되어 고립무원의 상태에서 독자적인 작전을 펴고 있었다.

07시경에 적 1개 대대 규모의 공격을 받고 교전이 시작되었다.

장갑차 4대와 반장갑차 1대가 적을 강타하여 적에게 막대한 손실을 입혔으나 진보를 장악하여 영덕~안동 간 유일한 횡단도로를 확보하고자 혈안이 된 적의 공격은 조금도 누그러지지 않았다.

월전삼거리 부근 무명고지를 방호 중인 장갑대대는 잠목으로부터 쳐들어온 적과 3차례나 고지를 뺏기고 뺏는 공방전을 펴면서 격퇴했다.

경찰대대 제3중대는 273고지에서 연대 측면을 공격하는 적 1개 대대 규모를 제2중대 엄호 하에 무리한 공격으로 노출된 저들 측면을 공격하여 치명타를 입혔고, 비봉산 중턱으로 우회하는 일부 적은 능선마루턱을 선점하고 있던 제1중대가 격퇴했다.

### 사단을 찾아 1주일을 헤맸다

7월 27일 06시 기갑연대장 유흥수 대령은 장갑 제1중대장 박용실 대위에게 경찰 1개 소대를 배속하고

"영덕에 있는 제3사단을 찾아서 연대가 실시할 임무를 수령하라."

는 명령을 내렸다.

07시, 박용실 대위는 제3사단이 있는 것으로 알려진 영덕 방면으로 진출하기 위하여 장갑차를 선두로 부대를 이끌고 황장재(黃腸峙, 일명 30리고개-진보 동쪽 약 12km, 34번 국도상)에 이르렀다. 접적은 없었다. 황장재가 적에게 점령당하면 앞뒤가 막힐 것이라고 판단하여 경찰소대 주력을 경계부대로 남겨 놓고 경찰 1개 분대와 장갑차를 이끌고 계속 동진했다.

원전동(황장재 동쪽 약 5km) 1km 못 미친 지점에 이르렀을 때 수 명의 적이 배회하는 것이 보여 확인한 결과 중대 규모의 적이 호를 파고 있었고, 그 옆에는 보급물자가 널려 있었다. 대대급의 보급소로 추정되었다.

박용실 대위는 기습할 것인가를 주저하다가 연대장에게 상황을 보고하였는데 연대장은 '후일 도모하기로 하고 즉각 귀대하라.'고 하여 일격을

가하고픈 아쉬움을 달래며 무거운 발걸음으로 귀로에 들어섰다.

16시 황장재에 이르렀는데 경계임무를 맡긴 경찰소대는 보이지 않고, 수많은 피난민들만 진보 쪽으로 가고 있었다.

박용실 대위가 경찰분대 병력을 앞세우고 피난민 대열을 헤치며 고개에서 500m쯤 내려갔을 때 뒤쪽에서 총격을 받았다. 마침 장갑차를 타고 있던 박용실 대위는 즉각 포탑을 돌려 37mm 산탄을 쏘아 적을 견제하면서 계속 전진하였는데 길가에 쓰러져 죽은 소를 넘다가 소의 내장이 터지는 바람에 장갑차가 미끄러져 도랑으로 굴러 떨어졌다. 어렵게 뒤 짚힌 차를 바로 잡아 전 속력으로 달려서 1km쯤 갔을 때 철수하고 있는 경찰소대를 만나 함께 진보로 복귀했다.

경찰소대는 피난민으로 가장한 몇 놈의 게릴라 습격을 받고 철수했다. 박용실 대위는 철수 과정에서 적 총탄이 볼을 관통하는 부상을 당하였는데 다행히 혀는 다치지 않았으나 이빨이 모두 부서져 후송되었다.

28일, 유흥수 연대장은 제3사단과의 연계(連繫)를 최우선 임무로 생각했다. 08시경 연대장의 명령을 받은 제2기병대대 제6중대 제1소대장 신염(申廉) 중위가 제3사단과 연계하기 위하여 60mm박격포 1문을 대동한 소대를 이끌고 진보를 출발하였다. 전날 장갑차가 습격을 받은 황장재를 피하여 도로 북쪽 겹겹이 이어진 능선을 횡단하고 계곡을 건너 영덕 방면으로 진격하던 중 34번 국도변 화매동 북쪽 무명고지에 이르렀을 때 부근 화매천변 길가 민가에 적 보급소가 있는 것을 확인했다.

소대 주 임무가 사단과 연계하는 것이므로 이를 피하여 다른 길로 돌아가는데 이번에는 전면에 적 1개 소대 규모가 개인호에 박혀 경계태세를 취하고 있는 것을 발견하였다. 어쩔 수 없이 기습할 수밖에 없었다.

박격포로 엄호하게 한 뒤 보급소를 기습공격하였다. 벌건 대낮에 습격을 받은 적은 대항할 엄두를 못 내고 30여 명의 사상자를 남긴 채 북쪽 절골로 도주했는데 살아남은 자는 겨우 5~6명에 불과했다.

신 중위는 소대를 수습하여 계곡으로 이탈하였는데 이번에는 연곡(화매동 북쪽)에서 적이 떼를 지어 몰려들었다. 소대를 엄호하던 박격포를 적 무리 중앙에 작렬하여 적을 분산 도주케 하고 소대는 본대로 돌아왔다.

기갑연대의 사단 접선시도는 또 실패했다.

기갑연대는 사단과 연계 실패로 여러 날 동안 독립적으로 전투를 해 온 까닭에 고충이 심했고, 앞으로 작전에 고심해야 했는데 특히 박격포탄을 비롯한 탄약이 떨어져 병사들 사기가 말이 아니었다.

연대장 유흥수 대령은 고심 끝에 어떠한 난관을 뚫고라도 사단과 연계를 이루어야 한다고 결심하고 도보대대장에게 임무를 부여하였다.

29일 10시 도보대대장 이붕직 대위는 진보를 출발하여 적중 돌파와 같은 접적 행군으로 영덕을 향하여 진격하였다. 폭우와 피난민의 적정 오보로 가끔 행군이 정지하는 바람에 저녁 늦은 시간에 황장재를 넘어 황장동(黃腸洞-영덕군 知品面-34번 국도변)에서 야영에 들어갔다.

30일 06시, 밤을 새운 도보대대는 사단과 접선을 위하여 폭우 속에서 황장동을 떠나 영덕으로 길을 잡았다. 12시경 신안동(新安洞-영덕 서북쪽 약 10km, 34번 국도변) 부근에 이른 후 적정을 확인하기 위하여 대대를 도로변에 대기시켜 놓고 7명으로 편성한 수색대를 신안동에 잠입시켰다.

수색대가 들어갔을 때 신안에는 차량 20여 대와 우마차 10여 대가 진보 쪽을 향하여 늘어서 있고, 병력들은 민가에서 식사 중에 있었다.

"적 차량이 수색대보다 먼저 대대 위치까지 가서 습격할지도 모른다."

고 순간 판단한 수색대장은 적정을 파악하지 않은 채 무차별 사격을 하여 적을 사살하였다. 그러나 이때 부락에는 1개 중대 규모의 적이 있었는데 잠간 동안 혼란에 빠진 듯 했던 적은 곧 대오를 갖추고 반격하여 수색대는 큰 곤경에 빠졌다.

총성에 놀란 대대장은 수색대가 교전 중인 것을 직감하고 대대를 전개하였다. 이때 수색대장이 돌아와서

"적을 습격하여 차량 5대와 우마차 전부 그리고 실려 있는 많은 보급품을 파괴하거나 소각하였다."

는 보고가 채 끝나기도 전에 뒤따라 온 적으로부터 사격을 받았다.

대대장은 적이 대대를 발견한 이상 영덕을 방어하기 위하여 병력을 증가할 것이 명약관화하므로 사단과의 접선을 포기하고 뒤쫓아 온 적에게 일격을 가한 후 병력을 철수하여 저녁 늦은 시간에 273고지 부근 속칭 높은배리(월전삼거리 동남쪽 약 4km)로 이동했다.

이때 적 1개 중대 규모가 높은배리 서북쪽에 있는 송이골 냇가에 집결해 있었고, 그 뒤를 이어 많은 병력이 406고지 계곡을 따라 송이골로 내려오는 것을 발견했다.

부하 장교들이

"적이 진용을 갖추기 전에 격파하자."

고 건의하였으나 대대장은

"피아의 상황이 그동안 어떻게 변했는지 모르는데 잘못하면 적의 함정에 빠질 수 있다."

고 거절하고 어둠을 이용하여 송이골로 돌파하고자 하였다. 이때 한 병사가 소총을 오발하는 바람에 대대 위치가 노출되었고, 적은 송이골 도로로 뛰어오르면서 집중사격을 퍼부었다. 대대는 순식간에 큰 혼란에 빠졌고 분산 상태에서 무질서하게 비봉산 남록을 타고 철수하여 다음 날 아침에 아리계(진보 남쪽 4.5km 지점, 포항가도상)에서 병력을 수습했다.

**제9중대 소대장 탁찬혁(卓燦赫) 소위는 이렇게 증언했다.**

"내가 적을 목격했을 때 그들은 한참 밥을 먹고 있었으므로 대대장이 우리의 건의를 받아들여 기습공격하였다면 큰 전과를 올렸을 것이고, 우리도 그렇게 비참한 꼴로 분산되지는 않았을 것이다." (국방부 『한국전쟁사』 개정판 2권 p615)

8월 1일, 유흥수 연대장은 작전과 보좌관 최춘호(崔春昊) 소위에게 1개 분대를 딸려 사단과 접촉케 하였는데

"신촌(新村-진보동 남쪽 7km)까지 진출했다가 운집한 적을 보고 돌아왔다." 고 했다. 연대장은 횡설수설하는 보고에 화가 나서 군법회의에 회부하여 처단하라고 명령했다가 참모들의 만류로 뒷날 재론키로 하였다.

연대장은 정보주임 길전식(吉典植) 중위에게 S-2(정보과)에서 1개 분대를 편성하여 사단과 접촉하도록 지시하였다.

길전식 중위는 그동안 연계작전이 영덕가도를 통하여 진출하다가 실패한 것을 상기하고 고지군을 넘어 영덕으로 진출하기로 하였다.

10시 차량으로 진보를 출발하여 청송과 청운동(靑雲洞-포항행 31번 국도와 영덕행 914번 지방도 분기점)을 거쳐 이전동에서 하차한 후 도보로 산악지대로 들어갔다. 공비들이 산악의 독립가옥이나 계곡 도처에 출몰하고 있었고, 계속 비가 와서 계곡은 모두 급류를 이루고 있었다. 이전동 동쪽 약 4km 지점에 있는 745고지에 이르렀을 때 다시 폭우가 쏟아져 벼랑은 모두 폭포로 변했고, 한번 미끄러지면 10여m씩 굴러 떨어졌다.

무명고지에서 밤을 새우고 다음 날 06시 출발하여 3시간쯤 행군했을 때 차량 20여 대에서 2개 대대 규모의 병력이 하차하는 것을 벼랑에서 보았다. 지도를 놓고 확인한 결과 그곳이 신안(영덕 서쪽 약 15km 지점 34번 국도상)이었다. 저들을 우회하여 영덕 남쪽으로 돌파하고자 했는데 안개가 걷히고

난 뒤 상황은 계곡과 능선마다 적 그림자로 가득 차 있었다.

저들은 7월 29일 제3사단이 영덕을 재탈환하자 이를 다시 반격하기 위하여 신안으로 병력을 집결하고 있었던 것으로 후일 알려졌다.

길전식 중위는 이들 적에 의하여 영덕까지 통로가 차단되었으므로 다른 잠입로를 모색하다가 실패하고 밤중에 이전동으로 돌아와 대기하고 있는 차량을 타고 청송으로 옮긴 연대에 복귀했다.

길전식 중위는 연대장에게

"사단과 연계에 실패하여 면목이 없습니다."

라고 보고하자 연대장은

"너희들이 적에게 포위되어 전사했거나 실종된 줄 알았는데 다행이다."

라고 위로하면서 노고를 치하했다.

이러는 가운데 연대는 좌 인접 수도사단과 접촉이 이루어졌고 기갑연대가 수도사단으로 배속이 변경되었음을 확인했는데 다음 날 수도사단장 김석원 준장이 청송에 있는 기갑연대를 방문하여 다시 확인해 주었다.

**올라가면 뭘 해 또 이동할 텐데!**

8월 2일 07시경에 적의 포화가 평소와는 달리 치열하게 집중되었다. 경찰대대는 부상자가 속출하자 부상자 후송을 핑계로 진지를 이탈하는 자가 늘어났다. 유흥수 연대장은

"부상자 후송은 위생병에게 맡기고 진지를 지키라."

고 대갈하여 병력 이탈을 막아 놓고 연대 의무대장 이상호(李相鎬) 소령에게 소대진지까지 가서 부상자를 후송하도록 지시했다.

적은 소수 병력으로 정면(月田삼거리)을 견제하면서 연대 규모의 병력이 273고지의 능선을 타고 진출했고, 기갑연대는 장갑차 5대를 적절히 활용하

면서 17시까지 격전을 계속했다.

유흥수 연대장은 점차 증강되는 적세로 보아 이날 밤 안으로 후방이 차단되어 연대가 고립될 것으로 판단하고 261고지에 돌출되어 있는 주력을 뽑아 진보 남쪽에 있는 웃동골(진보 남쪽)에서 남북으로 관통하는 31번 국도에 제2저지진지를 점령하기로 결심하고 전투가 소강 상태에 이른 틈을 타서 이동시켰다.

철수 부대 후미가 제2진지에 이르렀을 때 연대 철수를 알았음인지 적이 총공세를 취하여 주저항선을 파고들었다.

연대장은 제2진지를 확보할 때까지 경찰대대로 하여금 현 전선을 고수하여 엄호하게 하였는데 경찰대대는 보고도 없이 진지를 포기하고 지리멸렬하여 내려왔다. 이를 본 연대장은

"김 총경! 나는 그대에게 주력이 빠질 때까지 총소리만이라고 내라고 하였는데 이게 무슨 짓이냐?"

고 크게 힐책했다.

기갑연대는 비봉산을 확보해야 했으므로 도보대대와 연대 본부중대, 일부 수습된 경찰 병력 100여 명을 비봉산 서록으로 급진시키고 그 서쪽 31번 국도 우측에 기병대대, 좌측에 장갑대대를 배치하여 375고지까지의 선에 진지를 편성하였다.

**참전자들은 이렇게 증언했다.**

"기갑연대 전투 정면이 무려 8km에 이르는데 연대 총 병력은 경찰을 포함하여 800여 명이었다. 적의 강한 압력을 받아 시간마다 진지를 변경해야 하는 상황인데 과연 그 높은 고지에 병력을 배치했는지 의문이다.

깜깜한 밤중에 적이 어디에 있는지도 모르는데 병력을 이끌고 그 높은 고지

까지 올라갈 이유가 없었다. 병력을 저지대에 집결시켜 놓고 연대에는 '명령대로 배치했습니다.' 라고 보고하는 사례가 허다했다. 그때 유행한 말이

'올라가면 뭘 해, 또 이동할 텐데!'

였다고 했다."주)

국방부 『한국전쟁사』 개정판 제2권 p620

8월 2일 21시 수도사단은 전날 안동에서 철수하여 낙동강을 건넌 후 낙동강 남안 5km 지점에서 35번 국도를 중심으로 우측에서부터 426고지~와룡산(臥龍山-489고지)~약산(藥山-550고지)~390고지~384고지~415고지에 이르는 선(길안 북쪽 약 5km전면)에 방어선을 구축하였다.

이 선은 기갑연대 좌 인접으로 비로소 기갑연대가 수도사단과 연결된 진지를 점령하게 된 것이다. 사단사령부는 청송 서쪽 20km 지점 길안(吉安-안동군 길안면사무소 소재지)에 설치하였다.

### 묵계의 비극 - 기병 대대장의 전사

8월 3일 수도사단장 김석원 준장이 작전참모 박경원 소령을 대동하고 기갑연대를 방문하여 상황 보고를 받고는

"적은 병력과 부족한 보급에도 잘 싸웠다."

고 치하하고 탄약과 식량을 곧 사단에서 지원하겠다고 약속했다.

8월 1일 안동을 점령한 적 제8사단은 다음 날 의성으로 진출하기 시작했고, 제12사단은 안동을 점령한 공으로 김일성으로부터 '조선인민군 안동 제12사단'이라는 칭호를 받고 3일 의기양양하게 포항으로 진격하기 위하여 수도사단 주저항선 코밑에 잠입해 있었다.

김석원 사단장은 청송 지구에 방어선을 점령한 후 3일이 되도록 적정을 파악하지 못하였고, 제1군단에서도 그동안 적 제8사단 저지에 온갖 힘을

쏟느라고 정신이 쏠려 청송 지구에 대한 적정은 아는 것이 없었다.

이렇게 되자 사단장은 참모들을 질책했다.

### 수도사단 참모장 최경록 대령의 증언

"사단장이 나에게 말하기를 '참모와 일부 지휘관들이 상황을 사실 그대로 보고하지 않는 경향이 있다.' 고 말했는데 예를 들면 주저항선에는 올라가지도 않고 병력을 뒤로 빼 놓고는 전화로만 '이상 없다.' 고 하는 경우가 있었다."

### 수도사단 작전참모 박경원 소령의 증언

"G-3인 나로서도 무슨 대안을 세우기는 세워야겠는데 G-2로부터 전혀 적정에 대한 말이 없으니 난들 어찌할 수 없었다. 또 부대가 처음 배치되면 당면한 적정을 파악치 못한 까닭도 있으나 이 기간동안 군단에서도 적정을 알려주지 않았다. 어쨌든 이 전투는 적정이 모호한 가운데 그들에게 주도권을 빼앗기고 있었다."(이상 두 증언 : 국방부『한국전쟁사』개정판 제2권 p623)

8월 4일 01시에 1개 연대 규모의 적이 기갑연대를 기습공격했다.

한 무리는 주저항선으로, 다른 한 무리는 비봉산 남쪽에 포진하고 있는 도보대대와 경찰대대 사이를 뚫고 수정사(修淨寺) 계곡을 따라 장갑대대 및 기병대대지휘소가 있는 묵계(진보 남쪽 약 3km, 31번 국도상)*로 잠입하여 양 대대 경계병을 자살(刺殺)하고 통신선을 절단한 다음 농가에 있는 기병대대지휘소로 침투했다.

* 청송군 파천면 송강리. 진보 남쪽 약 3km 지점 31번 국도변에 있다. 안동시 길안면 묵계리(35번 국도상)와는 다른 묵계다.

초병이 발견하고 발포하자 저들은 "대대장 나오라!"고 소리치면서 대대장 장철부 소령을 찾기에 혈안이 되어 있었다. 저들은 이미 대대장 위치를 알고 경찰복으로 변장하고 침투해 온 것이었다.

대대장 장철부 소령은 통신선이 절단되어 중대와 연락이 안 되자 옆방에 있는 부관 윤기병(尹耆炳) 중위 및 연락병 안(安) 하사를 데리고 지휘소를 빠져나와 적 몇 명을 사살하고 돌파를 시도하였으나 몇 발자국 못 가서 적탄을 맞고 쓰러졌다. 윤기병 부관이 대대장을 업으려고 부축하다가 복부에 관통상을 입고 전사하였다. 다시 안 하사가 업으려 하자

"나를 이곳에서 놔두고 빨리 빠져나가 대대의 위급을 알리라. 그리고 이 권총을 가지고 가서 내가 전사하였다고 하여라."

고 말한 뒤에 곧 숨을 거두었다.

기적적으로 살아 온 대대장 연락병 안 하사 진술로 알려졌다.

안 하사는 "대대장이 포로가 되는 것을 원치 않아 45구경 권총으로 머리에 한 발을 쏘아 자결하였다."고 말했다.

1년 후 장 대대장의 동생 김병형(金秉亨·8기)이 그의 시신을 발굴하였는데 두부에 권총 실탄이 관통한 것을 확인했다.주) 국방부 「한국전쟁사」 제2권 p720

장철부 소령의 본명은 김병원이다.

장철부 소령은 일제 때 학병으로 갔다가 탈출하여 중국 황포군관학교 지병과를 나온 훌륭한 장교였다. ▶ 제8권 「장철부 소령 프로필」 참조

한편 장갑대대지휘소도 기습을 받아 대대지휘부가 청송으로 탈출하였다. 이로써 양 대대 지휘 기능이 마비되었다.

대대지휘부가 마비된 장갑대대와 기병대대는 1개 연대 규모의 적과 일진일퇴 공방을 벌이면서 선임인 기병대대장대리 박익균 중위가 지휘하여 용전천(반변천 지류)을 도섭으로 건너서 묵계 서쪽 속칭 놋갈로 철수하였다.

비봉산에 있는 도보대대는 묵계 쪽에서의 교전 소리를 들었으나 통신두절로 상황을 알 수 없었다.

09시경 연락장교를 파견하여 상황을 알아본 결과 좌 일선 기병대대는 흔적이 없어졌고, 31번 국도에는 적 대병력이 행군 종대를 이루어 청송으로 가고 있는 것을 확인했다.

대대장 이봉직 대위는 좌측 구리곡재(비봉산과 375고지 사이)선이 돌파당한 것을 알고 대대와 연대 본부중대 그리고 경찰 일부 병력을 이끌고 경찰 제5대대지휘소에 와서 경찰 제5대대는 방광산(放光山-청송 북쪽)에, 도보대대는 254고지(청송 서쪽)에 진지를 점령하였고, 연대 본부중대와 경찰 일부 병력(100명)은 20시에 각각 원대로 복귀하였다.

### 구수동에서 포위된 2개 연대

8월 4일 아침 길안에 있는 수도사단지휘소(길안국민학교)에서는 기갑연대와 경찰대대가 돌파된데 대한 대책회의를 막 끝낸 07시경 지휘소 주변에서 몇 발의 다발총 소리가 나는가 싶더니 120mm박격포탄이 운동장에 집중하여 통신 차량이 파괴되고 지휘소는 큰 혼란에 빠졌다.

적의 기습을 감지한 작전참모 박경원 소령은 참모장 최경록 대령에게

"뒷수습은 저에게 맡기고 사단장을 모시고 여기서 피하십시오."

라고 건의하자 김석원 사단장은

"나는 여기에서 영예로운 죽음을 택하겠다."

라고 하면서 권총을 뽑았다. 박경원 작전참모는

"지금 사단장 개인의 문제가 아니라 사단 전체의 문제입니다."

라고 하면서 사단장을 지프에 떠밀어 넣고 의성으로 출발시켰다.

사단지휘소를 습격한 적은 1개 소개 규모로 이들은 좌 일선 제1연대와

그 우측에 전개한 호림부대(영등포학원)의 경계를 뚫고 침투한 적 일부였고 이 기습으로 장병 20여 명이 전사하였다.

적의 기습을 받고 사단지휘부가 무질서하게 길안을 떠나 윤암동(尹岩洞-의성군 點谷面, 의성 동북쪽 9km)으로 빠지고 있을 때 제1연대가 그 뒤를 따라 빠져나감으로써 사단 좌·우측면이 사실상 공백 상태가 되었다.

수도사단 제18연대는 안동에서 철수하여 8월 2일 21시경 청송 서쪽 10km 지점 구수동(九水洞-안동시 길안면 914번 지방도변)에 도착하였다.

연대지휘소를 구수동에 설치하고,

북쪽 반변천 남안 와룡산(臥龍山-489고지)을 중심으로 제1대대를,

그 좌측 약산(550고지)을 중심으로 제3대대를 배치하였다.

제3대대 좌측에는 사단 대전차공격대가 배치되어 있었다.

제18연대 서쪽에는 제1연대가,

동쪽 청송 북방 진보 방면에는 기갑연대가 배치되어 있었고,

구수동 계곡에는 1개 곡사포중대와 사단 및 연대 전 차량이 보급품을 만재한 상태에서 길게 뻗어 있었다.

구수동은 청송과 길안을 잇는 914번 지방도 변에 있다. 유일한 통로인 이 길은 굴곡이 심한 산악도로로 도로 양쪽으로 400여m 안팎의 연봉이 병풍처럼 이어져 있어 도로가 차단되면 차량은 꼼짝하지 못한다.

8월 5일 03시경 제3대대장 정승화 소령은 용계동(龍溪洞-길안면, 약산 남쪽)에 위치한 대대보급소에 있는 부대대장 장석록(張錫錄) 대위로부터

"도연(陶淵-약산 동북쪽)에 전초로 나가 있는 대전차특공소대가 경계병을 세우지 않고 잠들었다가 기습을 받고 몰살했는데 그 중 살아남은 1명이 탈출하여 이곳에 왔다……"

전화가 끊어졌다. 얼마 후 부대대장 장 대위는 대대지휘소로 달려와서

"대대장님과 통화 중 대대보급소도 기습을 받아 모두 사살되고 나만 겨우 탈출해 왔습니다."

라고 보고했다.

적은 잠들어 있는 대전차특공소대에 잠입하여 전원을 자살(刺殺)한 뒤에 대대보급소를 습격하여 통신병과 행정병을 자살하였고 부대대장 장석록 대위는 가까스로 탈출하였다.

적은 이렇게 계곡 침투로가 뚫리자 1개 연대 규모가 진출하여,

한 무리는 397고지(구수동 서쪽)로 침투하고,

다른 한 무리는 사일산(土日山-구수동 동쪽)으로 침투하여

청송~의성 간 914번 지방도를 차단할 기세였으며 일부 병력이 구수동 연대지휘소로 잠입했다.

제18연대는 약산과 와룡산에 2개 대대가 배치되어 있었고 용계동 골짜기에는 제3대대 1개 소대가 경계하고 있었는데 보초가 피곤하여 자고 있었기 때문에 적이 접근하는 것을 알지 못했다. 이 틈에 적은 총 한 방 쏘지 않고 은밀히 경계소대진지를 돌파하여 연대지휘소를 기습하고, 아군 퇴로를 차단하여 제18연대를 완전 포위하기에 이르렀다.

전날인 4일 아침에 기갑연대장 유흥수 대령은 사단으로부터

"5일 05시를 기하여 청송에서 적과 이탈하여 지연전을 수행하라."

는 전문 지시를 받았다.

이때 유흥수 연대장은 연대 주력인 장갑대대와 기병대대 행방을 알지 못하여 탐색하면서 비봉산에서 철수 중인 도보대대 및 경찰대대로 하여금 저지진지를 점령하게 하는 동시에 낙오병을 수습하고 있었다.

그러던 중 연대 주력이 놋갈에 집결하고 있다는 보고를 받고, 현지에서 급편진지를 점령하게 한 후 22시에 작전회의를 소집하여 청송 지연전을 명

령하였는데 다음 날 03시에 사단으로부터 제18연대가 돌파당하여 혼전 중이라는 통보를 받았다. 이때 기갑연대도 도보대대와 경찰제5대대가 적으로부터 압박을 받고 있었고, 1개 대대 규모의 적이 청송 동쪽 월막동(月幕洞)으로 침공하여 연대 우측배(右側背)를 위협했다.

유홍수 연대장은 계획적인 지연전을 하기에는 시기가 늦었으므로 "지체 없이 당면한 적을 척결하고 최종 목적지(구수동)를 점령하라." 각 대대에 명령을 내렸다.

이때 적 2개 대대 규모가 청송을 점령하고 914번 지방도(청송~의성간)를 따라 서진하면서 도보대대와 경찰 제5대대를 압박하였고, 다른 1개 대대는 눗갈로 도섭하여 장갑대대와 기병대대를 공격하였다.

기갑연대는 적의 우세한 화력과 기세에 고전을 치르면서 축차로 철수하여 송산(구수동 동쪽)을 중심으로 포진하였다.

장병들은 돌발적으로 변경되는 명령과 집요하게 달라붙는 적을 이탈하는데 큰 혼란을 일으켰고, 진지를 점령하였을 때는 극도로 지쳐 있었다.

07시 30분경 제18연대장 임충식 중령은 부연대장 한신 중령, 부관 이병형 소령, 정보주임 백창황(白彰煌) 소령, 작전주임 고광도 소령 등과 함께 아침을 먹으려는 순간 적의 기습을 받았다.

연대지휘소는 대대와 통신이 두절되어 전방에서 전개되고 있는 상황을 전혀 알지 못하고 있었다.

연대부관 이병형 소령은 반사적으로 뛰어나와 경계소대가 있는 고지로 올라가서 직접 경계소대를 지휘하여 바로 앞에서 기관총을 쏘고 있는 적에게 반격을 했다. 두 차례 공격을 실패하고 제3차 공격을 준비하고 있는데 연대장이 보낸 제4중대장 조용욱(趙容煜) 중위의 81mm박격포 2문이 가세하여 11시에 적을 격퇴하고 330고지를 점령했다.

고지에는 적 시체 5~6구와 수냉식기관총 1정이 뒹굴고 있었고, 시체 속에 살아있는 적병 1명을 사로잡았는데 그는 35세의 언청이였다. 그의 진술에 의하여 정면 적이 안동을 점령한 제12사단으로 밝혀졌다.

임충식 연대장은 연대가 포위당했음을 직감하고 길안으로 이르는 도로를 확보하기 위하여

제2대대를 구수동 서쪽 397고지로,

제1대대를 구수동 동쪽 460고지로 전진시켰다.

이날 15시 현재 적 포위망이 더욱 압축되자

기갑연대는 지경동(地境洞-청송군 巴川面)에서 송산까지,

제18연대는 송산에서 구수동까지 총 3km에 이르는 구간에 진지를 점령하고 사주 방어에 들어갔다.

이곳에는 제18연대를 직접 지원하던 사단 포병 105mm야포 4문을 비롯하여 양 연대 차량 50여 대가 보급품을 적재한 채 줄지어 서 있었다.

한편 적은 3대로 나누어 주력이 지경동 동쪽 고개 마루를 장악하였고, 일부는 북쪽 621고지와 남쪽 586고지를 점령하여 양 연대의 일거수일투족을 감제하고 있었다.

**양 연대 돌파 작전**

기갑연대장 유흥수 대령과 제18연대장 임충식 중령은 협의 끝에 길안으로 돌파하기로 하고 유흥수 대령이 사단장에게 무전으로 보고하였다. 사단장의 지시가 떨어졌다.

"사단에서 돌파 작전을 감행하여 퇴로를 연결할 것이니 양 연대는 현 진지를 고수하라."

사단장은 곧 윤암동에 집결 중인 제1연대(윤춘근 중령)를 길안으로 급진

시켜 양 연대 퇴로를 개척하도록 하였는데 제1연대는 길안으로 진출하던 중 295고지(길안 남서쪽)에 포진한 1개 대대 규모의 적에게 저지당하여 진출이 좌절되었다.

이러한 사실을 모르는 양 연대는 2시간을 기다리다가 할 수 없이 독자적으로 돌파를 시도하였다.

18시경 제18연대 제2대대가 구수동 서쪽 양곡재(914번 도로상, 길안 서쪽 약 4km)를 공격했다가 실패했고, 부연대장 한신 중령은 장갑차 2대를 지휘하여 양곡재로 진출했다가 적 1개 소대의 사격을 받고 되돌아 왔다.

이때 기갑연대 곽웅철 소위가 유흥수 연대장에게 돌파를 자원하고 나섰다. 연대장이

"1개 대대의 병력으로도 못한 것을 단독으로 성공할 수 있겠는가?"

라고 우려하자 곽 소위는

"우리가 살 길은 조속히 상황을 사단장에게 보고하는 길 밖에 없다."

고 다짐하고 20시에 장갑차 3대를 지휘하여 양곡재로 달려갔다.

장갑차가 양곡재로 갑자기 돌진하자 적은 당황하여

"전차다, 전차다!"

라고 소리치면서 길옆으로 비켜났고, 곽 소위는

"전속력으로 돌진하라."

고 대성으로 일갈하고 자신은 37mm산탄과 기관총으로 산병을 쓸어버리면서 전속력으로 돌진하여 고개마루턱에 올라섰다. 이때 후속 장갑차 2대는 적 저지에 차단되어 사격만 하고 있었다.

곽 소위는 적 총화가 집중하였고, 제자리에서 회전할 수 없는 장갑차의 취약성 때문에 어쩔 수 없이 후속 장갑차를 버려둔 채 단독으로 단숨에 의성까지 돌진했다. 그리고 사단장에게 상황을 보고했다.

김석원 사단장은 곽 소위의 쾌거를 칭찬하면서 제1연대 돌파가 실패한 마당에 양 연대를 구출할 방도가 없어 탄식만 하고 있었다.

후속하던 장갑차 2대는 사력을 다하여 산탄으로 대적하였으나 저들의 화망을 뚫지 못하고 21시에 본대로 되돌아갔다.

기갑연대장과 제18연대장은 더 이상 지체할 경우 병력 손실만 증가된다고 판단하고 23시 30분 포와 차량을 파괴한 후 연대별로 철수하여 의성에 집결하기로 결정하였다.

사단장에게 다음과 같이 전문을 쳤다.

"양 연대는 계획적인 돌파에 실패하고 23시 30분을 기하여 각대별로 돌파하여 의성에 집결하려 함.

양 연대장은 작전 실패에 대한 책임을 통감하며 차후 통신은 단절함."

유홍수 기갑연대장은 송산지휘소로 돌아와서 작전 명령을 하달했다.

"각 대대는 23시 30분 차량에 불이 붙는 것을 신호로 이후 1시간 뒤에 대대별로 적중을 돌파하여 의성으로 집결하라."

군수주임 박병순(朴炳順) 소령은 전 장병에게 건빵을 휴대할 수 있는 데까지 지급했고, 차량과 장비를 지휘소 앞에 집결시켜 정한 시간에 불을 붙이며, 화약류를 실은 차량 1대는 밭 가운데에서 폭파하기로 했다.

제18연대 쪽에서 요란한 폭음과 함께 화염이 하늘로 치솟았다(기갑연대장의 주장). 양 연대장이 약속한 시간보다 15분이 빨랐다.

유홍수 연대장은 더 지체할 수 없다고 판단하고 차량에 불을 붙이라고 명령하고, 연대지휘부와 본부중대를 이끌고 철수하였는데 배방(杯芳·안동시 길안면, 송산 남쪽)에 이르러 뒤돌아보았더니 차량 반 수가 타지 않았다.

연대장은 작전주임 보좌관 윤봉천(尹奉天) 중위에게

"본부요원을 이끌고 가서 타지 않은 차량을 파괴하라."

고 지시하여 윤 중위가 1개 분대를 이끌고 가서 타지 않은 차량에 점화를 했고, 군수주임 박병순 소령은 화약차를 폭파했다. 잠시 후 굉음과 함께 섬광이 하늘로 치솟았다.

기갑연대는 계명산(鷄鳴山, 537m-구수동 남쪽 약 4km)에서 제18연대 제1대대(장춘권 소령)와 합류하여 6일 18시에 의성에 도착했다.

김석원 사단장은 유흥수 연대장을 보자 위로와 격려를 아끼지 않았다.

"귀관의 전문을 받았소. 나로서는 다만 귀 연대 장병들의 노고를 치하할 따름이요. 수용소를 마련하였으니 장병들을 수습하여 충분한 휴식을 갖도록 하시오."

기갑연대 각 대대는 6일 15시에서 24시 사이에 의성에 집결하였다.

연대는 적중을 돌파하느라고 많은 어려움을 겪었다.

유흥수 연대장은 밤중에 제18연대 제1대대와 합류하는 과정에서 서로를 식별하지 못하여 교전 직전의 아슬아슬한 고비를 맞았으나 "나는 기갑연대장이다!"라고 소리쳐서 위기를 모면했다. 돌파 과정에서 양 연대 간 충돌을 막기 위하여 공통된 암호를 시달하였는데 적에게 탄로가 나는 바람에 암호를 쓸 수 없어서 어려움을 겪었다. 또 산을 넘나들면서 우거진 수목과 폭우 그리고 배고픔은 견딜 수 없게 병사들을 괴롭혔다.

작전 지도를 갖지 못하여 현지 주민들의 안내가 큰 힘이 되었는데 일부 주민들이 북한군으로 오해하고 도중에 달아나서 길을 잃고 헤매다가 10여 일씩이나 늦게 복귀한 사병들도 있었다.

구수동에서 의성까지는 도상으로 30km가 넘는 거리다. 어떤 경로로 이동했는지는 정확하게 알려지지 않았다. 참전자들 증언을 종합해 보면 구수동~계명산~황학산(黃鶴山, 782m-안동시 길안면 金谷里와 의성군 玉山面 金鶴里 경계)을 거치는 험산 준령을 타고 의성에 이른 것으로 보인다.

제18연대장 임충식 중령은 8월 5일 23시 30분에 기갑연대장과 같은 요지의 작전 명령을 시달하였다.

포병중대(김찬복 대위)는 직각 사격으로 포신이 달도록 적의 예상 집결지에 포격을 집중한 후 공이와 폐쇄기를 뽑아 매몰하고, 포구에 수류탄을 집어넣어 파괴하였다.

23시 30분에 전 차량과 장비 그리고 보급품을 파괴하거나 소각한 후 적진을 돌파하여

제1대대는 계명산에서 기갑연대와 합류하여 의성에 이르렀고,

제2대대는 계명산~황학산의 험준한 산악을 통하여 의성에 도착했다.

이들 대대가 의성에 집결한 시각은 6일 18시경이다.

제3대대는 통신이 두절되어 작전 명령을 전달받지 못하였다.

제3대대는 6일 03시 도연(陶淵-와룡산 서북쪽, 반변천 남안)에서 적의 공격을 받고 대전차특공소대가 전멸한 이후 연대와는 통신이 두절되어 대대 단독으로 의성에 도착할 때까지 연대와는 연락이 이루어지지 않았다.

연대와 교신하기 위하여 SCR-300무전기를 열어 연대 주파수에 맞추어 놓으면 적이 중국어로

"우리는 제12사단인데 너희들은 포위되었으니 항복하라."

고 농간을 부렸다. 중국어를 잘하는 정보주임이 야유로 응수하기도 했다.

08시경 정승화 대대장은 대대 남쪽 무명고지에 적 1개 대대 규모가 몰려 있는 것을 보고 박격포로 집중 포격을 하였는데 시간이 갈수록 그 일대에는 적 수가 늘어났고, 또 길안 쪽에 1개 연대 규모의 적이 장사진을 이루고 남진하는 것이 보였다.

대대장은 대대 3면이 적에 의하여 고립되어 있다고 판단하고 분산되어 있는 각 중대를 약산에 집결시켜 사주 방어에 들어갔는데 적과는 접촉 없

이 총포소리는 점점 남쪽으로 멀어져 갔다.

정승화 대대장은 적이 대대를 돌파한 후 대대를 버려 둔 채 계속 남진하고 있는 것으로 판단하고 해질 무렵 의성을 목표로 돌파 작전을 감행하여 914번 지방도를 따라 6일 14시에 의성에 도착했다.

수도사단은 많은 장비와 중화기를 잃고 8월 6일 18시에 의성에 집결하여 부대 정비에 들어갔다.

그 후 기계(杞溪) 방면 전투에서 적 제12사단을 격파하고 저들의 차량을 노획하였는데 그 대부분이 구수동에서 수도사단이 버린 것이었다.

수도사단이 청송 지구에서 철수함으로써 영덕~안동 사이에는 50km의 간격이 생겼고, 이 틈새를 타서 적 제12사단은 전차를 앞세우고 청송을 거쳐 도평(道坪洞-청송군 현동면사무소 소재지, 청송 남쪽 20km 지점)으로 진출했다.

8월 6일 20시 수도사단은 군단장 명령으로 길안으로 약진하여 적의 허를 찌르고 격퇴하여 8월 8일 길안을 탈환하였다.

대전차포중대와 공병대대가 수도사단에 편입되었고(8월 5일부), 제17연대가 육군본부 직할연대에서 수도사단으로 배속되었다(8월 6일부).

8월 7일 김석원 준장이 수도사단장에서 해임되고 후임에 제17연대장 백인엽 대령이 부임했고, 수도사단 참모장은 제1연대장 윤춘근 대령, 제1연대장은 제18연대 부연대장 한신 중령이 각각 임명되었다.

**철수비화**

김석원 사단장이 의성으로 가던 중 삽실(길안 서쪽) 고개 마루턱에서 화염에 싸인 지휘소를 내려다보다가 운동장에 차가 있는 것을 보고

"저 차는 왜 버렸느냐?"

고 버럭 소리를 지르자 옆에 있던 통신중대 운전병 이득룡(李得龍) 하사가

"제가 끌고 오겠습니다."

하고는 적탄이 쏟아지는 것을 무릅쓰고 달려가서 차를 끌고 왔다.

사단장은 그의 어깨를 두드리며

"장하다, 나의 사랑하는 부하여!"

하면서 참모장에게 꼭 훈장을 주라고 지시하였다.

제18연대장 운전병은 차량 파괴 지시를 받고도 그대로 탈출했다. 그 후 기계 전투에서 적이 버리고 간 차를 도로 찾았다. 연대장 임충식 중령이 의아하게 생각하고 "왜 그때 차를 파괴하지 않았느냐? 나에게 파괴하였다고 보고하지 않았느냐?"고 꾸짖자 운전병은 머리를 긁적거리며 "이 차를 너무 오래 몰고 다녀 정이 들었기 때문에 제 손으로 불을 붙일 수가 없었습니다."라고 실토해서 연대장은 물론 옆에서 이 말을 들은 장병 모두가 눈시울을 적셨다고 한다.

수도사단이 길안에 사령부를 설치하고 군단으로부터 작명을 받아 하달할 때 작전참모 박경원 소령은 지친 나머지 김석원 사단장의 무릎을 베고 잠에 빠져 있었다. 참모장 최경록 대령이 "작명을 하달해야지!"하고 깨우려 하자 사단장이 "피곤할 텐데 그냥 자게 두고 당신이 하달하시오."라고 말려 박경원 소령은 한 시간 이상 잘 수 있었다고 했다.

기갑연대 보급계 이기주(李基柱) 중사는 보급차를 지키고 있었다. 전우들이 찾아가서 "차에 있는 건빵을 나누어 달라."고 요구하자 "비상식량을 받았을 터인데 더 줄 수 없다."고 잡아뗐다. 전우들이 "차와 보급품을 곧 폭파

할 판인데 인심이나 써라."고 하면서 달려들자 "차를 폭파하려면 연대장의 승인서를 가지고 오너라."고 하면서 맞서 끝까지 자기의 임무에 충실했다.

기갑연대 의무대장 이상호 소령은 위생병을 지휘하여 중환자 10여 명을 들것에 태우고 600m가 넘는 고지와 계곡을 넘으며 28km를 돌파했다.

기갑연대 재정관 김유복(金遺腹) 대위는 지폐 1,500만 원을 15명에게 분담시켜 운반하였다. 그 중 1명이 50m 절벽에 떨어지자 1시간 동안이나 수색하여 병사만 구출했다.『한국전쟁비사』는 돈도 찾아 가지고 왔다고 했다.

참고문헌 : 국방부 『한국전쟁사』 개정판 제2권, 안용현 『한국전쟁비사』 2

# 인명 색인

## ㄱ

강건(姜健) 65
강면섭(康冕燮) 247
강문봉(姜文奉) 46, 343
강건(姜健) 67
강면섭(康冕燮) 252
강문봉(姜文奉) 47, 350
강승호(姜承鎬) 175
강영걸(康永傑) 252
강영훈(姜英勳) 54
강완채(姜琓埰) 235
강은덕(姜隱德) 208
강태민(姜泰敏)
    168, 349, 350, 369, 378
경윤호(景允鎬) 277
고광도(高光道) 112, 400
고근홍(高根弘)
    258, 259, 270, 284, 285,
    294, 303, 306, 313, 315, 333
고창근(高昌根) 200
곽성범(郭聖範) 211
곽응철(郭應哲) 402
구호연(具孝淵) 33
궁인철(弓仁喆) 409
권동찬(權東贊)
    162, 211, 212, 241
권영길(權寧吉) 288, 289
권오봉(權五鳳) 353
권징(權徵) 32
권태순(權泰順) 268, 304
길전식(吉典植) 391, 392
김광철(金光哲)
    274, 292, 334, 336
김광협(金光俠) 68, 12, 170
김국주(金國柱) 247
김기영(金基榮) 194
김기주(金基周) 207
김남식(金南植) 31
김달삼 287
김대벽(金大壁) 127
김덕준(金德俊) 162, 242, 330
김도진(金道鎭) 320, 325
김동빈(金東斌)
    235, 239, 241, 242, 249, 250
김동수(金東洙) 323, 335
김동증(金同曾)
    283, 306, 313, 315, 326
김명각(金明珏) 286
김명원(金命元) 34, 35, 36
김명익(金明益) 138, 185
김무정(金武亭)
    68, 126, 162, 170, 190,
    209, 216, 228, 321, 375
김묵(金默) 310
김백일(金白一)
    43, 54, 55, 58, 59, 60,
    61, 62, 186, 310, 338, 346
김병렬(金秉烈) 149
김병원(金秉元) 396
김병형(金秉亨) 396
김병화(金秉化) 53
김병휘(金炳徽) 307
김삼만(金三萬) 207
김상균(金相均) 377, 378
김상진(金相振) 175
김상현(金相鉉) 359
김상흥(金相興) 140
김서찬(金瑞燦) 108
김석관(金錫寬) 30
김석원(金錫源) 22, 45, 55,
    61, 62, 63, 64, 77, 79, 81, 82,
    91, 98, 102, 103, 104, 106,
    108, 110, 116, 118, 119, 120,
    121, 122, 123, 203, 204, 242,
    325, 332, 337, 338, 339, 341,
    342, 344, 345, 346, 376, 392,
    394, 397, 403, 404, 406, 407
김석춘(金錫春) 177
김선일(金善鎰) 128
김성(金聖) 172, 175, 185
김성배(金聖培) 220
김성빈(金成彬)
    272, 278, 287, 288,
    289, 303, 304, 305, 311
김성은(金聖恩) 53
김소(金沼) 211, 240
김순기(金淳基)
    283, 303, 315, 326
김시봉(金是鳳) 178
김안일(金安一) 370
김양춘(金陽春) 229
김영근(金永根) 134, 186
김영선(金永先) 157
김옥현(金玉鉉) 175
김용건(金用鍵) 109
김용기(金龍紀)

| | | |
|---|---|---|
| 131, 132, 171, 177, 178 | 김정윤(金亭胤) 323 | 22, 44, 55, 61, 62, 63, 75, |
| 김용배(金容培) 258, 272, | 김정희(金正熙) 186 | 77, 82, 118, 148, 158, |
| 273, 280, 288, 301, 302, 333 | 김종갑(金鍾甲) 44, 330, 331 | 166, 329, 331, 344, 346, 347 |
| 김용배(金龍培) | 김종렬(金鍾烈) 289 | 김화준(金華峻) 357 |
| 172,183, 216, 218 | 김종민(金鍾敏) 96 | 김황목(金煌穆) 235 |
| 김용식(金溶植) 40 | 김종설(金鍾卨) 219 | 김희요(金熙堯) 251 |
| 김용하(金鎔河) 176 | 김종수(金鍾洙) 136, 137, | 김희준(金熙濬) 97, 114, |
| 김용한(金龍翰) 179 | 139, 140, 142, 183, 216 | 193, 197, 198, 202, 205, 207 |
| 김우희(金祐熙) 184 | 김종순(金淙舜) | 김희태(金喜泰) 102, 103 |
| 김욱(金郁) 209 | 350, 361, 362, 374 | **ㄴ** |
| 김욱전(金旭篆) 171, 178, 229 | 김종오(金鍾五) 55, 127, | 나용수(羅龍洙) 232, 233 |
| 김웅(金雄) 163 | 130, 136, 176, 260, 264 | 남백봉(南白峰) 127, 129, 222 |
| 김웅수(金雄洙) 44 | 김종운(金鍾運) 126 | 남의(南薿) 33 |
| 김유복(金遺腹) 408 | 김종원(金宗元) 308, 349, | 노블(Dr Harold J. Noble) 30 |
| 김유성(金唯成) 212 | 351, 352, 360, 361, 362, 373 | 노원섭(盧元燮) 213 |
| 김윤선(金潤旋) 289 | 김종호(金鍾浩) 274, 300 | 노재현(盧載鉉) 375 |
| 김응조(金應祚) | 김주명(金周鳴) 249 | **ㄷ** |
| 86, 121, 329, 379 | 김진권(金振權) 148, 159 | 드럼라이트 |
| 김익규(金益圭) 79 | 김진위(金振暐) | (Evertt F. Drumwright) 29 |
| 김익렬(金益烈) | 158, 159, 246, 250 | 딘(William F. Dean) 261, 262 |
| 148, 159, 241, 242 | 김찬복(金燦福) 81, 405 | **ㄹ** |
| 김익수(金益洙) 284 | 김책(金策) 67, 189, 321 | 류성룡(柳成龍) |
| 김인호(金麟鎬) 383 | 김천만(金千萬) 259 | 13, 17, 18, 34, 35 |
| 김일(金一) 67 | 김철(金鐵) 132 | 류창훈(柳昌薰) 193, 198 |
| 김일성(金日成) | 김철수(金哲壽) 332, 333 | 류치문(柳致文) 114, 116 |
| 40, 65, 67, 73, 74, 189, | 김치구(金致九) 195, 196, 198 | 류환박(柳桓博) 339 |
| 209, 216, 321, 348, 394 | 김태선(金泰善) 27 | **ㅁ** |
| 김장근(金長根) 178 | 김택수(金澤洙) 179 | 매크린(Allen D. Maclean) 364 |
| 김장흥(金長興) 29, 30 | 김학(金學) 163 | 맥아더(Douglas A.Macarthur) |
| 김재명(金在命) | 김한덕(金韓德) | 28, 30, 41, 42, 118 |
| 153, 155, 211, 240, 249 | 177, 180, 182, 226, 229 | 맹보영(孟寶永) 275 |
| 김재옥(金在玉) 141, 146, 147 | 김한룡(金漢龍) 300 | 맹자(孟子) 20 |
| 김점곤(金點坤) 212, 241, 242 | 김한주(金漢柱) 85, 86, 240 | 무초(John J. Muccio) 30 |
| 김정(金廷) 76 | 김헌(金憲) 324 | 문용기(文龍琪) 371 |
| 김정운(金珽雲) 92, 93 | 김홍일(金弘壹) | 문용채(文容彩) |

| | | |
|---|---|---|
| | 85, 320, 323, 335 | 박용실(朴容實) |
| 문장욱(文章昱) 134 | | 79, 80, 387, 388 |
| 문형태(文亨泰) 162 | 박용운(朴龍雲) 163 | 서정학(徐廷學) 172, 223, 228 |
| 민기식(閔機植) 48, 53, 55, 56 | 박용학(朴龍鶴) 283 | 선우 요(鮮于燿) 193 |
| 민병권(閔炳權) 134, 178, | 박원달(朴元達) 352 | 선조 17, 31, 34, 35 |
| 180, 182, 183, 231, 232, 238 | 박익균(朴翊均) 396 | 손석근(孫錫根) 316 |
| | 박재열(朴載烈) 351, 370 | 손영진(孫榮鎭) 92 |
| **ㅂ** | 박제상(朴濟相) 178 | 손원일(孫元一) 40, 41 |
| 박경원(朴敬遠) 112, 113, | 박종병(朴鍾秉) 369 | 송광보(宋廣保) 219 |
| 121, 394, 395, 397, 407 | 박종한(朴鍾漢) 207 | 송기종(宋基鍾) 179 |
| 박관식(朴寬植) 185 | 박창수(朴昌樹) 171 | 송대후(宋大厚) 174 |
| 박규화(朴圭華) 101 | 박창암(朴蒼岩) 343, 344 | 송상현(宋象賢) 17 |
| 박기병(朴基丙) 81, 85, | 박철원(朴哲遠) 137, 160 | 송호림(宋虎林) 106, 111, |
| 86, 88, 89, 123, 239, 241, 242 | 박치옥(朴致玉) | 113, 199, 201, 203, 204, 205 |
| 박노규(朴魯珪) | 268, 269, 270, 282, 283, | 송호성(宋虎聲) 59 |
| 127, 133, 175, 221, 223, 227 | 293, 303, 314, 326, 329 | 스탈린 40 |
| 박노봉(朴魯鳳) 231 | 박헌일(朴憲一) 90 | 시먼스(Walter Simmons) 30 |
| 박능식(朴能植) 178 | 박현섭(朴玄燮) 173 | 신성모(申性模) 27, 30, |
| 박명현(朴明鉉) 343 | 박홍(朴泓) 17 | 70, 118, 119, 243, 261, 262, |
| 박무열(朴武烈) 80, 381 | 방경원(房景源) 217 | 345, 347 |
| 박무진(朴武鎭) 205 | 배상록(裵尙錄) 194 | 신염(申廉) 388 |
| 박배근(朴培根) 109 | 백경섭(白景燮) 99 | 신영철(申榮徹) 286, 336 |
| 박병권(朴炳權) 44, 350 | 백기천(白基千) 356, 360, 369 | 신용관(申用寬) 141, 142, 184 |
| 박병순(朴炳順) 403, 404 | 백남수(白南洙) 306, 307 | 신용식(辛溶軾) 158, 245 |
| 박삼덕(朴三德) 203 | 백남원(白南垣) 246 | 신응균(申應均) 73 |
| 박성철(朴成哲) | 백문(白文) 240 | 신입(신립, 申砬) 10, 13, 14, |
| 135, 162, 198, 207, 209 | 백선엽(白善燁) 23, 45, 55, | 15, 16, 17, 18, 20, 31, 32 |
| 박수일(朴秀一) 230 | 59, 148, 152, 161, 166, | 신태영(申泰英) |
| 박순권(朴淳權) 352, 353, 355 | 213, 239, 241, 242, 243 | 51, 52, 59, 60, 63 |
| 박승옥(朴昇玉, 朴勝玉) 105 | 백인엽(白仁燁) 344, 345, 406 | 신현홍(申鉉洪) |
| 박승진(朴勝瑨) 332, 335 | 백창황(白彰煌) 400 | 156, 240, 245 |
| 박영섭(朴永燮) | 변진세(卞鎭世) 201, 203 | **ㅇ** |
| 279, 280, 302, 311, 312 | 브리턴(Clyde Briton) 377, 378 | 아몬드(Edward M. Almond) |
| 박영식(朴永湜) 215, 222 | **ㅅ** | 25 |
| 박영원(朴永元) 356 | 서봉교(徐鳳敎) 276 | 안계영(安桂永) 157 |
| 박용부(朴用孚) 289 | | 안광영(安光榮) 158, 246 |
| | | 안동훈(安東勳) 269, 270, 271 |

인명 색인 411

| | | |
|---|---|---|
| 안재징(安在徵) 97 | 231, 232, 233, 234 | 이건옥(李建玉) 140 |
| 안태갑(安泰甲) 97, 109 | 원용덕(元容德) 64 | 이경(李慶) 37 |
| 애치슨(Dean G. Acheson) 39 | 위티(Robert Witty) 367 | 이계순(李桂順) 180, 229, 230 |
| 양보(梁輔) 274, 300, 305 | 월슨(Venart Wilson) 303, 304 | 이관수(李寬洙) |
| 양봉직(楊鳳稙) 154, 253 | 유승렬(劉升烈) | 97, 98, 99, 102, 103, 106, |
| 양성봉(梁聖奉) 31 | 29, 48, 53, 62, 64, 307, | 110, 194, 195, 196 |
| 양성식(梁成植) 371 | 349, 350, 351, 361, 363 | 이규환(李圭煥) 231, 233 |
| 양중호(梁仲鎬) 172 | 유영국(劉永國, 劉永局) 226 | 이기붕 27, 28 |
| 양학모(梁學模) 232, 233 | 유의준(兪義濬) 323 | 이기선(李奇善) 114 |
| 언더우드 | 유재성(劉載成) 159 | 이기주(李基柱) 407 |
| (Horace G. Underwood) 262 | 유재홍(劉在弘) 357 | 이남호(李南浩) 137, 144, |
| 엄봉림(嚴鳳林) 194 | 유재홍(劉載興) | 172, 182, 183, 216, 218 |
| 엄홍섭(嚴鴻燮) 341 | 44, 61, 63, 64, 223, 245, 310 | 이덕빈(李德彬) 212 |
| 에머리치 | 유홍(兪泓) 34 | 이동호(李東浩) 113, 199 |
| (Rollinse S. Emmerich) | 유흥수(劉興洙) | 이두황(李斗璜) 240 |
| 345, 362, 364, 365, | 76, 80, 380, 382, 384, 387, | 이득룡(李得龍) 407 |
| 367, 372, 376, 377 | 388, 389, 391, 392, 393, 399, | 이득주(李得周) 147 |
| 염정태(廉貞泰) 374 | 400, 401, 402, 403, 404 | 이만호(李萬浩) 137, 155, 172 |
| 오덕준(吳德俊) 53 | 윤기병(尹耆炳) 396 | 이명수(李明守) 374, 375 |
| 오병진(吳秉珍) 200, 201 | 윤두수(尹斗壽) 34 | 이명철(李明喆) 357 |
| 오성행(吳成行) 137 | 윤명운(尹明運) 369 | 이무중(李茂重) |
| 오익경(吳益慶) | 윤보선 27 | 156, 157, 240, 252 |
| 111, 193, 199, 208 | 윤복원(尹福源) 194 | 이범석(李範奭) 22 |
| 오진우(吳振宇) 348 | 윤봉천(尹奉天) 403 | 이법로(李法魯) 94 |
| 오형근(吳衡根) 173 | 윤수용(尹銖庸) 140, 183, 184 | 이병형(李秉衡) 400 |
| 오효한(吳孝漢) 294 | 윤종한(尹鍾漢) 97, 98 | 이봉직(李鵬稙) |
| 왕순철 344 | 윤천봉(尹千奉) 159, 162 | 89, 381, 389, 397 |
| 우교붕(禹敎鵬) 273 | 윤춘근(尹春根) 105, 109, | 이빈(李브) 35, 36 |
| 우덕주(禹德疇) 107 | 234, 321, 329, 339, 401, 406 | 이상근(李尙根) 344 |
| 우병옥(禹炳玉) 350 | 윤치영(尹致暎) 29 | 이상우(李相雨) 138, 185 |
| 우현(禹鉉) 157 | 윤태현(尹泰鉉) | 이상학(李庠學) 226 |
| 워커(Walton H. Walker) | 299, 300, 301, 312 | 이상호(李相鎬) 392, 408 |
| 57, 183, 187, 254, 310, | 윤흥정(尹興禎) 75, 76, 101 | 이상환(李相煥) 332 |
| 330, 345, 364, 367, 368, 376 | 은형원(殷炯元) 284, 332 | 이석봉(李石奉) 202 |
| 원근호(元根鎬, 元根浩) | 이각현(李珏鉉) 252 | 이성가(李成佳) |

| | | |
|---|---|---|
| 55, 258, 259, 260, 261, 262, 264, 265, 268, 280, 303, 304, 327, 332, 346, 347 | 이종기(李鐘基) 127, 134, 173, 221, 223, 229 | 309, 310, 317, 318, 320, 324, 325, 350 |
| 이성오(李聖五) 273 | 이종림(李鍾林) 29 | 임정채(林正采) 186 |
| 이성중(李誠中) 36 | 이종찬(李鍾贊) 48, 53, 55, 62, 64, 71 | 임충식(任忠植) 91, 107, 329, 400, 401, 405, 407 |
| 이승만(李承晩) 27, 28, 35, 41, 118, 146 | 이주일(李周一) 54 | **ㅈ** |
| | 이준식(李俊植) | 장경근(張暻根) 40 |
| 이승엽(李承燁) 348, 349 | 45, 55, 61, 62, 64, 71, 73, 77, 119, 363, 368, 369, 370, 376 | 장근술(張根述) 153, 155, 156, 211, 240 |
| 이승준(李承俊) 170, 247 | 이진암(李鑛岩) 178 | 장면(張勉) 28 |
| 이양원(李陽元) 34 | 이창도(李昌道) 179 | 장석록(張錫錄) 398, 399 |
| 이여송(李如松) 10, 17, 18, 35, 177, 183 | 이창률(李昌律) 275, 276, 282, 286, 302, 311 | 장세작(張世爵) 36 |
| 이영각(李榮珏) 306 | 이창일(李昌一) 44 | 장송주(張松冑) 350, 362 |
| 이영규(李暎圭・瑛圭・瑛奎) 53 | 이철원(李哲源) 30 | 장우봉(張佑奉) 313 |
| 이영제(李領濟) 372 | 이청송(李靑松) 74 | 장익재(張翊梓) 97 |
| 이영진(李寧鎭) 29 | 이춘식(李春植) 283, 315 | 장인걸(張麟杰) 371, 372, 377 |
| 이용문(李龍文) 22 | 이한림(李翰林) 45, 55, 56 | 장창국(張昌國) 43 |
| 이용선(李龍璿) 107, 108 | 이해중(李海重) 90 | 장철부(張哲夫) 381, 385, 396 |
| 이용식(李龍植) 178 | 이현진(李賢進) 95, 96, 108, 114, 116 | 장춘권(張春權) 72, 91, 92, 93, 94, 107, 404 |
| 이용준(李龍濬) 92 | 이형근(李亨根) 22, 62, 64, 144 | 장태환(張泰煥) 72, 78, 100, 101 |
| 이우식(李祐植) 142 | 이형석(李炯錫) 48, 55, 64 | 전성호(全盛鎬) 241 |
| 이운산(李雲山) 127, 173, 174, 221 | 이형주(李亨柱) 199 | 전우(全宇) 125 |
| 이을선(李乙善) 156 | 이홍진(李洪眞) 313, 315, 327 | 전의석(全義錫) 207 |
| 이응준(李應俊) 52, 53, 59, 60, 62, 63 | 이훈(李勳) 224 | 전자열(全子烈) 157 |
| 이의명(李義明) 235 | 이희권(李喜權) 78, 109 | 정구정(鄭求精) 284, 285 |
| 이인수(李寅洙) 259 | 인성훈(印聖勳) 144, 220 | 정국종(鄭國鍾) 286 |
| 이일(李鎰) 14, 15, 17, 32 | 임부택(林富澤) 136, 137, 153, 185, 216, 258 | 정규한(鄭圭漢) 208 |
| 이일수(李一洙) 204, 356, 357 | 임상철(林相喆) 166 | 정긍모(鄭兢模) 31 |
| 이재광(李在光) 194 | 임수일(林秀一) 186 | 정기팔(鄭基八) 245 |
| 이정형(李廷馨) 36 | 임익순(林益淳) 50, 298, 300, 302, 307, 308, | 정명환(鄭名煥) 369 |
| 이존일(李存一) 158, 159 | | 정발(鄭撥) 17 |
| 이종국(李鍾國) 44 | | 정범진(丁範鎭) 358, 360 |
| | | 정세진(丁世鎭) 386 |

| | | |
|---|---|---|
| 정순기(鄭順基) 303, 313, 315, 326 | 조인득 33, 34 | 275, 277, 289, 305 |
| 정승화(鄭昇和) 96, 109, 398, 405, 406 | 조재미(趙在美) 158, 159 | 최영희(崔榮喜) 149, 158, 160, 163, 164, 165, 241, 242, 246 |
| 정여립 17 | 조재천(曺在千) 29 | 최익영(崔益榮) 220 |
| 정영홍(鄭永洪) 153, 154, 212, 240, 249 | 조준영(趙俊泳) 56 | 최종열(崔鍾悅) 147 |
| 정오경(鄭五敬) 160, 186, 350 | 조중석(趙重錫) 228 | 최춘호(崔春昊) 391 |
| 정용식(鄭龍植) 240 | 주갑복(周甲福) 371 | 최충국(崔忠國) 125 |
| 정일권(丁一權) 30, 39, 40, 41, 42, 43, 58, 60, 63, 146, 243, 263, 267, 306, 344, 346 | 주여준(朱汝俊) 245 | 최취성(崔就聖) 274, 291, 292, 299, 301 |
| | 주철규(朱喆奎) 31 | 최태영(崔泰暎) 114 |
| | 지용태(池龍泰) 353 | 최혁(崔赫) 128 |
| | **ㅊ** | 최혁기(崔赫基) 159, 162 |
| 정재갑(鄭在甲) 139, 217 | 차갑준(車甲俊) 235, 240 | 최현(崔賢) 74, 90, 105, 110, 123, 155 |
| 정점봉(鄭點棒·鄭點峰) 247 | 채명신(蔡明新) 300 | |
| 정진(鄭震) 263, 264, 268 | 채병덕(蔡秉德) 10, 20, 22, 30, 39, 43, 52, 53, 59, 62, 118 | 최홍식(崔弘植) 231, 233 |
| 정현섭(鄭顯燮) 291 | 채수룡(蔡洙龍) 128 | 최홍원(崔興源) 34 |
| 조경학(趙慶鶴) 111, 113, 199, 203 | 처치(John H. Church) 25, 42, 43, 264 | 최희대(崔熙大) 128 |
| | 최갑중(崔甲中) 331 | 추형섭(秋亨燮) 203 |
| 조괄(趙括) 17 | 최경록(崔慶祿) 110, 153, 155, 162, 163, 211, 241, 242, 331, 337, 338, 340, 345, 395, 397, 407 | **ㅋ** |
| 조광렬(趙光烈) 209 | | 케슬러 (George D. Kessler) 310 |
| 조규영(曺圭英) 288, 301, 312, 320, 325 | | 케인 367 |
| 조기백(趙基伯) 157, 252 | 최광(崔光) 155 | 킨(William B. Kean) 223 |
| 조달진(趙達珍) 231, 232, 233, 234 | 최대명(崔大明) 159, 162 | **ㅌ** |
| | 최덕신(崔德新) 44, 330, 341, 346, 364 | 탁찬혁(卓燦赫) 391 |
| 조문종(趙文鍾) 231, 232, 233, 234 | 최민섭(崔敏燮) 324 | 태호숙(太鎬淑) 295 |
| 조병옥(趙炳玉) 27 | 최병묵(崔炳默) 171, 177, 179 | **ㅍ** |
| 조봉래(趙鳳來) 251 | 최병순(崔炳淳) 158, 159, 160, 165, 167, 246, 248, 249 | 피셔(Henry G. Fisher) 187 |
| 조성래(趙成來) 240, 251 | | **ㅎ** |
| 조영구(趙暎九·趙榮九) 193, 207 | 최석락(崔錫洛) 229, 245, 249, 250 | 하병래(河炳來) 282, 291 |
| 조용(趙勇) 178 | 최석천(崔錫天) 299 | 하상탁(河相卓) 326 |
| 조용욱(趙容煜) 400 | 최언준(崔彦俊) 33 | 하수덕(河守德) 358, 360 |
| 조원영(趙原英) 284 | 최영구(崔泳龜) | 한갑석(韓甲錫) 203, 204 |
| | | 한도선(韓道善) 219 |

한만형(韓萬炯) 158, 252
한상준(韓相俊) 147
한상호(韓相浩) 353, 355, 356, 358
한순화(韓順華) 156, 240, 252
한신(韓信) 94, 400, 402, 406
한영권(韓英權) 178
함덕희(咸德熙) 231
함병선(咸炳善) 127, 130, 132, 134, 139, 174, 175, 226
허순오(許順五) 324, 325
허정(許政) 29
허진(許晋) 33
허현(許鉉) 112
허형순(許亨淳) 369
홍성준(洪聖俊) 350, 361
홍정표(洪正杓) 154
화이트(Horton V. White) 213
황규면(黃圭冕) 28
황기상(黃基相) 275, 333, 334
황의철(黃義哲) 226
황정원(黃貞元) 355, 358
황종구(黃宗九) 230
황한준(黃漢俊) 372
황헌친(黃憲親) 261

6·25전쟁사

# 낙동강 제3권

초판 1쇄 인쇄  2010년 12월 21일
초판 1쇄 발행  2010년 12월 30일

지은이 ǀ 류형석
펴낸이 ǀ 김세영
펴낸곳 ǀ 도서출판 플래닛미디어

주소 ǀ 121-839 서울 마포구 서교동 381-38 3층
전화 ǀ 3143-3366
팩스 ǀ 3143-3360
등록 ǀ 2005년 9월 12일 제 313-2005-000197호
이메일 ǀ webmaster@planetmedia.co.kr

ISBN 978-89-92326-86-5  04910
     978-89-92326-83-4 (전8권)

ⓒ류형석 2010

* 책값은 겉표지에 있습니다.
* 잘못 만들어진 책은 구입처나 본사에서 교환해 드립니다.

## 다부동지구 전선

제10연대 | 제11연대

← 팔공산　　가산 901고지　　다부동　　674고지　　천생산　　유학산 제2 837고지

← 옥골

← 해평